LUTHER UND SIEBENBÜRGEN

SIEBENBÜRGISCHES ARCHIV
ARCHIV DES VEREINS FÜR SIEBENBÜRGISCHE LANDESKUNDE
DRITTE FOLGE – IM AUFTRAG DES ARBEITSKREISES FÜR
SIEBENBÜRGISCHE LANDESKUNDE
HERAUSGEGEBEN VON PAUL PHILIPPI

BAND 19

LUTHER UND SIEBENBÜRGEN

Ausstrahlungen von Reformation und Humanismus
nach Südosteuropa

herausgegeben von
GEORG und RENATE WEBER

1985
BÖHLAU VERLAG KÖLN WIEN

Das „Siebenbürgische Archiv" setzt in III. Folge die 4 Bände der „Alten Folge" (1843–1850) und 50 Bände der „Neuen Folge" (1853–1944) des „Archivs des Vereins für siebenbürgische Landeskunde" fort.

Bildteil
zu Christoph Machat, Reformation und Kirchenraum, S. 309 ff.

(Bildnachweis: Abb. 1–6 Rheinisches Amt für Denkmalpflege Bonn, Abb. 7–12 Dieter Knall, Wien)

Bildteil
zu Heinz Heltmann, Das Herbarium des Peter Melius, S. 327 ff.

(Alle Abbildungen entstammen dem Buch von Attila Szabó, Herbarium Péter Melius)

CIP-Kurztitel der Deutschen Bibliothek
Luther und Siebenbürgen: Ausstrahlungen von Reformation u. Humanismus nach Südosteuropa / hrsg. von Georg u. Renate Weber. – Köln; Wien: Böhlau, 1985.
(Siebenbürgisches Archiv; Folge 3, Bd. 19)
ISBN 3-412-02585-2
NE: Weber, Georg [Hrsg.]; GT

Copyright © 1985 by Böhlau Verlag GmbH & Cie, Köln
Alle Rechte vorbehalten

Ohne schriftliche Genehmigung des Verlages ist es nicht gestattet, das Werk unter Verwendung mechanischer, elektronischer und anderer Systeme in irgendeiner Weise zu verarbeiten und zu verbreiten. Insbesondere vorbehalten sind die Rechte der Vervielfältigung – auch von Teilen des Werkes – auf photomechanischem oder ähnlichem Wege, der tontechnischen Wiedergabe, des Vortrags, der Funk- und Fernsehsendung, der Speicherung in Datenverarbeitungsanlagen, der Übersetzung und der literarischen oder anderweitigen Bearbeitung.

Gesamtherstellung: Hain-Druck GmbH, Meisenheim/Glan

Printed in Germany
ISBN 3-412-02585-2

INHALT

Vorwort VII

STRAHLUNGEN UND SPIEGELUNGEN

Peter Friedrich Barton
Martin Luther und der Südosten 3

Heinz Scheible
Melanchthons Beziehungen zum Donau-Karpaten-Raum
bis 1546 36

REZEPTION UND TRANSFORMATION

Paul Philippi
Wittenbergische Reformation und ökumenische
Katholizität in Siebenbürgen 71

Pompiliu Teodor
Beziehungen zwischen Reformation und Rumänen im
Spiegel vornehmlich rumänischer Geschichtsschreibung ... 78

Ludwig Binder
Neuere Forschungsergebnisse zur Reformation in der siebenbürgisch-sächsischen Kirche – Darstellung und Kritik 95

Konrad G. Gündisch
Christian Pomarius und die Reformation im Nösnerland ... 114

NATION UND KONFESSION

Werner Conze
Luthertum und Nationalismus – Deutsch-Protestantismus . 137

Krista Zach
Nation und Konfession im Reformationszeitalter 156

KONFESSIONELLE KRISTALLISATIONEN

Walter Daugsch
Gegenreformation und protestantische Konfessionsbildung
in Siebenbürgen zur Zeit Stephan Báthorys (1571–1584) 215

Gábor Barta
Bedingungsfaktoren zur Entstehung religiöser Toleranz
im Siebenbürgen des 16. Jahrhunderts 229

BUCHDRUCK – FÖRDERUNG UND VERBREITUNG

Gedeon Borsa
Über die Anfänge des Buchdrucks in Hermannstadt und
Kronstadt 245

Gustav Gündisch
Lutherdrucke in Siebenbürgen bis 1546 256

SPRACHE – INTERFERENZEN UND INNOVATIONEN

Grete Klaster-Ungureanu
Luthers Sprache in Siebenbürgen 281

Camil Mureşanu
Zum Zusammenhang von Reformation und rumänischer
Schriftsprache 298

FERNWIRKUNGEN AUF SAKRALE KUNST UND BOTANIK

Christoph Machat
Auswirkungen der Reformation auf die Ausstattung
siebenbürgischer Kirchen 309

Heinz Heltmann
Das Klausenburger Herbarium des Peter Melius 327

Synoptisches Ortsnamenverzeichnis 345
Die Autoren 349
Abbildungen nach Seite 354

VORWORT

> „Man bedauere den nicht, der sich mit diesen anscheinend trockenen Studien beschäftigt, und darüber den Genuß manches heiteren Tages versäumt! Es ist wahr, es sind tote Papiere, aber sie sind Überreste eines Lebens, dessen Anschauung dem Geiste nach und nach aus ihnen emporsteigt."
> Leopold v. Ranke: Vorrede zu „Deutsche Geschichte im Zeitalter der Reformation" (1839)

Kalenderblätter werden leicht und schnell gewendet. Flankiert vom Goethe-Jahr 1982 und dem Orwells 1984 wurde 1983 nicht nur vom Protestantismus der 500. Geburtstag Martin Luthers gefeiert. Mittlerweile mußte auch der britische Schwarzseher mit seinem Geschöpf „Big Brother" seinen Platz räumen. An seine Stelle ist J.S. Bach, der „fünfte Evangelist" (A. Schweitzer) bzw. der „Liebe Gott der Musik" (C. Debussy) getreten. Am 21. März 1985 jährt sich nämlich dessen Geburtstag zum 300. Mal. Alle Ankündigungen deuten darauf hin, daß sein Jubiläum international und multimedial mindestens ebenso begangen wird wie das Luthers, alle vergleichbaren Jubiläen – etwa das Mozart-Jahr 1956 – um ein vielfaches übertönend. Vermutlich wird man auch am Ende des Bach-Jahres – wie inzwischen für das Luther-Jahr bereits gewiß – in Dokumentationen fragen: Was hat es gebracht? Unter den vielen – nicht nur im deutschen Sprachraum – publizierten Bilanzen zum Luther-Gedenkjahr sei hier nur auf zwei Bändchen hingewiesen. Das eine ist auf den engen kirchlich-theologischen Bereich begrenzt (O.H. Pesch /Hg./, Lehren aus dem Luther-Jahr, Sein Ertrag für die Ökumene, München/Zürich 1984), während das andere „sowohl theologisch-wissenschaftliche als auch kirchliche, ökumenische, publizistische und politische Aspekte des Lutherjubiläums berücksichtigt" (C.-J. Roepke /Hg./, Luther 83 – Eine kritische Bilanz, München 1984, S. 10). Deutlich wird aus beiden: Ein modernes Heldenepos wurde Luther zu seinem Geburtstag nicht gesungen, alte Stereotype und Ressentiments blieben in der Mottenkiste, und eine Selbstfeier „deutschen Wesens" im provinziellen Stil fand nicht statt. Oder positiv gewendet: „Am Beginn der Neuzeit sind durch Luther nicht veraltete Fragen gestellt und noch heute gültige Antworten gegeben worden" — so der Rat der Evangelischen Kirche in Deutschland in seiner Erklärung zu Luthers Aktualität 1983.

Aus den Bilanz-Dokumentationen — nicht nur von der schreibenden Zunft erstellt — wird aber noch ein weiteres sichtbar: Obwohl darin eine schier unübersehbare Fülle an neuen Fragestellungen, Methoden, Querverbindungen, Entwicklungslinien und Ergebnissen mehrdimensional und interdisziplinär abgehandelt und ausgelotet werden, sucht man nach dem Südosten oder gar nach den Siebenbürger Sachsen vergeblich. Weil der Vorstand des Arbeitskreises für Siebenbürgische Landeskunde dies Ergebnis unter dem Strich erahnte, stellte er kurzfristig seine Jahrestagung in Tübingen 1983 unter das Leitthema „Luther und Siebenbürgen". Daß er sich dabei von der Gelegenheit und nicht von einer Verlegenheit leiten ließ, zeigen die Jahrestagungsthemen des Arbeitskreises von Münster (1982) und Graz (1984): „Siebenbürgen zwischen den beiden Weltkriegen" I und II.

Der vorliegende Band will einen Einblick in die an der Universität Tübingen vorgetragenen und diskutierten Themen bieten und versteht sich als Beitrag und Auswahlbilanz des „Arbeitskreises" zum Luther-Jahr 1983. Einige Referate sind erheblich erweitert, alle aber von ihren Autoren oder den Herausgebern für den Druck neu bearbeitet worden. Ihre Abfolge und Gruppierung hat nichts mit einer subjektiven Gewichtung zu tun, sondern folgt einer — hoffentlich erkennbaren — Logik, die sich aus den stichwortartigen Sammelüberschriften erschließen läßt.

Im Vergleich mit den bisherigen Bänden des „Siebenbürgischen Archivs" sind zwei Neuerungen zu registrieren: der Dissertationsdruck und die Kurzbiographien der Autoren. Erstere wurde aus Kostengründen gewählt, letztere dient der Information und Kommunikation.

Zu danken haben wir allen, die bei der Erstellung der druckfertigen Vorlage mitgedacht haben. Nicht zuletzt gilt unser Dank den Autoren der einzelnen Beiträge, die sehr viel Zeit, Arbeitskraft, Geistesschärfe und Engagement investiert haben. Zu hoffen bleibt, daß es den Lesern ebenso geht wie es uns ergangen ist: neue Perspektiven und Erkenntnisse zu gewinnen, obwohl die Reformationszeit zu den in der siebenbürgisch-sächsischen Geschichte am meisten beackerten Jahrzehnten zählt. Es lohnt sich sogar, „darüber den Genuß manches heiteren Tages" zu versäumen.

Münster, im März 1985   Georg und Renate Weber

STRAHLUNGEN UND SPIEGELUNGEN

MARTIN LUTHER UND DER SÜDOSTEN

Peter Friedrich Barton

Der Südosten in Luthers Sicht - Konfrontation mit der Ökumene

Wenn sich der junge Martin Luther von Erfurt oder Wittenberg aus dem Südosten zuwandte, geriet die Ökumene in sein Blickfeld. Seit einem Jahrtausend war die Christenheit gespalten. Blutige Kämpfe und unsagbares Leid hatten der konfessionellen Verschiedenheit oder der national mitgeformten Volksfrömmigkeit ein bestimmendes und kaum löschbares Gepräge gegeben. Gibt es über die Gräben hinweg eine gemeinsame Basis?

Die exotischsten Kirchen im Süden und Osten, von denen Luther wußte, sind die Kirchen der sog. Thomas-Christen in Indien und die der Äthiopier im "Mohrenlande", Kirchen in der Diaspora. Beide Kirchen hatten die Lehrentwicklung der ausgehenden Alten Kirche nicht zur Gänze akzeptiert und - von grundverschiedenen Positionen aus - das auf dem Ökumenischen Konzil zu Chalcedon formulierte christologische Dogma, daß die göttliche und die menschliche Natur in Christus sowohl unvermischt als ungetrennt[1] seien, nicht angenommen. Für evangelische, katholische oder orthodoxe Christen war und ist die Lehrentscheidung des Konzils zu Chalcedon richtig und verbindlich. Sie ist für uns - und erst recht für Martin Luther - unverzichtbar. Gibt es aber nicht doch zwischen uns und diesen sog. altorientalischen Kirchen eine gemeinsame Basis, trotz aller dogmatischer Differenzen und Divergenzen? Der "alte" Luther fand sie im Vollzug des Christusbekenntnisses. In seiner Predigtauslegung zu Mt 18,1ff konnte er 1537 sagen:

> "Wan einer aus India keme oder aus Morenland oder wo er hehrkeme und spreche: 'Jch gleube an Christum', so wurde ich sagen: 'Also gleube ich auch, und also werde ich auch selig, und stimmen im glauben und in der Bekendtniss die Christen mit einander

---

[1] "... Ein und derselbe Christus, Sohn, Herr, Eingeborener, in zwei Naturen unvermischt, unverwandelt, ungetrennt, ungesondert erkennbar..."; nun zweisprachig leicht zugänglich in: Lionel R. Wickham, Art. Chalkedon, in: Theologische Realenzyklopädie (künftig TRE), Bd.7, 1981, S. 668-675, hier S. 672; vgl. Acta conciliorum oecumenicorum, Bd.II/1/2, S. 126-130

uber ein, ob sie sonst wohl in der gantzen welt hin und wider zerstreuet sind. Dan es heisset nicht eine Romissche noch Nurmbergissche oder Wittembergissche kirche, sondern eine Christliche kirche, dorein den gehören alle, so an Christum glauben."[2] In der wahren Kirche, die auf Christus hinführt und nicht wie "des Teuffels kirche" "von Christo auff etwas anders"[3], hat "keiner keinen vortteil fur dem andern, sondern da ist ein glaube, ein Christus, eine Tauffe"[4].

Türkennot im Südosten

Ziel vieler frommer Wallfahrten war das Heilige Land, in dem unser Herr und Heiland Jesus Christus lebte, wirkte und starb. Kurfürst Friedrich (III.) der Weise von Sachsen, der seinen Bibelprofessor Luther und dessen Anhänger schützte, war wie einer der ersten Tiroler Lutheraner, der Ritter und Bergwerksmitbesitzer Martin Baumgartner, auf Wallfahrt im Heiligen Land gewesen[5].

Seit Akkon, dieses letzte Bollwerk der Kreuzfahrer, 1291 gefallen war, mußte die islamische Herrschaft über Bethlehem, Nazareth und Jerusalem definitiv als Faktum hingenommen werden - innerlich bejaht wurde sie von der "Christianitas afflicta" freilich nicht. Seither waren Kreuzfahrerheere wiederholt zum Kampfe für die Rettung Südosteuropas vor den vorwärtsdrängenden muslimischen Scharen aufgeboten worden - freilich ohne jeden Erfolg. 1453 war Konstantinopel gefallen - die Hagia Sophia war zur Moschee geworden. Im beginnenden 15. Jahrhundert war wie an der Wende zum 16. Jahrhundert die türkische Macht entscheidend geschwächt - ein gemeinsames Vorgehen der Christenheit hätte die türkische Gefahr abwenden können. Aber von einem gemeinsamen Vorgehen der Christenheit konnte keine Rede sein - zu gravierend waren längst die Gegensätze.

---

2   D. Martin Luthers Werke, Kritische Gesamtausgabe (künftig WA), Bd.47, S. 235, Z.42-S. 236, Z.7

3   Ebd., S. 235, Z.6

4   Ebd., S. 235, Z.41f

5   Vgl. Peter F. Barton, Luther und unsere Länder, Tl. I-III, in: Martin Luther, Zeitschrift des Österreichischen Freundeskreises der Luther-Gesellschaft (künftig ML.Ö) 13/1979, S. 3-20, 14/1979, S. 17-36, 19/1982, S. 21-70; ders., Im Schatten der Bauernkriege, Die Frühzeit der Reformation in Österreich und Südostmitteleuropa (=1800 Jahre Christentum in Österreich und Südostmitteleuropa, Eine Einführung in seine Geschichte Tl.5), Wien/Köln/Graz 1984, Studien und Texte zur Kirchengeschichte und Geschichte (künftig StT), Bd.I/1/5; Oskar Sakrausky, Luther und Südosteuropa, Eine historische Besinnung, in: ML.Ö 20/1983, S. 3-24

1512 änderte sich nach der Ermordung des schwachen Sultans Bajezid
II. die Lage redikal. Sein Nachfolger wurde Selim I., der den massiven Angriff gegen Europa ermöglichte, indem er das asiatische Hinterland der Türkei eroberte: Mesopotamien, Syrien, Palästina und Ägypten.
Im Jahre der Veröffentlichung der "Fünfundneunzig Thesen", 1517,
wurde Sultan Selim der Strenge zugleich auch Kalif, damit auch die
höchste religiöse Symbolfigur des Islam. Unter seiner Herrschaft
standen orthodoxe Christen auf dem Balkan, in Griechenland, in Kleinasien, und Vertreter altorientalischer Kirchen, koptische, syrische,
armenische Christen.

Bis 1520 schien die türkische Gefahr dem Abendland nicht allzu groß:
Im Süden und Osten von Sachsen begann ja die Herrschaft des jagellonischen Königs Wladyslaw II.

Die Kooperationsmöglichkeit "getrennter Kirchen" in den Reichen
Wladyslaws II. bzw. Ludwigs II.

Wladyslaw II., König der Länder der St. Stephans- und St. Wenzelskrone, war ein schwacher Herrscher, der den Wünschen ungarischer
Magnaten fast immer nur mit der stereotypen Antwort "dobshe" ("gut")
begegnete und daher bald den Beinamen "Wladyslaw dobshe" erhielt.
Sein Herrschaftsgebiet war aber sehr groß: Böhmen, Mähren, Ober-
und Niederlausitz unterstanden ihm als König direkt, über die schlesischen Herzogtümer übte er die Oberherrschaft aus. Noch wichtiger
ist Altungarn mit Oberungarn (Slowakei) und dem Rechtsanspruch auf
die Zipser Städte, mit dem heutigen Ungarn, dem österreichischen
Burgenland, mit Kroatien bis zur Adria, mit den Banschaften in Serbien mit ihrem Vorort Griechisch-Weißenburg, mit der Karpato-Ukraine, mit ungarischen Ostgebieten (den nachmaligen "Partes") und
mit dem "Garten" Altungarns, Siebenbürgen. In diesem abendländischen
Reich lebten die christlichen Konfessionen miteinander, auch wenn
die Koexistenz nicht immer zu einer Proexistenz führte. Orthodoxe
Serben und Walachen lebten in den Südgebieten unter und mit katholischen Kroaten, Magyaren, Szeklern und "Sachsen", die das - später
generell von der Frühreformation geforderte - Recht auf automome
Pfarrerwahl besaßen. Der konfessionellen Pluralität entspricht in
Siebenbürgen die nicht spannungsfreie, aber doch kooperative Pluralität der "Nationen" als Rechtsgemeinschaften, die eine der Voraus-

setzungen der "Toleranz" bildete[6]. In Böhmen[7] standen den katholischen Deutschen und den wenigen tschechischen Katholiken die Utraquisten gegenüber, diese gemäßigten Erben der hussitischen Protoreformation, die ihren Namen nach dem ihnen wie später auch den evangelischen Christen selbstverständlichen Empfang des Abendmahls "unter beiderlei Gestalt" ("sub utraque specie") führten. Viele Zeitgenossen - auch Luther - meinten "Utraquisten", wenn sie von "Hussiten"sprachen. Auf dem Kuttenberger Landtag schloß 1485 die utraquistische Majorität mit der katholischen Minorität ein Übereinkommen. Seither leben auch rechtlich - wenngleich keineswegs friktionslos - in Böhmen, im "Herz" Mitteleuropas, zwei Konfessionen relativ friedlich-schiedlich nebeneinander. Wo aber zwei Konfessionen einander rechtliche Toleranz gewähren, kann auch für faktische Toleranz anderen Konfessionen gegenüber Raum sein.

In den Ländern der Böhmischen Krone gab es Anhänger der europäischen "Untergrundkirche" der Waldenser[8]. Eine in Böhmen relativ starke waldensische Gruppierung, die man "Pikarden" nennt, leugnete die leibliche Gegenwart Christi unter Brot und Wein im Heiligen Abendmahl. In Böhmen und Mähren existiert zudem seit 1467 die Brüderunität als Erbin der edelsten Anliegen der hussitischen Protoreformation. Erst 1494 rang sie sich dazu durch, gerechten Kriegsdienst, Eid in gerechter Sache und Übernahme politischer Ämter zu akzeptieren; zuvor mußten sich auch ihre adeligen Schutzherrn als Handwerker betätigen. Sie übt aber noch immer Wiedertaufe an denen, die aus einer anderen Kirche kommen, und strenge Kirchenzucht. Ihr Anliegen ist es auch, die Gebote der Bergpredigt zu erfüllen - nicht zürnen, nicht begehren, sich nicht scheiden lassen, nicht schwören, dem Übel nicht widerstehen, den Feinden Gutes tun.

---

6 Vgl. Ludwig Binder, Grundlagen und Formen der Toleranz in Siebenbürgen bis zur Mitte des 17. Jahrhunderts, Köln/Wien 1976, Siebenbürgisches Archiv Bd.11

7 Vgl. - noch immer unübertroffen - Rudolf Říčan, Das Reich Gottes in den Böhmischen Ländern, Geschichte des tschechischen Protestantismus, Stuttgart 1957; eine gute Literaturübersicht nun auch bei Erik Turnwald, Art. Böhmen und Mähren II, in: TRE Bd.6, 1980, S. 762ff, hier S. 769; Franz Machilek, Art. Böhmische Brüder, in: TRE Bd.7,1981, S. 1ff, hier S. 7f

8 Vgl. Amedeo Molnár, Die Waldenser, Geschichte und europäisches Ausmaß einer Ketzerbewegung, Berlin 1973

In Altungarn gab es zudem viele radikale Spirituales aus dem Minoritenorden, die für soziale Forderungen offen waren - und später oft Wegbereiter der Reformation wurden[9].

Kirchentrennung - Chance und Ärgernis

Die Koexistenz getrennter Kirchen bot eine Chance für ökumenische Kooperation und Toleranz. Es war aber gleichwohl ein Ärgernis, daß die Christenheit gespalten war; und keiner empfand dies stärker als Martin Luther. Eine Überwindung der Kirchentrennung war nur im Dialog möglich, im Dialog mit den "Griechen", den orthodoxen Christen, sowie den Vertretern der altorientalischen Kirchen. Ein solcher Dialog konnte aber sinnvoll und zielführend nur gewagt werden, wenn die Kirche des Westens davon absah, ihre liturgische Sonderentwicklung, ihre Weiterentwicklung des altkirchlichen Dogmas und zumal ihre Machtansprüche der Kirche des Ostens aufzuzwingen. Ein solcher Dialog war ein Anliegen der lutherischen Frühreformation. Noch vordringlicher wurde der Dialog mit Utraquisten, Brüdern und "Pikarden". Das Ärgernis der Kirchentrennung zu überwinden, war primär ein theologisches Anliegen der lutherischen Frühreformation..Bald sollte angesichts der neuen türkischen Offensive eine enge Kooperation der Kirchen, ein Arbeiten an der Vorbereitung kirchlicher Einigung auch aus politischen Gründen wichtig werden.

Süleyman II. und das Abendland

1520 übernahm der einzig überlebende Sohn Selims I., Süleyman II. der "Prächtige", der "Große", die Herrschaft. Er verlegte die Expansionsbestrebungen des türkischen Imperiums von Asien nach Europa. 1520 wurden die ungarischen Südgebiete überrannt, Griechisch-Weißenburg fiel. Die Christenheit war an anderen Fronten militärisch engagiert. Kaiserliche und spanische Truppen, Schweizer Söldner und die Soldaten des Medici-Papstes Leo I. kämpften erfolgreich gegen Franz I. von Frankreich um Mailand. Die Türken bedrohten

---

9 Vgl. Mihály Bucsay, Der Protestantismus in Ungarn 1521-1978, Ungarns Reformationskirchen in Geschichte und Gegenwart (StT Bd.I/3/1-2), 1977-1979 - Bucsay geht auf die neue ungarische Forschung ein (vgl. das Literaturverzeichnis StT I/3/1, S. 223-291), die vor allem seit dem Beitrag von Jenö Szücs, A Dózsaparasztháború ideológiája (Die Ideologie des Bauernkrieges Dózsas), in : Valóság 15/1972, H.11, S. 12-39, diesen Aspekt betont.

Rhodos, das 1522 fiel. Als der einzige Reformpapst der Lutherzeit, Hadrian VI., der Erzieher Karls (V.), unter Androhung schwerster Kirchenstrafen zur Abwehr der Türkengefahr einen dreijährigen Waffenstillstand erzwingen wollte, konterte Franz I. mit der Ankündigung, Hadrian werde das Geschick Bonifatius VIII., die Gefangennahme, teilen. Wenige Wochen vor seinem allzu frühen Tod 1523 mußte auch dieser Reformpapst in die abendländische Kriegspolitik "einsteigen". 1526 stellte sich bei Mohatsch Ludwig II. den Truppen Süleymans, ohne das Eintreffen böhmischer Kontingente abzuwarten. Neben demKönig sollen bei Mohatsch 7 Bischöfe, 28 Magnaten, 500 Adelige, 22.000 Mann gefallen sein. Zwei katholische Gegenkönige, Ferdinand I. und Johann I., standen einander in Waffen gegenüber. Zweimal zerschellte die große Westoffensive Süleymans an tapfer verteidigten Festungen - 1529 an Wien, 1532 an Güns. Aber ein blutiger Kleinkrieg ging weiter. 1540/41 wurde Süd- und Mittelungarn türkisch, Ofen für eineinhalb Jahrhunderte sogar Sitz eines Paschas. Luther wußte sehr wohl, daß türkische Streifscharen binnen dreier Tage in Sachsen einfallen konnten. Wie viele andere Zeitgenossen meinte er, in den letzten Zeiten zu stehen.

Wie kann eine ökumenische Annäherung der getrennten Kirchen erfolgen?

Dieser Frage (wenngleich nicht mit dieser Terminologie) stellte sich Luther oft. Die Antwort war ihm klar - nur durch eine verstärkte Hinwendung aller Christen zu Christus, zu "Christus allein". Gottes Wort muß "in Gesetz und Evangelium" ernstgenommen werden. Gottes Wort darf nicht durch eine Überfülle von "Menschensatzungen" überdeckt und damit entwertet werden.

Instanz gegenüber Kirche und Staat, gegenüber geistlicher und weltlicher Obrigkeit, bleibt - von Luther vor Kaiser und Reich in Worms eindrucksvoll artikuliert[10] - das an Gottes Wort gebundene Gewissen, gegen das - auf welche Autorität hin auch immer - zu handeln "weder sicher noch heilsam ist"[11]. Im Winter 1518/19 begann Luther im Machtanspruch des Papsttums das entscheidende Hindernis der Refor-

---

10 Barton, Frühzeit der Reformation, S. 118-123
11 WA, Bd.7, S. 825-898, hier S. 838, Z.4-8, S. 876, Z.11-S. 877, Z.6

mation zu sehen, die der dreieinige Gott durch sein Wort wirkt – denn für Luther ist ja nur einer Reformator: Gott allein. Luther begann, sich mit dem Gedanken vertraut zu machen, daß das Papsttum eine Manifestation des Antichrists ist – eine Erkenntnis die ihm sehr schwer fiel.

Im Juli 1519 mußte Doctor Martinus, durch seinen Gegner Johann "Eck" auf der Leipziger Disputation[12] trotz seines Widerstrebens darauf förmlich "festgenagelt", bekennen, daß sich auch Konzilien irren könnten und daß unter den vom Konzil zu Konstanz verurteilten Lehren Johanes Hussens auch wahre und richtige enthalten seien. Utraquisten wie Johannes Poduška, der Pfarrer an der Prager Teinkirche, und der Prager Probst Wenzel Roždalowský nahmen noch im Juli 1519 Kontakte zu Luther auf, schrieben ihm preisende Briefe und übersandten ihm die wichtige Hus-Schrift "De ecclesia". Als er sie in der Jahreswende 1520/21 las, erkannte er, daß es eine Kette von "Zeugen der evangelischen Wahrheit" über Staupitz – Hus – Augustinus bis hin zu Paulus gibt und rief aus:"Wir sind alle Hussiten, ohne es zu wissen"[13].

Schon zuvor war Martin Luther in seiner reformatorischen Hauptschrift "An den christlichen Adel deutscher Nation von des christlichen Standes Besserung" auf die Böhmischen Brüder, Waldenser und Utraquisten eingegangen[14]. Es sei für alle Seiten Zeit zur Vereinigung der Kirchen. Dazu müsse freilich zunächst das psychologische Klima geschaffen werden. Auf beiden Seiten müßten Lästerung, Haß und Neid aufhören. Dann müsse es zum Eingeständnis der Schuld kommen. Die römische Kirche solle bekennen, daß die Verbrennung Hussens ein Unrecht gewesen sei. Dabei müsse man gar nicht auf Hussens Lehrsätze eingehen, an denen er persönlich freilich nichts Irriges finden könne. Für den Unrechtstatbestand genüge es ja, daß das kaiserliche Geleit gebrochen worden sei. Denn jeder müsse doch wissen, daß es wider Gottes Gebot sei, Geleit und Treue

---

12 Barton, Frühzeit der Reformation, S. 127-129
13 L. Enders (Hg.), Martin Luthers Briefwechsel, Bd.2, 1885, S. 344, Nr.280; WA, Briefwechsel Bd.2, S. 40-42 (Luther an Spalatin, ca. 14.2.1520), hier S. 42, Z.24
14 Martin Luther, Studienausgabe, Berlin 1981ff (derzeit die beste Edition, künftig ML/StA), Bd.2, 1982, S. 152, Z.26-S.154, Z.7; WA, Bd.6, S. 456; Otto Clemen, Luthers Werke in Auswahl, Berlin

zu brechen. Endlich müsse es zu einer neuen Vorgehensweise den Irrlehrern gegenüber kommen - man solle sie mit Schriften, statt mit Verbrennen überwinden. Wäre es eine Kunst, Ketzer mit dem Feuer zu überwinden, wären ja die Henker die allergelehrtesten Doctores, die es auf Erden gebe. Durch fromme und verständige Bischöfe und Gelehrte solle man zunächst unter den derzeit noch unter sich uneinigen Erben der hussitischen Bewegung Einheit schaffen. Der Papst solle zumindest auf Zeit der Oberhoheit über sie entsagen[15]. Man müsse den Böhmen gestatten, aus ihrer Mitte einen eigenen Erzbischof für Prag zu wählen. Diesen sollte dann je ein Bischof aus den Nachbargebieten Mähren, Ungarn, Polen und Deutschland (konkret: Olmütz, Gran, Gnesen, Magdeburg) bestätigen. Niemand dürfe die Utraquisten zwingen, den Laienkelch aufzugeben.

Kirchenaufbau von unten nach oben

Noch betonter erhob Luther diese Forderung in seiner lateinischen Schrift zur Sakramentslehre "De captivitate Babylonica ecclesiae, Praeludium"[16] - und zwar ausdrücklich nicht nur betreffs der "Böhmen", sondern auch betreffs der "Griechen" - also sowohl um der Erben der hussitischen Protoreformation, als auch um der Erben der orthodoxen und altorientalischen Kirchen willen. Der Laienkelch sei ein wichtiges und nicht nur ein peripheres Anliegen[17]. Nur Tyrannei raube dem Sakrament seine Vollständigkeit, mit der es Christus eingesetzt habe. Die Alte Kirche habe sehr wohl den Laienkelch gekannt.

Freilich solle man nicht zur Gewalt greifen, um das verstümmelte Altarsakrament unter beiderlei Gestalt wieder herzustellen. Auch die in der Türkei gefangenen Christensklaven müßten sich ja oft mit dem "geistlichen Genuß", also mit dem Verlangen nach dem vollständigen Sakrament, begnügen[18]. Die Schuld an der Verstümmelung

---

1950, Bd.1, S. 411

15 Zu ML/StA, Bd.2, S. 152, Z.3f vgl. die Passage ebd. S. 154, Z.4ff

16 ML/StA, Bd.2, S. 168-259; WA, Bd.6, S. 503ff; Clemen, Bd.1, S. 433ff

17 ML/StA, Bd.2, S. 180ff

18 Ähnlich argumentiert Luther noch später, etwa in seinem für die Emigrationsbereitschaft so signifikanten Brief an Martin Lodinger vom 27.8.1532: WA, Briefwechsel Bd.6, S. 352

des Sakraments treffe nicht die Kommunikanten, sondern die römischen
Tyrannen. Die Wiedergewährung des Laienkelchs sei absolut nötig.
Man dürfe zudem nicht länger den Böhmen und Griechen vorwerfen,
sie seien Ketzer oder gottlose Schismatiker, vielmehr: "Ihr Römer
seid das!"[19]
Auf einen utraquistischen Vorstoß hin[20] entwickelte Luther 1523
in seiner Schrift "De instituendis ministris"[21] sein Konzept vom
Aufbau der Kirche "von unten nach oben"! Man bedürfe keines geistlichen Possenspiels. Jeder Hausvater müsse mit den Seinen das "Evangelium treiben" und, wo es unter den Geistlichen Wölfe statt Hirten
gebe, seine Kinder selbst taufen. Jeder getaufte gläubige Christ
sei ja Priester. Für die Gemeinde sollten jeweils wahre Kirchenälteste, wahre Presbyter handeln. Jeder Stadtrat solle bedenken,
daß, wo sich zwei oder drei in Christi Namen versammelten, der Herr
mitten unter ihnen sei. Zur Wortverkündigung seien würdige und tüchtige Leute zu wählen. Ihnen seien die Hände aufzulegen. Sie seien
der gesamten Gemeinde zu empfehlen - als wahre Bischöfe, Diener
am Wort Gottes und Pastoren. Freilich solle man niemand zu dieser
neuen Form zwingen - wie man ja auch den wahren Glauben nicht erzwingen könne. Den Widerstrebenden solle man ihre Freiheit lassen.
Jede Gemeinde solle für sich beginnen, aber das Beispiel der anderen
beachten. Gleichgesinnte Gemeinden sollten sich zusammenschließen.
Die von den Gemeinden gewählten Pastoren sollten aus ihrer Mitte
Vorsteher wählen, die Kirchen zu visitieren, bis die Kirche Böhmens
durch einen solchen Aufbau "von unten nach oben" zu einem wahren
evangelischen Erzbischofsamt gelange, das nicht an Geld oder Gut -
wohl aber an Aktivitäten im Dienste der Kirche - reich sei.

Ein tiefer Einschnitt in den ökumenischen Aktivitäten:
Martyrien evangelischer Christen

Als "De instituendis ministris Ecclesiae" im November 1523 im Druck
erschien, war freilich bereits ein Prozeß "in Gang gesetzt" worden,

---

19 ML/StA, Bd.2, S. 182, Z.26-29; WA, Bd.6, S. 505: "Si utri sunt
haeretici (et) schismatici nominandi, non Boemi, non Graeci
(quia Euangeliis nitu(n)tur) sed uos Romani estis haeretici,
(et) impii schismatici, quia solo uestro figmento praesumitis,
contra euidentes dei scripturas."
20 Vgl. hierzu: Barton, Frühzeit der Reformation, S. 136f
21 WA, Bd.12, S. 169-196

der die verhängnisvollsten Auswirkungen zeitigen sollte. Am 1. Juli 1523 hatte es die ersten evangelischen Blutzeugen, niederländische Augustinereremiten, gegeben. Seit 1524 wurden neben Geistlichen auch Laien lutherische Märtyrer[22]. Aufgrund des für ganz Altungarn, auch Siebenbürgen gültigen Ofener Landtagsbeschlusses 1523 gegen die Ketzer, der 1525 noch empfindlich verschärft wurde, wurde ein evangelischer Buchführer in Neusiedl bei Güssing Märtyrer. Wenige Wochen später starb aufgrund der Beschlüsse des Regensburger (Sonder)Konvents, der die konfessionelle Spaltung Deutschlands einleitete, der angesehene Wiener Bürger Kaspar Tauber als Blutzeuge Christi (17.9. 1524). In eine Phase ökumenischer Aktivität fiel nun offene Verfolgung. In der Eidgenossenschaft wie in Oberdeutschland schien die reformatorische Bewegung ihre eigenen Wege zu gehen. In zunehmendem Maße drohte die Reformation, die auch unter der Devise angetreten war, am Abbau der Kirchentrennungen mitzuarbeiten, neue Kirchentrennung im Gefolge zu haben. Märtyrer und Confessores waren in den Reichen Ludwigs II., Ferdinands I. und Matthäus Langs anzutreffen: Im Sohler Komitat wie in Vorderösterreich, in Ofen wie in Kärnten, in Salzburg, wo Georg Scherer ein so eindrucksvolles Bekenntnis hinterließ, wie in dem Grenzgebiet, in dem sich die Einflußbereiche Passaus, Bayerns und Österreichs überschnitten, bei Schärding wurde Leonhard Kaiser=Khäser Märtyrer[23]. Dieser Blutzeuge beeindruckte neben Tauber Luther am stärksten: Es gibt Blutzeugen Christi, deren Bekenntnis festgehalten werden soll. Das Martyrium, das Gott Martin Luther selbst verwehrte, wurde ihnen zuteil. Luther erschien Kaiser als das wahre Widerspiel zu den leider abgewerteten Martyrien der "Taufgesinnten"[24]. Das engagierte Miterleben dieser Martyrien prägte Luther zutiefst - und wenn es später bei Verhandlungen um Restitutionen ging - die andere Seite dachte dabei an die Restitution des zu evangelisch-kirchlichen Zwecken verwendeten "Kirchenguts" - , forderte Luther verbittert: Zuerst sollen sie uns aber Tauber und

---

22 Barton, Frühzeit der Reformation, S. 186ff; ders., Erste Martyrien, in: ML.Ö 22/1984, S. 19-31

23 Friedrich Leeb, Leonhard Käser (+ 1527), Ein Beitrag zur bayerischen Reformationsgeschichte, Münster 1928 (Reformationsgeschichtliche Studien und Texte, Bd.52, Quellenanhang hg.v. Friedrich Zoepfl)

24 Enders, Luthers Briefwechsel, Bd.6, S. 263, Nr.1324 (Luther an Link, 12.5.1528); WA, Briefwechsel Bd.4, S. 457

Kaiser restituieren!²⁵
Diese Martyrien, die der konfessionellen Auseinandersetzung eine neue Qualität verliehen, verstärkten noch die an sich schon starke eschatologische Komponente in Luthers Frömmigkeitsleben.

Eschatologische Perspektiven

Luther betete:"Komm, lieber Jüngster Tag!" Durch die Martyrien, die evangelische Christen seit 1523 um Christi willen erlitten, intensivierte sich Luthers Überzeugung von der antichristlichen Gewalt des Papsttums, nicht des einzelnen Papstes, der ein besonders gefährdeter Bruder bleibe. Seit Mohatsch 1526 verstärkte sich zudem seine Gewißheit von einer analogen Gewalt "des" Türken. Zuvor hatte er betont, daß man zuerst gegen die eigenen Sünden und nicht sogleich gegen den Türken als Gottes Zornesrute känpfen müsse. Diese in der Bannandrohungsbulle verkürzt als Irrlehre angeführte Anschauung gab er ebensowenig wie seine Ablehnung jedes Kreuzzuges ganz auf. Aber in Mohatsch sah er eines der "monstra", der Schreckenszeichen, das den Jüngsten Tag ankündige. Seit 1528²⁶ hämmerte er es ein, daß der Herr Christianus zu Buße, Demut, Furcht und erhörungsgewissem Gebet greifen, dann aber dem weltlichen Herrscher - hoffnungsvoll, aber in Verkennung von dessen fragwürdigen Prioritätssetzungen Herr Carolus genannt - in den Abwehrkampf gegen die Türken folgen müsse. Das weltliche Regiment habe zu schützen, aber keinen Glaubenskrieg zu führen. Der Türke, der Koran, der die drei Grundordnungen Gottes - die wahre Religion, die wahre Politia und die wahre Oikonomia - zerstöre, wurde Luther zu einer Konfiguration des "leibhafftigen Teuffels"²⁷. Über die Sorglosigkeit der Deutschen, über ihr "Schnarchen", war er erschüttert, über deren nur marginale Abwehrbereit-

---

25 Vgl. Peter F. Barton, Zur Wirkungsgeschichte Luthers in Österreich, in: Schriftenreihe des Evangelischen Bundes in Österreich 61/62(95/96)/1983, S. 3-17 - Zu Luthers Stellung zu dem evangelischen "Modellmärtyrer" Kaiser vgl. etwa WA, Tischreden Bd.5, S. 533, Nr.6198; WA, Briefwechsel Bd.4, S. 204f (Luther an Kaiser, Wittenberg 20.5.1527); WA, Bd.23, S. 442-476: Von Herrn Lenhard Keiser in Beiern, um des Euangelii willen verbrannt 1527 - Kaisers Bekenntnis: ebd. S. 454ff

26 "Vom Kriege wider die (den) Türken", 1528 begonnen, Vollendung und Druckfassung 1529 (daraus auch das Zitat bei Anm. 27)

27 WA, Bd.30/II, S. 126, Z.1f:"Aber wie der Bapst der Endechrist, so ist der Türck der leibhafftige Teuffel."

schaft empört[28]. Seit dem Vorstoß der Türken gegen Wien 1529 - Luther verfaßte "Eine Heerpredigt wider den Türken" - stand es für ihn fest, daß der Türke "der letzte und ergeste zorn des teuffels widder Christum" sei, auf den Jüngstes Gericht, Himmel oder Hölle folgen würden[29]. Daher müsse gegen den Türken gekämpft werden, aber freilich nur dann, wenn dieser angreife und die weltliche Obrigkeit somit einen Verteidigungskrieg führe. Dann aber falle jeder Christ als Märtyrer[30]. Eine Verwüstung Deutschlands dürfte Luther erst etwa zwei Generationen nach seinem Tode durch den "leibhaftigen Türken" erwartet haben. Aber die antichristliche Macht, die im Türken mächtig sei, sei noch evidenter im Papsttum vorhanden, in dessen Dienst sich der Kaiser stelle[31]. So stehen die Christen in apokalyptischer Not und eschatologischer Existenz zugleich:"Komen wir zum Türcken, so faren wir zum teuffel, Bleiben wir unter dem Bapst, so fallen wir ynn die helle"[32].

In dieser "endzeitlichen" Lage befanden sich die Christen zumal im Donauraum. Wie das Martyrium Kaisers 1527 der Zeile "Nehmen sie den Leib" in Luthers "Ein feste Burg" (1528) den spezifischen Klang verlieh, so prägte die neue türkische Großoffensive 1540/41 und der von Luther mit Gebet und Skepsis begleitete Gegenstoß des Reiches 1542 mit die Klangfarbe des im gleichen Jahre gedichteten Kinderliedes "Erhalt uns Herr bei deinem Wort, und steur' des Papsts und Türken Mord"[33].

Trost für die Angefochtenen

Den angefochtenen Christen im Donauraum hatte Luther nur zu oft

---

28 Reichstagsverhandlungen sahen 20.000 Mann und 4000 Reiter vor, Luther hielt mindestens je 50-60.000 Mann als Kampftruppe wie als Reserve für unumgänglich notwendig.

29 WA, Bd.30/II, S. 196, Z.20f

30 Ebd., S. 174, Z.3-27 (wie Anm. 29 aus der "Heerpredigt")

31 Luther an Jakob Propst, 10.11.1529, WA, Briefwechsel Bd.5, S. 175, Z.7-11: "Germania plena est proditoribus, qui Turcae favent. Ad haec mala accedit, quod Carolus Caesar multo atrocius minatur et saevire statuit in nos quam Turca. Sic utrumque Caesarem orientalem et occidentalem habemus hostem. Sic vindicatur evangelii contemptus et odium."

32 WA, Bd.30/II, S. 195, Z.23-S. 196, Z.2

33 Evangelisches Kirchengesangbuch Nr.201,4 bzw. 142,1 (in der Urfassung)

Trostbriefe zu schicken. Maria von Ungarn wurde im Gegensatz zu ihrer Schwester Isabella, die bereits 1524 das Abendmahl unter beiderlei Gestalt nahm, nie formell evangelisch. Aber sie sympathisierte im Gegensatz zu ihrem Gatten Ludwig II. mit Kirchenreform und Reformation, schützte auch nach 1526 auf ihren oberungarischen Besitzungen die Lutheraner und wählte noch 1528 den pointierten Lutheraner Johannes Heckel zum Beichtvater[34]. Schon 1526 hatte Luther der jungen Witwe "Vier tröstliche Psalmen"[35] gewidmet. Als sie 1531 die Regierung in den Niederlanden übernehmen mußte, übersandte ihr Luther einen schönen Trostbrief:

> "Was ist's nu, ob uns Leib und Leben, Vater und Mutter, Brüder, Königreich, Fürstentum, Ehre und Gewalt und alles, was man nennen mag auff Erden, entfället, wenn uns nur die Gnade bleibet, daß Gott unser Vater, sein Sohn unser Bruder, sein Himmel und Creatur unser Erbe, und alle Engel und Heiligen unsere Brüder, Vettern und Schwestern sind."[36]

Auch Luthers andere Trostbriefe stehen in einer guten Trostbrief-Tradition, aber erlangten sie nicht eine neue Qualität? Wenn Luther 1524 einem Haupte des obderennsischen Adels, Bartholomäus Starhemberg, der über den Tod seiner geliebten Frau Magdalena von Losenstein zutiefst verstört war, schrieb, er solle seinen Trost bei Gott und nicht beim "Seelengerät", bei Totenmessen und Vigilien, suchen[37]. Bartholomäus Starhemberg wurde daraufhin als einer der ersten oberösterreichischen Adeligen evangelisch.

Angefochtene Gewissen gab es auch im souveränen Erzbistum Salzburg, das politisch noch eng mit den Interessen des habsburgischen Imperiums verbunden war. Denn der Kanzler und politische Berater Maximilians I., Matthäus Lang von Wellenberg, vertrat in religionspolitischen Fragen durchaus die gleiche harte gegenreformatorische

---

34 Barton, Frühzeit der Reformation, S. 201, 146; Gernot Heiß, Politik und Ratgeber der Königin Maria von Ungarn in den Jahren 1521-1531, in: Mitteilungen des Österreichischen Instituts für Geschichtsforschung 82/1974, S. 119-180; Günther Probszt, Königin Maria und die ungarische Bergstädte, in: Zeitschrift für Ostforschung 15/1966, S. 621-703

35 Ps 37, 62, 94, 109; WA, Bd.19, S. 552-615, 666; WA, Briefwechsel Bd.4, Nr.1047

36 WA, Briefwechsel Bd.6, S. 194-197, hier S. 196, Z. 25-30

37 WA, Briefwechsel Bd.3, S. 342 (Sendbrief vom 1.9.1524); WA, Bd.18, S. 5-7

Haltung wie das Haus Habsburg oder Wittelsbach. Es gab Märtyrer, wie etwa Georg Scherer, dessen schönes Bekenntnis später Matthias Flacius Illyricus herausgab[38]. Heimliche Gottesdienste, heimliche Hausandachten, demonstratives Singen von Lutherliedern kam durchaus vor[39]. Bei den wirtschaftlich so wichtigen Gewerken und Montanexperten war man von seiten der Regierung auch bereit, ein Auge zuzudrücken. Was aber nicht erlaubt, sondern bei Todesstrafe verboten war[40], war der Empfang des Heiligen Abendmahles unter beiderlei Gestalt. So wandte sich Martin Lodinger aus Gastein in seiner Gewissensnot an Luther, ob er weiterhin die Eucharistie "sub una" empfangen müsse. Luther riet ihm, da wider Gewalt kein Rat sei, sich entweder mit der geistlichen Nießung zu begnügen, oder in ein Territorium auszuwandern, in welchem man das Heilige Abendmahl unverstümmelt empfangen könne[41]. Lodinger tat dies, veröffentlichte Luthers Brief und einen eigenen Appell an alle, doch seinem Beispiel zu folgen[42]. Selbst einer für die Reformation so wichtigen Adeligen wie der Witwe Dorothea Jörger, die für arme Theologiestudenten in Wittenberg Mittel für Stipendien zur Verfügung stellte[43], also gleichsam vor Jahrhunderten Anliegen des Martin-Luther-Bundes, Evangelischen Bundes, Gustav-Adolf-Werkes, vorwegnahm, half Martin Luther bei der richtigen Zusammenstellung der theologischen Aussagen ihres Testaments[43a].

Die "Entdeckung der Muttersprache"

Luthers Auftreten nahm die deutschsprachige Bevölkerung des "Süd-

---

38 Matthias Flacius Illyricus (Hg.), Des h. Merterers Christi Georgen Scherers letzte Bekenntnis... An die verfolgten Christen im Bistumb Saltzburg und Beiern, o.O., o.J. (1554)

39 Vgl. Barton, Luther, Bd.III - Zur Diskussion über die in den letzten Jahren erschienene Literatur zur Geschichte der Evangelischen in Salzburg vgl. ders., Die jüngste Literatur über die evangelischen Salzburger oder Das Ende des Ökumenischen Zeitalters? in: Jahrbuch der Gesellschaft für die Geschichte des Protestantismus in Österreich (künftig JGPrÖ) 97/1981, S. 175-212

40 Gerhard Florey, Geschichte der Salzburger Protestanten und ihrer Emigration 1731/32, Wien 1927 (StT, Bd.I/2), S. 28,39ff

41 Vgl. Anm. 18

42 Zwo Trostschriften, welche Martinus Lodinger ... geschrieben hat, 1563, vgl. WA, Briefwechsel Bd.6, S. 352

43 Ebd., Bd.6, S. 546; Bd.7, S. 60f

43a WA, Bd.6, S. 409, Z.90ff; WA, Briefwechsel Bd.7, S. 481

ostens" erstaunlich früh wahr. Sein Wormser Auftritt wurde alsbald in Österreich erörtert[44]. Die erste evangelische Kirchen- und Gottesdienstordnung wurde im Norden des Jagellonenreiches veröffentlicht[45]. In Hermannstadt wurden 1519 die ersten Lutherschriften gelesen - die ersten Studenten aus Wittenberg trafen 1522 in Siebenbürgen ein[46]. Adam Dyon in Breslau[47] und Hans Singriener in Wien[48] druckten seit 1519 reformatorische und antireformatorische Kampfschriften, darunter zahlreiche Lutherschriften.

Zwar entdeckte nicht erst Martin Luther die Muttersprache als Sprache der Religion, der Bibel oder der Literatur, aber erst durch ihn wurde die religiöse Literatur in der Muttersprache, in nichtdeutschen von der Reformation erfaßten Völkern die Literatur generell geschichtsmächtig!

Daß die deutsche Literatur erst durch Luthers Auftreten eine echte Breitenwirkung erzielte, wissen wir letztlich seit Rolf Engelsings schöner Studie "Analphabetismus und Lektüre"[49]. Vor Luthers Auftreten erschienen im Jahresdurchschnitt 40 deutsche Drucke bei einer Durchschnittsauflage von 500 Exemplaren, 1519 waren es bereits 111, 1523 sogar 498. Allein Luthers Schriften machten 1519 ein Drittel der gesamten Buchproduktion aus, 1523 noch ein Fünftel. Wenn

---

44 Der steirische Hammerherr Sebald Pögl an den Pfarrer von Mariazell mit Bericht über das Reichstagsgeschehen: "vill gelerttn und ander geben dem Luther seiner sach recht", vgl. Gustav Reingrabner, Protestanten in Österreich, Geschichte und Dokumentation, Wien 1981, S. 16

45 Barton, Frühzeit der Reformation, S. 153; die Elbogener Kirchen- bzw. Gottesdienstordnung 1522 ist publiziert bei: Aemilius Julius Richter, Die evangelischen Kirchenordnungen des 16. Jahrhunderts, Bd.1, 1846, S. 15-17; Karl Reissenberger, in JGPrÖ 2/1881, S. 61f

46 Barton, Frühzeit der Reformation, S. 148 - Zur Datierung der Predigttätigkeit des aus Schlesien stammenden ersten Predigers in Siebenbürgen vgl. Erich Roth, Die Reformation in Siebenbürgen, Ihr Verhältnis zu Wittenberg und der Schweiz, 2 Bde. Köln/Graz 1962-64 (Siebenbürgisches Archiv Bd.2 u.4), Bd.1, S. 20; Karl Reinerth, Die Gründung der Evangelischen Kirchen in Siebenbürgen, Köln/Wien 1979 (Studia Transylvanica Bd.5)

47 Barton, Frühzeit der Reformation, S. 147

48 Ebd., S. 124; A. Meyer, Wiens Buchdrucker-Geschichte 1482-1882, Bd.1, Wien 1883, S. 40ff

49 Zur Sozialgeschichte des Lesens in Deutschland zwischen feudaler und industrieller Gesellschaft, Stuttgart 1973,S.17,19f,23,26f u.ö.

man aber untersucht, wieviele Schriften insgesamt von Luther, Lutherfreunden und Luthergegnern 1523 verfaßt wurden, dann sind es von 498 Drucken nicht weniger als 428, die als Folge der "causa Lutheri" erschienen. Betrug im Jahre 1500 das Verhältnis von deutschen zu im deutschen Sprachbereich verlegten lateinischen Schriften noch 1:20, war es 1523 bereits 1:3! Die Auflagen stiegen: Luthers Septemberbibel erschien in einer Auflage von 5000 Stück und war in wenigen Wochen vergriffen[50]. Wir haben 1523 gewählt, weil in diesem Jahr die Einfuhr lutherischen Schrifttums nach Österreich und die reformatorische Buchproduktion in Österreich durch die Wiener Druckerei Singriener erschwert bzw. gestoppt wurde.

In der Reformationszeit wurde der deutsche Druck - und sei es nur als Flugschrift - zum wichtigsten Medium der geistlichen, der theologischen, der propagandistischen Auseinandersetzung. Am deutschen Buch ging in und seit der Reformationszeit kein Weg mehr vorbei. Wer die intellektuelle Führungsschicht in den Städten und Märkten, z.T. bereits auch in den Dörfern, gewinnen wollte, mußte sich der deutschen Drucke bedienen. Wenn wir uns ernsthaft mit der Reformationsgeschichte beschäftigen, werden wir auf das Klischee von der "von oben nach unten" erfolgenden Reformation, von der Fürstenreformation - zwecks Etablierung eines beschränkten Untertanenverstandes - etc. verzichten müssen. Denn in der Regel erfolgte die Reformation "von unten nach oben", was den deutschen Kultur- und Sprachbereich anbelangt. Hier bediente sich die Reformation nicht nur der Predigt und des Kirchenliedes in der Muttersprache - sie hat sich oft förmlich in die Herzen der Menschen hineingesungen - , sondern gerade des gedruckten Wortes. In Gebieten mit streng-katholischen Landesherrn geben die Visitationsprotokolle über die oft steppenbrandgleiche Verbreitung der reformatorischen Verkündigung Auskunft. Da gibt es Talschaften, in denen es der Regierung bereits um 1526 gelungen war[51], die wichtigsten evangelisch predigenden Pfarrer

---

50 Heinrich Bornkamm (hg.v. Karin Bornkamm), Martin Luther in der Mitte seines Lebens, Das Jahrzehnt zwischen dem Wormser und dem Augsburger Reichstag, Göttingen 1979, S. 85, Anm.57: Ein Exemplar kostete dabei je nach Ausstattung zwischen 1/2 und 1 1/2 Gulden!

51 Typisch ist etwa das Mürztal , wo Dietrichstein die beiden Sprecher des Luthertums, Dr. Wagner und Christoph Wagner in

auszuschalten, wo die Mehrzahl der Geistlichen gut-katholisch oder nach dem Schock von 1525/26 zumindest unauffällig und angepaßt war. Aber es gab eben doch ein oder zwei evangelisch predigende Priester, die nicht nur in ihrer Pfarrkirche oder Schloßkapelle evangelische Verkündigung trieben, sondern durch Verkauf, Verleih, Vertrieb reformatorischen Schrifttums an lesekundige Interessierte in anderen Dörfern die Verbreitung der Reformation, die Vermittlung biblischer Anregungen in der Muttersprache vornahmen[52].

Die zur Reformation hin offenen adeligen oder im Dienste des Landesherrn stehenden Familien - selbst wenn wie im Falle des Sachsengrafen Markus Pempfflinger[53] eine nahe Verwandte am Ofener Königshof als "leona lutteriana" gilt[54], oder wenn wie bei dem Landeshauptmann Siegmund von Dietrichstein[55] in seinem Patronatsbereich Villach evangelischer Gottesdienst ermöglicht wurde[56] - konnten entweder ihre eigenen evangelischen Geistlichen gegen den massiven Widerstand der mächtigen katholischen Landesherrn und Hierarchen nicht halten[57]

Bruck/Mur , vertreiben bzw. gefangensetzen mußte, während sich andere zurückzogen, vgl. Barton, Frühzeit der Reformation, S. 185

52 Im Mürztal etwa der Gesellpriester Andre, vgl. ebd., S. 186

53 Karl Fabritius, Pempfflinger Márk szász gróf élete (Das Leben des Sachsengrafen Markus Pempfflinger), Budapest 1875

54 Ebd., S. 23, Anm.3: Wertung Katharina Pempfflingers, einer Hofdame Marias, durch den Hauskaplan Ludwigs II.

55 Konrad v. Moltke, Siegmund von Dietrichstein, Die Anfänge ständischer Institutionen und das Eindringen des Protestantismus in Steiermark zur Zeit Maximilians I. und Ferdinands I., Göttingen 1970 (Veröffentlichungen des Max-Planck-Instituts für Geschichte Bd.29)

56 Walther Fresacher, St. Jakob in Villach, Rechtsgeschichte der Stadtpfarre, in: 900 Jahre Villach, Villach 1960, S. 344ff; Wilhelm Neumann, Zum Beginn der Reformation in Kärnten ..., in: Carinthia I/172/1982, S. 39-49, hier S. 40 - Der Villacher Student Georg Krainer, der 1517 in Wittenberg immatrikuliert war, wurde zudem 1527 durch Dietrichstein als Pfarrer zu Maria Gail installiert, wobei er sich verpflichten mußte, das "gotzwurt lawtter an allen zuesatz predigen und verkhunden" zu wollen, ebd., S. 41, Anm.9; vgl. auch ders., Villachs Studenten an deutschen Universitäten, in: 900 Jahre Villach, S. 243,246

57 Typisch ist etwa der Fall des von einem so mächtigen Adeligen wie Friedrich von Sa(a)lhausen als Pfarrer nach Bensen berufenen Michael Coelius, der 1524 fliehen mußte, später als Schloßprediger und Dekan zu Mansfeld über den Tod von Hans und Martin

oder mußten sogar in landesherrlichem Auftrag ihre evangelischen Glaubensbrüder vertreiben[58]. Wo sie zunächst - ab den 40er bis 60er Jahren wird sich die kirchenpolitische "Großwetterlage" grundlegend ändern - bleibenden Erfolg hatten wie etwa in Villach, hatten sie diesen nur dadurch, daß sie gegenüber der bereits evangelisch geprägten Bürgerschaft oder dem reformationsfreundlichen Rat "Verstärkerfunktion" ausübten.

Die evangelische Predigt wurde in den 20er Jahren oft rasch "ausgeschaltet". Was - allen strengen Verboten und harten Drohungen zum Trotz - nicht ausgeschaltet werden konnte, war die privat, im Freundeskreis, nicht zuletzt in bisweilen durch Postillenlesen zu Notkirchen umfunktionierten Schenken der Städte und Märkte vorgenommene Lektüre der durch Kaufleute, Buchführer, Studenten, Handwerker und Kleriker ins Land eingeschmuggelten reformatorischen Literatur. Diese emotionsgeladene Lektüre prägte sehr früh eine potentiell evangelisch gesinnte Fraktion der Bürgerschaft, die sich freilich in vielen Städten und Märkten oft erst nach drei Jahrzehnten durchsetzen sollte. Aber - um nur ein Beispiel anzuführen - bereits 1524 berichtete entsetzt der Ödenburger Stadtpfarrer dem Raaber Archidiakon:

"Es ist allgemein bekannt, daß die Bürger die lutherischen Bücher kaufen und lesen. Wenn sie in Schenken zusammenkommen, liest einer aus den lutherischen Schriften vor und die anderen, 10, 20 und auch mehr, hören zu, und dann schimpfen sie auf den Papst, die Kardinäle und andere also los, daß es eine Schande ist."[59]

Alle, auch jüngst vorgenommene Versuche[60], den evangelischen (lutherischen) Charakter solcher reformatorischer Lektüre zu bestreiten

---

Luther Bericht erstattete, vgl. Barton Frühzeit der Reformation, S. 152; WA, Bd.54, S. 489ff; WA, Deutsche Bibel Bd. 11/II, S. CXLVI

58 Vgl. Anm. 51

59 Heinrich Heimler, Friedrich Spiegel-Schmidt, Deutsches Luthertum in Ungarn, Düsseldorf 1955, S. 11

60 Vgl. etwa Winfried Eberhard, Konfessionsbildung und Stände in Böhmen 1478-1530, München/Wien 1981 (Veröffentlichungen des Collegium Carolinum Bd.38), S.280f, über Jan Karníček, den eindeutig "lutherischen" Pfarrer von Deutsch-Brod: "Dennoch kann dieser Pfarrer in Deutsch-Brod nicht als Lutheraner bezeichnet werden, da Luthers Lehre für ihn keine unbedingte(!)Verbindlichkeit besitzt. Er stellt vielmehr Luther in eine Reihe mit Erasmus, Oekolampad, Bugenhagen und Melanchthon als die zeitgenössischen christlichen Lehrer, die er ebenso anerkennt wie Hus und die

- mit dem Hinweis, man habe neben Luther auch Melanchthon, Ökolampad und Erasmus gelesen -, gehen an der Realität der bei aller lutherischen Prägung ökumenischen Offenheit der evangelischen Bewegung vorbei, in der generell im Südosten bis in die 50er Jahre, mancherorts noch Jahrzehnte länger, etwa ein Bullinger durchaus neben Luther stehen konnte[61].

Man sollte keine vorschnelle konfessionelle "Engführung" für die Frühzeit der Reformation im deutschen Sprachraum - von dem nichtdeutschen ganz zu schweigen - vornehmen. Aber es ist die Reformation, die dem deutschen Buch bis hin zu Rhythmus und Sprichwort ihren Prägestempel aufdrückte, und es ist das deutsche Buch, das die Reformation und das Leben der einzelnen prägte. Es scheint sich heute erfreulicherweise in der kunsthistorischen Forschung die Erkenntnis durchzusetzen, daß das, was man "Reformationskunst" nennt[62], eben schon vor 1517 ansatzweise oder recht ausgeprägt zu finden ist[63]. Die Zentrierung der reformatorischen Frömmigkeit auf den für uns gestorbenen und auferstandenen Herrn Christus, die die Reformation dann durch das vierfache "allein" ausdrücken wird - allein durch Christus, allein aus Gnaden, allein durch den Glauben, allein auf dem Boden der Hl. Schrift -, finden wir bereits etwa im Isenheimer Altar vorweggenommen, in der Kreuzigungs- und Auferstehungsszene, begonnen in dem gleichen Jahr, in dem sich der Bibelprofessor Luther

---

Kirchenväter. Alle zusammen aber stellt er unter die Kritik der Heiligen Schrift ... " - Vgl. dazu meine Rezension in: JGPrö 100/1984, S. 182f, hier S. 183

61 Die durch das Werk Roths (Reformation in Siebenbürgen) ausgelöste, nicht zuletzt von siebenbürgischen Gelehrten mit großem Elan geführte Debatte über das Verhältnis des "Schweizer" und "Wittenberger" Anteils an der Reformation in Südostmitteleuropa dürfte wohl generell zur Erkenntnis geführt haben, daß zumindest bis zur Jahrhundertmitte, häufig noch länger, Elemente der Theologie Bullingers usw. (man denke etwa an Primus Truber) durchaus in Theologie und Kirchenpolitik eines lutherischen Theologen und selbst Superintendenten Südostmitteleuropas integriert werden konnten.

62 Vgl. Peter F. Barton, Marginalien zur Kunst- und Kirchengeschichte des 15. und 16. Jahrhunderts, in: JGPrö 98/1982, S. 21-58, S. 32: zur Terminologie "Reformationskunst" bei Georg Dehio und Richard Hamann

63 Ebd., S. 32ff - Ähnlich Gerlinde Wiederanders-Strohmaier, Albrecht Dürers theologische Anschauungen, Berlin 1975

verstärkt mit der Hl. Schrift auseinandersetzte. Meister Matthis, der sich statt Nithart lieber Gothard nennen mochte, den die Nachwelt Grünewald nennen wird, dieser gerade in Würzburg wohlbekannte Altdeutsche Meister, war Hofmaler des Mainzer Erzbischofs: Ende 1526 erhielt er sein letztes Gehalt[64]. Gerüchte, daß er um allfälliger Verbindungen zu den aufständischen Bauern willen entlassen wurde, sind wohl nur Spekulationen[65]. Völlig verarmt, vom Hofmaler zum Seifensieder geworden, starb Grünewald am 1.9.1528 in Halle. Sein spärlicher Nachlaß zeigt seine geistliche Nahrung wie seine existentielle Prägung auf: Man findet neben einem Rosenkranz "viel schartecken lutherisch", darunter Drucke von 27 Lutherpredigten, sowie, sorgfältig in ein Kistchen verschlossen, Luthers "Septemberbibel"[66]. Für viele Künstler, Humanisten, Gelehrte, die zumindest kurzfristig im Südosten wirkten[67], ist bis weit in die Zeit der bis ins 17. Jahrhundert reichenden "Verlängerten Reformation"[68] eine solche, bei aller evangelischen Prägung, "ökumenische Offenheit" charakteristisch, die es etwa ermöglicht, daß im Kloster Garsten zwei Generationen lang evangelisch und katholisch gesinnte Mönche neben- und miteinander lebten, wobei Garsten durchaus die Funktion eines "Evangelischen Predigerseminars" mitübernahm[69]. Selbstverständlich ist diese für das 16. Jahrhundert erstaunlich große ökumenische Offenheit keineswegs ausschließlich auf die deutschsprachige Bevölkerung beschränkt.

Luther und die "Brüder"

Der Südosten - von Kursachsen aus gesehen - blieb mit allen seinen Implikationen immer im Gesichtsfeld Luthers - in ökumenischer, in

---

64 Barton, Marginalien, S. 38
65 So etwa Stephan Lachner, Grünewald, Bergisch-Gladbach 1967, S. 2
66 Barton, Marginalien, S. 38
67 Nachweis etwa für Albrecht Altdorfer vgl. Barton, Marginalien, S. 38ff
68 Dieser durch Pierre Chaunu geprägte Begriff ist für das Verständnis der Reformation außerhalb deutscher Duodezstaaten oder Schweizer Kantone schlechthin unentbehrlich. Man denke daran, daß die Reformation in der Standesherrschaft Loslau erst - 1619 begann, vgl. Othmar Karzel, Die Reformation in Oberschlesien, Ausbreitung und Verlauf, Würzburg 1979 (Quellen und Darstellungen zur schlesischen Geschichte Bd.20), S. 224ff
69 Vgl. Barton, Wirkungsgeschichte

eschatologischer, in pastoraler Hinsicht. Was Luthers Verhältnis zu Böhmen anbelangt, muß man es, wie Amedeo Molnár[70] jüngst betonte, "zu den leuchtendsten Seiten des reformatorischen Ökumenismus ... zählen". Beide Seiten - die Erben der hussitischen Protoreformation wie die Exponenten der lutherischen Reformation - blieben sich dabei ihrer Eigenständigkeit durchaus bewußt. Aber der Respekt voreinander war groß.

Im Mai 1521 urteilte bereits der eher zurückhaltende Brüdersenior Lukas von Prag über die Reformation:

> "Nach einigen Jahren erweckte Gott auch in deutschen Landen sehr hervorragende Prediger gegen so manche Verstümmelung und zum Untergang der Irrtümer des Antichrists. Was der Herr Gott daraus machen wird, liegt in seiner Macht."[71]

Luthers Bejahung des Verteidigungskrieges, sein Betonen der Realpräsenz Christi in, mit und unter Brot und Wein, seine Vorordnung der rechten Lehre vor dem exemplarischen Leben erschwerte freilich - bis zum Tode des Lukas von Prag 1528 - ein allzu enges Zusammengehen beider Seiten[72].

Aber dann schlossen sich die Brüder unter dem Einfluß des Jungbunzlauer Seniors Johann Horn-Roh enger an den Wittenberger Reformator an[73]. Die Zahl der böhmischen Studenten stieg - wie die aus anderen Gebieten der nachmaligen Monarchie - rasant: von 1520 bis 1530 von 29 auf 88. 1531 wurden die Schriften des Lukas von Prag nicht mehr für allgemein verbindlich erklärt. Luthers "Heerpredigt wider den Türken" wurde bereits 1530 in einem brüderischen Handbuch rezipiert[74]. Neben persönliche Beziehungen - ein Brüderherr zu Dohna wurde Pate von Luthers Sohn Martin - traten auch

---

70 Luthers Beziehungen zu den Böhmischen Brüdern, in: Helmar Jungshans (Hg.), Leben und Werk Martin Luthers von 1526 bis 1546, Festgabe zu seinem 500. Geburtstag, 2 Bde., Berlin 1983, Bd.1, S. 627-639, hier S. 627

71 Molnárs Übersetzung der Zweitauflage der tschechischen Schrift des Lukas, O rozličných pokušeních (Von vielerlei Versuchung), Jungbunzlau 1951, S.112

72 Barton, Frühzeit der Reformation, S. 141; vgl. auch František M. Bartoš, Das Auftreten Luthers und die Unität der Böhmischen Brüder, in: Archiv für Reformationsgeschichte 31/1934, S. 103-120

73 Molnár, Beziehungen, S. 635ff

74 Rudolf Rícan, Tschechische Übersetzungen von Luthers Schriften bis zum Schmalkaldischen Krieg, in: VJLR, S. 282-301, hier S. 295

bekenntnismäßige. Die Brüder arbeiteten ihre "Rechenschaft des Glaubens" unter dem Einfluß Luthers und Melanchthons um und versahen sie mit einer "Apologia" - beide Bekenntnisse wurden 1538 in Wittenberg mit einer Vorrede Luthers gedruckt. Amedeo Molnár urteilt so:

> "Durch die Wittenberger Ausgabe der lateinischen Fassung der Brüderkonfession erkannte Luther geradezu manifestartig die Brüderunität als Glied der Familie der Reformationskirchen an. Die Brüder blieben ihm dafür auf die Dauer dankbar ..."[75]

1534 hatten sie zudem die Wiedertaufe aus anderen Kirchen Eingetretener eingestellt. "Aus Luther schöpften sie eine Kräftigung ihrer evangelisatorischen Sendung"[76] - die Utraquisten wurden teils direkt durch die deutsche Reformation, teils durch die Brüdergemeinde erreicht[77]: Luthers "Wider Hans Worst"[78] wurde 1541 in dem von Jan Augusta herausgebrachten "Priesterspiegel" ausgiebig zitiert. Im Vorwort heißt es, einst seien die Deutschen die Erzfeinde der Tschechen gewesen, nun aber hätte die deutsche Reformation die Sache der Hussiten zu der ihrigen gemacht[79]. 1543 urteilte Augusta über Luther:

> "Ich habe manches mit Luther gemeinsam, denn er ist ein durch den Herrn Christus von den Irrtümern des Antichristen zur reinen evangelischen Wahrheit bekehrter Christ, wie auch ich, ein Diener und Prediger der Kirche, wie auch ich; ja er ist mehr als ich - ein größerer, vollkommenerer, erfolgreicherer, tapferer Streiter für die Kirche Christi. Überdies bin ich mit ihm und seinen Genossen in gute Bekanntschaft, Liebe, Freundschaft und in christliche Gemeinschaft gekommen."[80]

Nach Luthers Tod freilich, als, von Melanchthon mehr provoziert als verhindert, Lehrstreitigkeiten im lutherischen Lager ausbrachen, orientierten sich die tschechischen Evangelischen stärker an der reformierten als an der lutherischen Variante der Reformation - was auch für die Magyaren zutrifft.

---

75 Molnár, Beziehungen, S. 637
76 Vgl. ebd. im Anschluß an eine Passage Molnárs über die Anlehnung der Brüder an Bucer, der doch wohl primär als Lutheraner zu werten ist, nicht aber als Kronzeuge für "die Lehre der Reformierten" beansprucht werden sollte. Sicher ist dies Definitionssache. Aber muß nicht ein Unterzeichner der "Wittenberger Konkordie" als Lutheraner bezeichnet werden?
77 Říčan, Tschechischer Protestantismus, S. 98ff
78 WA, Bd.51, S. 461-572
79 Molnár, Beziehungen, S. 638
80 Ebd., S. 638f

Weltmission als Konzept, Bibel- und Katechismusübersetzung als Voraussetzung

Nicht erst heute gilt: "Eine Kirche, die nicht missioniert, demissioniert". Das Ziel der evangelischen Weltmission war in der Reformationszeit auf den Südosten gerichtet, auf den Südosten von Wittenberg aus gesehen. Tschechen, Slowaken, Polen, Magyaren, Kroaten und Slovenen sollte das Evangelium, sollte der Katechismus in ihrer Muttersprache verkündet werden, um dann Rumänen, Italiener, Griechen, endlich die Türken, die unter deren Herrschaft stehenden "Altorientalischen Kirchen" zu erreichen. Um den Orthodoxen das Verständnis der nach Gesetz und Evangelium zu interpretierenden Heiligen Schrift zu ermöglichen, war die lutherische Reformation sogar bereit, aus der "Confessio Augustana Invariata" eine "Confessio Augustana Variatissima" zu machen[81]. Die Mission im Südosten – das war für die Reformation primär auch eine Bibel- und Katechismusmission – wurde von keinem evangelischen Gebiet aus so stark gefördert, wie von Innerösterreich (Steiermark, Kärnten, Krain, Görz) aus, wo eine schwer angefochtene, unter gegenreformatorisch agierenden katholischen Landesherrn stehende "ständische evangelische Landeskirche" knapp zwei Generationen lang die bestimmende geistliche und geistige Größe war. Es dürfte kaum ein Zufall sein, daß nach der Zerschlagung dieser Landeskirche (1598-1600) durch Ferdinand von Innerösterreich, dessen Wahl zum König von Böhmen zwar nicht Anlaß, aber Ursache zum Dreißigjährigen Krieg werden sollte, ein adeliger Exulant aus Innerösterreich, Justinian Frhr. v. Wel(t)z[82], das, was im Südosten nicht mehr möglich war, auf die Mission in "Übersee" übertrug und so zum Protagonisten der evangelischen Weltmission werden sollte. Generell bedeutete in der Reformationszeit anderes Volkstum keine Barriere für das Vordringen biblischer und reformatorischer Bekenntnisse. Die Muttersprache wurde um der Verkündigung des Evangeliums willen gepflegt, eine fremde Muttersprache um dieser Verkündigung willen gesprochen und geschrieben. Ein Primus Truber, dieser "Deutschösterreicher" aus dem innerösterreichischen Krain

---

81 Auf diese Funktion der Variatissima hat der Münsteraner Kirchenhistoriker Robert Stupperich wiederholt hingewiesen.

82 Literatur siehe in: Die Religion aus Geschichte und Gegenwart, Bd.6, 1962, 3. Aufl., Sp.1634f

schrieb bei aller Liebe zur Heimat nicht um der Heimat willen, sondern um der Verkündigung des Evangeliums willen slovenisch[83]. Erst in der Gegenreformation wurde um der Bekämpfung der reformatorischen Verkündigung des Evangeliums willen die zutiefst unevangelische Gleichsetzung von Volkstum und Konfession vorgenommen, selbst wenn diese Gleichsetzung keine historische Legitimierung besaß, sondern erst zur Legitimierung der Liquidierung evangelischer Bewegungen dienen sollte. Erst dann sagte man etwa: "Der Kroate(Pole etc.) ist Katholik". In der Reformationszeit wurden Deutsche, Slowaken, Magyaren, Tschechen sehr tiefgreifend, Slovenen, Polen, Kroaten recht erheblich, Rumänen und Italiener nur marginal durch die reformatorisch interpretierte biblische Botschaft und die daraus resultierende neue Weltschau geprägt. Nur marginal: Diese Einschränkung sagt selbstverständlich über den oft immensen religiösen Tiefgang der einzelnen reformatorischen Christen der "nur marginal" von der Reformation erreichten Völker nichts aus. Denken wir nur an den großen lutherischen Minoritenprovinzial Baldus Lupetinus aus einer italianisierten kroatischen Familie, der nach fast einem Menschenalter standhaft ertragener Haft hingerichtet wurde, zuvor aber seinen Neffen Matthias Flacius Illyricus[84], der zur Rettung der Luthertums vor Philippistischer Verflachung doch erheblich beitragen sollte, zur Abwanderung nach Deutschland motiviert hatte.

Der literarische, kulturelle, geistige und geistliche Aufschwung, den Luthers Reformation bei den Völkern des Südostens bewirkte, mochten sie nun deutsch, slowakisch, slovenisch, kroatisch, polnisch, "schlonsakisch", magyarisch, italienisch sprechen, war überaus groß[85]. Daß oft die Reformation ungleich rascher in nichtdeutsch-

---

83 Vgl. die überzeugende Rezension über: Wilhelm Baum, Deutsche und Slovenen in Krain, Eine historische Betrachtung, Klagenfurt 1981 von Oskar Sakrausky in: JGPrÖ 100/1984, S. 189ff

84 Literatur vgl. bei Peter F. Barton, Matthias Flacius Illyricus, in: Marin Greschat (Hg.), Gestalten der Kirchengeschichte, Bd.6, Stuttgart 1981, S. 277-293

85 Vgl. Peter F. Barton, Die Luterische Reformation und die Gebiete der (nachmaligen) Habsburger-Monarchie, S. 156-192, sowie die anderen Beiträge in: Reformation und Nationalsprachen, hg. aus Anlaß der Luther-Ehrung der DDR v. Burchard Brentjes, Burchard Thaler, Halle 1983 (Wissenschaftliche Beiträge der Martin-Luther-Universität Halle-Wittenberg 1983/84)

sprachigen als in gemischtsprachigen Gebieten des Südostens erlosch, war mit eine Konsequenz der systematischen Vernichtung reformatorischen Schrifttums. Seit 1523 waren Besitz von und Handel mit evangelischem Schrifttum besonders streng verboten: Bücher und Flugschriften waren ja die sehr einflußreiche "papierne Kanzel" des Evangeliums. Lateinische und deutsche Bücher konnten, aus den Originaleinbänden gelöst, oft mit herausgeschnittenem Titelblatt, eingeschmuggelt werden - nie in ausreichender Zahl, immer sehr teuer, aber einzelne Exemplare konnten, soweit sie im "Ausland" gedruckt wurden, doch gelegentlich "nachbestellt", erworben - und in den viele Generationen währenden Notzeiten des Geheimprotestantismus verwendet werden. Das war bei den im habsburgischen Imperium gedruckten und nur für Teilgebiete dieses Imperiums bestimmten deutschen Büchern bereits kaum mehr der Fall: Von der von den Evangelischen Ständen Niederösterreichs und der Enns in der gigantischen Auflage von 7000 Exemplaren gedruckten Kirchen-Agende[86] wurden alle Exemplare bis auf 8 vernichtet! Das war bei den in weit geringern Auflagen verlegten nicht-deutschen und nicht-lateinischen reformatorischen Schriften erst recht der Fall. Sie konnten in der Regel nicht ersetzt werden, was den Fortbestand wie die Existenz der evangelischen Bewegung unter den von solchen gegenreformatorischen Maßnahmen auch in ihrem Kulturbezug schwerst geschädigten Völkern entscheidend hemmte und minderte. Der von Bullinger mitbeeinflußte[87] Krainer Reformator Primus Truber[88] verfaßte die erste innerösterreichische Kirchenordnung in slovenischer Sprache (1564) - nur ein Exemplar (im Besitz der Vatikanischen Bibliothek) blieb überhaupt erhalten. Für seine slovenischsprachigen Glaubensgenossen, das "arme, gemeine, gutherzig windisch Volk" übersetzte er während eines Exils in Rothenburg ob der Tauber Luthers "Kleinen Katechismus" - ein einziges

---

86 Herbert Krimm (Hg.), Die Agende der niederösterreichischen Stände vom Jahre 1571, in: JGPrÖ 55/1934, S. 3-64; 56/1935, S. 52-87; 57/1936, S. 51-70

87 Oskar Sakrausky, Theologische Einflüsse Bullingers bei Primus Truber, in: Heinrich Bullinger Festschrift, Zürich 1975, Bd.2, S. 177

88 Die slovenische Druckschrift ist Trubers wichtigste Erfindung, so daß seine Biographen von Elze bis Rupel ihm wie der lutherischen Reformation in globo die Aufwertung des Slovenischen zur Literatursprache zubilligen mußten.

Exemplar aus den beschlagnahmten Beständen ist noch erhalten[89].
Nur wenig besser steht es um Trubers Übersetzung des Neuen Testaments[90], das den Slovenen und Kroaten 1557 in geistlicher wie politischer Dienstbarkeit einen inneren Halt bieten sollte:

"Denn diese zwei Völker der windischen und crobatischen Länder erbarmen mich von Herzen; und wahrhaftig sollten sie einem jedem Menschen erbarmen – nicht allein deshalb, daß sie an der Türkengrenze sitzen und wohnen müssen und nirgend anders wo weiterziehen oder fliehen können, sondern daß der Türke den besten und größten Teil ihrer Länder eingenommen hat. Und täglich werden von ihnen viele durch die Türken niedergehauen, erwürgt, gefangen, mit Weib und Kind hinweggeführt, verkauft und in ewige, ja mehr als viehische Dienstbarkeit und zum schändlich unnatürlichen Gebrauch benützt. Vielmehr erbarmen sie mir auch deswegen, daß sie wenig oder gar nichts wissen, auch nicht recht gelehrt und unterwiesen werden über die nötigsten und tröstlichsten Stücke unseres wahren christlichen Glaubens, die einen jeden vernünftigen Menschen zu seinem Seelenheil und zum höchsten Trost in erster Linie zu wissen von Nöten sind."[91]

Hans Ungnad Freiherr von Sonnegk und Weißenwolff[92], der Landeshauptmann der Steiermark und oberste Befehlshaber in den windischen und kroatischen Grenzbezirken, der es trotz aller Huld Ferdinands I. in einem Lande nicht mehr aushalten konnte, in dem man gegen die Einsetzung Christi das Heilige Abendmahl nicht unter beiderlei Gestalt empfangen und die reine Lehre ohne Menschensatzungen lauter hören konnte, war nach Urach gezogen und finanzierte hier mit seinem Vermögen eine Druckanstalt für slovenische, kroatische (de facto, da auch glagolitische und kyrillische Lettern verwendet wurden, auch serbische) Bibeldrucke und Erbauungsbücher. Truber wurde sein wichtigster Mitarbeiter. Im Burgenland druckte Manlius, in Regensburg Burger, in Kärnten, in ober- und mitteldeutschen Städten druckten oft Namenlose reformatorische Literatur. Aber die Uracher Zentrale war wohl am bedeutendsten. Neben Stephan Consul Isterreicher war es zumal Georg Dalmatin, der für die Verbreitung slavischer Bibelübersetzungen und reformatorischer Literatur im Südosten Sorge trug[93]. 1581 erschien das erste in der Slowakei in slowakischer Spra-

---

89 Vorhanden in: Österreichische Nationalbibliothek Wien
90 Sakrausky, Luther und Südosteuropa, S. 17ff
91 Truber, Vorrede zum 1. Teil des Neuen Testaments, 1557 (teilweise freie Wiedergabe)
92 Zuletzt: Bernd Zimmermann, Türkenheld und Glaubensstreiter, Hans Ungnad, Freiherr von Sonnegg, in Glaube und Heimat, Evangelischer Kalender für Österreich 36/1982, S. 77-82

che gedruckte Buch - die durch den Schulmeister Severin Scultetus
übersetzte und publizierte Fassung von Luthers "Kleinem Katechismus". In Böhmen erschien übrigens im gleichen Jahr eine tschechische Übersetzung[94]. Erst recht muß das magyarische Neue Testament
des Johann Sylvester[95] aus dem Jahre 1541 erwähnt werden. Besonders
beeindruckend ist es, daß viele - auch Siebenbürger Sachsen, bei
denen Konfession, Kultur und Volkstum besonders eng verzahnt waren
- aus ihrem Wurzelboden freiwillig heraustraten, etwa der Sachse
Caspar Helth (Heltai), der 1543 in Wittenberg studiert hatte, sich
der magyarischen Bibelübersetzung, Literatur und Kultur als Pfarrer
und Buchdrucker zu Klausenburg zuwandte. Freilich konnte eine solche
Öffnung auch destabilisierend wirken: So wurde Heltai erst Calviner,
dann - wie sein Schicksalsgefährte Davidis - Antitrinitarier.

Die Honterus-Druckerei, deren Publikationen in Siebenbürgen so unerhört wichtig werden sollten, verließ bei aller ökumenischen Weite
den konfessionellen Standort eben nicht!

Der stille Dienst in der zur Diaspora gedrückten Christenheit

Von den oberungarischen Holzkirchen bis zu den sächsischen Kirchenburgen, von den als "heidnisch" diffamierten "Freiluft-Notkirchen"
in Österreichs Gebirgstälern bis zu den Buschkirchen Schlesiens
wurde das Wort Gottes, sorgsam nach "Gesetz" und "Evangelium" befragt, gepredigt. Die Lehre Luthers ermöglichte das reibungslose
Zusammenleben von Christen verschiedener Zunge. Die Zeit der Reformation währte in dem Gesamtraum über ein Jahrhundert, auch wenn
sie permanent von der Gegenreformation und Katholischen Reform begleitet und in manchen Gebieten, immer in einer auch faktischen
Illegalität verharrend, nur extrem kurz geschichtsmächtig war. Fast
generell - und das macht die Reformationszeit in diesem Teile Europas so interessant - erfolgte hier die Reformation "von unten
nach oben" - alle Klischees von einer Fürstenreformation sind hier
nicht praktikabel, und auch eine oft unterstellte Adelsreformation

---

93 Vgl. u.a. Bernhard Hans Zimmermann, Die Bedeutung Wiens für
    die Reformation und Gegenreformation bei den Kroaten und Slowenen, Beiträge zur Geistesgeschichte des nahen Südosteuropa,
    in: JGPrÖ 65/1944/45, S. 21-53
94 Literatur bei Sakrausky, Luther und Südosteuropa, S. 10-14
95 Bucsay, Protestantismus in Ungarn, Bd.1, S. 80ff

war hier, so wichtig sie war, nicht die beherrschende Größe. In Salzburg wie in anderen Gebieten, wo es keinen starken protestantischen Adel gab, scheint die lutherische Bewegung kaum schwächer gewesen zu sein. Ich erwähnte den Begriff der "faktischen Illegalität", die die Ausweisung, Deportation etc. der wichtigsten Lutheraner mit sich brachte. Sie war gefährlich und letztlich existenzbedrohend. Die bloß "rechtliche Illegalität", wie sie in den meisten landesfürstlichen Städten gegeben war, reichte auf die Dauer zur Ausschaltung des Luthertums nicht aus, selbst wenn wie in Wien 1526 oder in der Stadt Salzburg 1523 durch Abänderung der Stadtfreiheiten dies wahrscheinlich schien. Wien hatte 1578 in Christoph Huetstocker, Salzburg 1569-1572 in Wolf Dietrich Füller einen deklarierten Lutheraner als Bürgermeister (das Füllersche Portal mit Kelch und Lutherrose ist heute noch zu sehen)[96].

Was neben den Phänomenen Ökumenizität, Bibelbezogenheit, Überwindung der Schranken des Volkstums, Reformation von unten her, Ertragen rechtlicher Illegalität noch auffällt, kann nur fragmentarisch angedeutet werden.

Zunächst etwa die Überfülle des halb unfreiwilligen Exports an Theologen, Gelehrten, Künstlern, Fachleuten aller Art bis hin zu Finanziers wie Zacharias Geizkofler. Einst hatten sich evangelische Kirchenhistoriker mit der heute wohl unhaltbaren Hypothese auseinanderzusetzen[97], die evangelische Bewegung sei dem Volkscharakter nicht gemäß gewesen und nur durch landfremde Theologen eingeschleust worden – die protestantische Forschung war zu sehr auf die Namen derer fixiert gewesen, die in einem bestimmten Territorium hatten bleiben können. Heute ist das anders – die immer noch umfangreichste Geschichte des Protestantismus in Altösterreich, die von Georg Loesche, widmet etwa der Reformation in Vorarlberg nur zwei Seiten und nennt nur zwei Namen. Wer die letzte große Geschichte Vorarlbergs, die Benedikt Bilgeris, in die Hand nimmt, dem gehen fast die Augen

---

96 Nora Watteck, Streiflichter auf das protestantische Bürgertum in der Stadt Salzburg, in: Friederike Zaisberger (Hg.), Reformation – Emigration, Protestanten in Salzburg, Ausstellung Goldegg 1981, Salzburg 1981, S. 64-68 (Abb. S. 67)

97 Generell etwa bei: Ernst Tomek, Kirchengeschichte Österreichs, 3 Bde., Innsbruck 1935-1959

über, in welch hohem Maße Vorarlberg ein Exportland evangelisch gesinnter Priester für die Schweiz, das Elsaß, Oberdeutschland und selbst - man denke nur an Bartholomäus Bernhardi - Mitteldeutschland war. Ein Speratus, ein Cordatus in der Frühzeit der Reformation - ihnen war oft nur ein kurzes Wirken in Südostmitteleuropa geschenkt. Wie reich wurden andere europäische Staaten dadurch, daß sie weichen mußten!

Zum andern: Spätestens seit Dietrich Bonhoeffer ist das Wort von der "billigen Gnade" allgemein bekannt. Gerade in den restriktiveren Zeiten der Spätreformation war für die, die - verbotenerweise - oft stunden- und tagelang zum Heiligen Abendmahl "auslaufen" oder zur Ermöglichung der Hausandacht die Schranken des Analphabetentums überwinden wollten, die Gnade, das Evangelium, wirklich nicht billig, von den Immigrationen, Emigrationen, Transmigrationen mit den ungeheuerlichen Todesraten, mit dem Zerreißen der Familien etc. - denken wir etwa an Erich Buchingers erschütternde Untersuchung "Die 'Landler' in Siebenbürgen"[98] - ganz zu schweigen.

Zum dritten: Was besonders erstaunlich ist, ist die kaum faßbare Liebe der Lutheraner zur weiteren und zur engeren Heimat und zu dem sie verfolgenden Herrscherhaus. Bergwerksunternehmer, Montanspezialist und Verteiler evangelischen Schrifttums war der Gewerke Hans Steinberger in Kitzbühel, der für die Knappen in seinem Haus Hausandachten hielt - von seinen 469 Büchern sind 261 evangelisch (1569). Er mußte das Land Ferdinands II. von Tirol verlassen und zog in das Ferdinands II. von Innerösterreich. Als 1599 die Gegenreformation in Schladming losbrach, wurde er eingekerkert, dann vertrieben. Er verließ aber nicht die habsburgischen Lande - sondern wirkte nun in Niederösterreich und Oberungarn (also der heutigen Slowakei). Was ferner in Südostmitteleuropa auffällt, war ein - gemessen an anderen Territorien - erstaunlich hohes Maß an interkonfessioneller Toleranz - vom Zusammenleben evangelischer und katholischer Mönche in Garsten, über ein gutes Zusammenwirken lutherischer und calvinischer Herren in Oberösterreich, dem Be-

---

98 Vorgeschichte, Durchführung und Ergebnis einer Zwangsumsiedlung im 18. Jahrhundert, München 1980 (Buchreihe der Südostdeutschen Historischen Kommission Bd.31); vgl. dazu meine Rezension in: JGPrö 97/1981, S. 232f

kenntnis des Bischofs Georg IV. Agricola von Seckau 1574, daß er ohne das Eintreten des lutherischen Adels das Kirchengut seiner Diözese (primär an den katholischen Landesherrn) eingebüßt hätte, bis hin zu dem Garten Gottes, Siebenbürgen, wo es auf den Thorenburger Landtagen 1557 (und nach dem Übertritt des katholischen Landesherrn Johann Sigismund zum Antitrinitariertum 1568) zur Gleichberechtigung der Konfessionen Reformiertentum, Luthertum, Katholizismus (und Antitrinitariertum) kam.

Die Reformation verbreitete sich in den Ländern Ferdinands I., Matthäus Langs und (den Nachfolgestaaten) Ludwigs II. erstaunlich rasch. Wenn man von dem umkämpften Kroatien und Vorderösterreich - nach der blutigen und furchtbaren Niederlage der dortigen evangelisch gesinnten Bauern 1525/26 - absieht, erreichte die Reformation für freilich oft nur kurze Zeit allenthalben die Mehrheit. Es erscheint mir weder sinnvoll noch wissenschaftlich, daß dies heute zumal die amerikanische Historiographie bestreitet. In der jüngsten Darstellung über Luthers Beziehungen zu Altungarn (in Altösterreich könnten die Verhältnisse ähnlich gewesen sein) schreibt Tibor Fabiny[99]: Bis zu Luthers Tod 1546 sei die Hälfte, bis zu Melanchthons Tod 1560 zwei Drittel der Bevölkerung des Karpatenbeckens für die lutherische Reformation gewonnen worden, und es habe nur mehr drei katholische Magnatenfamilien gegeben. Wie alle wichtigen historischen Phänomene ist auch dieses polykausal, aber am wesentlichsten erscheint doch das Motiv, das Luther am 8.April 1535 in einem Schreiben an Dorothea Jörger artikulierte:

> "Es gehet, wie die schrifft sagt"(1. Kor 11,21), "Ettlich hungern, ettlich sind truncken truncken. Bey euch ist hunger vnd durst zum wort Gottes, Bey vns ist mans so satt vnd vberdrussig (vnter vielen), das es Gott verdriessen mus. Wolan, die wellt ist wellt, Gott helff vns allen."[100]

Der Zusammenbruch der weltgestaltenden lutherischen Reformation um 1535 und der bei weitem weniger anspruchsvollen Reformation im Südosten wenige Jahrzehnte später erfolgte primär durch weltliche Gewalt, aber eben nicht nur durch Gewalt. Es blieb, wie oft in der Heils- und Kirchengeschichte, ein "Rest". Ob es immer ein "heiliger

---

99 Luthers Beziehungen zu Ungarn und Siebenbürgen, in: Junghans, Luther-Festgabe, Bd.1, S. 641-646, hier S. 642

100 WA, Briefwechsel Bd.7, S. 172, Z.4-7

Rest" war? Der Zusammenbruch hatte auch geistliche Ermüdungserscheinungen als Voraussetzung. Wolle Gott, daß nicht einmal die Kirchengeschichte über uns, die wir im Südosten leben oder aus dem Südosten kommen, ein Urteil fällt, das ebenso klar und vernichtend ist wie das Luthers über seine "lieben Deutschen".

RÉSUMÉ

Martin Luther et la région du sud-est

Le sud-est est défini dans ce cas à partir des lieux d'activité de Luther, à savoir Erfurt et Wittenberg. Ce sont les royaumes de Matthäus Lang, de Ferdinand I, de Ludwig II, de Süleyman le magnifique et en outre les domaines de la dite "vieille église orientale". Dans le cas du sud-est Luther ne voyait qu'une solution oecuménique. Pour Luther il n'était possible de surmonter la scission de l'église que dans un esprit oecuménique, en se référant au message du Christ et en écoutant humblement la parole authentique de Dieu.

Il s'ensuit que les traditions particulières de l'église romaine occidentale, à plus forte raison le pouvoir juridictionnel du Pape, n'étaient plus considérées comme "conditio sine qua non". Après que Luther, soucieux d'enrayer le mouvement de scission, eut èlaborè l'idée d'une église organisée "de bas en haut", eurent lieu les premiers martyres de chrétiens protestants, en particulier dans le sud-est. Ces martyres provoquèrent en fait le schisme définitif.

L'organisation des églises protestantes dans la région du sud-est fut l'oeuvre des bourgeois et des paysans, des prêtres et des nobles. Dès le départ, ils se heurtèrent à la contre-réforme soutenue par les princes. Cependant là où le mouvement protestant a été repoussé dans la clandestinité, il a gardé pour les populations du sud-est une très grande importance littéraire et culturelle. La découverte de la langue maternelle comme moyen littéraire de transmettre la parole divine ou de célébrer les offices religieux suscita un large épanouissement intellectuel et éleva le slovène au rang de langue littéraire.

La diffusion d'écrits réformateurs dans les différentes langues nationales se fit avant tout pour des raisons religieuses et non politiques. Là où les sources littéraires tarissaient, par suite de la confiscation des écrits réformateurs, la situation des églises protestantes, déjà menacées de toute part, devenait très précaire.

Martin Luther chercha à soutenir les chrétiens du sud-est par des rapports, des lettres, des exhortations et il prétendait que leur soif de la parole de Dieu était bien plus grande que dans les "églises nationales" saturées. En est-il toujours de même aujourd-hui?

SUMMARY

Martin Luther and the South-east

South-east means here as seen from Erfurt and Wittenberg: it is the domains of Matthäus Lang, Ferdinand I, Ludwig II, Süleyman the Splendid and beyond into the territory of the so-called "old oriental churches". Luther gained sight of the ecumenical challenge, when looking south-east. He considered it only possible to overcome church divisions through resorting to confessing Christ and obedient listening to the undistorted Word of God. This included seeing the special traditions of the Roman Catholic Western Church no longer as conditiones sine quibus non, particularly the papal power of jurisdiction. When Luther developed the concept of church structure "from bottom to top" in order to hem church division, the first Protestant martyrs arise, particularly in the South-east, thereby contributing to a new church schism through the Reformation.

The Protestant church was organised among the peoples of the South-east by city and country dwellers, clergy and nobility. From the start it had to confront the counterreformation led by the princes. Even where the Protestant movement was driven underground it was of unprecedented cultural and literary significance for the southeastern nations. The discovery of the vernacular for Bible translation and liturgy led to considerable spiritual and intellectual flourishing of mother tongues, with Slovenian, for example, becoming a language of literature. The spreading of reformation writings in the respective local languages occurred primarily for religious reasons, rather than patriotic ones. Where the confiscation of Protestant books meant the entire loss of new literature, the Protestant churches - under enough threat everywhere - were in jeopardy.

Martin Luther took up the position of the south-eastern Christians in reviews, letters and expressions of condolence, claiming that their hunger for the Word of God was greater than that of the saturated German regional churches. Can this be said today as well?

MELANCHTHONS BEZIEHUNGEN ZUM DONAU-KARPATEN-RAUM BIS 1546

Heinz Scheible

Die Begrenzung "bis 1546" verlangt eine Begründung. Mit Luthers Todesjahr hat sie nichts zu tun, sondern kam zufällig zustande. Die Absicht meiner Ausführungen ist, den Ertrag vorzuführen, den die von mir herausgegebene Gesamtausgabe des Briefwechsels Melanchthons[1] für die Reformationsgeschichte Ungarns, wozu auch Siebenbürgen und die heutige Slowakei gehörten, erbringt. Von dieser Ausgabe ist im September 1983 der vierte Regestenband erschienen, der bis 1546 reicht. Ich halte es für sinnvoller, ins einzelne zu gehen und dabei auch weniger bekannte, zum Teil neue Quellenzeugnisse und Datierungen zu berücksichtigen, als die spätere Zeit, die noch nicht völlig durchgearbeitet ist, überblicksmäßig mit einzubeziehen[2]. Drei umfangreiche Briefe aus dem Jahre 1559 von

---

1   Melanchthons Briefwechsel, Kritische und kommentierte Gesamtausgabe, im Auftrag der Heidelberger Akademie der Wissenschaften hg. v. Heinz Scheible, Bd. 1-4: Regesten 1-4529 (1514-1546), Stuttgart-Bad Cannstatt 1977-1983. Auf diese Ausgabe (abgekürzt: MBW) beziehen sich die im Text zitierten Nummern.

2   Einige neuere Arbeiten seien ohne Bewertung in chronologischer Reihenfolge genannt: Jenö Sólyom, Melanchthonforschung in Ungarn, in: Luther und Melanchthon, hg. v. Vilmos Vajta, Göttingen 1961, S. 178-188; Erich Roth, Die Reformation in Siebenbürgen, 2 Bde., Köln/Graz 1962-1964 (Siebenbürgisches Archiv Bd. 2 und 4); Endre Kovács, Melanchthon und Ungarn, in: Philipp Melanchthon, Humanist, Reformator, Praeceptor Germaniae, Berlin 1963, S. 261-269; Ludwig Binder, Die frühesten Synoden der evangelischen Kirche in Siebenbürgen, in: Geschichtswirklichkeit und Glaubensbewährung, Festschrift für Bischof Friedrich Müller, hg. v. Franklin Clark Fry, Stuttgart 1967, S. 220-244; István Borzsák, Zur Frage der Rezeption Melanchthons in Ungarn, in: Studien zur Geschichte der deutsch-ungarischen literarischen Beziehungen, hg. v. L. Magon u.a., Berlin 1969, S. 52-69; Wilhem H. Neuser, Melanchthons Abendmahlslehre und ihre Auswirkung im unteren Donauraum, in: Zeitschrift für Kirchengeschichte 84/1973, S. 49-59; Ludwig Binder, Melanchthon in der siebenbürgischen evangelischen Kirche, in: Theologische Literaturzeitung 102/1977, S. 1-22; Mihály Bucsay, Der Protestantismus in Ungarn, Teil I, Wien 1977; Ludwig Binder, Die Reformation, in: Geschichte der Deutschen auf dem Gebiete Rumäniens. hg. v. Carl Göllner, Bd. 1, Bukarest 1979, S. 122-137,

Matthias Hebler und den in Hermannstadt versammelten Pfarrern sowie
von Caspar Helt in Klausenburg - wichtige Dokumente zu den Lehrstreitigkeiten in der siebenbürgischen Kirche - wurden von mir den
Herren Gündisch und Reinerth zur Vorauspublikation überlassen und
sind 1979 erschienen[3]. Diese Kämpfe der 1550er Jahre bedürfen einer
eindringlichen theologischen Analyse, die in dem vorgegebenen zeit-
lichen Rahmen nicht geleistet werden kann. Ich befasse mich also
nur mit den früheren Beziehungen Melanchthons zum Donau-Karpaten-
Raum.

I

Daß Melanchthons Sympathie für Ungarn von seinem Elementarlehrer
Johannes Hungarus erweckt worden sei, wie Wilhelm Fraknói für zweifelsfrei hält[4], ist nicht richtig. Dieser Johannes Unger stammte
wie Melanchthons Großmutter aus Pforzheim, wo der Name schon 1411
belegt ist[5] und das Geschlecht noch heute blüht (als Ungerer).

Ein erster Berichterstatter über Ungarn dürfte Melanchthons vier
Jahre älterer Pforzheimer Lateinschulfreund Simon Grynaeus gewesen
sein. Dieser schwäbische Bauernsohn ging nach Studium und Lehrtätig-
keit in Wien nach Buda, wo er seit spätestens Juni 1521 Schulrektor
bei der St. Georgs-Kapelle an der königlichen Burg und Bibliothekar

---

S. 399-401; Karl Reinerth, Die Gründung der evangelischen Kirchen in Siebenbürgen, Köln/Wien 1979(Studia Transylvanica Bd. V);
Ute Monika Schwob, Artikel "Melanchthon", in: Biographisches
Lexikon zur Geschichte Südosteuropas, Bd. 3, 1979, S. 153-155;
Paul Philippi, Luthers umstrittenes Erbe in Wittenberg und
in Kronstadt, Ein neues Dokument über Titus Amicinus, in: Gefördert und gesegnet, Die Kirche der Siebenbürger Sachsen und
ihr lutherisches Erbe, Festschrift zum 500. Geburtstag D. Martin Luthers, hg. v. Hermann Pitters und Gerhard Schullerus,
Sibiu-Hermannstadt 1983, S. 101-116; Hermann Pitters, Luther
und die Anfänge der Reformation in der siebenbürgisch-sächsischen Kirche, in: ebd., S.37-57

3   Gustav Gündisch, Zur Vorgeschichte der Spaltung im siebenbür-
    gischen Protestantismus, in: Kirchliche Blätter (Hermannstadt),
    2/1974 Nr. 11, S.3-5; Gustav Gündisch, Karl Reinerth, Melan-
    chthon und die Spaltung im siebenbürgischen Protestantismus,
    in: Zeitschrift für Siebenbürgische Landeskunde 2 (73)/1979,
    S.1-15; Reinerth, Kirchen in Siebenbürgen, S. 261f

4   Wilhelm Fraknói, Melanchtons Beziehungen zu Ungarn, Budapest 1874,
    S.6 - Das in dieser insgesamt hilfreichen Zusammenstellung dar-
    gebotene Material darf nicht ungeprüft übernommen werden, da
    viele Daten falsch sind.

der reichhaltigen Corvinus-Bibliothek war[6]. Sein Schulkollege war der 20jährige Franke Veit Örtel aus Windsheim[7]. Leutpriester an der Burgkapelle war der 1488/90 in Buda geborene Johannes Kresling[8]. An der benachbarten Stadtpfarrkirche St. Marien predigte der schon über 40jährige Oberösterreicher Conrad Cordatus, den mit dem lebenslustigen Grynaeus eine enge Freundschaft verband[9]. Diese vier Männer zeigten Sympathien für Luther; Cordat und Grynaeus wohl bald nach dem Wormser Reichstag 1521.

An diesen, von dem zu früh verstorbenen Gustav Hammann (1922-1978) sorgfältig erforschten Kreis der Ofener Humanisten und Kirchenkritiker ist deshalb zu erinnern, weil sie alle zu Melanchthon in Beziehung traten. Als der am 5. Mai 1523 eröffnete ungarische Reichstag die Todesstrafe für Lutheraner verhängte[10], war Grynaeus, der schon zuvor in Buda eine kurze Haft erdulden mußte, in Wittenberg; am 17. April 1523 ist er hier immatrikuliert[11]. Zweifellos hat er seinen Pforzheimer Schulfreund Melanchthon ausführlich über die Lage in Ungarn unterrichtet. Drei Monate später, am 10. Juli 1523, finden wir auch Veit Örtel in der Wittenberger Matrikel[12]. Wahrscheinlich ist er zusammen mit Grynaeus aus Buda weggegangen und hat nur noch seine fränkische Heimat besucht. Während Grynaeus ein Jahr später

---

5   Karl Friedrich Vierordt, De Johanne Ungero, Pforzhemiensi, Philippi Melanchthonis praeceptore, Schulprogramm Karlsruhe 1844, S. 1 Anm. 1

6   Gustav Hammann, Bartholomeus Francfordinus Pannonius, Simon Grynäus in Ungarn, in: Zeitschrift für Ostforschung 14/1965, S.228-242, bes. S. 238; anders Stefan Borzsák, War Simon Grynaeus Kustos der Bibliotheca Corviniana? in: Acta Classica Univ. Scient. Debrecen 1/1965, S. 63-75

7   Hammann, Batholomeus Francfordinus, S. 239

8   Gustav Hammann, Johannes Kresling, in: Jahrbuch für schlesische Kirchengeschichte 44/1965, S. 7-12

9   Hammann, Batholomeus Francfordinus, S. 240; ders., Conradus Cordatus Leombachensis, Sein Leben in Österreich, in: Jahrbuch des Oberösterreichischen Musealvereines 109/1964, S. 250-278

10 Hammann, Bartholomeus Francfordinus, S. 242; Bucsay, Protestantismus, S. 45

11 Karl Eduard Foerstemann (Hg.), Album Academiae Vitebergensis, Leipzig 1841, S.116 (Griner)

12 Ebd., S. 119

als Professor nach Heidelberg und 1529 nach Basel ging[13], blieb
Örtel bis zu seinem Tod 1570 in Wittenberg, wo er Professor und
Ratsherr wurde; seit 1541 versah er Melanchthons ursprünglichen
Lehrstuhl für Griechisch[14]. Im Juni 1524 kam auch Cordat nach Wittenberg. Er hatte schon 1522 Buda verlassen und war Prediger in
Kremnitz, Schemnitz, Neusohl und Altsohl gewesen und dann von der
Königin Maria nach Buda zurückberufen worden, wo seine Stellung
aber wegen seiner antirömischen Polemik unhaltbar wurde. Im Frühjahr 1525 predigte er zusammen mit Johannes Kresling in Kremnitz.
Beide wurden vom Neusohler Pfarrer wegen ihrer reformatorischen
Predigt angezeigt und in Buda und Gran 38 Wochen eingekerkert. Danach kehrten sie Ungarn den Rücken. Cordat kam über Wittenberg nach
Liegnitz, Kresling nach Breslau - ob ebenfalls über Wittenberg,
wissen wir nicht -; später trat auch er in den Dienst des reformationsfreundlichen Herzogs Friedrich II. von Liegnitz-Brieg und wurde
1530 Pfarrer von Goldberg[15]. Dorthin ist ein Brief Melanchthons
an ihn gerichtet, der neuerdings (MBW 1581) anders datiert und interpretiert wird als bisher in der Literatur. Cordat war schon 1529
nach Kursachsen gegangen; er wirkte in Zwickau und Niemegk und war
auch Tischgenosse Luthers, von dessen Tischreden er ein wichtiger
Überlieferungsträger ist[16]. Trotz zeitweiliger Spannungen[17] hatte

---

13 Realencyklopädie für protestantische Theologie und Kirche, Bd.7, 1899, 3. Aufl., (künftig RE) S. 218f;/P. S. Allen, Opus Epistolarum Des. Erasmi Roterodami, Bd.6, 1926, S. 244f; Ernst Staehelin, Briefe und Akten zum Leben Oekolampads, Bd.1, 1927, S. 172 Anm.6 u.ö., Bd.2, 1934 passim; Alfred Hartmann, Die Amerbachkorrespondenz, Bd.3, 1947, S. 514 Anm.1; Hans Georg Wackernagel, Die Matrikel der Universität Basel, Bd.2,1956, S. 2 Nr. 12; Neue Deutsche Biographie (künftig NDB), Bd.7, 1966, S. 241f

14 Nikolaus Müller, Philipp Melanchthons letzte Lebenstage, Heimgang und Bestattung, Leipzig 1910, S. 129-134; Walter Friedensburg, Geschichte der Universität Wittenberg, Halle 1917, S. 220f u.ö.; D. Martin Luthers Werke, Kritische Gesamtausgabe (künftig Weimarer Lutherausgabe), Briefwechsel Bd.9, 1941, S. 484-486

15 Hammann, Johannes Kresling, S. 9f

16 H. Wrampelmeyer, Tagebuch über Dr. Martin Luther, geführt von Dr. Conrad Cordatus 1537, Halle 1885; Weimarer Lutherausgabe, Tischreden Bd.2, 1913, S. XXI-XXXII, S. 273-672, Bd.3, 1914, S. 1-308; Neue Deutsche Biographie, Bd.3, 1957, S. 356f; Igor Kiss, Konrad Cordatus, der Reformator der mittleren Slowakei, in: Lutherische Rundschau 10/1960/61, S. 252-259

17 Wilhelm H. Neuser, Luther und Melanchthon - Einheit im Gegen-

er auch zu Melanchthon, mit dem ihn Gevatterschaft verband, insgesamt ein freundschaftliches Verhältnis[18]. Er starb 1546 als Superintendent von Stendal in der Mark Brandenburg.

So war die vielzitierte Gruppe der evangelischen Humanisten, die in Buda um 1520 versammelt war, alsbald in alle Winde zerstreut worden. Nur Kresling kehrte nach Ungarn zurück. Er wurde 1541 deutscher Pfarrer in Schemnitz (Banská Štiavnica), wo er 1549 starb[19]. Als Melanchthon am 16. Februar 1546 an den Schemnitzer Ratsherrn und amtierenden Bürgermeister Quirinus Schlaher[20] einen Brief richtete (4160), fügte er keinen Gruß an Pfarrer Kresling bei. Vielleicht hatte er ihn aus den Augen verloren, vielleicht aber ging gleichzeitig auch ein Brief an Kresling ab, der wie so viele, vor allem nach Osteuropa gerichtete, verloren gegangen ist.

Nicht zu diesem Kreis der Ofener Reformfreunde gehörte Johannes Henckel[21]. Er war seit 1513 Pfarrer in Leutschau, ab 1522 in Kaschau und wohl erst 1525/26 und 1528-1530 Hofprediger der Königin Maria. Als solchen lernte ihn Melanchthon auf dem Augsburger Reichstag kennen (994.2). Danach wurde Henckel Domherr in Breslau; 1533 läßt ihn Melanchthon dort grüßen (1378).

Die Kontakte Melanchthons zu den profilierten Vertretern der frühen evangelischen Bewegung in Buda hatten keine direkte Rückwirkung auf Ungarn. Sein Einfluß auf die geistig-religiöse Entwicklung in Ungarn entstand zunächst durch seine Schriften, sodann durch Briefe, ins-

---

satz, München 1961, S. 6-13; MBW 1802; 1887; 1889; 1892
18 MBW 1116; 2489; 2529; 3690; 4066; 4138f; 4199; Philippi Melanchthonis epistolae ... , hg. v. Heinrich Ernst Bindseil, Halle 1874, S. 360-364 Nr. 384
19 Hammann, Johannes Kresling, S. 12
20 Paul Flemming, Beiträge zum Briefwechsel Melanchthons, Schulprogramm Naumburg 1904, S. 35 Nr. 17 Anm.2; Erdmann K. Sturm, Der junge Zacharias Ursinus, Neukirchen 1972, S. 13, 15, 36f
21 Monumenta Ecclesiastica tempora innovatae in Hungaria religionis illustrantia, hg. v. V. Bunyitay u.a., Budapest (künftig Monumenta), Bd.1, 1902, S. 77 Nr. 70, S. 243f Nr. 238, S. 325f Nr. 321, S. 355f Nr. 360, S. 383 Nr. 391, u.ö.; Allen, Opus Epistolarum, Bd.6, 1926, S. 250, 273f; Melanchthons Werke in Auswahl, hg.v. Robert Stupperich, Bd. 7/2, hg. v. Hans Volz, Gütersloh 1975, S. 235f Anm.6; Bucsay, Protestantismus, S. 43

besondere wenn sie Ratschläge enthielten, und durch Studenten, die aus Wittenberg wieder in ihre ungarische und siebenbürgische Heimat zurückkehrten.

Die Verbreitung und Wirkung der Bücher zu erforschen, ist ein mühseliges Geschäft. Ádám Dankanits hat sich dem unterzogen. Er kam zu dem Ergebnis[22], daß im 16. Jahrhundert in Siebenbürgen Melanchthon der meistgelesene Autor überhaupt war, vor Erasmus und Cicero und weit vor Luther. Dies gilt allerdings für den gesamten Zeitraum, wobei im letzten Drittel ein ganz erheblicher Zuwachs an Büchern zu verzeichnen ist. Ich befasse mich in diesem Aufsatz nur mit der Frühzeit und hier mit Briefen und Personen.

II

Ungarische Studenten sind in Wittenberg seit 1522 nachgewiesen[23]. Der bekannteste ist Matthias Dévai, ein in Siebenbürgen geborener Magyare, wenig jünger als Melanchthon. Ende 1529 kam der Franziskanermönch und Priester erstmals nach Wittenberg und wurde an Luthers Tisch aufgenommen[24]. Da er schon im Frühjahr 1531 in Buda wirkte

---

22   Ádám Dankanits, Lesestoffe des 16. Jahrhunderts in Siebenbürgen, Bukarest 1982, S. 34. Diese Untersuchung des durch das Erdbeben in Bukarest 1977 getöteten Gelehrten erschien zuerst 1974 in ungarischer Sprache, vgl. Archiv für Reformationsgeschichte, Beiheft Literaturbericht 4/1975, S. 165 Nr. 841 und vor allem die kritische Rezension von Jenö Sólyom in: Korrespondenzblatt des Arbeitskreises für siebenbürgische Landeskunde 6(70)/1976, S. 67-70. Sólyom wendet gegen die Ergebnisse Dankanits' ein, daß gerade die vielgelesenen Broschüren und damit viele Schriften Luthers wie auch Gesangbücher u.dgl. durch den Gebrauch zerfetzt wurden und also mit der Methode, den Bestand in den Bibliotheken zu zählen, nicht erfaßt werden. Gleichwohl wird das allgemeine Ergebnis auch von ihm nicht in Frage gestellt. Vgl. auch den Beitrag von Gustav Gündisch in diesem Buch.

23   Monumenta, Bd.1, 1902, S. 548f; Bd.4, 1909, S. 575-595; Tibor Fabiny, Luthers Beziehungen zu Ungarn und Siebenbürgen, in: Leben und Werk Martin Luthers von 1526 bis 1546, hg.v. Helmar Junghans, Berlin/Göttingen 1983, S. 641-646, S. 954-956, bes. S. 955 Anm.10

24   Foerstemann, Album, S. 137 (3.12.1529: Mathias Biro de Way); Weimarer Lutherausgabe, Tischreden Bd.6, 1921, S. 11 Nr. 6516; über sein Leben informieren in deutscher Sprache die Artikel von K. Révész in : RE, Bd.4, 1898, S. 595-598; Paul Philippi in: Die Religion in Geschichte und Gegenwart, Bd.2,1958, 3. Aufl., (künftig RGG), Sp. 156f; Th. Bogyay in: Lexikon für Theologie und Kirche, Bd.3,1959, 2. Aufl., (künftig LThK), S. 311; Bucsay, Protestantismus, S. 54f

und Luther und Melanchthon vom 3. April bis zum 11. Oktober 1530 wegen des Augsburger Reichstags nicht in Wittenberg waren[25], kann er beide nur wenige Monate gehört haben. Noch im Jahre 1531 kam er als Prediger nach Kaschau, wo er schon am 6. November 1531 verhaftet und nach Wien gebracht wurde. Nach kurzer Freiheit wurde er für weitere drei Jahre eingekerkert. Ende 1536 ging er nach Nürnberg, um hier seine reformatorischen Schriften und auch einen Bericht über seine Gefangenschaft drucken zu lassen. Den Prediger von St. Sebald Veit Dietrich[26] kannte er von seinem Wittenberger Aufenthalt als Hausgenossen Luthers. Drei Schriften Dévais, nämlich gegen die Anrufung der Heiligen, über die Hauptartikel der christlichen Lehre und über sein Verhör durch den Wiener Bischof Johannes Fabri, wurden in einem Band ohne Ort und Jahr gedruckt. Veit Dietrich steuerte eine Vorrede an den Zipser Probst und königlichen Sekretär Franz Batsi (Bácsi) bei, die das Datum des 1. Juni 1537 trägt[27]. Damals war Dévai in Wittenberg, wo er am 7. April und 29. Mai sowie am 6. Oktober in Leipzig nachweisbar ist (1882; 1906; 1947). Dieser Druck scheint sehr selten zu sein. Jedenfalls konnte der im übrigen kenntnisreiche Biograph Veit Dietrichs, Bernhard Klaus, kein Exemplar bekommen und bringt den Titel ungenau nach Strobel[28]. Der Melanchthon-Bibliograph Wilhelm Hammer hat mir vor Jahren ein Exemplar im Besitz der Staatsuniversität von Minnesota nachgewiesen[29]. Der richtige Titel steht bei Révész[30]. Eingeleitet wird der Sammeldruck durch eine Vorrede an den Leser[31], von der Révész annimmt, sie sei "wahrscheinlich von Melanchthon, oder noch eher von Grynäus". Melanchthon ist wegen der Diktion m.E. mit Sicherheit nicht der Verfasser, und

---

25 Zeitschrift für Kirchengeschichte 19/1899, S. 102; Archiv für Reformationsgeschichte 25/1928, S. 10f; Weimarer Lutherausgabe Bd.32, 1906, S. 127 Z.20

26 Bernhard Klaus, Veit Dietrich, Leben und Werk, Nürnberg 1958

27 Monumenta, Bd.3, 1906, S. 163-166 Nr. 181

28 Klaus, Veit Dietrich, S. 19; vgl. auch ebd., S. 179, ebenso Ute Monika Schwob, Kulturelle Beziehungen zwischen Nürnberg und den Deutschen im Südosten im 14. bis 16. Jahrhundert, München 1969, S. 95, wo auch irrtümlich 1542 statt 1537 angegeben ist

29 Minneapolis, The Library of the University of Minnesota, Z879D4920D

30 Révész, Dévai, in: RE Bd.4, 1898, S. 597; ebenso Monumenta, Bd.3, 1906, S. 217

31 Monumenta, Bd.3, 1906, S. 216f Nr. 221

daß der in Basel lebende Grynaeus diese kurze Einführung geschrieben hat, ist nur denkbar, wenn dieses Buch trotz Dietrichs Vorrede nicht in Nürnberg, sondern in Basel gedruckt wurde, was von manchen für möglich gehalten wird[32]. Diese Frage müßte von einem Fachmann für Druckgeschichte geprüft werden.

Am 7. Oktober 1537 zog Dévai zusammen mit Johannes Sylvester aus Leipzig über Nürnberg nach Ungarn. Von Melanchthon hatte er ein Empfehlungsschreiben (1949) erbeten an den dem Wittenberger bis dahin unbekannten ungarischen Magnaten Thomas Nádasdy, der kurz zuvor in Uj-Sziget bei Sárvár[33] eine Schule gegründet hatte. Melanchthon lobt diese Unternehmen. Daß Nádasdy angesichts der Türkengefahr eine Schule gründete, beweist sein Vertrauen in die Zukunft des Landes. Melanchthon fordert ihn auf, nun auch dafür zu sorgen, daß in der Kirche richtig gepredigt werde, denn die Türkennot ist ihm zweifellos Strafe Gottes für Sünden und Abgötterei. Dieser Brief wurde zusammen mit einer Rede Melanchthons und seinem Brief an den Rat von Venedig (2135) Anfang 1539 in Nürnberg gedruckt[34]. Dévais Reisebegleiter Sylvester[35], auch Erdösi genannt, war der Rektor dieser Schule. Die beiden entfalteten in den nächsten drei bis vier Jahren eine überaus reiche literarische Tätigkeit. Es erschienen ungarische Grammatiken und 1541 Sylvesters Übersetzung des Neuen Testaments ins Ungarische und von Dévai ein ungarischer Katechismus. Dévai war Rektor in Szikszó und wirkte als Wanderprediger, geschützt von den Standesherren Nádasdy, Perényi und Serédi.

Der Vormarsch der Türken setzte dieser Tätigkeit ein Ende. Melanchthon war über die Lage in Ungarn gut informiert. Die Türkengefahr ist ein ständiges Thema in seinen Briefen. Wichtige Umschlagplätze des Nachrichtenverkehrs sind Nürnberg (2043) - hierüber hat Ute Monika Schwob 1969[36] ein wichtiges Buch publiziert - und Breslau

---

32 Die Herausgeber der Monumenta; Bogyay, Dévai, in: LThK Bd.3, 1959, S. 311; Bucsay, Protestantismus, S. 54f
33 Révesz, Dévai, in: RE Bd.4, 1898, S. 597 Z.23
34 Otto Clemen, Studien zu Melanchthons Reden und Gedichten, Leipzig 1913, S. 11 Anm.2
35 B. Nagy in: RGG Bd.6, 1962, Sp. 539f
36 Kulturelle Beziehungen

(2624; 3609.2; 3610.3), wo Melanchthons Freund aus der frühen Wittenberger Zeit, der aus Nürnberg stammende Johannes Heß[37], als Pfarrer wirkte. Am 5. Februar 1538 dankt er ihm für Nachrichten aus Ungarn und bedauert, daß dieses Land, das lange ein Bollwerk des Christentums war, nun durch innere Kämpfe und persönlichen Ehrgeiz zerrissen wird (1991.1). Es war die Zeit kurz vor dem Großwardeiner Vertrag, durch den der jahrelange Streit zwischen Ferdinand von Österreich und dem Siebenbürger Woiwoden Johannes Zápolya um die Stephanskrone beigelegt werden sollte, was freilich mißlang. Wie verheerend dieser Streit die Einheit der ungarischen Nation und ihre Abwehrkraft gegen die Türken zerstörte, wie er auch die Siebenbürger Sachsen spalten und sogar das Lebensschicksal des Johannes Honterus bestimmen sollte, ist bekannt.

Melanchthon bekam seine Nachrichten nicht nur aus den Zentren des Südosthandels, sondern er hatte auch direkte Briefpartner in den ungarischen Städten, und zwar mehr, als wir heute noch kennen. Am 1. November 1538 empfing er einen Brief von Dévai, der nicht erhalten ist (2111.4). In "Melanchthons Briefwechsel" sind zwei noch ungedruckte, in den anhaltinischen Akten des Bundesarchivs Koblenz überlieferte Briefe verzeichnet, die der als Korrespondent Melanchthons bisher völlig unbekannte Wolfgang Guglinger[38] aus Kremnitz am 16. März 1538 und am 2. Juni 1542 an Melanchthon richtete. Überbringer des ersten war der Kremnitzer Andreas Sauer, der schon drei Jahre vorher in Wittenberg immatrikuliert worden war[39]. Guglinger ist voll Bitterkeit über Ferdinand und Zápolya, die über ein Abkommen nur reden und zusehen, wie die Türken mittlerweile Slawonien und den größten Teil Ungarns erobern. Er sieht sogar Polen von ihnen bedroht. Seine Bergstadt hat allein ihren natürlichen Schutz (2008). Vier Jahre später ist er krank und völlig verzweifelt (2867); er bedankt sich für einen Brief Melanchthons, den wir nicht haben.

Schreckliches war geschehen und sollte noch folgen. Am 22. Juli 1540

---

37 J. Köstlin in: RE Bd.7, 1899, S. 787-793; G. Kretschmar in: RGG Bd.3, 1959, Sp. 288; K. Engelbert in: LThK Bd.5, 1960, S. 304; G. Kretschmar in: NDB Bd.9, 1972, S. 7f
38 Siehe unten S. 48f
39 Foerstemann, Album, S. 156: Wintersemester 1534/35

starb Johannes Zápolya, der sich mit den Türken arrangiert hatte. Melanchthon sah ganz richtig, daß der nun zu erwartende Versuch Ferdinands, ganz Ungarn in Besitz zu nehmen, für die Türken ein Kriegsgrund sein würde; wenigstens könne Ferdinand dann in Deutschland keinen Krieg beginnen (2485.2; 2484; 2487). Die Türken ließen nicht lange auf sich warten. Am 29. März 1541 wußte Melanchthon, der gerade zum Reichstag nach Regensburg gekommen war, daß sie Pest belagerten und bei der Eroberung einer anderen Stadt 300 Soldaten niedergemacht und auch die Zivilbevölkerung ermordet oder verschleppt hatten (2651 - ein ungedruckter Brief aus Wolfenbüttel). Wenig später wußte er von einer Hungersnot in Ungarn (2665). Auf dem Reichstag wurde ständig über die Türkenfrage verhandelt. Doch konnte nicht verhindert werden, daß die Türken die Königsstadt Buda eroberten und sich für 150 Jahre darin festsetzten. Man erzählte, alle männlichen Bewohner von Buda und Pest seien nach Bosnien deportiert, ihre Frauen, Töchter und ganze Habe aber den türkischen Soldaten überlassen worden. Melanchthon sieht in dieser Zerstörung der Ehen das endzeitliche Wüten des Teufels (2824 vom 5.10.1541; vgl. 2809; 2812.4; 2808.2; 2832.2). Es kam noch schlimmer. Am 1. Dezember 1541 weiß Melanchthon zu berichten, die Türken hätten in Buda 50 Knaben verbrannt und die Asche zur rituellen Reinigung in ihre Moschee gestreut (2844f). Es geht jetzt nicht darum festzustellen, ob daran etwas Wahres ist[40]. Uns interessiert hier das Bild, das man in Deutschland von den Türken hatte. Ich muß diese Greuel auch deshalb erwähnen, weil keine zwei Jahre später - das ist die Zeit, als in Siebenbürgen die Reformation eingeführt wurde - die Türken in ganz anderem Licht erscheinen.

Zunächst aber herrschten Furcht und Schrecken, wie das bei Kriegen üblich ist. Dévai floh wie viele seiner Landsleute nach Deutschland. Am 13. August 1541 befindet er sich anscheinend in Wittenberg, jedenfalls expediert Melanchthon einen Brief von ihm an den Markgrafen Georg von Brandenburg-Ansbach (2788, bisher unter 1539). Am 28. Dezember 1541 zog dann Dévai von Wittenberg nach Ansbach, um vom Markgrafen Hilfe zu erbitten (2859). Georg hatte ja enge Beziehungen zu

---

40 Herr Dr. Gábor Barta (Budapest) sagte mir nach diesem Tübinger Vortrag, es seien damals in Buda keine Morde und Deportationen vorgekommen, denn die Türken hätten Toleranz als politisches Experiment geübt, um vor allem die protestantische Geistlichkeit gegen die Habsburger zu gewinnen.

Ungarn[41]; er war ein Neffe des Königs Wladislaus (+ 1516) und von diesem zum Erzieher des jungen Königs Ludwig bestellt worden, hatte auch durch Heirat und Kauf in Ungarn und besonders in Schlesien, das zur ungarischen Krone gehörte, reiche Besitztümer erworben. Noch andere ungarische Flüchtlinge, deren Namen wir nicht kennen, hielten sich damals in Wittenberg auf (2859). Der Bibelübersetzer Sylvester hat Ungarn ebenfalls verlassen; 1544 wurde er Professor für Hebräisch und Griechisch an der Universität Wien[42]. Dévai ging von Wittenberg zunächst nach Basel; Melanchthon blieb mit ihm in brieflicher Verbindung; am 7. März 1542 erhielt Dévai von Melanchthon einen Brief mit Nachrichten aus Ungarn, die Melanchthon von Dietrich in Nürnberg erhalten hatte und die Dévai seinerseits dem Franz Révai weitermeldete (2901). Danach kehrte er nach Ungarn zurück und wirkte hauptsächlich im Norden des Fürstentums Siebenbürgen, besonders in Debrezin, kam aber auch nach Kronstadt[43].

Sobald der Druck der Verfolgung nachläßt - dies kann man immer wieder in der Kirchengeschichte beobachten - , schießen theologische Streitigkeiten ins Kraut. Dévai wurde von den Geistlichen der Städte Preschau, Kaschau, Leutschau, Bartfeld und Zeben bei Luther denunziert als Sakramentarier, als einer, der die Gegenwart Christi im Abendmahl nicht richtig lehre (wobei "richtig" natürlich immer die Meinung des jeweiligen Denunzianten ist). Wie weit sie ihre Vorwürfe präzisierten, wissen wir leider nicht, da wir nur Luthers Anwort vom 21. Dezember 1544 besitzen[44]. Luther bemerkt kurz, daß Dévai bei ihm den besten Eindruck hinterlassen habe. Dann aber verteidigt er recht ausführlich die Wittenberger Gemeinde gegen den Verdacht des Sakramentiertums; insbesondere erläutert er die Abschaffung der Elevation. Diese war in Wittenberg nämlich bis Mai 1542 in Gebrauch gewesen (2996). Die Kunde von ihrer Abschaffung könnte in Ungarn den Eindruck einer Annäherung an die reformierte Abendmahlslehre erweckt haben, was Luther entschieden bestreitet und ein Bekenntnis darüber

---

41 E. W. Zeeden in: LThK Bd.4, 1960, S. 693f; Gerhard Pfeiffer in: NDB Bd.6, 1971, S. 204f
42 Artur Goldmann in: Geschichte der Stadt Wien, hg. v. Anton Mayer, Bd.6, Wien 1918, S. 173 Nr.20
43 Reinerth, Kirchen in Siebenbürgen, S. 156; vgl dazu unten S.5of
44 Weimarer Lutherausgabe, Briefwechsel Bd.10, 1947, S. 555f Nr.3984, Bd.13, 1968, S. 326f

ankündigt. Schließlich nimmt er auch Melanchthon und die anderen
Kollegen gegen jeden Verdacht in Schutz. Beiläufig sei bemerkt, daß
Luther im September 1544 sein heftiges "Bekenntnis vom heiligen Sakrament gegen die Schwärmer" (3695), das nur gegen die Schweizer
gerichtet ist, publizierte, daß Anfang August aber auch Melanchthon
von ihm als Sakramentarier verdächtigt wurde, was zu einer zeitwei-
ligen Spannung führte[45].

Wer an Dévais Abendmahlslehre Anstoß genommen und ihn bei Luther
verdächtigt hat, ist m.W. noch nicht untersucht worden. Federführend
war offenbar Preschau. Mindestens einer der Absender ist bekannt,
und vielleicht hat er den Anstoß zu dem Brief an Luther gegeben.
Es ist Bartholomäus Bogner aus Kronstadt. Er kam im Sommer 1538 zum
Studium nach Wittenberg[46], hat also den Wittenberger Gottesdienst
noch mit der Elevation erlebt. Danach wurde er Schulmeister in Zeben.
Am 12. April 1542 ließ er sich in Wittenberg für ein geistliches
Amt in Preschau ordinieren. Dies alles steht im Wittenberger Ordiniertenbuch[47]: "Bartholomeus Bogener vonn Cronstadt aus Siebenbuer-
genn, Schulmeister zum Czeben inn Hungernn, Beruffen genn Epperieß
zwo meil vonn Czebenn zum priesterambt". Noch im gleichen Jahr erhielt Bogner einen Ruf auf das Pfarramt der Stadt Leutschau[48]. Er
war also einer der fünf obersten Geistlichen, an die Luthers Brief

---

45   Neuser, Luther und Melanchthon, S. 25-34; MBW 3646, 3653, 3668,
     3671 u.ö.
46   Foerstemann, Album, S. 171
47   Wittenberger Ordiniertenbuch 1537-1560, hg. v. Georg Buchwald,
     Leipzig 1894, S. 25 Nr.387; Karl Kurt Klein (Der Humanist und
     Reformator Johannes Honter, Hermannstadt/München 1935, S. 192
     Anm.4) bezweifelt die Richtigkeit der Berufung Bogners nach Pre-
     schau, weil es Hinweise gebe, daß er sofort nach Leutschau ge-
     gangen sei. Wohl deshalb gibt Reinerth (Kirchen in Siebenbürgen,
     S. 90) diesen Eintrag ungenau mit "Pfarrer in der Zips" wieder.
     "Priesteramt" ist rangmäßig weniger als Pfarramt, was im Witten-
     berger Ordiniertenbuch sorgfältig unterschieden wird. Wie man
     im fernen Wittenberg auf die in ihrer Lage genau beschriebene,
     also nicht sehr bekannte Stadt Preschau gekommen sein sollte,
     wenn nicht durch Bogner selbst, ist schwer einzusehen. Er muß
     also einige Monate als nachgeordneter Geistlicher in Preschau
     amtiert haben, bevor er Pfarrer von Leutschau wurde.
48   Daniel Škoviera, Epistulae Leonardi Stöckel, in: Zborník Filozo-
     fickej Fakulty Univerzity Komenského, Graecolatinaet Orientalia,
     Ročnik 7/8/1975/76, S. 265-359, hier S. 270 mit Anm.39

gerichtet ist.

Nicht zum Kreis der Adressaten gehört Leonhard Stöckel, denn er war in Bartfeld Schulrektor. Aber da er ein sehr bedeutender Gelehrter war, wenige Jahre später den Auftrag zur Abfassung des Bekenntnisses dieser fünf Städte erhielt und sich mindestens einmal um die Besetzung einer Pfarrstelle kümmerte (4381), nahm er zweifellos Anteil an dieser bewegenden Diskussion um die Abendmahlslehre Dévais, den er ja schon aus der gemeinsamen Wittenberger Studienzeit kannte. Über Stöckels Bedeutung als humanistischer Lehrer und über seine engen Kontakte zu Melanchthon ist viel geschrieben worden[49]. Hier nur etwas weniger Bekanntes, worauf ich durch die Einleitung der 1978 erschienenen Briefedition von Škoviera[50] gestoßen bin. Als Knabe besuchte Stöckel die Lateinschule in Kaschau, die von dem englischen Humanisten Leonard Cox geleitet wurde. Dieser Cox war gleichzeitig mit Melanchthon in Tübingen; er soll sogar dessen Schüler gewesen sein[51]. Nun versteht man, warum Stöckel große Sehnsucht nach Melanchthon hatte, bevor er ihn sah, wie er in dem autobiographischen Brief vom 25. August 1544 schreibt (3666.2), und warum das Verhältnis beider so innig war. Die Verbindung zwischen dem oben erwähnten Wolfgang Guglinger in Kremnitz und Melanchthon ist wahrscheinlich von Stöckel hergestellt worden, denn Guglinger, Magister der Universität Krakau, lebte um 1525 in Bartfeld, wo er den 15jährigen Stöckel durch seine Kirchenkritik und Lutherbegeisterung nachhaltig beeindruckte[52]. Von Stöckel haben wir einen Brief an Guglinger aus Witten-

---

49 Fraknói, M.s Beziehungen zu Ungarn, S. 9-13; Weimarer Lutherausgabe, Briefwechsel Bd.8, 1938, S. 406-408; Andrej Hajduk, Leonard Stöckel, in: Cirkevné Listy 89/1976, S. 159-161, S. 173-175; ders., Filip Melanchton a Leonard Stöckel, in: ebd. 90/1977, S. 155-158; ders., Philipp Melanchton und Leonhard Stöckel, in: Communio viatorum 20/1977, S. 171-180

50 Škoviera, Epistulae Leonardi Stöckel, S. 268

51 Melanchthon studierte und lehrte von 1512 bis 1518 in Tübingen. Cox wurde am 12.6.1514 in Tübingen, am 24.9.1518 in Krakau immatrikuliert; Allen, Opus Epistolarum, Bd.7, 1928, S.2, 73. Am 16.3.1520 wurde er durch den Pfarrer Johannes Henckel und den Stadtrat von Leutschau als Schulrektor angestellt; nach 1 3/4 Jahren ging er zum 13. Dezember als Schulleiter nach Kaschau: Monumenta, Bd.1, 1902, S. 22f Nr.19

52 Škoviera, Epistulae Leonardi Stöckel, S. 269

berg vom 5. November 1538[53], den derselbe Andreas Saurus überbrachte, der den Brief an Melanchthon vom 16. März 1538 expediert hatte[54]. Hier wird Guglinger als Bürger von Kremnitz und öffentlicher Notar[55] bezeichnet.

Zurück zu Luthers Brief! Ob Dévai wirklich zur schweizerischen Abendmahlslehre neigte, wie die Pfarrerschaft der fünf Städte befürchtete, wird sich wohl niemals klären lassen, da es sich um seine mündlichen Predigten handelte. Doch eines sollte man grundsätzlich bedenken. Es gab gerade in diesem Jahr 1544 und schon vorher Leute, die jede Abweichung von Luthers Lehre scharfsinnig registrierten und brandmarkten. Gerade Melanchthon ist es mehrfach widerfahren, daß er als Lehrabweichler denunziert wurde. 1544 betraf dies seine Abendmahlslehre[56]. Sie ist nicht zwinglianisch oder calvinistisch, sondern steht in ihrem theologischen Gehalt nahe bei Luther, denn sie hält an der wirklichen und wirkenden Gegenwart Christi in der Abendmahlsfeier fest. Sie unterscheidet sich von Luther darin, daß sie die Gegenwart Christi nicht substanziell an Brot und Wein bindet, sondern an deren Darreichung und Empfang. Entschieden lehnt er alle statischen und substantiellen Vorstellungen ab, die Transsubstantiation, die Anbetung des Sakraments, besonders in der Fronleichnamsprozession. Für ihn gibt es Sakrament nur im Vollzug. Erörterungen, was eine Maus frißt, wenn sie eine Hostie stiehlt, waren für ihn blasphemisch (3124).

---

53 Ebd., S. 294f Nr.3
54 Vgl. oben S. 44
55 Laut Monumenta (Bd.3, 1906, S. 518) war er dies von 1536 bis 1546. In Bd.4 (1909, S. 370f Nr.327) wird er am 21.7.1544 als Stadtschreiber bezeichnet, was vermutlich dasselbe Amt bedeutet, aber auch als Ratsherr, desgleichen S. 408 Nr.365 am 18.1.1545. Weitere Erwähnungen in den Monumenta: Bd.3, 1906, S. 466 Nr.477 vom 18.7.1540; S. 518f Nr.524 ein an ihn gerichtetes Schulmemorandum 1540; S. 534f Nr.542 vom 6.3.1541 sucht er den Pfarrer von Freystadt in Schlesien, Martin Hanko, als Pfarrer für Bartfeld zu gewinnen. Zuletzt wird er am 12.6.1545 erwähnt: Bd.4, 1909, S.426f Nr.390
56 Vgl. oben Anm.45; Wilhelm H. Neuser, Die Abendmahlslehre Melanchthons in ihrer geschichtlichen Entwicklung (1519-1530), Neukirchen 1968; Ralph Walter Quere, Melanchthon's Christum Cognoscere, Christ's Efficacious Presence in the Eucharistic Theology of Melanchthon, Nieuwkoop 1977

Luther hat Melanchthons Lehre toleriert. Auch wenn Melanchthon bei ihm verklagt wurde, hat er nichts gegen ihn unternommen. Dies war nicht nur Gutmütigkeit, sondern sachlich geboten. Melanchthons Abendmahlslehre bewegte sich im Rahmen der Wittenberger Konkordie; in die Neuausgabe der Confessio Augustana des Jahres 1540 hat er sie hineingeschrieben, was von Luther stillschweigend hingenommen wurde, denn die CA war das Bekenntnis des Schmalkaldischen Bundes[57]. Es ist dieselbe Lehre wie in der Leuenberger Konkordie, die seit 1974 den reformatorischen Kirchen die volle Gemeinschaft ermöglicht[58].

Daß diese Lehre auch in Siebenbürgen nicht unbekannt blieb, dafür steht Martin Heinz[59] aus Kronstadt, der ab dem Wintersemester 1536/37 in Wittenberg studierte, 1543 eine Reise nach Schwäbisch Hall, Basel, Zürich und Konstanz machte und am 19. September 1543 in Wittenberg für Kronstadt ordiniert wurde. Er hat das Abendmahlsgutachten Melanchthons, aus dem wir oben referierten, besessen (3124).

Der Streit um die Abendmahlslehre Dévais kam dadurch nicht zum Austrag, daß der wohl erst 45jährige wenige Monate nach jenem Briefwechsel der oberungarischen Geistlichen mit Luther starb. Die früheste Nachricht über seinen Tod ist m.W. der Brief Stöckels an Melanchthon vom 12. Juni 1545 (3915); danach ist im Lexikon für Theologie und Kirche der "Juni 1545" als terminus ante seines Todes angegeben[60]. Neue Verwirrung entstand nun dadurch, daß Karl Reinerth in seiner 1979 erschienenen Siebenbürgischen Reformationsgeschichte[61] einen

---

57 Wilhelm Maurer, Confessio Augustana Variata, in: Archiv für Reformationsgeschichte 53/1962, S. 97-151

58 Marc Lienhard, Lutherisch-reformierte Kirchengemeinschaft heute, Frankfurt 1973, 2.Aufl.; Taschenlexikon Religion und Kirche, hg.v. Erwin Fahlbusch, Göttingen 1983, 4.Aufl., Bd.3, S. 196f

59 Karl Reinerth, Martinus Hentius aus Kronstadt, in: Archiv für Reformationsgeschichte 54/1963, S. 181-198; dazu Heinz Scheible, Berichtigungen zu jüngst edierten Melanchthon-Briefen, in: ebd., 56/1965, S. 65-78, hier S. 77f; Weimarer Lutherausgabe, Briefwechsel Bd.12, 1967, S. 475; Reinerth, Kirchen in Siebenbürgen, S. 152-156

60 Bogyay, Dévai, in: LThK Bd.3, 1959, S. 311. Der Brief MBW 3915 wurde erstmals 1887 von E. Abel publiziert.

61 Reinerth, Kirchen in Siebenbürgen, S. 156

Brief Veit Dietrichs vom 5. August 1545 zitiert, wonach Dévai damals in Ungarn wirkte. Dieser Brief ist 1941 von Otto Clemen publiziert und in seinem Kommentar des Briefs nach Preschau herangezogen worden. Aber Jenö Sólyom hat berichtigt, daß Dietrichs Brief ins Jahr 1543 gehört[62]. Es bleibt also bei der Aussage des Stöckel-Briefs. Wenn man den nun genauer ansieht, kommt man noch einen Schritt weiter. Nicht Stöckel teilt Melanchthon Dévais Tod mit, sondern diese Nachricht stand in dem Brief Melanchthons, auf den Stöckel antwortet. Dieser leider verlorene Brief Melanchthons war, wie Stöckel weiterhin erwähnt, auf den Tag datiert, an dem Noah die Arche bestieg; das ist der 17. April (3882; 3885f). Wenn also Melanchthon in Wittenberg am 17. April 1545 wußte, daß Dévai gestorben war, so ist dieses traurige Ereignis spätestens im März 1545, vielleicht etwas früher, eingetreten. Die Biographen können also in Zukunft "vor April 1545" als Todesdatum Dévais angeben.

Erwähnenswert ist noch, daß von Stöckel, der doch zu Recht eine so große Beachtung in der Forschung gefunden hat, in MBW 4381 ein eigenhändiger Brief vom 14. September 1546 regestiert ist, der in der 1978 erschienenen Ausgabe von Daniel Škoviera[63] fehlt. Er befindet sich in der Landesbibliothek Dresden. Es geht darin um einen böhmischen Theologen, der für Stöckels Heimatstadt Bartfeld durch Melanchthon vermittelt werden soll.

III

Wenden wir uns nun endlich Siebenbürgen zu! Nachdem im Jahre 1542 der Versuch eines Reichsheeres unter dem Oberbefehl des evangelischen Kurfürsten Joachim II. von Brandenburg, die Türken aus Ungarn, wenigstens aus der Hauptstadt, zu vertreiben, gescheitert war, trat eine gewisse Ruhe und Konsolidierung der Fronten ein. Der streng gegenreformatorische Habsburger war aus dem größten Teil Ungarns

---

62 Otto Clemen in: Zeitschrift für bayerische Kirchengeschichte 16/1941, S. 145; Weimarer Lutherausgabe, Briefwechsel Bd.10, 1947, S. 556 Anm.3; Jenö Sólyom in: Zeitschrift für bayerische Kirchengeschichte 29/1960, S. 105-107, referiert in: Archiv für Reformationsgeschichte 51/1960, S. 251, übernommen von Hans Volz und Eike Wolgast in: Weimarer Lutherausgabe, Briefwechsel Bd.13, 1968, S. 327

63 Epistulae Leonardi Stöckel

durch die Türken verdrängt, denen das Wormser Edikt - die Acht über
alle Lutheraner - kein Gesetz war. In Siebenbürgen, das damals als
türkischer Vasallenstaat selbständig wurde, regierte Zápolyas Witwe
Isabella, beherrscht von dem Mönch Georg Martinuzzi. Der Adel und
die Städte hatten größere Feiheit als je zuvor. Da geschah etwas
qualitativ Neues. In Kronstadt wurde im Oktober 1542 die Messe im
reformatorischen Sinn verändert und in der Folge eine Kirchenordnung für das ganze Burzenland erlassen und eine Visitation durchgeführt. Der Verfasser der Kirchenordnung war kein Geistlicher, sondern
ein Humanist wie Leonhard Stöckel in Bartfeld, nämlich der Kronstädter
Schulmann, Buchdrucker und Ratsherr Johannes Honterus[64]. Die Regierung in Weißenburg blieb zwar nicht untätig, mußte diesen eigenmäch-
tigen Akt der Reformation einer Stadtgemeinde aber hinnehmen und
konnte auch nicht verhindern, daß andere Städte sich der Kronstädter
Reformation anschlossen. Die erste war Hermannstadt. Bevor sie dies
tat, schickte sie eine Gesandtschaft nach Wittenberg, um das Urteil
von Luther, Melanchthon und Bugenhagen über die Kronstädter Ordnung
einzuholen und die Wittenberger Kirchenbräuche kennenzulernen (3309.2).
Die drei Reformatoren waren begeistert von der Kronstädter Kirchenordnung und ließen sie sofort nachdrucken, wozu Melanchthon die Vorrede schrieb (3310).

Für Melanchthon war die Reformation in Siebenbürgen ein freudig er-
regendes Ereignis, das er weitermeldete (3364.4; 3427.2). Am 10./11.
Oktober 1543 (3343; bisher unter 1545) träumte er sogar von Ungarn.
Der Gedanke des Rests der Kirche, den Gott im Untergang der Reiche
erhält, bewegte ihn sehr; er hat ihn auch in der Vorrede zur Kronstädter Kirchenordnung niedergelegt (3310; 3427.2; 3473; 3480; 3904.3;
4415). Dies alles ist oft beschrieben worden. Wir fragen nun, ob

---

64 Klein, Johannes Honter; Roth, Reformation, Bd.1; Oskar Wittstock,
Johannes Honterus, der Siebenbürger Humanist und Reformator,
Göttingen 1970; Ludwig Binder, Johannes Honterus und die Reformation im Süden Siebenbürgens mit besonderer Berücksichtigung
der Schweizer und Wittenberger Einflüsse, in: Zwingliana XIII/
1973, S. 645-687; Gernot Nussbächer, Johannes Honterus, Sein
Leben und Werk im Bild, Bukarest 1973; Ute Monika Schwob, Artikel "Honterus" in: Biographisches Lexikon zur Geschichte Südosteuropas, Bd.2, 1976, S. 177-179; Reinerth, Kirchen in Siebenbürgen, S. 45-121, S. 150-169; Gerhard Engelmann, Johannes Honterus als Geograph, Köln/Wien 1982 (Studia Transylvanica Bd.VII)

sich aus den bekannten Fakten in Melanchthons Briefwechsel etwas über Wittenberger Einflüsse auf die Kronstädter Kirchenordnung des Honterus erschließen läßt.

Die Antwort auf die Anfrage des Hermannstädter Pfarrers Matthias Ramser[65] vom 3. September 1543 (3309) ist die erste Erwähnung Siebenbürgens in Melanchthons Briefwechsel. Dies mag durch den Zufall der Überlieferung bedingt sein. Es studierten schon vorher Siebenbürger Sachsen in Wittenberg: Von Martin Heinz war schon die Rede[66]. Noch vor ihm, im Sommer 1536, kam Georg Kakas nach Wittenberg[67], von dem das Album Oltardianum sagt, er sei von den Kronstädtern dorthin entsandt worden, um die reine Lehre genauer kennenzulernen[68]. Am 11. November 1536 kamen Briefe aus Wittenberg in Kronstadt an, die öffentlich bekanntgemacht wurden[69]. 1539 kam Magister Jonas Tauber aus Mediasch, der in Wittenberg war, nach Kronstadt[70]. Valentin Wagner wird uns noch beschäftigen. Am 17. Februar 1543 ist Caspar Helt eingeschrieben[71], der dann 1559 als Klausenburger Pfarrer den neuaufgefundenen Brief über den Abendmahlsstreit an Melanchthon richten sollte[72]. Seit 1541 gab es vereinzelt Ordinanden aus Siebenbürgen in Wittenberg, aber vor Martin Heinz kehrte keiner in seine Heimat zurück[73]. All dies findet im Briefwechsel Melanchthons keinen Nieder-

---

65 Über ihn vgl. Roth, Reformation, Bd.1, S. 156-175; Reinerth, Kirchen in Siebenbürgen, passim
66 Vgl. oben S. 50
67 Foerstemann, Album, S. 161a20 mit Bd.3, 1905, S. 815
68 Monumenta, Bd.3, 1906, S. 108 Nr.126
69 Ebd., Nr.127. Der hier erwähnte Magister Johannes Reuchlin ist in Wittenberg nicht nachweisbar.
70 Ebd., S. 432 Nr.441. Er ist in der Wittenberger Matrikel nicht aufzufinden.
71 Foerstemann, Album, S.201; Reinerth (Kirchen in Siebenbürgen, S. 220f) nennt im Text irrtümlich den 13., richtig Anm.28 den 17.
72 Vgl. oben Anm.3; über Helt vgl. auch Ute Monika Schwob, in: Biographisches Lexikon zur Geschichte Südosteuropas, Bd.2, 1976, S. 145f; Ernst Wagner, in: Zeitschrift für Siebenbürgische Landeskunde 1(72)/1978, S. 57-59
73 Wittenberger Ordiniertenbuch, S. 23 Nr.357: Simon Bogner aus Schäßburg, am 16.11.1541 für Jüterbog ordinert. Zurück nach Oberungarn ging Bartholomäus Bogner, vgl. oben Anm.47. Nach Kronstadt ging Martin Heinz, der am 19.9.1543 ordiniert wurde, ebd., S. 34 Nr.533. Erwähnt sei auch Paul Kren aus Gottschee im habsburgi-

54   Heinz Scheible

schlag.

Das ändert sich, seit die Hermannstädter Gesandtschaft in Wittenberg war. Nun besitzt Melanchthon eine differenzierte Vorstellung vom ungarischen Reich; er unterscheidet Ungarn, Siebenbürgen, Banat und Walachei (3427.2 vom 8.1.1544[74]). Freilich bezeichnet er auch weiterhin Siebenbürger Sachsen als Ungarn (3472.2 vom 5.3.1544). Er erwähnt, ungarische Studenten seien angekommen (3454.2 vom 13.2. 1544), zwei Ungarn seien ordiniert worden, um unter den Türken das Evangelium zu predigen - es sind die Siebenbürger Albert Kirschner aus Wurmloch[75] und Lucas Schifflich aus Kronstadt[76] (3472.3 vom 5.3. 1544). Diese nahmen auch einen Brief Melanchthons an Honterus mit (3473 vom 12.3.1544). Darin dankt Melanchthon für mehrere Briefe und literarische Gaben des Honterus[77]. Ich habe den Eindruck, daß dies der erste Brief Melanchthons an Honterus überhaupt ist. Doch kann man dies nicht sicher sagen. Unverkennbar ist jedoch, daß seit der Hermannstädter Gesandtschaft vom August 1543 Melanchthons Interesse an Siebenbürgen in seinem Briefwechsel überhaupt erst nachweisbar ist; das Interesse für Ungarn insgesamt tritt in den Jahren 1544-1546 ebenfalls stärker hervor. Nun wird gemeldet, unter der Türkenherrschaft könne das Evangelium verkündet werden (3427.2; 3454.2; 3472.3; 3480), die Reformation in Siebenbürgen wirke sich sogar auf die griechische Kirche aus (3760.2). Melanchthon weiß von Valentin

---

schen Herzogtum Krain, der in Deutschland blieb: Am 24.9.1542 wurde er für Crossen (es gibt mehrere Orte dieses Namens) ordiniert, ebd., S. 29 Nr. 445; MBW 4437

74 Dieser Brief steht im Corpus Reformatorum und danach bei Fraknói, M.s Beziehungen zu Ungarn, S. 44, unter dem 8.1.1539

75 Er wird auch Cerasinus oder Wurmloch/Draconites genannt. In Wittenberg wurde er im Juli 1543 immatrikuliert: Foerstemann, Album, S. 205 ("Formloch"), und am 5.3.1544 durch Bugenhagen als Prediger für Wurmloch ordiniert: Wittenberger Ordiniertenbuch, S.37 Nr.574 ("Kyschner"). Später war er Prediger und 1548 Pfarrer in Bistritz: MBW 4129; Reinerth, Kirchen in Siebenbürgen, S. 138, 140 u.ö.

76 Er wurde am gleichen Tag wie Kirschner für das Predigeramt in Martinsberg ordiniert. Da er in der Matrikel nicht zu finden ist, könnte er einer derjenigen Ungarn sein, die am 11. Februar 1544 in Wittenberg eingetroffen sind: MBW 3454.2

77 Dies stützt die von Reinerth (Kirchen in Siebenbürgen, S.221) bezweifelte Angabe des Album Oltardianum, Caspar Helt sei von Honter veranlaßt worden, nach Wittenberg zu gehen, und habe Briefe (Hon-

Wagners griechischem Katechismus (3602; 3917)[78] - der aber damals
noch nicht im Druck erschienen ist - und von dem in Hermannstadt
gedruckten rumänischen Katechismus (4129)[79]. Vor der Antwort an den
Hermannstädter Pfarrer Ramser vom 3. September 1543 hören wir nichts
von alledem, kein Wort von der Reformation in Kronstadt, die seit
Oktober 1542 im Gange war.

Nun ist das argumentum e silentio niemals stringent. Melanchthon
konnte von Honters Werk in Kronstadt gewußt haben, ohne daß dies
in der erhaltenen Briefen erwähnt wird. Die Gestalt des Valentin
Wagner spielt hier eine Rolle. Er soll der Verbindungsmann zwischen

---

ters) an Luther und Melanchthon mitgebracht: Monumenta, Bd.4,
1909, S. 325 Nr.282

78 Béla Holl (Die erste Ausgabe der Katechesis Valentin Wagners
/Kronstadt, 1544/, in: Magyar Könyvszemle 78/1962, S. 293-302)
versucht wahrscheinlich zu machen, daß es eine 1544 in Kronstadt
erschienene, gänzlich verschollene Ausgabe der Katechesis Valentin Wagners gegeben habe. Dies wurde von Karl Reinerth schon
1968 (Des Kronstädter Magisters Valentin Wagner Wittenberger
Studium, in: Archiv für Reformationsgeschichte 59/1968, S. 38f),
noch entschiedener 1979 (Kirchen in Siebenbürgen, S. 208f) in
Zweifel gezogen. Zunächst ist zu bemerken, daß der von Melanchthon für einen Schüler verfaßte Brief vom 15. Juni 1545 nicht
als Briefmuster fingiert, sondern an Nikolaus von Amsdorf gerichtet ist, der damals evangelischer Bischof von Naumburg-Zeitz
war, wie MBW 3917 aus bisher unbeachteten Handschriften erwiesen wird. Da Holl seine Hypothese auf die beiden Briefzeugnisse
Melanchthons in MBW 3602 und 3917 stützt, läßt sie sich von daher
mit Sicherheit widerlegen, was bei MBW 3602 kurz geschehen ist:
Holl verkennt, daß Melanchthon am 24.2.1544 nur davon spricht,
daß Wagner an einem griechischen Katechismus arbeite. Am 15.6.
1545 spricht er von der in Gang befindlichen Drucklegung, nicht
vom Erscheinen. Wäre das Buch schon 1544 erschienen, so wäre
ihm dies bei seinen sonstigen guten Informationen aus Siebenbürgen gewiß nicht verborgen geblieben. Die Publikation des Jahres
1550 jedenfalls erwähnt er unverzüglich: Corpus Reformatorum
Bd.7, 1840, S. 689f Nr.4816 (das richtige Datum ist der 28. Oktober 1550); Holl, Katechesis, S. 298

79 Reinerth, Kirchen in Siebenbürgen, S. 290. Der eine der beiden
Zeugen (ebd., Anm.176) für dieses verschollene Werk von höchstem
kulturgeschichtlichem Rang ist jener Albert Kirschner, der in
Wittenberg ordiniert worden war (vgl. oben Anm. 75). Ältere Literatur siehe bei MBW 4129: seither erschienen: Doru Bădără,
Am Anfang der rumänischen Buchdruckerkunst, in: Rumänische Rundschau 37/1983, Heft 8/9, S. 47-56; sowie der Beitrag von Paul
Philippi in diesem Band.

Honter und Melanchthon gewesen sein. Wagner wurde am 13. April 1542 in Wittenberg immatrikuliert[80], einen Tag nach Bartholomäus Bogners Ordination. Man[81] nimmt an, daß sie die Reise nach Wittenberg zusammen unternommen haben. Das ist wahrscheinlich, allerdings erst ab Zeben, wo Bogner Lehrer war. Alle übrigen Erörterungen über Wagner in der älteren Literatur sind durch Karl Reinerths 1968 erschienenen Aufsatz[82] überholt. Durch den Fund einer datierten Buchwidmung an Adam Karpe[83] konnte er beweisen, daß Wagner bis mindestens Anfang 1543 noch in Wittenberg war. Angeregt durch meinen Hinweis[84], daß Wagner erst am 15. Februar 1554 in Wittenberg den Magistergrad erwarb, brachte er jene beiden Briefzitate, die seit Fraknói[85] für die Jahre 1542/43 verwendet werden, mit überzeugenden Gründen mit Wagners zweiter Wittenberger Reise in Verbindung. Den undatierten Brief Melanchthons an den Leipziger Theologieprofessor Alexander Alesius[86], mit dem der - namentlich nicht genannte - Pfarrer aus Kronstadt von Wittenberg nach Leipzig zog, weil er die (kursächsischen) Gemeinden kennenlernen wollte, um Kirchengemeinschaft herzustellen, datiert Reinerth auf den Februar 1554, und zwar vor Wagners Wittenberger Promotion am 15.2.. Aus der Handschrift kann ich das genaue Tagesdatum des 6. Februar mitteilen. Mit diesem Schreiben kündigt Melanchthon auch schon seinen Besuch in Leipzig an. Am 16. Februar 1554

---

80 Foerstemann, Album, S. 194
81 Klein, Johannes Honter, S. 192; Reinerth, Kirchen in Siebenbürgen, S. 91
82 Reinerth, Valentin Wagner, S. 25-41
83 Adam Karpe (Carpio) aus Buttstätt wurde im Sommer 1541 in Wittenberg immatrikuliert. Im Januar 1543 heiratete er Afra Schott aus Wittenberg; vielleicht ist das ihm von Wagner gewidmete Buch, die Kosmographie Honters in der Breslauer Ausgabe 1542, ein Hochzeitsgeschenk. Am 31.1.1544 wurde er Magister, am 27.5.1545 zum Predigtamt in Wertheim ordiniert. Er starb schon 1548 während einer ärztlichen Behandlung in Nürnberg.
84 Scheible, Archiv für Reformationsgeschichte 56/1965, S. 247; vgl. Reinerth, Valentin Wagner, S. 29f
85 Fraknói, M.s Beziehungen zu Ungarn, S. 36 Anm.143; dazu Reinerth, Valentin Wagner, S. 30-33
86 Corpus Reformatorum Bd.5, 1838, S. 174 Nr. 2753 unter dem September 1543. Statt "T. Rev." steht im Autograph "6. Feb.". Über Alesius vgl. Ernst Siegmund-Schultze in: Theologische Realenzyklopädie Bd.2, 1978, S. 231-235

schreibt er dann an seinen Freund, den Leipziger Philologen Joachim Camerarius, der werde morgen mit dem Pannonier Valentin, der neulich in Leipzig war, zu Camerarius kommen[87]. Wenn nun Camerarius am 20. Februar[88] einem frommen und gelehrten Kronstädter, der die lange Reise nur gemacht hatte, um sich mit Melanchthon zu beraten, und mit dem Melanchthon nach Leipzig gekommen war, einen Brief mitgibt, so paßt dies bestens zu Wagners Reise des Jahres 1554. Gegen 1542 spricht die ehrenvolle Art der Nennung des Wolfgang Meurer, der damals 28 Jahre alt und vielleicht schon in Italien war[89]. Der Empfänger des Briefes, der kursächsische Rat Christoph von Carlowitz, befand sich übrigens nicht in Wittenberg (wie Klein annimmt), sondern wahrscheinlich - auch Camerarius wußte es nicht genau - in Dresden[90]. Wagner befand sich also auf der Heimreise. Leider hat Oskar Wittstock in seiner 1970 erschienenen Honterus- Biographie diese Ergebnisse Reinerths nicht berücksichtigt und behauptet[91] in Abhängigkeit von der älteren Forschung: "Wagner muß seine Reise zu Beginn des Winters 1541/42 angetreten haben, denn Ende Februar hielt er sich schon in Leipzig auf." Sein einziger Beleg ist der Brief des Camerarius an Carlowitz, den er zitiert, ohne anzudeuten, daß die ergänzte Jahreszahl 1542 nicht in der Quelle steht.

Für 1542 bleibt es also dabei, daß Wagner nicht schon im Februar in Leipzig nachweisbar ist und also höchstwahrscheinlich erst im April nach Wittenberg kam. Da er noch im Jahre 1543 dort war, zumindestens am Anfang, war er bei der Einführung der Reformation in Kronstadt nicht anwesend. Reinerth hat aus diesem seinem For-

---

87 Corpus Reformatorum Bd.8, 1841, S. 226 Nr 5545 (statt "vestro Pannonio" ist "viro Pannonio" zu lesen). Über Camerarius, der erst im Oktober 1541 nach Leipzig kam, vgl. E. Iserloh in: LThK Bd.2, 1958, S. 903f (mit weiterer Literatur)

88 Das Tagesdatum, das bisher und noch von Wittstock (Johannes Honterus, S. 219) als der 23. Februar angegeben wurde, hat Reinerth (Valentin Wagner, S. 32 Anm.27) richtig aufgelöst.

89 Ernst Weber, Virorum clarorum saeculi XVI et XVII epistolae selectae, Leipzig 1894, S. 135f

90 Friedrich Albert von Langenn, Christoph von Carlowitz, Leipzig 1854, S. 236ff; ebd.,S. 78 über seine bewegte Tätigkeit im Januar 1542

91 Wittstock, Johannes Honterus, S. 219

schungsergebnis nicht die volle Konsequenz gezogen, sondern vermutet, Honterus habe mit der Drucklegung seiner Reformatio ecclesiae Coronensis gewartet, "bis Wagner ihm aus Wittenberg noch nähere Aufklärungen geben konnte"[92]. Hypothetisch ist auch Wittstocks Meinung, er habe aus Wittenberg "evangelische Agenden, Kirchenordnungen, Visitationsbestimmungen und Gesangbücher" in die Heimat geschickt[93], und für falsch halte ich den von ihm zitierten Satz Karl Kurt Kleins: "In Abhängigkeit von Melanchthon, ja ganz unmittelbar unter seiner Aufsicht hat sich die Kronstädter Kirchenbesserung vollzogen"[94]. Die einzige Stütze, die dafür beigebracht wird, ist die Bemerkung des Camerarius in seinem oben besprochenen Brief an Carlowitz, der Überbringer aus Kronstadt - es ist zweifellos Wagner - sei gekommen, um sich mit Melanchthon zu unterreden. Da dies nicht 1542, sondern 1554 geschah, bricht die ganze Konstruktion zusammen, wonach Melanchthon vor der Einführung der Reformation in Kronstadt um Rat gefragt worden wäre. Es gibt also keinerlei Anzeichen, daß Melanchthon von der Siebenbürgischen Reformation Kenntnis gehabt hat, bevor die Hermannstädter Gesandten bei ihm waren. Ich bin der Meinung, daß Honterus sein Reformationsbüchlein unabhängig von Melanchthon verfaßte, wozu er durchaus in der Lage war, und daß er nicht daran dachte, die Zustimmung der Wittenberger einzuholen. Dies schließt freilich nicht aus, daß er Schriften Melanchthons wie auch der anderen deutschen und schweizerischen Reformatoren gekannt und benutzt hat, was schon 1900 Walther Köhler untersuchte[95]. Zutreffend formuliert dies Ludwig Binder[96]:"In den Beziehungen Honters zu Melanchthon werden einige Gemeinsamkeiten sichtbar, ohne daß eine ausdrückliche Abhängigkeit angenommen werden muß." Es handelt sich hierbei um literarische Beeinflussung.

---

92 Reinerth, Valentin Wagner, S. 29
93 Wittstock, Johannes Honterus, S. 220
94 Klein, Johannes Honter, S. 194, zit. bei Wittstock, Johannes Honterus, S. 220; ähnlich Schwob, Melanchthon, S. 154
95 Walther Köhler, Über den Einfluß der deutschen Reformation auf das Reformationswerk des Johannes Honter, insbesondere auf seine Gottesdienstordnung, in: Theologische Studien und Kritiken 73/1900, S. 563-600; ebenso Friedrich Teutsch, Geschichte der ev. Kirche in Siebenbürgen, Hermannstadt 1921, Bd.1, S. 223f
96 Binder, Melanchthon, S. 5

Ganz anders Ramser in Hermannstadt. Bevor er das Kronstädter Werk übernahm, fragte er in Wittenberg an[97]. Am 24. Dezember 1544 richtete er dann noch einmal eine Anfrage an Luther, Bugenhagen und Melanchthon (3767). Nachdem die Gemeinden des Bezirks Hermannstadt nach Wittenberger Vorbild, so schreibt er, reformiert worden seien, gebe es Stimmen, die auch noch die Bilder, die Elevation und die Privatabsolution abschaffen wollen. Leider haben wir keine Antwort der Wittenberger hierauf. Aber man kann annehmen, daß auf die konkreten Fragen eine entsprechende Antwort gegeben wurde. Im Gegensatz dazu bleiben Melanchthons Briefe an Honterus (3473; 3602) im allgemeinen. Auch dies scheint mir ein Indiz für die größere Selbständigkeit des Kronstädter Reformators zu sein.

IV

Abschließend seien noch ohne Anspruch auf Vollständigkeit einige ungarische Studenten genannt, die zu Melanchthon bis 1546 in Beziehung standen.

Joseph Macarius wurde durch Agnes Ritoók[98] biographisch erforscht, insbesondere mit Józsa Bódog identifiziert, von dem außer Nachrichten eines bewegten Lebens das Verzeichnis seiner ca. 150 Bände umfassenden Bibliothek überliefert ist. Er studierte seit November 1540 dreieinhalb (nicht fünf) Jahre in Wittenberg. Von Mai bis August 1544 unternahm er, ausgestattet mit Empfehlungsbriefen Melanchthons und ähnlich wie Martin Heinz im Jahr zuvor, eine große Rundreise nach Speyer, wo gerade ein Reichstag abgehalten wurde, Straßburg, Basel, Zürich, Konstanz, Augsburg, Schwäbisch Hall,

---

[97] Vgl. oben S. 53; Reinerth (Kirchen in Siebenbürgen, S. 129 Anm.14) zitiert aus Luthers Antwort an Ramser vom 1.9.1543 mit einem völlig unbegründeten, sinnverändernden Fehler: Statt "in isto libro" (sc. dem Kronstädter Reformationsbüchlein), wie in der Weimarer Lutherausgabe (Briefwechsel Bd.10, 1947, S. 393 Z.7) zu lesen ist, schreibt er "in nostro libro" und übersetzt demgemäß "in unserm Buch" (sc. einer wie immer gearteten Wittenberger Kirchenordnung) - eine geradezu klassische Freud'sche Fehlleistung.

[98] Agnes Ritoók, Ein ungarischer Schüler Melanchthons: Josephus Macarius, in: Acta Classica Universitatis Scientiarum Debreceniensis 4/1968, S. 107-117. Zu S. 110f Anm.28-32 ist zu bemerken, daß diese Stellen sich nicht auf Macarius beziehen, sondern auf Josef Hänel aus Pirna (MBW 4285 und 4529 sowie Corpus Reformatorum Bd.6, 1839, S. 337, 338, beide vom 20.2. 1547) und auf Josef Kirchner aus Erfurt (MBW 4339).

Nürnberg. Überall besuchte er die führenden Theologen. Sein besonderes Interesse galt der Abendmahlslehre. Bucer veranlaßte er zur Abfassung eines Bekenntnisses hierüber, das dann sechs Jahre später von Caspar Helt in Klausenburg gedruckt wurde (3682). Auch Bullinger bat er um eine solche Niederschrift. Dieser gab ihm für Melanchthon einen langen Brief (3596) mit, den Macarius unterwegs verlor, der aber dennoch seinen Empfänger erreichte (3653; 3671). Von den anderen Briefen an Melanchthon haben wir nur den des Basler Antistes Oswald Myconius (3580), der von Bucer (vgl. 3653) und gewiß noch manche andere sind nicht überliefert. Während Veit Dietrich gern Luthers Stellungnahme zu Bullingers und Bucers Meinung gehört hätte, sorgte Melanchthon dafür, daß der gerade über die Zwinglianer erneut aufgebrachte Reformator davon nichts zu sehen bekam (3653). Schon die Reise des Macarius zu den "Sakramentsschwärmern" als solche erregte in Wittenberg Aufsehen, und Luthers Unwillen mußte von Melanchthon beschwichtigt werden[99]. Auch Martin Heinz[100] berichtet von Differenzen zwischen Luther und Melanchthon in der Abendmahlsfrage: Das von ihm dem Zürcher Gelehrten Konrad Pellikan am 30. Juli 1543 mitgeteilte Abendmahlsgutachten (3124) sei von Melanchthon für den Druck vorgesehen gewesen, was Luther aber verhindert habe[101].

Die theologischen Unterschiede zwischen Luther und Melanchthon wurden auch von Paul Scipio wahrgenommen, jenem Ungarn aus der Preßburger Gegend, der als Schützling des Präfekten von Sáros und Rats König Ferdinands Georg Werner (1830; 1995), eines gebürtigen Schlesiers, der selbst in Wittenberg studiert hatte[102], seit Sommer 1536 in Wittenberg weilte[103]. Er stand Melanchthon so nahe, daß er einem

---

99 Ritoók, Josephus Macarius, S. 110 Anm.23 (aus einem Brief des Wolfgang Musculus an Ambrosius Blarer vom 19.9.1544)

100 Vgl. oben Anm. 59

101 Reinerth, Martinus Hentius, S. 194

102 Foerstemann, Album, S. 39: Wintersemester 1511/12 "Georgius Werne de patsskaw" (= Patschkau). Über ihn vgl. u.a.: Gustav Bauch, Beiträge zur Litteraturgeschichte des schles. Humanismus IV, in: Zeitschrift des Vereins für Geschichte und Alterthum Schlesiens 32/1898, S. 82-104; Elfriede Rensing, Georg Wernher (1490?-1556), Präsident der Zipser Kammer, in: Jahrbuch des Graf Klebelsberg Instituts für ungarische Geschichtsforschung in Wien 3/1933 (Budapest), S. 31-58; Škoviera, Epistulae Leonardi Stöckel, S.287

103 Anders als Fraknói (M.s Beziehungen zu Ungarn, S. 35 Anm.137)

Mitstudenten, dem nachmals sehr berühmten Joachim Mörlin, das eigenhändige Protokoll eines Gespräches Luthers und Melanchthons über die Rechtfertigungslehre zur Abschrift vermitteln konnte[104], und vermutlich war er es, der als Bote Melanchthons zu dem gerade damals über die melanchthonische Rechtfertigungslehre erzürnten Konrad Cordatus fungierte (1887).

Georg Werner bezahlte auch für das Studium des Andreas Batizi, der am 19. März 1542 in der Wittenberger Matrikel erscheint[105] und sich am 8. Dezember 1543 aus Preschau bei Melanchthon mit einem langen Bericht über die Türken in Ungarn bedankt (3388). Darin ist wiederum das ambivalente Verhalten der Türken bemerkenswert: Sie können treulos sein, aber schwerer wiegt, daß sie den Evangelischen Frieden gewähren, daß der Pascha von Buda evangelische Theologiestudenten mit Pässen ausstattet und der Klage von papistischen Priestern gegen einen evangelischen Prediger keine Unterstützung gewährt. Als seine Wittenberger Gläubiger nennt Andreas Batizi neben dem Buchhändler Christoph Schramm[106] vier Ungarn: Blasius Bihori, Josef Pesti = Macarius, Caspar Pasztói und Demetrius Batizi[107]. Vermutlich war der Ungar Andreas, dem Melanchthon zu seiner Heimreise einen Empfehlungsbrief an Johannes Perény (3290) mitgab, dieser Batizi. Die beiden hätten sich dann unterwegs in Erfurt am 10. August 1543 getroffen.

Im August 1544 war Bartholomäus Georgievitz, der Verfasser eines

---

angibt, steht er doch in der Wittenberger Matrikel, nämlich als "Paulus Scipio Taurinus" unter den gratis Eingeschriebenen des Sommersemesters 1536: Foerstemann, Album, S. 161. Er stammte demnach aus Tyrnau im Komitat Preßburg, wie Clemen (vgl. Anm. 104) S. 173 angibt.

104 Otto Clemen, Disputatio Philippi Melanchthonis cum Doctore Martino Luthero (1536 oder 1537), in: Theologische Studien und Kritiken 108/1937/38, S. 167-178, bes. S. 173, 177. In der Einleitung zur Edition dieses Textes (Weimarer Lutherausgabe, Briefwechsel Bd.12, 1967, S. 189) wurde der Name des Paul Scipio als unwichtig ausgelassen.

105 Foerstemann, Album, S. 193. Zusammen mit ihm wurde ein Blasius Felnemetsi eingeschrieben, über ihn vgl. RGG Bd. I, Sp. 918

106 Über ihn vgl. Weimarer Lutherausgabe, Bibel Bd.8, 1954, S. LI f Anm.28f; Briefwechsel Bd.12, 1967, S. 284-288

107 Demetrius Batizi wurde schon am 22.10.1540 in Wittenberg immatrikuliert, Josef Pesti (= Macarius, was MBW 3388 noch nicht erkannt wurde) am 22.11.1540, Caspar Pasztói im August 1542

sehr populären Türkenbuchs, das soger unlängst wieder nachgedruckt wurde[108], in Wittenberg zu Gast. Melanchthon berichtet stolz, damals sei das Gespräch an seinem Tisch in elf Sprachen geführt worden (3661.3). Luther und er entließen ihn mit einer Empfehlung (3656).

Im gleichen Jahr 1544 dichtete Melanchthon ein Vorwort (3777) zu dem Hodoeporicon itineris Constantinopolitani des Paulus Rubigallus. In diesem Gedicht beschreibt der seit Herbst 1536 in Wittenberg studierende Kremnitzer seine Erlebnisse als Teilnehmer der ungarischen Gesandtschaft, die 1540 beim Sultan in Konstantinopel wegen der Nachfolge Johannes Zápolyas vorstellig wurde[109]. Außer diesem hat er seit 1537 noch andere poetische Werke in Wittenberg drucken lassen. Er fand schon im November 1536 als Dichter Melanchthons Beachtung[110]. Am 27. April 1545 stellte ihm der Rektor Georg Maior ein glänzendes Abgangszeugnis aus, das höchstwahrscheinlich von Melanchthon verfaßt wurde[111]. Zu seiner Hochzeitsfeier, die am 26. Mai 1551 in Breslau stattfand, lud Rubigallus seinen Lehrer und andere Wittenberger Freunde ein; Melanchthon erwog ernsthaft, die weite Reise zu unternehmen[112], was dann doch nicht möglich war. Rubigallus

---

("Pastor"), Blasius Bihori erst am 22.3.1543, zusammen mit Stefan Szegedi Kis, Benedikt Abádi und zwei weiteren Ungarn, nämlich Franciscus Mobinus und Joachimus Francus Sehusiensis: Foerstemann, Album, S. 184, 185, 198, 202

108 Enthalten in: Chronica unnd Beschreibung der Türckey, mit eyner Vorrhed D. Martini Lutheri, Unveränderter Nachdruck der Ausgabe Nürnberg 1530 sowie fünf weiterer "Türkendrucke" des 15. und 16. Jahrhunderts mit einer Einführung von Carl Göllner, Köln/ Wien 1983, S. 165-227. Hier ist die Basler Ausgabe 1545 reproduziert, die Luthers und Melanchthons Empfehlungsschreiben (MBW 3656) nicht enthält. Über den Autor vgl. Göllner S. XIX f

109 Pauli Rubigalli Pannonii Carmina, hg. v. Mihoslav Okál, Leipzig 1980 (Bibliotheca Teubneriana), bes. S. 12-34. Über ihn vgl. Okáls Einleitung und Flemming, Briefwechsel Melanchthons, S.34 Anm.5

110 Das undatierte Briefchen an Johannes Stigel, das (Corpus Reformatorum Bd.5, 1838, S. 431f Nr.2979) mit dem Hodoeporicon von 1544 in Verbindung gebracht wurde, läßt sich mit einer noch unveröffentlichten Beweisführung Walter Thüringers auf "kurz vor 27.11.1536" datieren und wird in MBW die Nr.1811a erhalten. Rubigallus ist also schon im November 1536 in Wittenberg gewesen und Melanchthon als ein Dichter aufgefallen, dessen Verse er des öffentlichen Anschlags für würdig erachtete.

111 Corpus Reformatorum Bd.5, 1838, S. 750f Nr.3182

112 Ebd. Bd.7, 1840, S. 761 Nr.4873 (an Stigel, 31.3.1551)

lebte in Schemnitz, wo er ein reicher Bergwerksbesitzer war.
Er stieg zum königlichen und kaiserlichen Rat und Bergamtmann auf
und wurde 1564 geadelt. 1577 ist er gestorben.

Melanchthon förderte nicht nur hochbegabte Leute wie Rubigallus,
sondern er kümmerte sich überhaupt um die Studenten aus dem bedrängten Ungarn, auch um solche, deren Namen uns nichts sagen oder sogar
unbekannt sind. Im November 1536 ging ein Johannes Farkas mit Empfehlungen Dévais, der sich damals in Nürnberg aufhielt, und Veit
Dietrichs nach Wittenberg zu Melanchthon[113]; in der Matrikel finden
wir ihn nicht, auch nicht in Melanchthons Briefwechsel. Im Januar
1544 empfahl Melanchthon einen Johannes Hartler, den wir ebenfalls
in der Wittenberger Matrikel vermissen, dem Rat der Stadt Schemnitz
zur weiteren Finanzierung des Studiums[114]. Martin Valentkovits aus
dem benachbarten Szent-Erzsébet studierte mit Unterstützung des Schemnitzer Ratsherrn Quirinus Schlaher (4160). Am 7. Oktober 1544 schickte
Melanchthon zwei uns unbekannte Ungarn zum Studium nach Leipzig (3704),
wo sein Freund Camerarius ein ebensolches philologisches Niveau garantierte wie in Wittenberg. Wenig später, am 15. Oktober, wurden
in Wittenberg drei Ungarn ordiniert[115], darunter Benedikt Abádi,
der "einer der Bahnbrecher der ungarischen Buchdruckerkunst"[116] werden sollte. Daß zumindest er, der seit März 1543 in Wittenberg studierte[117], Melanchthon persönlich bekannt war, erfahren wir von Sigismund Gelous (4107.5). Dieser war ein besonders treuer Melanchthon-
Schüler, der seit langem die gebührende Beachtung findet[118]. Er stammte
aus dem Dorfe Gelau im Komitat Klausenburg, heißt aber auch nach der
wenig entfernten Stadt Torda. Nach vierjährigem Studium in Krakau

---

113 Erwähnt in einem Brief des Matthias Dévai an Thomas Nádasdy,
Nürnberg, 10.11.1536: Monumenta, Bd.3,1906, S. 102f Nr.121
114 Erwähnt von Johannes Hartler an den Rat von Schemnitz, Wittenberg, 18.1.1544, ebd., Bd.4, 1909, S. 329 Nr.286
115 Wittenberger Ordiniertenbuch, S. 40 Nr.633-635
116 Kovács, Melanchthon und Ungarn, S. 263
117 Foerstemann, Album, S. 202
118 Fraknói, M.s Beziehungen zu Ungarn, S. 24-32; Miloslav Okál,
La vie et l'oeuvre de Sigismond Gélous Torda, in: Zbornik Filozofickej Fakulty Univerzity Komenského, Graecolatina et Orientalia, Ročnik 6/1974, S. 105-155

kam er im Winter 1539/40 nach Wittenberg, wo er am 31. Januar 1544 als erster von 27 Kandidaten den Magistergrad erwarb; er durfte die von Melanchthon verfaßte akademische Quaestio vortragen[119]. Als er am 27. März 1545 oder bald danach die Heimreise antrat (3863f), war Melanchthon zutiefst betrübt über den Verlust dieses geschätzten Mitarbeiters und in Sorge wegen der Kriegsgefahren, denen er entgegenging (3857.1).

Gelous blieb mit Melanchthon in brieflicher Verbindung, auch als er später in der Nachfolge seines Schwiegervaters Georg Werner das hohe Amt eines Präfekten der Burg Sáros erlangte. Im Rahmen unseres Themas sind nur zwei Briefe an Melanchthon zu erwähnen, die beide schon lange bekannt sind, wovon der eine (4287) aber vom 10. Oktober 1551 auf den 16. Juni 1546 umdatiert wurde. Gelous, der selbst nicht in seine türkisch besetzte Heimat zurückkehrte, berichtet Melanchthon von der großen Freiheit, deren sich die evangelische Kirche unter der türkischen Herrschaft erfreue. Der Pascha von Buda habe sogar evangelische Geistliche zum besoldeten Dienst im Gebiet des Sultans angeworben (4287). Mehrere Wittenberger Studenten wirkten im türkisch besetzten Ungarn als evangelische Geistliche, Benedikt Abádi in Szegedin, Stefan Szegedi Kis in Cegléd, Emericus Sigetinus in Tolna (4107)[120]. Ähnlich Erfreuliches wurde von anderen berichtet (3917), darunter jenem Wittenberger Ordinanden Albert Kirschner, der nun in Bistritz wirkte (4129); von ihm stammt die Meldung über den rumänischen Katechismus, die in Breslau, Nürnberg, Regensburg und Wittenberg verbreitet wurde (bei 4129). Am 27. September 1544 war der Student Christoph aus Lippa bei Melanchthon, brachte einen Brief von Leonhard Stöckel und erzählte über die Lage in seiner siebenbürgischen Heimat (3691.3; 3693.2). Der letzte Brief Melanchthons an Luther, der aber diesen nicht mehr lebend erreichte, enthielt Neuigkeiten über die Türken in Ungarn (4162). Für Melanchthon war das Leben der Christen unter den Türken ein Modellfall der Trennung von Kirche und Staat (3675 vom 6.9.1544, bisher 1541). Doch ist er

---

119 Corpus Reformatorum Bd.10, 1842, S. 743-745 Nr.26
120 Bei der Identifizierung der Personen- und Ortsnamen dieses inhaltsreichen Briefes hat mich Frau Dr. Agnes Ritoók in Budapest durch dankenswerte Auskünfte unterstützt. Daß der 4107.8 erwähnte Daniel Koberger aus Cibinium nicht aus Hermannstadt stammt, sondern aus Zeben, verdanke ich der Sachkenntnis von Professor Dr.

weit davon entfernt, in eine Türkenbegeisterung zu verfallen. Dies verhinderte allein schon die ständige militärische Bedrohung, und auch theologisch erfuhr der Islam eine klare Ablehnung (2973, die Koranvorrede von 1542)[121].

Mit diesen wegen der Quellenlage notwendig sporadischen Mitteilungen von Nachrichten, die aus dem ungarisch-siebenbürgischen Raum nach Wittenberg drangen, sei die Vorstellung der neuen Edition von Melanchthons Briefwechsel beendet. Dieses Quellenwerk ist auch für die südosteuropäische Geschichte von Bedeutung. Bei der Lückenhaftigkeit der geschichtlichen Überlieferung verdienen sogar kleine biographische Einzelheiten Beachtung. Vor allem aber kann die chronologische Forschung erhebliche Veränderungen des Geschichtsbildes bewirken, wie an der Gestalt des Valentin Wagner deutlich wurde. Es ist zu hoffen, daß Melanchthons Briefwechsel der Jahre 1547 bis 1560 weitere Erkenntnisse über die Geschichte des Donau-Karpaten-Raumes ans Licht bringt, über die zu gegebener Zeit berichtet werden kann.

RÉSUMÉ

Les relations de Melanchthon avec la région des Carpates
jusqu'en 1546

La correspondance de Melanchthon, conservée sous forme de registre jusqu'à l'année 1546 (nous proposons dans de nombreux cas d'autres datations et interprétations) constitue la source principale de notre étude de l'histoire de la Réforme dans la région au sud des Carpates. Nous évoquons rapidement les relations épistolaires de Melanchthon avec Simon Grynaeus, Veit Örtel, Conrad Cordatus, Johannes Kresling et Johannes Henckel (I).

Paul Philippi in Heidelberg.
121 Vgl. auch Rudolf Mau, Luthers Stellung zu den Türken, in: Leben und Werk Martin Luthers von 1526 bis 1546, hg. v. Helmar Junghans, 2 Bde., Berlin/Göttingen 1983, S. 647-662, S. 956-966

A titre d'exemple nous étudions plus en détail la vie agitée de Matthias Dévai (II), qui fut persécuté par les catholiques et les Turcs et fut finalement accusé d'hérésie par les protestants eux-mêmes, en particulier par le pasteur de Leutschau, Bartholomeus Bogner, originaire de Kronstadt. La date de la mort de Dévai peut être établie de façon plus précise grâce à une lettre de Leonard Stöckel, dont le maître de théologie, Leonard Cox, était un compagnon d'études de Melanchthon à Tübingen.

En dehors des lettres de Stöckel, publiées récemment, nous avons pu trouver des documents dans les lettres encore inédites du greffier de Kremnitz, Wolfgang Guglinger, où est décrite la vie constamment menacée par les Turcs. En septembre 1543 l'intérêt de Melanchthon se porte sur la Transylvanie (III). L'exacte chronologie de la vie de Valentin Wagner fournit la preuve qu'Honterus n'avait pas entrepris la Réforme en relation avec Melanchthon. Cela n'est vrai que pour Ramser à Hermannstadt. Dans la dernière partie (IV) il est fait le protrait de quelques disciples et hôtes hongrois de Melanchthon.

SUMMARY

Melanchthon's Relations to the Danube-Carpathian Area
to 1546

The main source is Melanchthon's correspondence, edited in extracts to 1546, which discloses new datings and interpretations. An outline is given of aspects relevant to the history of the Reformation in southern Europe. Firstly, the author reviews Melanchthon's ties with Simon Grynaeus, Veit Örtel, Conrad Cordatus, Johannes Kresling and Johannes Henckel (I).

By way of example, he studies the turbulent life of Matthias Dévai (II), who was never left in peace by Catholics and Turks, and finally was suspected of heresy even by Protestants. In this respect, the name of the Leutschau pastor, Bartholomäus Bogner from Kronstadt is mentioned as the driving force. Dévai's death can be dated more exactly from a letter by Leonhard Stöckel, whose teacher, Leonard Cox, was a Tübingen student friend of Melanchthon. Stöckel's recently edited letters are further substantiated. Unknown letters by the Kremnitz town clerk, Wolfgang Guglinger, reflect life in constant fear of the Turks. Transylvania enters Melanchthon's sights in September 1543 (III). The exact chronology of Valentin Wagner's life refutes the assumption that Honterus had initiated the Kronstadt reformation in conjunction with Melanchthon. This only applies to Ramser in Hermannstadt.

Finally (IV), a number of Hungarian students and guests of Melanchthon are portrayed.

REZEPTION UND TRANSFORMATION

WITTENBERGISCHE REFORMATION
UND ÖKUMENISCHE KATHOLIZITÄT IN SIEBENBÜRGEN

Paul Philippi

Obwohl keine Zeit der siebenbürgisch-sächsischen Kirchengeschichte eifriger durchforscht worden ist als die Jahrzehnte der Reformation, bleibt den Historikern auch in Zukunft aufgegeben zweierlei zu leisten:

- zum einen die überlieferten Einzelnachrichten **über die** siebenbürgische und südosteuropäische Reformation zusammenzutragen und genau zu kennen, sie durch Forscherfleiß zu vermehren und zu koordinieren und
- zum anderen das überblickbare Faktenwissen in die weitere europäische Geschichte geistesgeschichtlich einzuordnen und dementsprechend zu deuten.

Beides, die Kenntnis der Fakten und ihre Deutung, darf nicht an den Grenzen haltmachen, die aus wissenschaftsgeschichtlich oder konfessionsgeschichtlich erklärbaren Gründen eng geführt worden sind. Vielmehr muß der Blick sich öffnen für die ganze Weite des Raumes, in dem sich das Leben der Siebenbürger Sachsen politisch und geistig bewegt hat. Dabei mag für das 16. Jahrhundert Wittenberg ein räumlicher Markierungspunkt im Westen sein; aber auch Basel und sein Umfeld dürfen nicht vergessen werden. Im Osten wird das Auge sicher bis nach Konstantinopel ausschauen müssen.

Mit diesem Postulat im Hintergrund wollen wir am Vorabend von Luthers 500. Geburtstag ein Wort riskieren zu der Deutung von Beziehungen, die unsere siebenbürgisch-sächsische Kirche zwischen 1519 und 1560 mit Wittenberg verbanden.

Als nach 1519 die ersten Nachrichten von Luthers Auftreten nach Siebenbürgen drangen, dachte man weder in Wittenberg noch in Hermannstadt oder Kronstadt an die Entstehung einer neuen Konfessionskirche. Hier wie dort wollte man das bestehende Kirchenwesen einerseits von Mißständen reinigen und es andererseits von den wesentlichen Grundeinsichten des Evangeliums her in Freiheit neu gestalten.

Die beiden Teile dieses Satzes drücken in ihrer negativen und positiven Fassung dasselbe aus: Wie Jesus die quantitativen Wucherungen des jüdischen Kultsystems bekämpft hatte, weil diese den rechten Gottesglauben qualitativ verfälscht hatten, um den es nach seiner Meinung im alten Bunde ging, so stand auch die Reformation in ihrer Frühzeit gegen ein ausgewuchertes, klerikal bevormundetes Kirchenwesen auf, das die befreienden Kräfte des Evangeliums eingekerkert hatte in die "babylonische Gefangenschaft" der "drei Mauern" klerikaler Macht, klerikaler Schriftauslegung und päpstlicher Willkür. Oder noch einmal anders ausgedrückt: Die Befreiung von längst beklagten kirchlichen Mißständen - der negative Aspekt unserer Behauptung - war möglich geworden, als Luther die positive Aussage des Evangeliums in einfacher Klarheit erfaßt hatte. Das ist das Geheimnis, welches ihm ohne Programm gelingen ließ, was viele vor ihm mit Programm vergeblich gewollt hatten: die Reform einer Christenheit, deren geistliche Führer den status quo erhalten oder ausbauen wollten.

Nicht eine (neue) Konfessionskirche, sondern die bestehende Kirche erneuert, re-formiert, d.h. zuückgeformt in die einfache, befreiende Klarheit des Evangeliums: Das machte die Reformation zu dem positiven epochalen Ereignis, als das sie von ihren Anhängern erlebt wurde. Die Negation der mißbräuchlichen Wucherungen einer klerikalen Selbstzweck-Kirche erklären sich aus dieser Position gewissermaßen nebenbei und von selbst.

Als ein solches "ökumenisches" Ereignis der Reinigung und Erneuerung des ganzen bestehenden Kirchenwesens wurden die Schriften des Wittenberger Professors offenbar auch im gesamten Karpatenraum erlebt. Alle Nachrichten aus dem Siebenbürgen der 1520er und 1530er Jahre lassen sich auf diesen Nenner bringen. Bürger ergreifen hier die Initiative, um in christlicher Verantwortung Raum zu schaffen für das Wirken des Gotteswortes in der Kirche. Sie verbinden mit der Botschaft aus Wittenberg die eigene, spezifisch siebenbürgische Erfahrung einer genossenschaftlichen Gemeinde-Mündigkeit. Luthers These, "daß eine christliche Gemeinde Recht oder Macht habe, alle Lehre zu urteilen, Prediger ein- und abzusetzen", war vor und nach 1523 vermutlich nirgends auf der Welt so nahe an der kirchenrechtlichen Verwirklichung wie in den "exemten Kapiteln", die sich schon um 1500 unter dem Generaldechanten von Mediasch vorläufig und in der Mediascher Vereinbarung von 1545 endgültig als Glieder einer Religion und eines Kirchenkörpers verbunden hatten. So sehen sich die Vertreter dieser Laien-Mündigkeit in ihrem ermüdenden Abwehrkampf gegen die nicht aufhörenden Eingriffsversuche der von Rom aus strukturierten Hierarchie durch die Wittenberger Reformation bestätigt und gehen, von Luthers Schriften ermutigt, frisch ans Werk der Erneuerung - nicht, um eine Kirche anderer Konfession zu gründen, sondern um die alte andreanische Kirchenfreiheit, nun besser begründet - nämlich auch theologisch verwurzelt und nicht nur juristisch und politisch abgestützt -, innerhalb des bestehenden Kirchenwesens durchzusetzen. In dieser Reformationsbereitschaft scheinen sich die siebenbürgisch-sächsischen Geistlichkeitskapitel mit den bürgerlichen Reformern durchaus einig gewesen zu sein. Alles, was wir durch die Forschung der letzten Jahrzehnte über Honterus gelernt haben, deutet in die gleiche Richtung: Man will die Anstöße der lutherischen Reformation aufnehmen, aber zugleich katholisch - d.h. in der Kontinuität der einen ungespaltenen Kirche - bleiben.

Nur so läßt sich die - aus späterer Sicht groteske - Zahlung des Kathedralzinses erklären, die das Hermannstädter und Kronstädter Kapitel noch im Jahre 1555 an den Erzbischof von Gran leisten wollten, obwohl sie sich 1547 über Erzdiözesangrenzen hinweg eine eigene reformatorische Kirchenordnung und 1553 einen eigenen Superintendenten gegeben hatten. Dennoch hielten sie offensichtlich bis dahin an der Fiktion fest, in den Verband der Erzdiözese hineinzugehören, innerhalb deren sie ihre besonderen Siedlerrechte vierhundert Jahre lang vertreten hatten.

Wir wollen mit dieser Schau die Motive der bürgerlichen Reformation in Siebenbürgen nicht lutherischer machen als sie es in Wirklichkeit waren. Mit dem Antiklerikalismus der sächsischen Patrizier wird sich ebensogut ein Stück praktischen weltlichen Autonomiestrebens verbunden haben, wie das in freien Städten des Westens der Fall gewesen ist. Umgekehrt dürfte auch im theologischen Interesse der reformwilligen Geistlichkeit an lutherischer

Präzision eine gute Portion Willen zu klerikaler Machterhaltung mitgeschwungen haben. Aber trotz aller solcher im einzelnen wichtiger Nuancen wird man der sächsischen Reformation bis in die 50er Jahre und dem Kronstädter Typus bis in die beginnenden 60er Jahre hinein bescheinigen können, daß sie getragen war von dem großen Atem einer nicht konfessionellen, allgemeinen Kirchenerneuerung, die allen Menschen, der ganzen Gesellschaftsordnung, zugute kommen sollte. Damit war ein von Wittenberg ausgegangenes ursprüngliches Reformationsverständnis festgehalten worden noch zu einer Zeit, in der man in Wittenberg selbst schon auf dem Wege zur Sonderkirche ein gutes Stück weit vorangeschritten war.

Ganz gewiß war diese siebenbürgische Vision mit dem vorreformatorischen, auf die Aufklärung zugehenden Erbe des Humanismus verbunden. Der Humanismus hatte die Gebildeten Siebenbürgens fast alle ergriffen und das Land daher eindeutiger geprägt als dies in westlichen Landstrichen der Fall war, wo doch die vom Mittelalter her eingebürgerte Scholastik eine stärkere Position inne hatte. In dieser humanistischen Atmosphäre unter den Gebildeten Südosteuropas gediehen offenbar am ehesten Vorstellungen von einer möglichen "Generalreformation der Welt", wenn es erlaubt ist, nach dem Stichwort "Aufklärung" noch eine andere Idee des 18. Jahrhunderts zur Charakterisierung des 16. vorwegzunehmen. Im Klima solcher Vorstellungen verbanden sich in Siebenbürgen wohl noch bis 1557 so verschiedene Geister wie Matthias Hebler und Franz Davidis als Träger Wittenbergischer Reformation, wie 1541 auch Johannes Honterus und Matthias Biro Devai, vielleicht auch der spätere Erzbischof Verantius u.a., noch im Zeichen eines solchen Reformwillens sich die Hand gereicht hatten.

Auch die rumänischen Katechismusdrucker von Hermannstadt (1554) und Kronstadt (1559), Philippus Maler, der Moldauer, und Diakon Coresi, können nur in diesem Geist nichtkonfessioneller Reform der Kirche erklärt werden. Wenn es 1559 von Stadtrichter Benkner heißt, "ecclesiam walachorum reformavit", so gibt es keinen Anhaltspunkt für die Vorstellung, er habe aus orthodoxen Rumänen evangelische Sachsen machen wollen - denn nur dies könnte doch gemeint sein, wenn von "Konversionsversuchen" der Lutheraner in der Kronstädter oberen Vorstadt die Rede ist. Eine solche Vor-

stellung stammt aus dem 18. und 19. Jahrhundert, nicht aus der siebenbürgischen Reformationszeit. In dieser ging es vielmehr gerade den nach Wittenberg ausgerichteten Sachsen darum,
- der Bibelkenntnis als Vehikel gegen den Aberglauben und
- der Muttersprache als Vehikel der Bibelkenntnis und damit des Glaubenswissens

auch in dem Bereich der rumänischen Mitbewohner Raum zu schaffen, damit sich das wiederentdeckte Evangelium auch unter den Bedingungsstrukturen der orthodoxen Kirche den ihm gebührenden Raum schaffen könne. Wenn Luther davon sprach, daß er die Bibel in sein "geliebtes Deutsch" übersetzen wolle, dann spricht die siebenbürgische Reformation gerne von der "lingua vernacula", und das bedeutet: für die Rumänen rumänisch, für die Magyaren magyarisch. Dazu tat man in Siebenbürgen die ersten praktischen Schritte.

Daß man den lutherischen Katechismus nicht als konfessionelles Sondergut ansah, bedarf kaum eines Beweises; enthielt er doch nur die fünf Hauptstücke, die unbestritten ökumenisches Gemeingut darstellten. - Umfassen sie nach römisch-katholischer oder orthodoxer Meinung auch nicht alles, was ökumenisches Gemeingut des Glaubenswissens sein sollte oder müßte, so gehören die fünf lutherischen Hauptstücke doch auch nach nicht lutherischer Überzeugung zum ökumenischen Gemeingut, und es dürfte schwer fallen zu bestreiten, daß die Kenntnis dieser Hauptstücke auch im orthodoxen Umkreis der Kronstädter Sachsen zu fördern war. - Bedürfte es aber eines Beweises, daß man diese Katechismusstücke zur Reinigung der orthodoxen Kirchlichkeit und nicht zur Abkehr von dieser Kirchlichkeit in Richtung auf eine Konversion zum Protestantismus verstanden hat, so würde der Beweis durch die parallelen Drucke orthodoxer Liturgie-Bücher erbracht, die in den gleichen Druckereien von den gleichen Auftraggebern erstellt wurden.

Auch im Reformationsbüchlein des Jahres 1543 erwähnt Honterus die Existenz orthodoxer Bekenner in Kronstadt nicht als Anstoß dafür, diese Orthodoxen zur eigenen Kirche herüberzuziehen, sondern als Anstoß dafür, die katholische Kirche zu reinigen und zu verbessern. Proselytismus gab es nie im Horizont evangelischer Reformation in Siebenbürgen. Und wenn Valentin Wagner 1544/1550/1552 einen Katechismus in griechischer Sprache druckt, dann doch gewiß nicht in der Absicht, Konstantinopel wittenbergisch-sächsisch oder kronstädtisch-sächsisch zu machen, sondern um eine Vision ökumenischer Gemeinsamkeit auszulösen, die darin besteht, daß jede Kirche sich innerhalb ihrer besonderen Bedingungsstrukturen durch die einfache Klarheit evangelischer Grundwahrheiten in sich selbst erneuere oder erneuern lasse. Genau dies entspricht den Prinzipien des XV. Artikels des Augsburger Bekenntnisses.

Daß diese große Vision in den 1560er Jahren auch in Siebenbürgen von konfessioneller Engführung abgelöst wird, daß aus der Wittenberger Erneuerung schon vorher eine eigene Konfessionskirche geworden war, soll nicht vergessen lassen, daß in Siebenbürgen offenbar länger als anderswo die ursprüngliche reformatorische Hoffnung festgehalten wurde, das bestehende Kirchenwesen reinigen und dessen Erneuerung als ein gesamtkirchliches Ereignis erfahren zu können, an dem die verschiedenen Kirchentümer alle, aber jedes in seiner jeweiligen Besonderheit, beteiligt sein sollten.

RÉSUMÉ

La Réforme de Wittenberg et la catholicisme oecuménique en Transylvanie

La Réforme de Wittenberg, telle qu'on la concevait en Transylvanie, avait pour but le renouvellement de la vie religieuse sur la base de l'Évangile. La vie paroissiale des communautés saxonnes de Transylvanie, qui reposait sur le principe de la coopération de leurs membres égaux entre eux, offrait un terrain propice aux idées de la Réforme wittenbergeoise, auxquelles se mêlaient des idées humanistes. Le but recherché en Transylvanie était un renouvellement profond, indépendamment de tout souci confessionel ou de zèle prosélytique. La meilleure preuve en est, aux yeux de l'auteur, les efforts entrepris par les Saxons à l'époque de la Réforme pour assurer les bases d'un renouvellement de l'église orthodoxe, à savoir l'édition de livres en langue roumaine. Les réformateurs saxons de Transylvanie étaient guidés par une "vision de communauté oecuménique" qui laissait à chaque église ses particularités mais devait aider à la propagation des vérités premières de l'Évangile.

SUMMARY

Wittenberg Reformation and Ecumenical Catholicity
in Transylvania

The Wittenberg Reformers had a dual concern: to liberate the existing church from abuses and place it on the foundation of the "basic insights of the Gospel". This was also perceived in Transylvania. Transylvanian-Saxon church life, founded on "cooperative congregational responsibility" offered a fine basis for the acceptance of reformational ideas from Wittenberg. In combination with Humanistic ideas the Transylvanians sought a non-confessional, general church renewal, far removed from any proselytism. The author illustrates this by reference to the Saxons' endeavours to reform the Orthodox church as well, by printing books in Romanian during this time. The Transylvanian-Saxon Reformers were concerned for a "vision of ecumenical community", allowing every church its own character, but helping to spread the essential truths of the Gospel.

BEZIEHUNGEN ZWISCHEN REFORMATION UND RUMÄNEN
IM SPIEGEL VORNEHMLICH RUMÄNISCHER GESCHICHTSSCHREIBUNG

Pompiliu Teodor

In der heutigen Geschichtsschreibung über Mittel- und Südosteuropa bieten die Untersuchungen über die Beziehungen der Rumänen zu den reformatorischen Bewegungen vielversprechende Ergebnisse[1]. Einige Arbeiten bringen neue Informationen und Interpretationen zur kulturellen Auswirkung des Phänomens, andere haben wichtige Ereignisse aus der Geschichte der Reformation in der Moldau geklärt[2].

Ende der 40er Jahre hat der rumänische Philosoph Lucian Blaga die Reformation bei den Rumänen auf ideologische Implikationen hin untersucht und ihre Auswirkungen auf die Mentalität des Volkes beschrieben. Er bemerkt, in dieser Zeit setze ein Säkularisierungsprozeß des geistigen Lebens in Siebenbürgen, namentlich unter den Rumänen ein. Deshalb betrachtet er die Reformation als eine Etappe in der Herausbildung der modernen Welt; dabei weist er auf die Wandlungen hin, die diese Bewegung in der Mentalität gewisser Schichten der siebenbürgischen Gesellschaft hervorgerufen habe. Der Prozeß, den die Reformation eingeleitet habe, wirkte - nach Meinung des Philosophen - bis ins Zeitalter der Aufklärung nach[3]. In den folgenden Jahren hat der Historiker David Prodan[4] die Be-

---

1 Paul Philippi, Staatliche Einheit und gesellschaftliche Pluralität in der Religionsgesetzgebung des Fürstentums Siebenbürgen, in: Heidelberger Jahrbücher 1974, S. 50-65; Ludwig Binder, Grundlagen und Formen der Toleranz in Siebenbürgen bis zur Mitte des 17. Jahrhunderts, Köln/Wien 1976 (Siebenbürgisches Archiv Bd.11); Krista Zach, Orthodoxe Kirche und rumänisches Volksbewußtsein im 15. bis 18. Jahrhundert, Wiesbaden 1977; dies., Fürst, Landtag und Stände, in: Ungarn-Jahrbuch 11/1980/1981, S. 63-88; dies., Zur Geschichte der Konfessionen in Siebenbürgen im 16. bis 18. Jahrhundert, in: Südostdeutsches Archiv 24/25/1981/1982,S.40-89

2 Şerban Papacostea, Moldova în epoca Reformei (Die Moldau im Reformationszeitalter), in: Studii, Revistă de istorie 11/1958, H.4, S. 55-76

3 Lucian Blaga, Gîndirea românească în Transilvania în secolul al XVIII-lea (Das rumänische Geistesschaffen in Siebenbürgen im 18. Jahrhundert), București 1966, S. 30, 35

4 Supplex Libellus Valachorum, București 1967, S. 73f

deutung der Reformation für die Wandlungen im politischen Status
der Rumänen in Siebenbürgen herausgearbeitet.

Heute zweifelt niemand mehr daran, daß die Herausbildung der modernen Welt im rumänischen Raum nicht verstanden werden kann, wenn
man das Kapitel ignoriert, das mit dem Hussitentum beginnt und mit
den reformatorischen Bewegungen des 16. Jahrhunderts fortgesetzt
wird. Gewiß wurde diese neue Betrachtungsweise, die die geschichtliche Interpretation heute beherrscht, erst möglich, nachdem sowohl der Konfessionalismus als auch die Folgen des romantischen
Nationalbewußtseins überwunden waren.

Wenn wir das Verhältnis zwischen der Reformation und den Rumänen
angehen, betreten wir kein Neuland. Es gibt zahlreiche frühere Untersuchungen von hohem wissenschaftlichen Wert[5], allerdings auch
recht viele Klischees, auffällige Wiederholungen von Informationen
und Interpretationen. Deshalb soll hier das Verhältnis Reformation
- Rumänen im Spiegel der Geschichte der Geschichtsschreibung betrachtet und versucht werden, die Bedeutung der Beziehungen zwischen der historischen Wirklichkeit und der rumänischen Historiographie der Aufklärung zu erfassen, da sie dem Phänomen der Reformation zeitlich näher steht als die moderne Geschichtsschreibung
und von denselben politisch-konstitutionellen Umständen des 16.
und 17. Jahrhunderts geprägt ist wie die Reformation. Diese Umstände haben sich - was die Rumänen betrifft - im 18. Jahrhundert
nicht verändert. Unser Unternehmen kann erfolgreich sein, haben
doch auch andere Exkurse in die Historiographie zu interessanten
Erkenntnissen geführt[6].

I

Unser Versuch setzt voraus, daß die Schlußfolgerungen der zeitgenössischen Geschichtsforschung - wenn auch nur zusammenfassend -
vorgestellt werden, um ihre Ergebnisse den Standpunkten gegenüber-

---

5 Imre Révész, La Réforme et les Roumains de Transylvanie, Sonderabdruck aus: Archivum Europae centro-orientalis 13/1937, H.4;
István Juhász, A Reformáció az Erdélyi Románok között (Die Reformation unter den Rumänen Siebenbürgens), Kolozsvár 1940

6 Francisc Pall, Fragen der Renaissance und der Reformation in
der Geschichte Rumäniens, in: Forschungen zur Volks- und Landeskunde 9/1966, H.2, S. 5-26

zustellen, die von den Geschichtsschreibern der Aufklärung vertreten wurden. In der rumänischen Historiographie, auf die wir uns hier beschränken, kann sich bei dieser Gegenüberstellung eine Kontinuität von Informationen, Interpretationen und Schlußfolgerungen erweisen. Vor allem aber sind wir an der Art und Weise interessiert, wie die uns beschäftigende Frage von der Geschichtsschreibung behandelt wurde.

Versucht man, in gedrängter Form eine Liste der Faktoren zusammenzustellen, die die moderne Geschichtsschreibung zu dieser Frage registriert hat, so können auch deren wichtigste Koordinaten ausgemacht werden:

1. Kulturelle Einflüsse, insbesondere bei der Herausgabe der ersten rumänischen Buchdrucke. Jüngste Sprachforschungen haben Beweise dafür erbracht, daß zwischen dem Luthertum und den ersten Büchern in rumänischer Sprache enge Beziehungen bestehen[7]. So ist z.B. die Beziehung der "Întrebare creștinească" (Christliche Frage) zu Luthers "Kleinem Katechismus" herausgearbeitet worden[8]. Studien zur Reformation der Moldau haben dem Verzicht auf die Kultursprachen zugunsten der Volkssprachen einen neuen Sinn abgewonnen, indem sie ihn aus der Perspektive fortschreitender kirchlicher Erneuerung betrachten. Auch Einflüsse der kalvinistischen Lehren wurden in den Buchdrucken des 16. und 17. Jahrhunderts in rumänischer Sprache nachgewiesen[9].

2. Die Rolle des Humanismus im Zusammenhang mit reformatorischen Aktionen im rumänischen Raum und sein Einfluß auf die kulturelle Tätigkeit der Rumänen[10].

3. Die Existenz von rumänisch-kalvinistischen Gemeinden und die Gründung eines rumänisch-kalvinistischen Bistums durch die refor-

---

[7] Ion Gheție, Începuturile scrisului în limba română, Contribuții filologice și lingvistice (Die Anfänge des Schriftwesens in rumänischer Sprache, Philologische und linguistische Beiträge), București 1974, S. 80-97, 172-181

[8] Texte românești din secolul al XVI-lea (Rumänische Texte aus dem 16.Jh.), kritische Ausgabe v. Ion Gheție u.a., București 1982, S. 19-55

[9] Mircea Păcurariu, Istoria bisericii ortodoxe române (Geschichte der orthodoxen rumänischen Kirche) Bd.1, București 1980, S. 528f

mierten Fürsten von Siebenbürgen[11].

4. Die Auflösung des rumänisch-kalvinistischen Bistums während der Gegenreformation und der Rückgriff auf die orthodoxe Hierarchie gegen Ende des Jahrhunderts, als sich das orthodoxe Bistum Siebenbürgen mit Sitz in Weißenburg herausbildete[12].

5. Der kalvinistische Einfluß auf die Institutionen der orthodoxen Kirche in Siebenbürgen[13].

6. Die Bedeutung der Toleranzpolitik für die Geschichte der Siebenbürger Rumänen. Die Haltung den Rumänen gegenüber wird unterschiedlich dargestellt, wobei man entweder Toleranz oder Intoleranz nachweist. Das Recht der freien Ausübung des Glaubens bzw. der freien Bischofswahl, das der rumänischen Kirche 1574 von Stephan Báthory eingeräumt wurde, wird hervorgehoben[14]. Da dieses Recht auch den vier "rezipierten" Religionen zugesprochen wurde, lehnen einige der heutigen Historiker den Gedanken ab, damit sei der Versuch einer ethnischen Assimilation unternommen worden und beschränken die Auswirkungen dieses Rechts auf den konfessionellen Bereich[15]. Andere dagegen betonen, daß die Reformation in Richtung Entnationalisierung wirksam werden sollte[16].

7. Die Geschichtsforschung hat den Einflüssen der Reformation quasi-aufklärerische Intentionen zugeschrieben[17].

---

10 Philippi, Staatliche Einheit, S. 56ff; Krista Zach, Humanismus und Renaissance in Siebenbürgen, Über ihre Voraussetzungen und Wege der Entfaltung in einer Randzone (15./16. Jahrhundert), in: Ungarn-Jahrbuch 10/1979, S. 199ff

11 Augustin Bunea, Vechile episcopii românești a Vadului, Geoagiului, Silvașului și Bălgradului (Die alten rumänischen Bistümer von Vad, Geoagiu, Silvaș und Weißenburg), Blaj 1902, S. 36-44

12 Zach, Geschichte der Konfessionen, S. 82

13 Alexandru Grama, Instituțiile calvinești în Biserica româneascǎ din Ardeal (Die kalvinistischen Institutionen in der rumänischen Kirche Siebenbürgens), Blaj 1895

14 Binder, Toleranz, S. 116ff; Zach, Geschichte der Konfessionen, S. 52; Philippi, Staatliche Einheit, S. 56ff

15 Philippi, Staatliche Einheit, S. 57

16 Gh.I. Moisescu, St. Lupșe, A. Filipașcu, Istoria bisericii române (Geschichte der rumänischen Kirche) Bd.1, București 1957, S. 368

17 Philippi, Staatliche Einheit, S. 57

8. Die Frage, warum die Reformation unter den Siebenbürger Rumänen sich nicht durchzusetzen vermochte, wurde bereits in der Zwischenkriegszeit diskutiert. Zu ihrer Beantwortung wird der nichtfeudale Charakter der rumänischen Kirche und ihre bescheidene materielle Lage hervorgehoben, die die Beibehaltung des traditionellen Glaubens begünstigt habe[18].

9. Die Rolle der Reformation in der rumänischen Gesellschaft und ihre Verbreitung unter den Rumänen (im Komitat Hunyad, den Banater Distrikten, im Fogarascher, Marmaroscher und Biharer Gebiet)[19]. Reformatorische Ideen finden vor allem in den sozial freien Schichten des niederen Adels, des Stadtbürgertums und der Freibauern Eingang, die sogar zu redikaleren Umwälzungen neigen.

10. Zu anderen Aspekten - z.B. den rumänisch-kalvinistischen Gemeinden und ihrer Anzahl, vor allem aber den dogmatischen Einflüssen - fehlen neue Forschungen; es werden Daten lediglich überarbeitet, die schon den Historikern im 18. Jahrhundert bekannt waren.

II

Die Untersuchung der Reformationsgeschichte in der rumänischen Historiographie setzt im 18. Jahrhundert ein, doch stand schon die Chronistik diesem Phänomen nicht teilnahmslos gegenüber[20]. In den rumänischen Chroniken des 16. Jahrhunderts werden aber fast ausschließlich Daten und Fakten über die Reaktion der orthodoxen Kirche auf die reformatorischen Ansätze unter Despot-Vodă festgehalten. Die Akzente werden natürlich vom konfessionellen Standpunkt aus gesetzt, wobei die traditionelle orthodoxe Mentalität zum Ausdruck kommt. In der Chronistik des 17. Jahrhunderts - von Grigore Ureche bis zu Miron und Nicolae Costin - vermehren sich die Hinweise auf die Reformation, insbesondere auf den kal-

---

18 Pall, Renaissance und Reformation, S. 16f

19 Pavel Binder, Arnold Huttmann, Romănii din Brașov în epoca Reformei (Die Kronstädter Rumänen im Zeitalter der Reformation), in: Studii și articole de istorie 13/1969, S. 79-94; Pall, Renaissance und Reformation, S. 14

20 Maria Teodor, Incursiuni în istoriografia Reformei (Streifzüge durch die Geschichtsschreibung der Reformation), in: Studia Universitatis Babeș-Bolyai, Historia 1982, H.2, S. 20-26

vinistischen Bekehrungseifer im Fürstentum Siebenbürgen[21], der durch den bekannten "Kalvinistischen Katechismus" (Catehismul calvinesc) unterstützt wurde, und auf die Solidarität der Orthodoxen in der Walachei und der Moldau mit jenen in Siebenbürgen.

In der zweiten Hälfte des 17. Jahrhunderts bildet sich gegen die kalvinistische Propaganda ein ethnisches Bewußtsein heraus, das auf die humanistischen Aussagen bezüglich der lateinischen Herkunft der Rumänen zurückgreift. Es überrascht allerdings, daß in der "Chronik des Erzpriesters Vasilie aus der Oberen Vorstadt von Kronstadt" (Cronica protopopului Vasilie din Şchei) direkte Angaben über die Reformation fehlen. Der Grund dafür liegt wohl in ihrem lokalgeschichtlichen Charakter.

Nach dem Gesagten kann man feststellen: Die Anfänge einer Historiographie der Reformation gehen auf die siebenbürgischen Geschichtsschreiber der Aufklärung zurück[22]. Beginnend mit dem 8. Jahrzehnt des 18. Jahrhunderts, als auch die rumänische Geschichtsschreibung an Wissenschaftlichkeit gewinnt, wird die Reformation eingehender behandelt. Die Historiker sammeln reiches Quellenmaterial über den Einzug der Reformation in Siebenbürgen, greifen auf Schriften der Humanisten zurück und suchen nach Urkunden, Landtagsgesetzen und alten rumänischen Büchern, die zur Zeit der Reformation erschienen sind. Die Betrachtungsweise wird erweitert: Die dogmatischen Unterschiede zwischen den reformatorischen Strömungen werden besser erfaßt; zugleich wird die politische Bedeutung dieses Phänomens für die Siebenbürger Rumänen erkannt.

Die Historiker der Aufklärungszeit erkennen die verfassungsrechtliche Bedeutung des Systems der vier "rezipierten" Religionen und den Umstand, daß die orthodoxe Kirche in diesem System nur geduldet, aber nicht anerkannt wird. Sie registrieren die ersten Nachrichten über die Erfolge der Reformation unter den Rumänen, die Existenz des rumänisch-kalvinistischen Bistums und das soziale Umfeld, in dem die Kirchenerneuerung unter den Rumänen Anklang

---

21 Ebd.
22 Maria Teodor, Istoriografia iluministă română şi Reforma (Die rumänische Geschichtsschreibung der Aufklärung und die Reformation), in: Anuarul Institutului de istorie şi arheologie "A.D. Xenopol" 21/1984, S. 329-338

findet. Sie vermerken die Auswirkung der Reformation auf den politischen Status der Rumänen im siebenbürgischen Ständestaat. Die aufgeklärte Geschichtsschreibung, die sich auf eine vielfältige Dokumentation stützt, skizziert auch die Leitmotive der späteren historischen Interpretation: Zwar vorsichtig und davon überzeugt, daß "der Glaube ein Volk nicht umwandelt" (Legea nu mută neamul), weist sie darauf hin, daß der Kalvinismus zur Entnationalisierung habe führen wollen. Die Reformation spielte aber dennoch eine Rolle bei der Option für die rumänische anstelle der kirchenslawischen Schriftsprache.

Als politisch-militante Gelehrte haben die Historiker der Aufklärung den polemisch-politischen Schriften zur Zeit des "Supplex libellus Valachorum" das Argument von der Erniedrigung der Rumänen im Verfassungssystem des Fürstentums Siebenbürgen geliefert. Bei der Wiedergabe der Reformationsgeschichte betonen sie den Sinn und Wert der historischen Entwicklung. Das ist eine Einstellung, die sich die Histriographie des 19. Jahrhunderts zueigen gemacht hat. Wesentlich ist jedoch, daß sie die Vielfalt der Probleme erfassen, die die Reformation unter den Rumänen aufgeworfen hat: Die politischen Auswirkungen des Systems der "rezipierten" Religionen, die dogmatischen und institutionellen Einflüsse, den Beitrag zur Durchsetzung der Nationalsprache. Beiläufig ist bei ihnen auch vom Verhältnis Nation - Konfession, Konfession - Stand - Politik, Reformation - Sozialstruktur die Rede. Sie unterscheiden zwischen der Toleranz für die vier rezipierten Religionen und dem nur "geduldeten" Status des orthodoxen Bekenntnisses.

Das Bild, das die aufgeklärte Geschichtsschreibung von der Reformation entwirft, enthält also einige Elemente, die - selbstverständlich unter anderen Vorzeichen - von der Geschichtsschreibung des 20. Jahrhunderts übernommen und deutlicher herausgearbeitet worden sind. Diese Historiographie stand den reformatorischen Ereignissen nahe, konnte eine noch lebendige, im kollektiven Gedächtnis frische Realität festhalten. Die Interpretationsweise der Aufklärung hat die - vor allem romantische - Geschichtsschreibung des 19. Jahrhunderts überdauert, bestand im Umfeld der kritischen Geschichtsschreibung weiter und hat zum Teil auch in der heutigen Historiographie noch Gültigkeit. Selbstverständlich setzen die jüngsten Untersuchungen die Akzente anders, ihre Ergebnisse sind durch eine bessere Argumentation abgestützt; auch werden Dinge in Betracht gezogen, die seinerzeit außer acht gelassen wurden.

III

Es ist für die rumänische Geschichtsschreibung notwendig, sich kritisch mit der Frage der Reformation bei den Rumänen auseinanderzusetzen und ein Forschungsprogramm zu entwickeln, das die Gesamtheit der Auswirkungen dieses Phänomens auf kirchlicher, kultureller, sozialer und politischer Ebene, darüber hinaus auf der Ebene der Mentalität der rumänischen Eliten berücksichtigt. Nur so ist es möglich, den Prozeß der Herausbildung der modernen Welt zu verstehen. Auf alle Fälle muß man bei der erneuten Behandlung dieses Themas davon ausgehen, daß die religiöse Mentalität ein Ausdruck der sozialen Mentalität ist. Der Problemkreis "Reformation" ist also überaus komplex, da er politische Geschichte und Kulturgeschichte ebenso einschließt wie die Herausbildung der modernen rumänischen Gesellschaft oder die kollektive Mentalität. Deshalb wollen wir auf einige Aspekte hinweisen, die in diesem Zusammenhang zur Diskussion stehen.

Die Reformation durchläuft zunächst eine Anfangsphase, in der sich die im 16. Jahrhundert überall feststellbare religiöse Mobilität bemerkbar macht. Die ersten Einflüsse der Reformation gehen vom Luthertum aus; die Folgeerscheinungen werden auf kultureller Ebene manifest und sind von humanistischem Geist durchdrungen. Jüngste Erkenntnisse der Sprachforschung haben neue Argumente für den Zusammenhang zwischen den Coresi-Drucken und der lutherischen Reformation erbracht. Impulse, die vom Luthertum ausgingen, haben einen schon eingeleiteten, lang andauernden Prozeß intensiviert und gaben den Anstoß zur Übertragung von liturgischen Schriften in die rumänische Sprache.

In der zweiten Hälfte des 16. Jahrhunderts ist der Einfluß des Kalvinismus besonders stark; er gipfelt in der Gründung des rumänisch-kalvinistischen Bistums. Da sie von der Organisation der orthodoxen Kirche getrennt sind, streben die rumänisch-kalvinistischen Bischöfe danach, sich die gesamte orthodoxe Hierarchie unterzuordnen. Dabei werden sie von den Fürsten unterstützt. Ihr Bistum wird 1566 von Gheorghe aus Sîngeorz gegründet, besteht unter Pavel Tordasi weiter und findet mit Mihail Tordasi sein Ende. Obwohl die Historiker geneigt sind, die Konversion der Rumänen als unbedeutend, nur isolierte Gruppen erfassend, hinzustellen, scheinen neuere Forschungen einen größeren, wenn auch nicht dauerhaften Erfolg unter den sozial freien Rumänen belegen zu können. Die Reformation hat die freie Bauernschaft auf dem Königsboden und den niederen Adel im Hunyader, Fogarascher und Banater Raum erfaßt[23]. Ein Brief des Bistritzer Pfarrers Albert Wurmloch beweist, daß die Ideen der Kirchenerneuerung unter den katholischen Rumänen ebenfalls Anklang gefunden haben. Die Reformation hat sich also sowohl auf kultureller als auch auf konfessioneller Ebene ausgewirkt, wobei die kirchliche Erneuerung der katholischen rumänischen Gemeinden am interessantesten ist[24]. Das bemerkenstwerteste Kapitel der siebenbürgischen Reformationsgeschichte ist aber zweifellos die Institutionalisierung des rumänisch-kalvinistischen Bistums, das auch das kirchliche Leben der Orthodoxen beeinflußt hat. In der orthodoxen Kirche werden neue Entwicklungen in Gang gesetzt, die Neuerungen in der Dogmatik und bemerkenswerte kulturelle Leistungen begünstigen.

Das Ende des rumänisch-kalvinistischen Bistums wird mit der Gegenreformation zur Zeit Stephan Báthorys in Verbindung gebracht; dieser ernennt den Vader Bischof Eftimie zum ersten orthodoxen Metropoliten der Siebenbürger Rumänen. 1574 bestimmt der siebenbürgische Landtag, daß die rumänischen Pfarrer ihren orthodoxen Bischof selbst wählen und der Fürst die Wahl zu bestätigen hat[25]. So herrscht nach 1572 bei den Rumänen Siebenbürgens eine kirchliche Dualität: Es gibt ein kalvinistisches Bistum, aber auch einen orthodoxen Hierarchen, dessen Autorität sich "über ganz Siebenbürgen und die ungarischen Teile" erstreckt. Obwohl die Titel der

---

23 Paul Binder, Începuturile Reformei din Transivania şi romănii din Hunedoara (Die Anfänge der Reformation in Siebenbürgen und die Hunyader Rumänen), in: Limba romănă 20/1971, S. 273-276

24 Heinrich Wittstock, Beiträge zur Reformationsgeschichte des Nösnergaus, Wien 1858, S. 60

25 Bunea, Vechile episcopii, S. 58

Hierarchen sichtlich verschieden sind und zeitweilig außer dem
Erzbischof, der für ganz Siebenbürgen ernannt worden ist, und dem
kalvinistischen Bischof auch andere Bistümer bestehen, richtet
sich das kirchliche Leben während der Gegenreformation langsam
auf die Gründung einer orthodoxen Metropolie der Rumänen Siebenbürgens in Weißenburg ein[26]. Dieser Prozeß wird von den Metropoliten Ghenadie und Ioan aus Prislop vollendet, als 1595 die hierarchische Unterordnung der siebenbürgischen unter die Metropolie
der Walachei beschlossen wird[27].

Zur Zeit Michaels des Tapferen wird die Festigung des orthodoxen
Erzbistums durch die bekannten Landtagsbeschlüsse vollendet. Diese sehen die Befreiung der rumänischen Priester vom Frondienst,
den Bau einer als Metropolitansitz gedachten Klosterkirche und
die Errichtung von orthodoxen Kirchen in Siebenbürgen vor[28]. Sowohl Michael der Tapfere als auch Sigismund Báthory wirken - im
weiteren Rahmen der Gegenreformation und der kaiserlichen Politik
- mit unterschiedlicher Absicht bei der Abschaffung des rumänischkalvinistischen Bistums mit. Die rumänischen kalvinistischen Gemeinden werden jedoch nicht aufgelöst, zumindest ein Teil von ihnen besteht weiter; vereinzelt ist auch im 17. Jahrhundert von
kalvinistischen Rumänen die Rede.

Die Religionspolitik zur Zeit Michaels des Tapferen läßt erkennen, daß es Projekte zur Umgestaltung des Systems der "rezipierten" Religionen gibt. Der Kaiser ermächtigt Michael, in Siebenbürgen nur noch drei Konfessionen zu dulden:

"Ich, der Kaiser, bitte Eure Herrschaft, in jenem Gebiet nicht
viele, sondern nur drei Glaubensbekenntnisse zuzulassen: das
griechische, das fränkische (d.h. das katholische - P.T.) und
das lutherische; verbanne aber die Kalviner und die Arianer,
nimm ihnen die Kirchen und gib sie, wem Du willst."[29]

Die von Michael dem Tapferen vorgeschlagene und vom Kaiser gutge-

---

[26] Mircea Păcurariu, Începuturile Metropoliei Transilvaniei (Die Anfänge des Siebenbürger Erzbistums), București 1980, S. 104ff

[27] Ebd., S. 113ff

[28] Ion Nistor, Domnia lui Mihai Viteazul în Transilvania, 1 decembrie 1599 - 19 august 1601 (Die Herrschaft Michaels des Tapferen in Siebenbürgen), in: Analele Academiei Române, Mem. Secț. Ist., Seria 3, 28/1946, S. 490f

heißene Umgestaltung der kirchlichen Ordnung verfolgt offensichtlich politische Ziele: die Integration der orthodoxen Konfession in das System der staatlich anerkannten Religionen. Wie die Maßnahmen zur Gründung eines Erzbistums und der Versuch, die Priester zu freien Menschen zu erheben, beweist auch diese Aktion, daß die Religionspolitik Michaels des Tapferen darauf ausgerichtet ist, den politischen Status der Rumänen innerhalb des Ständestaates zu verbessern.

Ein spätes Echo aus der Zeit der Jahrhundertwende, als die griechisch-katholische Kirche gegründet wurde, weist auf den Sinn der Bemühungen Michaels hin, in Siebenbürgen einen rumänischen Stand aufzurichten:

> "Tatsächlich wurde er nicht freudig empfangen, nachdem er dem rumänischen Volk erlaubt hatte, in Siebenbürgen einzufallen, Güter zu besetzen und Wohnrecht zu beanspruchen. Doch wurde ihm nie erlaubt, so weit zu gehen, sich des Ranges eines Standes zu erfreuen, den jene genossen, die sich seit Jahrhunderten Muntenier nennen."[30]

Die Gegenreformation und die Kirchenpolitik der Walachei - die das orthodoxe Erzbistum Siebenbürgens unterstützt - führen zur Aufgabe des kalvinistischen Bistums. Damit treten die Rumänen in eine neue Phase der interkonfessionellen Beziehungen ein, in der die rumänische Frage neue Dimensionen erlangt. Unter den Gegebenheiten jener Zeit hat die Konfession weiterhin eine überwältigende Bedeutung, auch weil sich die politischen Verhältnisse nach dem Frieden von Zsitvatorok (1606) verändert haben. Bedrängt von den Kaiserlichen und der Gegenreformation, sucht das unter türkischer Oberhoheit stehende Fürstentum einen Ausgleich in der Allianz mit der Moldau und der Walachei[31]. Deshalb muß der kalvini-

---

29 Nicolae Iorga, Documente nouă în mare parte românești relative la Petru Șchiopul și Mihaiu Viteazul (Neue, größtenteils rumänische Urkunden, die sich auf Peter den Lahmen und Michael den Tapferen beziehen), in: Analele Academiei Române, Mem. Secț. Ist., Seria 2, 20/1898, S. 24

30 Andreas Freyberger, Historia unionis Walachicae cum Romana ecclesia facta anno 1701, Österreichische Nationalbibliothek, Handschriftensammlung, 14042, Suppl. 1493, Bl. 4

31 Florin Constantiniu, De la Mihai Viteazul la fanarioți: observații asupra politicii externe romnești (Von Michael dem Tapferen zu den Fanarioten: Bemerkungen zur rumänischen Außenpo-

stische Staat neue Lösungen bei der Gestaltung der Beziehungen
zur siebenbürgischen orthodoxen Kirche und zu den orthodoxen Fürstentümern jenseits der Karpaten suchen. So bleibt die Auflösung
des kalvinistischen Bistums - ein Werk der Gegenreformation - eine vollendete Tatsache. Der Rückgriff auf eine vom Fürsten und
vom kalvinistischen Superintendenten bevormundete orthodoxe Kirche ist für die führenden Kräfte deshalb eine Lösung, die den
neuen innen- und außenpolitischen Umständen Rechnung trägt. Die
Politiker müssen doppelt umsichtig sein: Die Beziehungen zur Moldau und Walachei dürfen nicht belastet, für die rumänische Frage
muß eine tragbare Lösung gefunden werden.

Die Fürsten halten am alten Verfassungssystem fest, das sich auf
die "politischen Nationen" und auf die vier "rezipierten Religionen", unter denen die kalvinistische ein Übergewicht hat, grün-
det; dadurch bleiben die Rumänen weiterhin nur toleriert und
"nichtrezipiert". Doch müssen sich die politischen Instanzen -
die Zentralgewalt und der Landtag - im 17. Jahrhundert immer öfter mit der rumänischen Frage auseinandersetzen, bilden doch die
Rumänen sowohl ethnisch als auch konfessionell die überwiegende
Mehrheit der Landesbevölkerung. Das zum kalvinistischen Proselytismus neigende Fürstentum kann diese Tatsache nicht ignorieren.
Es trägt ihr sogar durch eine Reihe von Privilegien für die orthodoxe Kirche Rechnung.

Im 17. Jahrhundert nimmt der kalvinistische Bekehrungseifer gegenüber der rumänisch-orthodoxen Kirche neue Formen an. Durch
Einflußnahme auf die Synodalverhandlungen und durch die Drucklegung von Büchern versucht man gleichsam von innen her auf das
Erzbistum einzuwirken. Die Bücher werden in Weißenburg gedruckt
und verbreitet. Das Erzbistum behauptet sich jedoch und organi-
siert sich im Inneren. Im Geiste der Kirchenpolitik Michaels des
Tapferen werden in den Privilegien, die die orthodoxe Metropolie
erhält, rumänische Forderungen gesellschaftlicher Art berücksichtigt, die sich auf die Befreiung der Priester von der Leibeigen-
schaft beziehen[32]. Die Landesfürsten, die am Erstarken des Kal-

---

litik), in: Studii și articole de istorie medie 8/1975, S.
101-135

[32] Ioan Lupaș, Principele transilvan Gabriel Bethlen 1580-1629

vinismus interessiert sind, fördern im allgemeinen die Einführung von dogmatischen Neuerungen im orthodoxen Kultus. Im 17. Jahrhundert wird er institutionell noch stärker dem ungarisch-kalvinistischen Superintendenten untergeordnet. Die Rücksicht auf die guten Beziehungen zur Moldau und Walachei bewirkt aber zeitweilig, daß die Siebenbürger Orthodoxen toleranter behandelt werden. Die Fürsten erlauben das Fortbestehen hierarchischer Beziehungen zur Metropolie der Walachei[33]. Die Erzbischöfe selbst beeinflussen dank ihrer wachsenden Autorität und ihrer zunehmenden Aktivität die Haltung des Fürsten. Die Initiativen, die zur Zeit des Erzbischofs Sava Brancovici in die Wege geleitet werden, zeigen das verstärkte Gespür für die eigenen Anliegen der rumänischen Gesellschaft und ein neues Verhältnis zur Zentralgewalt[34]. Der rumänische Metropolit nimmt manchmal am Landtag teil, sein Machtbereich wird erweitert und erfaßt Gebiete, die früher unter der Kontrolle des kalvinistischen Superintendenten standen.

Das Erstarken der orthodoxen Metropolie ist auch den privilegierten Ständen zuzuschreiben, die das kalvinistische Bistum der Rumänen zugunsten einer orthodoxen Institution fallen lassen, die dem Landesfürsten untergeordnet ist. Es scheint, daß Fürst und Stände die Gefahr erkannt haben, die eine rumänisch-kalvinistische Kirche für den bestehenden Verfassungszustand bedeuten könnte: die Möglichkeit, in das System der Toleranz einbezogen zu werden. Deshalb wird im 17. Jahrhundert das rumänisch-kalvinistische Bistum nicht wieder belebt; die noch bestehenden kalvinistischen rumänischen Gemeinden werden dem kalvinistischen Superintendenten untergeordnet. Hingegen wird die freie Religionsausübung der Orthodoxen geduldet. Für die privilegierten Stände bringt das den Vorteil, daß die orthodoxe Institution den unter-

---

(Der siebenbürgische Fürst G.B.), in: Studii, conferinţe şi comunicări istorice, Bd.2, Cluj 1940, S. 217; Stefan Meteş, Istoria bisericii româneşti din Transilvania (Geschichte der rumänischen Kirche Siebenbürgens) Bd.1, Sibiu 1935, S. 205f

33 Mircea Păcurariu, Legaturile bisericii ortodoxe din Transilvania cu Ţara Românească şi Moldova în secolele XVI-XVIII (Die Beziehungen der orthodoxen Kirche Siebenbürgens zur Walachei und Moldau im 16.-18. Jh.), Sibiu 1968, S. 36ff

34 Vasile Mangra, Mitropolitul Sava II Brancovici (1656-1680) (Der Erzbischof S. B.), Arad 1906

geordneten Status einer "nichtrezipierten" Religion der Rumänen beibehält.

Unter diesen Umständen festigt sich die orthodoxe Kirche Siebenbürgens im 17. Jahrhundert. Es bildet sich eine geistliche Elite heraus, die imstande ist, gegen Ende des Jahrhunderts politische Initiativen zu ergreifen. Sava Brancovici unterstützt die antiosmanische Politik des Şerban Cantacuzino und setzt sich als Unterhändler für Verhandlungen ein, deren Ziel die Bildung einer antiosmanischen Allianz mit Österreich und Rußland ist. Der rumänische Erzbischof glaubt, es sei für den konstitutionellen Status der Rumänen von Vorteil, wenn die osmanische durch eine habsburgische Oberhoheit ersetzt wird und tritt gegen die Politik des Landesfürsten auf. Nach der Belagerung von Wien trifft die siegreiche Reconquista und die Gegenreformation bei den orthodoxen Rumänen auf eine geistliche Elite, die imstande ist, über einen neuen politischen und gesellschaftlichen Status des Volkes im Rahmen des Katholizismus zu verhandeln.

Die rumänische Kirche erlebt im 17. Jahrhundert ein ständiges "corsi e riccorsi", also Zeiten verstärkten kalvinistischen Drucks und solche, in denen sie eigene Initiativen entfalten kann. Das Patronat, das die Kirche der Walachei, zuweilen auch die der Moldau wahrnimmt, mildert den kalvinistischen Druck besonders dann, wenn eine politische Allianz zwischen den drei Ländern besteht.

Gegen diesen Druck bildet sich eine antikalvinistische Replik in Form der Solidarität aller orthodoxen Rumänen heraus, einer Solidarität, die in Osteuropa in der Zeit des "Orthodoxen Bekenntnisses" allgemein festzustellen ist. Mit dem Erwachen des Volksbewußtseins entsteht ein neuer Typus des Zusammengehörigkeitsgefühls, der sich zur geistlich-konfessionellen Solidarität gesellt. Das ethnische Selbstbewußtsein erstarkt, weil sich die Schriftsprache - die bedeutendste Auswirkung der Reformation im rumänischen Raum - herausbildet. Es äußert sich auch im steigenden Gebrauch des Ethnikons "român - românesc" in den Buchdrucker jener Zeit[35]. Außer den Übersetzungen ins Rumänische, die von der Re-

---

35 Eugen Stănescu, Premisele medievale ale conştiinţei naţionale româneşti, Mărturii interne, Român-românesc în textele româ-

formation in Siebenbürgen angeregt worden sind, finden die Publikationen aus der Walachei und der Moldau in Siebenbürgen weite Verbreitung.

Das System der "rezipierten" Religionen bleibt im 17. Jahrhundert unverändert, die Toleranzpolitik hingegen ist verschiedenen Schwankungen unterworfen. Diese Politik der religiösen Duldung ist eine originäre Schöpfung des 16. Jahrhunderts in Siebenbürgen; im 17. Jahrhundert weist sie neue Akzente und politische Dimensionen auf. Es ist offensichtlich, daß das politisch und konstitutionell intolerante Fürstentum gegenüber der orthodoxen Kirche Siebenbürgens tolerant ist und ihr erlaubt, als Institution zu bestehen, sie jedoch nicht anerkennt, nicht "rezipiert". Die geschichtliche Interpretation kann deshalb den Sinn der "Toleranz" ebenso wenig außer acht lassen wie die politischen Auswirkungen der Reformation, durch die das Prinzip der "rezipierten" Religionen von einer auf vier ausgedehnt wurde. Dem Verhältnis zwischen Ständestaat und Reformation, zwischen orthodoxem Glauben und rezipierten Bekenntnissen, zwischen Volk und Konfession muß ebenfalls nachgegangen werden.

Diese Fragen, denen noch weitere hinzugefügt werden können, dürften künftige Forschungen über die Wirkung der Reformation im rumänischen Raum anregen. Das Forschungsthema kann erweitert werden, indem man die Akzente von der konstitutionellen auf die sozialen Aspekte und auf das Kollektivbewußtsein verlagert. Das wäre zugleich eine Würdigung der Persönlichkeit, die die Reformation im deutschen Raum ausgelöst hat und deren Werk auch den Bestrebungen der Völker Mittel- und Osteuropas entgegengekommen ist: Martin Luther.

---

neşti din veacurile XV-XVII (Mittelalterliche Voraussetzungen für das rumänische Nationalbewußtsein, Interne Zeugnisse, Român - romănesc in den rumänischen Texten des 15.-17. Jhs.), in: Studii, Revista de istorie 17/1964, S. 967-1000

RÉSUMÉ

La Réforme en Roumanie dans l'optique des historiens roumains

L'auteur dresse d'abord un bilan des recherches faites par les historiens roumains sur la position des Roumains vis-à-vis de la Réforme. Les résultats des recherches contemporaines sur ce sujet (I) sont comparés aux points de vue défendus par les historiens du siècle des Lumières (II). On peut constater une continuité chez les historiens, tant en ce qui concerne les sources que leur interprétation.

Dans la troisième partie sont décrites les différentes phases de la Réforme en Roumanie. Au début le luthérianisme l'emporte et favorise l'impression des premiers livres en langue roumaine. A partir de la deuxième moitié du XVIe siècle le prosélytisme calviniste est très virulent et aboutit à la fondation d'un évêché calviniste roumain. Par suite de la contre-réforme et de la politique religieuse de Michel le Brave l'évêché calviniste est supprimé et remplacé par un archevêché orthodoxe. Au XVIIe siècle ce sont les princes calvinistes qui soutiennent l'église orthodoxe roumaine pour des raisons de politique intérieure et extérieure.

Pour finir sont proposés quelques sujets éventuels de recherche tels que: causes et buts de la politique de tolérance des princes de Transylvanie vis-à-vis des Roumains.

SUMMARY

Relations between Romania and the Reformation as Reflected Chiefly in Romanian Historical Writings

The author first takes stock of historical research on the Reformation in Romanian historiography. The stand-points of present-day research on this theme are (I) compared with the conclusions reached by Romanian historians of the Enlightenment (II). This provides evidence of historiographical continuity both in access to sources and in their interpretation.

In Part III the different phases are outlined in which the Reformation was experienced among the Romanians. At first the Lutheran influence was stronger, notably with the beginning of printing in Romanian. The second half of the 16th century was marked by a Calvinistic conversion drive culminating in the establishment of a Romanian Calvinist diocese. This was abolished during the Counter-Reformation and due to the church policy of Michael the Brave, and replaced by an Orthodox bishopric. In the 17th century the Calvinist princes, of all people, fostered the Romanian Orthodox church, for reasons of domestic and foreign policy.

The article concludes by raising a few subjects for future research, e.g. the importance and goal of the tolerant approach of the Transylvanian princes vis-à-vis the Romanians, and the attitude of the Transylvanian social strata to the Reformation among the Romanians.

NEUERE FORSCHUNGSERGEBNISSE ZUR REFORMATION IN DER SIEBENBÜRGISCH-SÄCHSISCHEN KIRCHE - DARSTELLUNG UND KRITIK

Ludwig Binder

Bei der Darstellung der neueren Forschung zur Reformation der Siebenbürger Sachsen ist ein Zeitraum von rund 50 Jahren zu berücksichtigen. Er entspricht nahezu der Periode, in der sich die Reformation nach 1520 bis um 1580 durchgesetzt hat. Die Reformation fand zwar 1550 einen vorläufigen Abschluß, indem die Nationsuniversität bestimmte, es sollten sich alle Gemeinden nach der Kirchenordnung von 1547 richten[1], jedoch vollzogen sich der kirchenrechtliche Ausbau, die theologische Grundlegung und die konfessionelle Abgrenzung erst danach.

In die vorliegende kritische Berichterstattung werden in Auswahl nur wissenschaftliche Arbeiten über die Vorgänge bis 1550 einbezogen. Einige Überschreitungen ergeben sich dort, wo die Wirksamkeit von Persönlichkeiten aus der ersten Hälfte des 16. Jahrhunderts in die zweite hineinreicht. Zur besseren Übersicht wird die "neuere" Forschung von der "neusten" unterschieden. Zur "neueren" Forschung zählen wir das um 1930 einsetzende intensive Studium der konkreten Ausprägung der siebenbürgisch-sächsischen Reformation, wobei es sich hauptsächlich um die Frage handelt, ob sie der Wittenberger oder der schweizerischen Richtung zuzuzählen ist. Dazu werden die Ergebnisse der Arbeiten von Adolf Schullerus, die späteren Studien von Oskar Netoliczka, die einschlägigen Forschungsergebnisse Karl Reinerths und Karl Kurt Kleins herangezogen. Die Arbeiten Erich Roths bilden den Abschluß dieser Forschungsperiode. Der neuste Forschungszeitraum, der in den 1950-iger Jahren einsetzt, ist mit einer kritischen Durchleuchtung der vorangegangenen Arbeiten und ihren widersprüchlichen Ergebnissen sowie mit der Erörterung von Einzelfragen beschäftigt. Die Auswahl wird unter dem Ge-

---

1 Georg Daniel Teutsch (Hg.), Urkundenbuch der Evangelischen Landeskirche A.B. in Siebenbürgen, I. Teil, Hermannstadt 1862, S. 5

sichtspunkt vorgenommen, ob die Studien zur Erhellung reformatorischer Prozesse und Inhalte beitragen. Bei ihrer Einordnung unter systematischem Aspekt lassen sich fünf Forschungsgebiete unterscheiden:
- Erweiterung der Kenntnisse über den Lebenslauf des Johannes Honterus
- genaue Erforschung der von Honterus herausgegebenen Schriften
- nähere Kennzeichnung des Standortes der siebenbürgisch-sächsischen Reformation in ihrem Verhältnis zum Humanismus
- Einzelstudien über Mitreformatoren
- Versuche, aus einzelnen Überlieferungen einen Gesamtüberblick zu erstellen.

Daran anschließend sollen einige strittige, sachlich bedingte Hauptfragen in bezug auf die Reformation erörtert werden:
- die Ordnung der Beichte
- die Handhabung des Abendmahls
- die Beibehaltung oder Abschaffung der Bilder
- die Beeinflussung des reformatorischen Geschehens in Siebenbürgen von außen her in den Jahren 1543-1550.

Die früheren Arbeiten werden kritisch beurteilt und durch zusätzliche Studien ergänzt. Die Schlußbetrachtung enthält einige Thesen, die die Ergebnisse der Forschung festhalten. Ein Ausblick kennzeichnet jene Forschungsgebiete, auf denen nach Meinung des Verfassers einschlägige Arbeiten noch ausstehen.

I

Wir skizzieren nun die hauptsächlichen Ergebnisse der reformationsgeschichtlichen Forschung bis um 1950.

Schon Adolf Schullerus[2] beschäftigte sich intensiv mit der Frage, ob Honterus der lutherischen oder der schweizerischen Richtung den Vorrang gebe. Honter habe die Waffen seiner Frömmigkeit aus den Streitschriften Luthers entnommen[3]. Doch lasse sein Reformationsbüchlein aus dem Jahre 1543 den Einfluß der schweizerischen

---

2 Geschichte des Gottesdienstes in der siebenbürgisch-sächsischen Kirche, in: Archiv des Vereins für Siebenbürgische Landeskunde 41/1928, S. 299-522, hier S.414 (Anm.), 426, 428
3 Ebd., S.419

Kirchenordnungen erkennen. Honter habe - nach Schullerus - nie
den nüchternen schweizerischen Einschlag verleugnet und sei auch
in der Abendmahlsfrage ein Parteigänger Zwinglis gewesen[4]. Dessen
ungeachtet habe sich aber die siebenbürgisch-sächsische Reformation zu ihrer lutherischen Endform entwickelt. Beim Abbruch der
Bilder in der Kronstädter Kirche 1544 seien schwärmerische Elemente aufgetreten. Verdienstvoll ist sein Hinweis auf den Unterschied
zwischen dem Reformationsbüchlein von 1543 und der Kirchenordnung
von 1547[5].

Oskar Netoliczka[6] macht durch zwei Hinweise den Standort Honters
kenntlich: Zum einen verweist er auf den Brief des Basler Geographen
Sebastian Münster an Konrad Pellikan in Zürich, wonach Honterus
bei seinem Aufenthalt in Basel das Reformationswerk Oekolampads
kennengelernt und es anschließend in seiner Heimat durchgeführt
habe. Zum anderen erwähnt er den Brief, den der Nachfolger Zwinglis, Heinrich Bullinger, am 28. August 1543 an Honterus schrieb[7].
Der Brief berichtet von der Abschaffung der Privatbeichte und der
Ausräumung der Bilder in den schweizerischen Kirchen. Sein Inhalt
habe auf die Kronstädter Reformation entscheidenden Einfluß ausgeübt.

Die in den oben erwähnten Studien erörterte Fragestellung wird
von Karl Kurt Klein[8] aufgegriffen und fortgeführt. Ihm liegt vor
allem daran, die Nähe Honters zu Luther herauszustellen. Zwar
zeichne sich in dessen Augustinvorreden vom Jahre 1539 ein reform-
theologisches Programm ab, in dem auch altkirchliche und humanistisch-
erasmische Gedanken enthalten seien[9], aber die Äußerung, um der

---

4 Ebd., S. 428
5 Ebd., S. 438
6 Beiträge zur Geschichte des Johannes Honterus, Kronstadt 1930,
 S. 11
7 Oskar Netoliczka, Der Bullingerbrief an Honterus und Martinus
 Hentius Transilvanus, in: Festschrift für Friedrich Teutsch,
 Hermannstadt 1931, S. 179-190
8 Münster-Honter-Reicherstorffer, in: Saxonica Septemcastrensia
 1971, S. 242-258 - Die Studie geht auf frühere Erkenntnisse
 zurück.
9 Karl Kurt Klein, Der Humanist und Reformator Johannes Honter,
 Untersuchungen zur siebenbürgischen Geistes- und Reformationsgeschichte, Hermannstadt/München 1935

Wahrheit willen seien Ärgernisse nicht zu vermeiden, erinnere an Luthers Stellungnahme[10]. Klein erweitert die Forschung, indem er die Rolle des Kronstädter Stadtpfarrers Jeremias Jekel einbezieht[11]. Dieser habe anfangs zur führenden lutherischen Geistlichkeit gehört, habe sich aber später der zwinglisch-schwärmerischen Richtung genähert und gemeinsam mit der radikalen Geistlichkeit einen Bildersturm herbeigeführt. Honter dagegen sei von Anfang an ein Vertreter der gemäßigten Richtung gewesen. Jekel habe aus Kronstadt weichen müssen, nachdem der Stadtrichter Fuchs nach Vollendung des Bildersturms gegen die Unruhestifter vorging[12].

In Karl Reinerths Frühwerk ist sein Aufsatz "Die reformationsgeschichtliche Stellung des Johannes Honterus in den Vorreden zu Augustins Sentenzen und Ketzerkatalog"[13] von besonderer Bedeutung. Honterus stehe zu diesem Zeitpunkt unter humanistischen Einflüssen und halte mit Luther die Bibel für die rechte Urkunde des Glaubens. Er sei aber auch in die Reihe der Schweizer Reformatoren hineinzustellen und betone wie Oekolampad wiederholt die Anordnungen Jesu. Eines Gegensatzes zum Katholizismus sei sich Honterus nicht bewußt; für ihn sei z.B. die katholisch-augustinische Rechtfertigungslehre maßgebend. Allerdings habe Honter später einen Bund mit dem im Lande verbreiteten Luthertum geschlossen. Dies sei, wie Reinerth an anderer Stelle[14] ausführt, darauf zurückzuführen, daß Luther ihm auf irgend eine Weise begegnet sei. Honter habe sich auch zur lutherischen Abendmahlslehre bekannt, weil er am äußeren Wort festgehalten habe[15]; somit sei auch der Versuch Bullingers, ihn zur schweizerischen Richtung hinüberzuziehen, erfolglos geblieben. Zum Bildersturm sei es - nach Reinerths früher, später von ihm revidierter Deutung - gekommen, weil Hentius, der siebenbürgische Student, der den Brief Bullingers an Honterus

---

10 Ebd., S. 126
11 Ebd., S. 260
12 Diese These hat Klein später revidiert.
13 In: Korrespondenzblatt des Vereins für Siebenbürgische Landeskunde 52/1929, S. 97-114
14 Die Reformation in der siebenbürgisch-sächsischen Kirche, Gütersloh 1956, S. 34
15 Ebd.

veranlaßt hatte, sich nach seiner Rückkehr für die Ausräumung der Bilder eingesetzt habe. Es sei dabei nicht klar ersichtlich, ob J. Jekel diese Maßnahme gefördert oder behindert habe[16].

Erich Roths Gesamtdarstellung[17] befruchtete die Forschung durch Aufsehen erregende Ergänzungen und originelle Deutungen. Er verweist auf die sachlichen und wörtlichen Übereinstimmungen des Kronstädter Reformationsbüchleins von 1543 mit der "Nürnberger Ratsschrift". Dies ist ein Bericht, den der Rat von Nürnberg über die Durchführung der Reformation nach Straßburg sandte[18]. Roth stellt fest, in der Handhabung der Beichte weiche Honter ganz entschieden von der lutherischen Kirchenordnung ab[19]. Er folgert, Honter habe sein eigenes Anliegen, die schweizerische Beichtordnung in eine erprobt lutherische Kirchenordnung, eben die Nürnberger, einzubauen, durchgesetzt. So sei es ihm gelungen, den Kronstädter Stadtrat für die schweizerische Richtung der Reformation zu gewinnen. Roths Anliegen ist es, die altehrwürdige Tradition vom lutherischen Honterus mit dem Hinweis auf die schweizerische Übung der Beichte aus den Angeln zu heben[20]. Der Hermannstädter Stadtpfarrer Mathias Ramser habe dagegen eine "stolze lutherische" Front errichtet[21]. Schließlich sei es zu einem Kompromiß zwischen der lutherischen Geistlichkeit und den schweizerischen Magistraten gekommen, der in der Kirchenordnung von 1547 seinen Niederschlag gefunden habe.

Es ist demnach ein recht uneinheitliches Bild, das die neuere Forschung bis um 1950 über die Reformation zeichnet[22]. Schullerus, Netoliczka und Roth sprechen vor allem von nachhaltigen Einflüssen der Schweizer auf das Reformationswerk Honters, Reinerth sieht in seinem Reformationsbüchlein von 1543 vor allem Wittenberger,

---

16 Ebd., S. 46

17 Die Reformation in Siebenbürgen, Ihr Verhältnis zu Wittenberg und der Schweiz, 2 Bde., Köln/Graz 1962-1964 (Siebenbürgisches Archiv Bd.2 und 4)

18 Ebd., Bd.I, S. 59f

19 Ebd., Bd.I, S. 114

20 Ebd., Bd.I, S. 116

21 Ebd., Bd.I, S. 173

22 Zu den vorangegangenen Ausführungen vgl. auch Ludwig Binder, Johannes Honterus und die Reformation im Süden Siebenbürgens mit besonderer Berücksichtigung der Schweizer und Wittenberger

also lutherische Einflüsse. Nach Schullerus ging Honters Reformation vom ursprünglichen lutherischen Glaubensdurchbruch aus und führte zur Klarheit der schweizerischen Organisation. Nach Klein ist J. Jekel vom Luthertum zur radikal schwärmerischen Richtung übergegangen, während Roth in Honterus noch während der Durchführung der Reformation den radikalen Schweizer und den Führer der gleichgesinnten Magistrate sieht. Über den Versuch, die widersprüchlichen Schlußfolgerungen zu berichtigen, möge nach der Darstellung der neusten Forschungsergebnisse der dritte Absatz dieser Studie Auskunft geben.

II

Zahlreiche Arbeiten aus jüngster Zeit haben die Kenntnisse über Honters Herkunft, sein Geburtsdatum, seinen Lebenslauf und seine Studien erweitert, zugleich aber auch eine Reihe von unbeantworteten Fragen aufgeworfen[23]. Trotz gründlicher Untersuchungen konnte in vielen Fragen keine Einmütigkeit erzielt werden; es bleibt etwa in bezug auf Herkunft und Geburtsdatum Honters bei ernstzunehmenden Hypothesen[24]. Anders verhält es sich mit neuen Forschungen, die ein Licht auf Honters Werdegang zum Reformator werfen. So vermittelt der Aufsatz Reinerths über den Humanisten Anselmus Ephorinus zusätzliche Nachrichten über den Aufenthalt Honters in Basel[25]. Briefe des Ephorinus an den Basler Juristen Bonifatius Amerbach richten Grüße an Honterus aus. Dies läßt darauf schließen, daß Honterus auch die Ansichten Amerbachs über das Abendmahl in Basel kennenlernte. Amerbach weigerte sich damals, an den nach zwinglischem Vorbild in Basel eingeführten Abendmahlsfeiern teilzunehmen, weil

---

Einflüsse, in: Zwingliana XIII/1973, S.645-687

23 Gernot Nußbächer, Johannes Honterus, Sein Leben und Werk im Bild, Bukarest 1974, 2.Aufl.; ders.,Wann wurde Honterus geboren? Neue Hypothese über das Geburtsjahr des siebenbürgischen Humanisten, in: Neuer Weg Nr.7741 v.29.3.1974; ders., Bleibt das Honterusgeburtsjahr unbekannt? Letzte Ergebnisse unserer Geschichtsforschung, in: Neuer Weg Nr.7807 v. 15.6.1974

24 Maja Philippi, Jörg Lederer - Vater von Honterus? Ein Beitrag am Rande von Oskar Wittstocks Honterusbuch, in: Forschungen zur Volks- und Landeskunde 16/1973, H.1, S. 137-139; dies., Wer war Jörg Lederer? in: Karpatenrundschau Nr.16 v. 20.4.1973

25 Karl Reinerth, Anselmus Ephorinus, Zur Frage der humanistisch-reformatorischen Bestrebungen zwischen Krakau-Nürnberg-Basel-Wittenberg und Kronstadt, in: Südostdeutsches Archiv 7/1964, S.184-193

sich sein Verständnis näher an Luthers Abendmahlslehre anschloß. Honter kann also in Basel von verschiedenen reformatorischen Richtungen beeinflußt worden sein. Eine weitere Nachricht läßt auf das Verhalten Honters nach seiner Rückkehr nach Kronstadt schließen: Er wohnte im Jahre 1535 im Hause des Stadtrichters Lukas Hirscher. Dies macht es wahrscheinlich, daß er gute Beziehungen zu dem als altgläubig-konservativ eingestellten Manne hatte[26]. Für die geistige Lage in Kronstadt ist es nicht unwesentlich, daß im gleichen Jahr Simon Cassoviensis (der Kaschauer) Rektor der Pfarrschule war. Dieser hielt sich 1530 in Krakau auf, wo Honterus damals seine lateinische Grammatik und seine Weltbeschreibung herausgab, und studierte anschließend in demselben Jahr in Wittenberg[27]. Studien über die Geschichte von Honters Familie sind ebenfalls erwähnenswert. Drei seiner Söhne studierten in Wittenberg[28]. Das zeigt die Richtung an, die sich in der siebenbürgisch-sächsischen Reformation durchsetzte.

Mehrere Studien befassen sich mit der Kennzeichnung der von Honterus veröffentlichten Schriften[29]. Einschlägige Forschungen über die von Honterus verwendeten Vorbilder, über den Inhalt seiner Veröffentlichungen liegen vor. Dabei versteht es sich von selbst, daß in manchen Studien der unmittelbare Bezug zur Reformation fehlt, weil sie ganz andere Sachgebiete behandeln. Das gilt vor allem für die Arbeiten über Honterus als Geograph[30], als Biologe[31], als Me-

---

26 Nußbächer, Honterus im Bild, S. 29

27 Ebd.

28 Arnold Huttmann, Beiträge zur Familiengeschichte des Reformators Johannes Honterus, in: Korrespondenzblatt des Arbeitskreises für Siebenbürgische Landeskunde 3(67)/1973, S. 11-30 (Callixtus S.20, Marcellus S. 25, Cornelius S. 26)

29 Gedeon Borsa, Ferenc Hervay, Béla Holl u.a., Régi Magyarországi Nyomtatványok 1473-1600 (Alte ungarische Drucke), Budapest 1971; Nußbächer, Honterus im Bild

30 Gerhard Engelmann, Johannes Honterus als Geograph, Köln/Wien 1982 (Studia Transylvanica Bd.VII) und weitere zahlreiche Arbeiten vom gleichen Verfasser; Paul Binder, Die Karten des Johannes Honterus und seine Beschreibung der rumänischen Länder, in: Neuer Weg Nr.7534, v. 27.7.1973, Nr.7540, v.3.8.1973 und andere Arbeiten vom gleichen Verfasser

31 Heinz Heltmann, Honterus und die Biologie, in: Zeitschrift für Siebenbürgische Landeskunde 2(73)/1979, S. 141-159

diziner[32]. Dennoch können auch Mitteilungen, die scheinbar keine
Beziehungen zum reformatorischen Geschehen haben, zu dessen Verständnis nützlich sein. Bei der Analyse der lateinischen Grammatik Honters aus dem Jahre 1530 stellte Erika Ising[33] fest, er habe einige
Zitate aus Melanchthons Grammatik von 1525 übernommen und dessen
im Jahre 1526 gedruckte Satzlehre verwendet. Es ist wohl anzunehmen,
daß er schon zu jener Zeit auf die Schriften und die Wirksamkeit
Melanchthons aufmerksam geworden war.

Der Aufsatz von Hermann Pitters[34] über Honters Veröffentlichung
der Handschrift des Mönchs Nilus, der Sinnsprüche des Abtes Tha-
lasius, des Lehrgedichts Gregors von Nazianz und der Prophetie der
Erythräischen Sibylle zeigt sein Interesse an der von den Reformatoren, besonders von Melanchthon, hochgeschätzten altkirchlichen
Theologie. Die Gerichtsprophetie der Sibylle ist schon im Zusammenhang mit den Vorreden zu Augustin zu finden, die Honter ein Jahr
zuvor veröffentlicht hatte. Unter den Nilussprüchen steht die Mahnung, man solle dem Rauch nicht so entfliehen, daß man in die Flamme
falle. Denselben Gedanken äußert Honterus in seinen Augustinvorreden; er hat ihn aber auch schon in den lateinischen Versen auf
der Karte von Siebenbürgen 1532 verwendet. Dies läßt Kontinuität
in Honters Denken erkennen.

Es ist jedoch auch möglich, in einem ganz profanen Werk Honters
wie der Weltbeschreibung aus dem Jahre 1542 einen Hinweis auf die
Reformation in Kronstadt zu entdecken. In seinem Aufsatz "Christi
documenta sequi"[35] weist Paul Philippi auf Honters Beschreibung
von Kronstadt hin: Kronstadt wird nicht nur als die erste der christlichen Städte Europas von der aufsteigenden Sonne begrüßt, sondern
ist auch die östlichste, die "den Urkunden Christi" nachfolgt; ein

---

32 Arnold Huttmann, Honterus und die Medizin, in: Forschungen zur
   Volks- und Landeskunde 5/1961; ders., Die Medizin in der lateinischen Kosmographie des Humanisten Johannes Honterus, in: Humani-
   stica Lovaniensis XXIII/1974, S. 128-144
33 Die lateinische Grammatik des Johannes Honterus, in: Forschungen
   zur Volks- und Landeskunde 11/1968, H.2, S. 41-51
34 Patristische Dichtung in den Veröffentlichungen des Johannes
   Honterus, in: Bewahrung und Erneuerung, Festschrift für Bischof
   Albert Klein, Hermannstadt 1980, S. 58-71
35 Eine Beobachtung, die siebenbürgische Reformationsgeschichte
   betreffend, in: Siebenbürgisches Archiv 1/1962, S. 104-112

Hinweis auf den Beginn der Reformation. Sicher ist es nicht zufällig, daß Honter eine Erörterung über den Menschen als Geschöpf Gottes, der durch den Fluch der Sünde dem Gesetz des Todes unterworfen ist, erst 1542, im Jahr der Durchführung der Reformation, in seine Weltbeschreibung einfügt.

Mit Honters Ausgabe des bürgerlichen Rechts beschäftigt sich Udo W. Acker[36]. Er hebt hervor, die Anordnung und Einteilung des Honterschen Druckes habe als Vorbild für die Gesetzessammlung "Der Sachsen in Siebenbürgen Statuta oder Eigenlandrecht" von 1583 gedient. Honters Veröffentlichung des römischen Rechts ist nun keineswegs unter seine reformatorischen Werke einzuordnen. Trotzdem wurde es mit der Kirchenerneuerung von 1543 in Verbindung gebracht. Valentin Wagner z.B. schreibt in der als lateinisches Gedicht verfaßten Vorrede, durch das Geschenk des Himmels erstrahle nunmehr die Reinheit des göttlichen Wortes in neuem Glanz. Es gelte nun, daß sich auch des Recht im Geist des neuen Lebens erneuere. Es sei darauf hingewiesen, daß Honterus in seiner Vorrede zu den Pandekten des römischen Rechts aus dem Jahre 1539 die biblischen Gebote viel höher einschätzt als das von Menschen abgefaßte Recht. So ist es nicht abwegig, auch Honters juristische Veröffentlichungen mit der kirchlichen Reform in Verbindung zu bringen.

Um eine Schrift, die der religiösen Bildung dienen sollte, handelt es sich bei den "Disticha Novi Testamenti", die Honterus zweimal, 1541 und 1545, herausgab. Über diesen Druck berichtet Jenö Sólyom[37] ausführlich. Das 1541 von Honterus gedruckte Exemplar enthält eine in Versform gefaßte Ermahnung an den Leser, die Sprüche fleißig zu lesen und auswendig zu lernen. Die Verse sind sonst nirgends bezeugt, stammen also wahrscheinlich von Honterus selbst. Beachtung verdient die Tatsache, daß Honterus die Schrift nach der Durchführung der Reformation erneut herausgab. Mit dem reformatorischen Schrift-

---

36 1544-1974 - 430 Jahre "Compendium juris civilis" des Johannes Honterus, in: Korrespondenzblatt des Arbeitskreises für Siebenbürgische Landeskunde 4(68)/1974, S. 23-31

37 Disticha Novi Testamenti, Ein didaktischer Buchdruck des siebenbürgischen Reformators Johannes Honter, in: Geschichtswirklichkeit und Glaubensbewährung, Festschrift für Bischof Friedrich Müller, hg. v. Franklin Clark Fry, Stuttgart 1967, S. 192-203

tum von Johannes Honterus beschäftigt sich eine weitere Studie von Jenö Sólyom[38]. Es ist eine Besonderheit der Kronstädter Katechismusausgabe vom Jahre 1548, daß dieses Gebet, das den Apokryphen des Alten Testaments zugehört, aufgenommen worden ist. Das Gebet Manasse ist einem Wittenberger Druck aus dem Jahre 1543 entnommen. Die Katechismusausgabe Honters bestätigt die enge Beziehung zu Wittenberg, zugleich aber auch das eigenständige Vorgehen bei der Drucklegung.

Nunmehr ist zu fragen, wie in neusten Studien der geistesgeschichtliche Standort Honters gekennzeichnet wird. Unbestritten ist seine Nähe zum Humanismus und zum theologischen Gedankengut der Reformation. Die Studien über seinen Lebenslauf und seine Schriften haben diesen Sachverhalt bestätigt. In mehreren Beiträgen aus jüngster Zeit steht Honters Humanismus im Vordergrund. Harald Zimmermann[39] betont, der Humanist Honter müsse ebenso stark berücksichtigt werden wie der Reformator. Zu berücksichtigen ist der Hinweis, daß die Verwendung des Begriffs "Humanismus" für die damit bezeichnete Geistesströmung des 15. und 16. Jahrhunderts sich erst im 19. Jahrhundert durchgesetzt habe. Zimmermann spricht sodann ausführlich über die Beziehungen Honters zu humanistischen Gelehrten und bezeichnet den Schweizer Vadian als den ersten humanistischen Lehrer Honters. Dieser wurde später der Reformator von St. Gallen. Dabei drängt sich die Parallelität zu Honterus auf. Zunächst überwog auch bei ihm die humanistische Bildung gegenüber der reformatorischen Gesinnung. Zu einer Schwerpunktverlagerung kam es erst in späterer Zeit. Honter kam vom Humanismus und fand allmählich erst den Weg zur Reformamation[40].

Gustav Gündisch[41] erörtert die persönlichen Verbindungen des Humanisten Kaspar von Pest, der sich 1541 in Kronstadt aufhielt, zu Johannes Honterus. Zu dessen Ausgabe der "Adagia" des Erasmus schrieb

---

38 Zur Überlieferung des Gebetes Manasse, Zugleich ein Beitrag zur Geschichte der siebenbürgischen Katechismusausgabe, in: Zeitschrift für Kirchengeschichte 75/1964, S. 339-346

39 Honters Wirken im Geist des Humanismus, in: Forschungen zur Volks- und Landeskunde 17/1974, H.2, S.60-72; ders., Honters Humanismus, in: Korrespondenzblatt des Arbeitskreises für Siebenbürgische Landeskunde 4(68)/1974, S. 5-23

40 Vgl. Harald Zimmermann, Artikel "Siebenbürgen", in: Die Religion

Pest ein ausführliches Vorwort, in dem er die von Honter veröffentlichten Schriften aufzählt und seine Verdienste für die Erziehung der Jugend würdigt. Dabei ist mit keinem Wort von einer reformatorischen Tätigkeit Honters die Rede. Aus dem Bericht geht hervor, daß vor 1542 die erzieherische Tätigkeit im Geiste des Humanismus bei Honter durchaus im Vordergrund stand. Charakteristisch ist auch, daß Honter sowohl mit manchen humanistischen Kreisen Beziehungen hatte, die sich zur Reformation bekannten, als auch mit solchen, die ihr fernblieben.

Schon der Titel von Oskar Wittstocks Buch "Johannes Honterus, der Siebenbürger Humanist und Reformator"[42] weist auf die oben herausgestellte geistesgeschichtliche Einordnung hin. Der Verfasser hebt den humanistisch-kulturellen Einfluß Honters hervor und gibt Aufschluß über den Inhalt der von Honter verlegten philisophischen Werke, woraus zu entnehmen ist, welche Denker ihn beeinflußt haben. Honters Orientierung an Erasmus hat bewirkt, daß er sich dem die Antike mit dem Christentum verbindenden Melanchthon anschloß. Ausführlich beschäftigt sich Wittstock mit den Rechtsanschauungen Honters. Er nimmt an, daß er während seiner Wiener Studien das von den Humanisten geförderte römische Recht kennengelernt habe und für seine Verwirklichung in der Heimat eingetreten sei.

Die bisherigen Ausführungen über die neusten Forschungen bezogen sich vor allem auf das Leben, die Verlegertätigkeit und den geistesgeschichtlichen Standort des Johannes Honterus. Seine zentrale Stellung steht außer Frage, doch müssen auch Untersuchungen über Geschehnisse beachtet werden, die von ihm unabhängig sind.

Aufschlußreich für die Verhältnisse in Mittelsiebenbürgen ist vor allem die Arbeit Karl Reinerths über das "Mediascher Predigtbuch"[43]. In den darin enthaltenen 1536/37 entstandenen Predigten bekämpft

---

in Geschichte und Gegenwart, Bd.VI, 1962, 3.Auflage (künftig RGG), Sp. 18-25; hier Sp. 20

41 Zur Lebensgeschichte des Humanisten Kaspar von Pest, in: Magyar Könyvszemle 1965, S. 1-11

42 Der Mann, das Werk, die Zeit, Göttingen 1970

43 Wer war der Verfasser des sogenannten Mediascher Predigtbuches? in: Korrespondenzblatt des Arbeitskreises für Siebenbürgische Landeskunde 1(65)/1971, S. 75-83

der Guardian des Franziskanerklosters von Weißkirch bei Schäßburg die sich ausbreitende reformatorische Lehre. Zur Verteidigung der altgläubigen Lehre benutzt er Argumente, die Johannes Eck gegen Luther ins Feld führte. So zeigt der Predigtband, wie schnell nicht nur der reformatorische Glaube, sondern auch die gegen ihn gerichtete Polemik in Siebenbürgen Eingang fand.

Bei Johannes Honterus fällt auf, daß er selten Stellung zu konkreten theologischen Fragen bezieht. Dagegen haben andere siebenbürgischsächsische Theologen dieser Zeit als Anhänger der Reformation dies sehr wohl getan. Zu ihnen gehört Martin Hentius, der 1536/37 als Student in Wittenberg bezeugt ist, sodann den Weg zu Bullinger in Zürich findet, bevor er von Bugenhagen in Wittenberg ordiniert wird. Er bekennt sich zu Melanchthons Abendmahlslehre und will zwischen den Wittenberger und Schweizer Theologen vermitteln. In einem Brief vom 30. Juli 1543 äußert er sich zustimmend zu einem Gutachten Melanchthons über das Abendmahl. Er kann jenen Theologen zugezählt werden, die Melanchthon hilfreich zur Seite standen, als er sich um 1540 um die Einheit der Protestanten durch einen Ausgleich der lutherischen mit der schweizerisch-oberdeutschen Abendmahlsauffassung bemühte[44].

Ein anderes Problem behandelt der Aufsatz über Franz Salicäus von Gustav Gündisch[45]: die Verhältnisse im Mediascher Kapitel. Zwischen der Durchführung der Reformation in der Stadt Mediasch selbst und in den einzelnen Orten des Kapitels ist zu unterscheiden; in den letzteren wurde die Reformation erst später, nach 1550 eingeführt. Karl Reinerth[46] wendet sich der Wirksamkeit des ehemaligen Laibacher Domherrn Paul Wiener zu, der 1549 Prediger und 1552 Stadtpfarrer

---

44 Vgl. Karl Reinerth, Martinus Hentius aus Kronstadt über den Lehrunterschied zwischen Wittenberg und der Schweiz in der Abendmahlsfrage im Jahre 1543, in: Archiv für Reformationsgeschichte 54/1963, S. 181-198

45 Franciscus Salicäus, Ein Beitrag zur Reformationsgeschichte Siebenbürgens, in: Geschichtswirklichkeit und Glaubensbewährung, Festschrift für Bischof Friedrich Müller, hg.v. Franklin Clark Fry, Stuttgart 1967, S. 205-219

46 Das Glaubensbekenntnis Paul Wieners, des ersten evangelischen Bischofs der Siebenbürger Sachsen, in: Archiv für Reformationsgeschichte 67/1976, S. 203-231

von Hermannstadt war. Die Grundlegung seiner Theologie erwarb er sich in der ersten Hälfte des 16. Jahrhunderts. Seine spätere Tätigkeit in Hermannstadt war durch das entschiedene Eintreten für das Luthertum gekennzeichnet. Die Kenntnis des bedeutenden Kronstädter Humanisten und Theologen Valentin Wagner wurde durch Studien von Béla Holl[47] und Karl Reinerth[48] erweitert. Die Wirksamkeit der vorgenannten Männer überschreitet die diesem Aufsatz gestellte zeitliche Begrenzung, ich gehe deshalb nicht näher auf sie ein.

Am Schluß der hier behandelten Forschungsperiode soll noch auf drei Gesamtdarstellungen hingewiesen werden. Über Honterus sind zwei oben bereits erwähnte Werke verschiedener Prägung erschienen[49]. In der Arbeit Nußbächers kommt neben bibliographischen Hinweisen und wertvollen Nachrichten über Honters Leben auch der Ablauf des reformatorischen Geschehens in den Blick. Wittstock fügt alle ihm erreichbaren Nachrichten über Honterus und Kronstadt so zusammen, daß sein mit vielen Dokumenten versehenes Buch als Nachschlagewerk gute Dienste leisten kann. Karl Reinerth hat in seinem letzten ausführlichen Werk[50] seine Lebensarbeit zusammengefaßt. Er schildert den gesamten Ablauf der siebenbürgischen Reformation. Über weite Strecken arbeitet er Erkenntnisse aus seiner 1956 erschienenen Publikation: "Die Reformation in der siebenbürgisch-sächsischen Kirche" ein. Reinerths Ausführungen beruhen auf einer fünfzigjährigen Forschungsarbeit, und so ist es nicht verwunderlich, daß er aufgrund der Erschließung neuer Quellen manche seiner früheren Thesen revidiert. Reinerths Werk ist grundlegend für jede Darstellung der siebenbürgischen Reformationsgeschichte[51].

III

Im Anschluß an dieses Referat der reformationsgeschichtlichen For-

---

47 Die erste Ausgabe der Katechesis Valentin Wagners (Kronstadt 1544), in: Magyar Könyvszemle 78/1962

48 Des Kronstädter Magisters Valentin Wagner Wittenberger Studium, in: Archiv für Reformationsgeschichte 59/1968, S. 25-41

49 Nußbächer, Honterus im Bild; Wittstock, Honterus

50 Die Gründung der evangelischen Kirchen in Siebenbürgen, Köln/Wien 1979, (Studia Transylvanica Bd.V)

51 Vgl. die Rezension von Ludwig Binder, Ergebnisse und Perspektiven der Forschung über die Reformation in Siebenbürgen, in: Zeitschrift für siebenbürgische Landeskunde 3(74)/1980, S. 47-60

schung soll versucht werden, die teilweise widersprüchlichen Ergebnisse durch den Rückgriff auf die reformatorischen Schriften einer Klarstellung zuzuführen. Anhand der Einstellung zu Beichte, Abendmahl und Bildern ist die Frage erneut aufzugreifen, ob in der siebenbürgisch-sächsischen Reformation der schweizerische oder der wittenbergische Einfluß stärker war.

Im Reformationsbüchlein von 1543 wird festgehalten: Wer sich gegen seinen Nächsten versündigt hat, sein Versehen aber an ihm selbst gutmacht und sich mit ihm versöhnt, bedarf keiner weiteren Vergebung[52]. Dieser Vorgang kann als Versöhnungsbeichte bezeichnet werden. Daneben steht die Gottbeichte: Ein beschwertes Gewissen erhält Vergebung, wenn es die Sünden, verstanden als Vergehen gegen Gott, bekennt. Sucht der Sünder Tröstung bei einem erfahrenen, gelehrten Mann, so ist von "Privat- oder Einzelbeichte" zu sprechen. An die Stelle des erfahrenen, gelehrten Mannes tritt in der Kirchenordnung von 1547 der Priester[53]. Beide Reformationsschriften, die von 1543 und die von 1547, legen großen Wert auf die Ausbildung guter Beichthörer, eine Anweisung, die gegenstandslos wäre, wenn die Möglichkeit der gesonderten Einzelbeichte nicht bestünde[54]. Bullinger hat nun in dem oben erwähnten Brief an Honterus über die Übung der Beichte in den schweizerischen Kirchen berichtet. Er empfiehlt die allgemeine öffentliche Beichte und kennt wie Honterus auch die Gottbeichte. Die Einzelbeichte dagegen lehnt er ab. Die siebenbürgischen Reformationsschriften haben die allgemeine Beichte nicht aufgenommen, die Einzelbeichte aber beibehalten. Es ist demnach nicht erwiesen, daß die Stellung Honters in den Fragen der Beichte durch das schweizerische Vorbild bestimmt ist[55].

Wenn von einem Richtungsstreit unter den Reformatoren gesprochen wird, so steht eindeutig die Frage nach dem Heiligen Abendmahl im Vordergrund. Merkwürdigerweise wurde bei der Durchführung der Reformation in Siebenbürgen in der ersten Hälfte des 16. Jahrhunderts

---

52 Artikel 7, Von der Absolution
53 Art. IX, Pkt.2
54 Art. VIII, Pkt.5
55 Vgl. dazu Christoph Klein, Die Beichte in der evangelischen sächsischen Kirche Siebenbürgens, Göttingen 1980

diesem Tatbestand recht wenig Beachtung geschenkt. Das liegt wohl daran, daß die von den Theologen hervorgehobenen Unterschiede, wie die Frage nach der realen oder sinnbildlichen Gegenwart des Leibes Christi, im Vollzug der Feier wenig in Erscheinung treten. Trotzdem kann aus den einzelnen Anweisungen zur Austeilung des Mahles auf die zugrundegelegte Lehre geschlossen werden. Eindeutig ist, daß beiden siebenbürgisch-sächsischen Reformationsschriften die lutherisch-wittenbergische Abendmahlspraxis als Vorbild gedient hat. Der Priester reicht den Kommunikanten Leib und Blut Christi; 1547 wird hinzugefügt, daß nur konsekriert sei, was mit dem Wort verbunden ist. Das spricht für die Realpräsenz von Leib und Blut im Abendmahl[56]. Außerdem wird betont, daß beim Ablauf der Messe kaum etwas verändert worden sei, abgesehen von der Streichung der mit der Wandlung der Elemente verbundenen Gebete und der zusätzlichen Reichung des Weines nach der ursprünglichen Einsetzung. Von der Beschränkung der Abendmahlsfeiern auf vier Sonntage im Jahr[57], wie sie Zwingli vorsah, und von der Umgestaltung der Messe zu einer kurzen Feier nach Zürcher Vorbild ist in der siebenbürgischen Abendmahlsordnung nicht die Rede[58]. Auch von der Abendmahlsordnung Oekolampads für Basel[59], die Honter wohl seinerzeit kennengelernt hatte, lassen sich in den siebenbürgischen Reformationsschriften keine Spuren entdecken.

Die reformationsgeschichtliche Forschung hat dem "Bildersturm" in Kronstadt 1544 seit jeher große Bedeutung zugemessen. Unklarheit herrscht darüber, wie die Bilder ausgeräumt wurden und wer dabei die treibende Kraft war. Vor kurzem hat Karl Reinerth die schwärmerische täuferische Bewegung, die in dem geistlichen Gesangbuch von Andreas Moldner von 1543 zu Wort kommt, dafür verantwortlich gemacht[60]. Betrachtet man die Bilderfrage in einem größeren Zusammen-

---

56 Kirchenordnung von 1547, Art. XVII, Pkt.3

57 F. Blanke, Artikel "Zwingli, Ulrich - Leben und Schriften", in: RGG Bd. VI, Sp. 1955; vgl. auch G. Kretschmar, Artikel "Abendmahl - Liturgiegeschichtlich", in: RGG Bd. I, Sp. 42

58 G.W. Locher, Artikel "Zwingli, Ulrich - Theologie", in: RGG Bd. VI, Sp. 1967

59 Ebd.

60 Reinerth, Kirchen in Siebenbürgen, S. 157

hang, so muß auf die Stellungnahme der Reformatoren zurückgegriffen werden. Luther tadelt das Anstößige und Gewaltsame bei der Entfernung der Bilder; wo diese nicht zur falschen Andacht verleiteten, könnten sie beibehalten werden; doch hat es auch innerhalb der lutherischen Wittenberger Reformation Ausräumungen von Bildern aus den Kirchen gegeben[61]. Zwingli dagegen verlangte die Abschaffung aller Bildwerke, und Bullinger begründete dies mit dem Hinweis, Christus habe nicht Maler, sondern Prediger ausgesandt[62].

Das Reformationsbüchlein von 1543 hat zur Bilderfrage nicht Stellung genommen. Es verbietet zwar die "Anrufung der Kreaturen", die durch die Heiligenbilder gefördert werden könne[63]. Der Chronist berichtet, im Frühjahr 1544 seien Bilder aus den Kirchen ausgeräumt worden[64]. Dabei ist nicht auszuschließen, daß diese Maßnahme auf oberdeutsch-schweizerische Einflüsse zurückzuführen ist. Doch müssen die Ereignisse mit der Entwicklung der reformatorischen Frömmigkeit und mit der durch sie bedingten Veränderung des Gottesdienstes in Verbindung gebracht werden. Mit der Zeit verloren Bildwerke, die der neuen Glaubensform nicht entsprachen, ihre Bedeutung und kamen außer Gebrauch. Allerdings war die Einstellung der Gläubigen zu diesem Punkt nicht einheitlich. Die Haltung der Kirchenordnung von 1547 zu den Bildern ist eindeutig: Gelegentlich der Visitation in den Gemeinden soll nach vorangegangener sorgsamer Belehrung des Kirchenvolkes alles, was für den evangelischen Gottesdienst nicht mehr zuträglich ist, hinweggetan werden. Dazu gehören überflüssige Altäre, geschnitzte und gemalte "Fabeln", also Bildwerke, die vom rechten Verständnis des Gottesdienstes ablenken[65]. In der Auseinandersetzung zwischen den einzelnen reformatorischen Richtungen erwies sich aber die Bilderfrage nicht als ein so wesentliches Glaubensanliegen wie das Verständnis des Heiligen Abendmahls.

Mit den obigen Ausführungen ist auch einiges über die Vorgänge zwischen 1543 und 1547 ausgesagt. In dieser kurzen Periode sind

---

61 Vgl. Lübecker Kirchenordnung von Johannes Bugenhagen 1531, Text mit Übertragung, Erläuterungen und Einleitung, hg.v. Wolf Dieter Hauschild, Lübeck 1981, S. 143f

62 Veröffentlichung des Briefes von Bullinger an Honterus in: Roth, Reformation Bd.I, S. 207-214

63 Art V, Über die Cerimonien

64 Quellen zur Geschichte der Stadt Kronstadt in Siebenbürgen, Kron-

Veränderungen festzustellen, die durch auswärtige Einflüsse, praktische Notwendigkeit und die Ausdehnung des für Kronstadt geltenden Reformationsbüchleins auf alle Deutschen Siebenbürgens verursacht wurden. Hinzu kommt eine Klärung des Verhältnisses von Gesetz und Evamgelium. Beide sind - im Sinne Luthers - nicht zu vermischen, bleiben aber aufeinander bezogen[66]. Der Einfluß Wittenbergs wird noch nachhaltiger, weil sächsische Studenten, deren Lehrer vor allem Melanchthon war, vor ihrer Rückkehr nach Siebenbürgen von Bugenhagen ordiniert wurden[67]. Die Weisung, daß in jeder Gemeinde die Hauspostille Martin Luthers und dessen Kleiner Katechismus aufzuliegen habe, zeigt Richtung und Ziel der reformatorischen Bewegung an[68].

IV

Referat und Diskussion der Forschungen der letzten Jahrzehnte haben Schwachstellen und vorläufig gesicherte Ergebnisse angesprochen. Abschließend seien einige Forschungsgebiete genannt, die noch einer gründlichen Behandlung harren. Zum Verständnis der Reformation bei den Siebenbürger Sachsen ist es nötig, von den 1520er Jahren an bis gegen Ende des 16. Jahrhunderts die Geschichte der Kirche einzubeziehen. Dies war hier thematisch nicht intendiert. Es sind vor allem drei Gebiete, auf denen weitere Studien dringend nötig sind: die Erörterung der sozialgeschichtlichen Lage, die kirchenrechtliche Situation und die theologie- und geistesgeschichtliche Entwicklung.

Bei der Durchführung der Reformation in Städten und Ländern haben die Stände, die herrschenden Geschlechter und die Zünfte wie auch die landesherrliche Obrigkeit, Fürsten und Bischöfe, oft unterschiedliche, einander widersprechende Stellungen bezogen. Die Reformationsgeschichte ist demnach eng mit den sozialen Bedingungen, den Herrschafts- und Verwaltungsstrukturen verbunden. Dies ist bei

---

stadt 1886-1926, Bd. IV, S. 505
65 Kirchenordnung von 1547, Art. XV, Pkt.7
66 Ebd., Art. II, Pkt.1
67 Johann Duldner, Sächsische Geistliche unter den Wittenberger Ordinierten, in: Korrespondenzblatt des Vereins für Siebenbürgische Landeskunde 28/1905, S.7-11, 22-25, 42-44
68 Kirchenordnung von 1547, Art. XV, Pkt.6

der Darstellung der Reformation in Siebenbürgen bisher nicht genügend beachtet worden. Das scheint nicht nur an fehlenden zuverlässigen Quellen zu liegen, sondern auch an einem verengten Bewußtseinshorizont und Erkenntnisinteresse der Forscher. Ein Vergleich mit reformationsgeschichtlichen Ergebnissen im Blick auf deutsche Städte - z.B. Augsburg, Nürnberg oder Münster - dürfte neue Forschungsperspektiven eröffnen.

Zum andern fehlen neuere kirchenrechtliche Untersuchungen mit rechtsgeschichtlicher und rechtstheoretischer Perspektive. Zwar liegen Vergleiche der siebenbürgischen Kirchenordnungen mit Rechtsverfügungen in Deutschland vor, aber es müßte noch eine größere Zahl von Rechtsverfügungen aus der Zeit der Reformation herangezogen werden, um Abhängigkeiten und Verschiedenheiten festzustellen. Die innerkirchlichen Rechtsbestimmungen in den siebenbürgischen reformatorischen Schriften aus der ersten Hälfte des 16. Jahrhunderts sind keineswegs alle geklärt.

Fragen auch der Beibehaltung der mittelalterlichen Überlieferung, der Ablösung des traditionellen Kirchenrechts durch die Reformation, dem Verhältnis der geistlichen zur weltlichen Obrigkeit sind ebenfalls noch einer Klärung zuzuführen.

Was von der sozialgeschichtlichen Lage und der kirchenrechtlichen Situation gilt, kann auch auf die theologische Problematik bezogen werden. Auch hier liegen zahlreiche Einzelarbeiten vor, die vor allem die Positionen siebenbürgischer Reformatoren kennzeichnen. Eine Geschichte der Theologie im 16. Jahrhundert steht aber noch aus. Dabei handelt es sich um ein sehr dankbares Arbeitsgebiet, weil die Quellenlage günstig ist. Ertragreich könnte ein Vergleich der verschiedenen Strömungen mit ihren Ursprüngen sowie eine Aufdeckung ihrer Eigenständigkeit sein. Ebenso könnten einzelne reformatorische Glaubenssätze wie das Verständnis des Abendmahls und das Verhältnis von Glaube und Werk näher erörtert werden.

Die Arbeit an der siebenbürgischen Reformationsgeschichte ist noch nicht abgeschlossen. Sie kann noch künftige Forschergenerationen in Anspruch nehmen.

RÉSUMÉ

Résultats les plus récents des recherches sur la Réforme
dans l'église saxonne de Transylvanie

Dans les recherches sur l'histoire de la Réforme il est fait une distinction entre les études "récentes" (1930-1950) et les "dernière" études (depuis 1950). Tandis que les premières (I) traitent avant tout de la question de savoir si la Réforme en Transylvanie s'est effectuée selon le modèle luthérien ou calviniste, les "dernières" s'attachent plutôt à l'étude de la vie du réformateur Honterus, recherchent ses racines spirituelles et étudient la théologie de ses collaborateurs (II).
L'auteur de la présente étude (III) soulève encore une fois la question des tendances luthériennes ou calvinistes dans la Réforme en Transylvanie et, s'appuyant sur trois exemples (confession, communion, images), il penche dans se réponse pour le luthérianisme.

Pour finir (IV) sont mentionnés quelques sujets de recherche concernant la Réforme qui n'ont pas été étudiés jusqu'à ce jour.

SUMMARY

Recent Research Findings in the Reformation of the
Transylvanian Saxon Church - Description and Criticism

Research on reformation history distinguishes between "recent" (1930-1950) and "most recent" (post 1950) studies. While the former is chiefly concerned with the question of whether the Reformation in Transylvania was more Lutheran or Swiss in character, the latest research gives greater attention to the career of the reformer Honterus and his intellectual origins, along with the theology of his fellow reformers. The author tackles the question of the preference for Lutheran or Swiss theology in the Transylvanian reformation once again, deciding in favour of the former with the aid of three examples (confession, eucharist, images). Finally, a number of areas connected with the reformation and still requiring research are indicated.

CHRISTIAN POMARIUS UND DIE REFORMATION IM NÖSNERLAND

Konrad G. Gündisch

In der recht reichen Literatur zur Reformationsgeschichte Siebenbürgens werden drei Persönlichkeiten genannt, die sich um die kirchliche Erneuerung von Bistritz und des Nösnerlandes verdient gemacht haben: die beiden Bistritzer Stadtpfarrer Michael Fleischer und Albert Cerasinus sowie Christian Pomarius, der Bistritzer Stadtschreiber und spätere Dechant des nordsiebenbürgischen Kapitels. Als "Bistritzer Reformator" wird meist - ausgehend von der Grabinschrift in der dortigen Stadtpfarrkirche - Albert Cerasinus bezeichnet[1]. Christian Pomarius hingegen erscheint uns als ein Koordinator und "geistiger Waffenschmied"[2] der reformatorischen Bestrebungen im Nösnerland sowie als Verbindungsmann zu den anderen Zentren der siebenbürgisch-sächsischen Reformation. Er verkörpert in Bistritz wohl am besten die drei Etappen, in denen sich - nach Adolf Schullerus[3] - die Reformation im Siebenbürger Sachsenland durchgesetzt hat:

> "Der erste (Vorstoß) war die neue religiöse Bewegung, die das Bürgertum ergriffen hatte, der zweite die kirchliche Ordnung der Stadtgemeinde durch die weltliche Obrigkeit der Stadt, der dritte die Zusammenfassung einer eigenen, nach reformatorischen Grundsätzen eingerichteten Kirche auf dem Gebiet der sächsischen Volksgemeinschaft."

Soll das Leben des Christian Pomarius nachgezeichnet werden, so lassen sich Zwiespälte, Gegensätze aufzeigen, die in so widersprüchlichen Urteilen ihren Ausdruck finden, wie sie der Humanist Anton Verantius einerseits und der Historiker Joseph Karl Eder

---

1 Heinrich Wittstock, Beiträge zur Reformationsgeschichte des Nösnergaues, Wien 1859, S. 37; ebd., Anm.1 der lateinische Wortlaut der Grabinschrift von Albert Cerasinus: "... per quem Deus hac benedictus in urbe restituit verbi dogmata pura sui ..."

2 Oskar Kisch, Die wichtigsten Ereignisse aus der Geschichte von Bistritz und des Nösnergaues von der Zeit der Einwanderung bis zur Gegenwart, Bd. 1, Bistritz 1926, S. 56

3 Geschichte des Gottesdienstes in der siebenbürgisch-sächsischen Kirche, in: Archiv des Vereins für Siebenbürgische Landeskunde (künftig Archiv) 41/1928, S. 299-522, hier S. 389f

oder, in neuerer Zeit, Radu Constantinescu andererseits abgegeben haben. Verantius schreibt 1549, nach Honters Tod, an Pomarius:

"Soviel ich aber Umschau halte, ich finde keinen, der berufener wäre, das Werk des Honterus fortzusetzen. Du wirst des Vaterlandes Ruhm und Glanz erhöhen durch derartige Arbeiten, deren Wurzeln wir allein dem Honterus, deren Früchte wir aber Dir und Deinen Nachfolgern verdanken werden."[4]

Eder hingegen zeiht Pomarius der "Ignoranz"[5], Constantinescu gar sieht in ihm den "Intriganten" und "bösen Geist" des Stadtrichters Theomas Werner, dem er den gewaltsamen Tod von Andreas Beuchel und Wolfgang Forster, den Parteigängern des Moldaufürsten Petru Rareş, anlastet[6].

Über die frühe Jugend und die Studien des Christian Pomarius war bisher wenig bekannt. Sein Biograph Richard Schuller nimmt mit Recht "wohl die laufende Zahl des Jahrhunderts"[7] (also ca. 1500) als Geburtsjahr an, stellt aber über seine Entwicklung bis zur Ernennung zum Stadtschreiber von Bistritz nur Vermutungen an. Aus den Rechnungsbüchern von Bistritz für die Jahre 1475-1542[8], den Matrikeln der Universität Krakau[9] und einer bisher unbekannten

---

4 Monumenta Hungariae Historica, Scriptores Bd.9: Anton Verancsics, Összes munkai (Sämtliche Werke), Pest 1860, S. 314ff; Übersetzung dieses Zitats: Richard Schuller, Christian Pomarius, ein Humanist und Reformator im Siebenbürger Sachsenlande, in: Archiv 39/1923, S. 189; vgl. auch Karl Fabritius, Das Religionsgespräch zu Schäßburg im Jahre 1538 und des Weißenburger Propstes und nachherigen Graner Erzbischofs Anton Verantius Briefe an Siebenbürger Sachsen, in: Archiv 10/1872, S. 257f

5 Josephus Carolus Eder, Scriptores rerum Transsilvanicarum, Tom. I, Bd.1: Complexum Christiani Schesaei Ruinas Pannonicas, Hermannstadt 1797, S. 123 - Eder urteilt so hart über Pomarius' Geschichtskenntnisse, da er die Einwanderung der Siebenbürger Sachsen erst in der Zeit Bélas IV. ansetzt.

6 Radu Constantinescu, Moldava şi Transilvania în vremea lui Petru Rareş, Relaţii politice şi militare (1527-1546) (Die Moldau und Siebenbürgen zur Zeit des Petru Rareş, Politische und militärische Beziehungen), Bukarest 1978, S. 53, 61

7 Schuller, Pomarius, S. 187

8 Staatsarchiv Klausenburg, Archiv der Stadt Bistritz: Rechnungen IV-a, Nr. 1-21; IV-A, Nr. 1-4

9 Album studiosorum Universitatis Cracoviensis, Krakau 1889, S. 193; vgl. auch Sándor Tonk, Erdélyiek egyetemjárása a középkorban (Der Universitätsbesuch von Siebenbürgern im Mittelalter), Bukarest 1979, S. 222

Zeugenaussage von Pomarius aus dem Jahre 1547[10] kann nun folgendes als fast sicher mitgeteilt werden: Christian ist der Sohn des "Jurg Bungarter", der 1505 mit 1 1/2 Kerben im I. Quartal besteuert wird, und vermutlich ein Enkel des 1475 gleichfalls im I. Quartal wohnenden "Thonis Bongarter". Sein Vater ist früh verstorben, 1514 schon erscheint er nicht mehr im Verzeichnis der Bistritzer Steuerzahler. Die Waise wird von einem Vormund erzogen: Paul Hermann, ein der gehobenen städtischen Mittelschicht angehörender Bürger, der in den Steuerlisten der Jahre 1505-1521 mit je drei Kerben verzeichnet ist. Christian wird zur Schule "apud exteras tandem nationes" - wir vermuten nach Klausenburg - und dann auf die Hochschule nach Krakau geschickt. In den Matrikeln dieser Universitätsstadt erscheint ein "Christiannus Georgii de Bistricia", der am 12. Mai 1519 zusammen mit den Brüdern Nikolaus und Johannes "Stephani Bemffy de Boncida" inskribiert. Pomarius erwähnt in seiner Zeugenaussage von 1547 auch seine Rückkehr aus Krakau. Wir gehen deshalb wohl nicht fehl, wenn wir den Krakauer Studenten Christian Georgii mit dem Sohn des Jurg Bungarter aus Bistritz gleichsetzen. Der Umstand, daß er zusammen mit zwei Adligenkindern aus der Klausenburger Gegend in Krakau eintrifft, könnte darauf hinweisen, daß Christian Pomarius in dieser Stadt - in die er später immer wieder zurückkehrt - das Gymnasium besucht hat, dort ein ausgezeichneter Schüler gewesen ist, den der Adlige Stephan Bánffy zum Begleiter und Aufseher seiner Söhne auserkoren hat. Der vermutlich nicht besonders bemittelten Waisen wurde damit der Hochschulbesuch ermöglicht. Leider geht aus der Universitätsmatrikel nicht hervor, was und wie lange Pomarius in Krakau studiert hat. Sicher ist, daß an diesem bedeutenden, von Bistritzern lange Zeit mit Vorliebe besuchten Hochschulzentrum eine gründliche humanistische Bildung vermittelt wurde und daß es hier schon 1520 einen Kreis reformatorisch gesinnter Professoren und Studenten gab.

Für die Jahre 1520-1530 findet sich kein Quellenbeleg zur Biographie des Christian Pomarius. Es ist anzunehmen, daß er entweder längere Bildungsreisen durch Europa unternommen hat - vielleicht weiter als Gefährte der beiden Bánffys - oder in Bistritz unter-

---

10 Vgl. Anhang Urkunde Nr. 4 (künftig A/Nr.), S. 132ff

nehmerisch tätig geworden ist, worauf sein beträchtliches Vermögen deuten könnte, über das er schon 1534 verfügt und das in dieser Höhe nicht aus dem Erbe seiner Eltern stammen kann.

Aus dem ältesten Bistritzer Ratsbuch geht hervor, daß Christian Pomarius unter Oberrichter Thomas Werner im Jahre 1531 - nach dem Tode des Notars Thomas - zum Stadtschreiber ernannt worden ist. Im Verzeichnis der Ausgaben für das Jahr 1531 reicht die recht unansehnliche Schrift des Vorgängers bis zum 16. Juni; mit der Eintragung vom 1. Juli - "post obitum Thomae notarii" - setzen die schönen Schriftzüge des Christian Pomarius ein[11]. Er hatte auch einen Stellvertreter, den Schulrektor Georg Seraphini, der ihm später im Amt folgt, und 1531 als "vice gerens notarii" das Testament der Witwe Peter Moldners bestätigt[12]. Auch verfügt er 1534 über "Francz, stadschreibers knecht". Als Notar ist Pomarius von der Steuerleistung befreit, doch trägt er seinen deutschen Namen Baumgartner (Bomgarthner, Bungarthner, stadschreiber) ab 1532 regelmäßig in das Steuerverzeichnis ein und schreibt daneben sorgfältig eine Null. Am 10. Februar 1541 wird er erstmals mit zwei Kerben in die Steuertabelle eingetragen, er ist also an diesem Tag schon nicht mehr Stadtschreiber. Am 15. August erscheint er nicht mehr unter den abgabepflichtigen Bistritzer Bürgern[13].

Als Stadtschreiber ist Christian Pomarius der engste Mitarbeiter des tatkräftigen Oberrichters Thomas Werner, an dessen Seite er die unerhört heftigen Parteikämpfe durchsteht, die Bistritz im 3. und 4. Jahrzehnt des 16. Jahrhunderts erschüttern. Sie sind nicht nur inneren Gegensätzen zuzuschreiben, sondern Teil jener "schwerwiegenden Entscheidungsnotwendigkeiten", die an die Sachsen nach der Schlacht von Mohatsch herangetreten sind und in deren Folge, wie K.K.Klein richtig feststellt, "in jeder Stadt eine

---

11 Staatsarchiv Klausenburg, Archiv der Stadt Bistritz: Magistratsprotokolle, Nr. 1

12 Wittstock, Reformationsgeschichte, S. 51f

13 Vgl. die Rechnungen der Stadt Bistritz für die betreffenden Jahre: IV-A, Nr. 5-8 - Die Eintragungen hat Pomarius bis Anfang Februar 1541 vorgenommen, danach sind sie von der Hand Georg Seraphinis geschrieben.

Teutsche und eine Ungarische Partei" entsteht[14]. In Bistritz ist Forster das Haupt der Ferdinand-Partei; der pragmatische Thomas Werner aber hat auf Zápolya gesetzt. Die Kämpfe zwischen diesen Parteien, die in Bistritz besonders blutig verlaufen und auch häufige Frontwechsel kennen, sind von R. Schuller und A. Berger anschaulich geschildert worden[15]. Es scheint, daß Pomarius von diesen Kämpfen profitiert hat, zieht er doch schon 1534 in das bekannte Beuchelhaus ein, das jenes Opfer Thomas Werners im Renaissancestil neu aufgebaut hatte. Sein eigentlicher Wert wurde auf 800 Gulden veranschlagt, Pomarius erwirbt es für 500 Gulden, die der von Haus aus nicht besonders begüterte Notar bezahlen kann. Die mehrfache Bestätigung des Kaufvertrags durch den Magistrat (1534) und durch König Johann Zápolya (1539)[16], auf die Pomarius drängt, zeigt, daß er sich des erkauften Besitzes nicht sehr sicher ist, vielleicht an dessen Rechtmäßigkeit selbst zweifelt. Gleich nach Werners Tod (April 1541) nimmt die Witwe Andreas Beuchels den Kampf um ihren Bistritzer Besitz wieder auf, Pomarius aber verläßt die Stadt schon vor der Ankunft eines Sendgerichts der sächsischen Nationsuniversität, das Werners Tätigkeit überprüfen soll. Dieses beschließt unter anderem auch, das von Pomarius geschriebene Ratsprotokoll zu vernichten, da darin auf Werners Geheiß allzu viele Verleumdungen seiner Gegner eingetragen worden sind[17]. Pomarius wird allerdings nicht

---

14 Karl Kurt Klein, Der Humanist und Reformator Johannes Honterus, Hermannstadt/München 1935, S. 90

15 Richard Schuller, Wolfgang Forster, Bistritzer Stadtgeschichten aus dem Anfang des 16. Jahrhunderts, in: Programm des ev. Gymnasiums ... in Schäßburg 1889/90, S. 8ff; ders., Andreas Beuchel, Ein Beitrag zur Bistritzer Stadtgeschichte in dem Zeitalter des Thronstreites zwischen Ferdinand I. und Zápolya, in: Archiv 23/1890, S. 5ff; Albert Berger, Das Verhältnis von Bistritz zu dem Moldauer Woiwoden Peter Raresch, in: Festgabe zur Feier der Einweihung des neuen evang. Gymnasial-, Bürger- und Elementarschulgebäudes A.B. in Besztercze (Bistritz) am 7. Oktober 1911, zugleich Beilage zum Programm des Obergymnasiums für 1910/11, Bistritz 1911, S. 37ff

16 Vgl. A/1, A/2, A/3, S. 127ff

17 A. Kiss, "Selecționare de arhivă" din interes obștesc în anul 1542, Contribuții la istoria arhivelor în Transilvania ("Archivaussonderung" in öffentlichem Interesse in Jahre 1542, Beiträge zur Geschichte der Archive in Siebenbürgen), in: Sub semnul lui Clio, Omagiu acad. prof. Ștefan Pascu, Klausenburg 1974, S. 467ff

angeklagt, an Werners Übergriffen mitschuldig zu sein; das Sendgericht ordnet sogar Maßnahmen zum Schutz des Eigentums des früheren Stadtschreibers an[18].

Unter Oberrichter Thomas Werner sind Anzeichen einer wachsenden antiklerikalen Stimmung im städtischen Rat und in der Bevölkerung zu bemerken, die sich in scharfen Maßnahmen gegen die Bistritzer Klöster äußert; sie zeigen, daß eine neue religiöse Bewegung das Bürgertum ergriffen hat[19]. Auch die "puritanischen" Maßnahmen der Jahre 1532 und 1539 gegen übertriebenen Luxus bei Hochzeiten und Taufen, gegen die angeblich in den Spinnstuben herrschende Sittenlosigkeit, deuten auf einen neuen, tiefer gehenden Glaubenseifer der Ratsherren[20]. Hat der gelehrte Stadtschreiber Christian Pomarius auf diesen Sinneswandel Einfluß genommen?

Aus Bistritz zieht Pomarius 1542 zunächst an den königlichen Hof, wo ihm die Teilnahme an wichtigen diplomatischen Missionen angetragen wird, die er jedoch mit Rücksicht auf Frau und Kind ablehnt[21].

---

18 In seinem Brief vom 16. Januar 1543 (veröffentlicht von Schuller, Pomarius, S. 243ff) bezieht sich Pomarius auch auf seine "calumniatores", denen zum Trotz er der Stadt seine "officia" anbietet. Der Bürgermeister von Hermannstadt Peter Haller fordert am 19. Mai 1543 den Rat von Bistritz auf, "bona ipsius Christanii dissipare non permittatis" (Staatsarchiv Klausenburg, Archiv der Stadt Bistritz: Urkunde Nr. 1512/1543)

19 Solche Maßnahmen richten sich vor allem gegen die Klöster: Eingriffe in die kirchliche Gerichtsbarkeit, Verhaftung zügelloser Mönche, Konfiskation und Veräußerung von Klosterbesitz, Beteiligung der Klöster an den Steuerlasten der Stadt; Beispiele bei Wittstock, Reformationsgeschichte, S. 10ff; Schuller, Pomarius, S. 214ff; Berger, Bistritz - Peter Raresch, S. 66f; Otto Dahinten, Beiträge zur Baugeschichte der Stadt Bistritz, in: Archiv 50/1944, S. 391f; vgl. auch die im Staatsarchiv Klausenburg, Archiv der Stadt Bistritz aufbewahrten Urkunden Nr. 1130/ 7. April 1529, Nr. 1151/ 26. Juni 1529, Nr. 1305/ 17. August 1539

20 Sie sind zusammengefaßt in: "Collectio omnium eorum decretorum, quae ab anno Domini 1532 in hoc usque tempus prudentes et circumspecti domini iudex et iurati consules pro tempore constituti consensu seniorum et centumvirorum super invitandis ad nuptias hospitibus constituerunt ac propter futurum sensum hominum in magistratu constitutorum, revocatione et contradictione contestata ac conscripta esse voluerunt" (ebd. Urkunde Nr. 1154/1532-1539-1560); vgl. auch Wittstock, Reformationsgeschichte, S. 17ff

21 Schuller, Pomarius, Anhang, S. 243ff (Brief vom 16. Januar 1543)

Im August 1542 läßt er sich für längere Zeit in Klausenburg nieder[22]. Hier schreibt er in lateinischer Sprache einen überaus interessanten Brief an den Bistritzer Rat[23], in dem er sich als überzeugter Kirchenerneuerer ausweist, der seine Landsleute für die Reformation zu gewinnen sucht. Dieser Brief ist hinlänglich bekannt; er gilt als Kronzeuge für die erste reformatorische Maßnahme in Bistritz, den in fast allen Untersuchungen zur Geschichte der Reformation in Siebenbürgen erwähnten "Bistritzer Bildersturm". Den allerdings hat es eigentlich nicht gegeben, nur eine eindeutig reformatorische Äußerung des Christian Pomarius. Sie lautet in der Übersetzung von Karl Reinerth:

> "Seht, ihr Herren und Freunde, wen er Götzendiener nennt, nämlich Christen, die zu ihrem ärgsten Unheil und gegen das Gebot des Herren eine so große Verehrung den Bildern erweisen. Erlaubt also keineswegs, daß jene Götzenbilder dort, wo sie unter dieser vorübergehenden Gottesgeißel abgetan worden sind, unter Aufwendung größter Kosten wieder aufgerichtet werden. Ich habe darüber auch einigen Priestern geschrieben: ihr sehet, daß unser Name deswegen bei den Völkern in bösesten Ruf gerät."[24]

Der uns besonders interessierende Satzteil "ubi in isto transeunte flagello domini idola illa dejecta sunt" wäre wohl mit "...dort, wo während dieser vorübergehenden Gottesgeißel jene Götzenbilder gestürzt worden sind" genauer übersetzt. So wäre auch die Verbindung dieser Aussage zu einem politischen Ereignis der Zeit offensichtlich: Die Belagerung von Bistritz durch den Moldaufürsten Petru Rareş im November 1542 - eine wahre Gottesgeißel, bedenkt man die hohen Verluste an Menschenleben und die Tatsache, daß obendrein in der Stadt ein Brand ausgebrochen ist, dem u.a. das sog. Obere Kloster zum Opfer gefallen ist[25]. Rareş hatte auch gedroht,

---

22 Zeugenaussage des "circumspectus Cristannus Pomarius, alias notarius memoratae civitatis Bistriciensis, nunc vero in medio nostri residenti" vor dem Rat der Stadt Klausenburg: In der Streitsache zwischen Vinzenz und Leonhard Zewch aus Bistritz entlastet Pomarius den verstorbenen Oberrichter Thomas von der Anklage, er habe aus dem Haus des Vinzenz Wertsachen entwendet (Staatsarchiv Klausenburg, Archiv der Stadt Bistritz, Urkunde Nr. 1459/ 31. August 1542)

23 Vgl. Anm. 21

24 Karl Reinerth, Die Gründung der evangelischen Kirchen in Siebenbürgen, Köln/Wien 1979 (Studia Transylvanica Bd. 5), S. 136

25 Berger, Bistritz - Peter Raresch, S. 76f; Constantinescu, Moldova şi Transilvania, S. 116; Urkunden bei Eudoxiu Hurmuzaki, Documente

Bistritz gänzlich in Schutt und Asche zu legen, die Bewohner zu töten oder in die Sklaverei abzuführen, sollte ihm nicht eine "Entschädigung" von 8.800 Gulden ausgezahlt werden. Der Rat nimmt die Drohung ernst und tritt mit dem Belagerer in Verhandlungen, die dazu führen, daß die Summe auf 4.000 Gulden herabgesetzt wird. Um diese hohe Abgabe aufzubringen, beschlagnahmt der Magistrat u.a. auch mehrere vergoldete Silberkelche im Gewicht von 27 Mark und 31 Unzen sowie ein Kruzifix - 4 1/2 Mark schwer[26].

Im Herbst 1542 fand kein "Bildersturm" statt, die "Bilder" wurden im Brand vernichtet oder beschädigt bzw. zur Deckung hoher und dringender Zahlungen verwendet. Der Rat des früheren Stadtschreibers, diese Götzenbilder nicht wieder aufzurichten, da das "gegen das Gebot des Herren" sei, dürfte aber befolgt, somit eine kirchliche Neuordnung auch im Nösnerland in die Wege geleitet worden sein.

Auch in der Folgezeit weilt Christian Pomarius oft in entscheidenden

---

privitóre la istoria românilor (Dokumente zur Geschichte der Rumänen), Bd. XV/1, hg.v. N. Iorga, Bukarest 1911, Nr. 790-799

26 Am 25. November 1542 notiert der Stadtschreiber in das Bistritzer Rechnungsbuch: "Considera, lector charissime, quod dum civitas a Petro Waywoda Moldaviensi ingenti suo exercitu esset undique circumvallata ac in dies minaretur, nisi foedus, pacem et concordiam secum iniremus, atque octo mille florenos octingentos eidem redderemus, quamvis pecuniam, uti ipse referebat, sed inique, ab annis quattuor quibus exul erat a regno et iterum in sedem locatus, sue dominacioni obligaremur, ex tunc eciam, si civitatem obtinere non posset, vellet suburbia, pagos et villas omnes incendio mandare, populum in predam Turcis ac Tartaris destinare, senes et infantulos gladio interimere facere, reliquos abigere, pecora ceteraque omnia et singula bona quovis vocabulo nominata in regnum suum exportare nihilique penitus relinquere quam solam ipsam terram et cineres. Ne autem tam nephanda contingerent, judex, jurati, seniores, centumviri, tota denique communitas unanimi voluntate et consensu deliberaverunt ut unusquisque quicquid haberet in pecuniis, in argenteriis, id porrigere deberet, ea conditione ut tempore congruo et competenti unicuique suum quod pro misero exteriori populo exposuisset, id cum graciarum accione reddere et restituere judex et jurati, seniores et centumviri tum ipsi qui constituentur debeant et teneantur. Quibus factis et statutis, legati missi ad magnificum dominum Petrum waywodam pacem pepegerunt et ad summam pecunie dandam negocium converterunt. Singuli igitur, prout in precedentibus foliis patet, juxta posse suum pecuniam contribuerunt, quibus comportatis Petro waywode hec sequencia emittebantur tribuebant urque, que tamen singula non pro sufficiencia acceptavit, sed finaliter quattuor mille postulavit. Primum cuppe argentee deaurate que ponderabant marcas 27, uncias 31. Item una crux que ponderabat marcas 4 1/2. Item antiqua moneta fl. 750. Item aurei Floreni fl. 452. Item nova

Augenblicken in Bistritz, dann, wenn das Werk der Reformation vorangetrieben werden soll. So ist seine Anwesenheit in Bistritz am 24. April 1544 belegt. Am 6. Mai aber beschließt sein Bruder Adam Pomarius, Pfarrer in Heidendorf, zu heiraten und diese Entscheidung dem Bistritzer Rat mitzuteilen[27]. Es ist der erste offene Vorstoß der reformationsfreundlichen Geistlichkeit des Nösnergaues gegen das Zölibat und ein deutliches Bekenntnis zur neuen Lehre.

Im Jahre 1546 dürfte die Reformation auch in Bistritz in großen Zügen vollendet gewesen sein, wie Albert Cerasinus in einem Brief an den Breslauer Pfarrer Johann Hessius behauptet: "reformatae sunt hic in Transsylvania ecclesiae urbium Saxonicarum"[28].

Anfang 1547 bereist Christian Pomarius, der nun als Ratsschreiber in Hermannstadt tätig ist, im Auftrag der Nationsuniversität alle siebenbürgisch-sächsischen Städte, um, wie Honterus am 25. Februar 1547 schreibt, "den schedligen spaltungen der Ceremonien ein end zu machen"[29]. Die anschließende Zusammenkunft in Hermannstadt, deren Ergebnis die "Reformatio ecclesiarum Saxonicarum in Transsilvania" ist, betrachtet F. Teutsch[30] als "die erste evangelische Synode, in ihren Wirkungen dauernd bis zur Gegenwart". Ist es ein Zufall, daß im gleichen Jahr 1547, in dem Pomarius im Zuge seiner Mission auch Bistritz besucht, eine Abordnung des Bistritzer Kapitels am 5. Februar in Weißenburg erklärt, daß die Nösner Geistlichkeit einige "Ceremonien und kirchliche Bräuche zum Lob und Ruhm des allerhöchsten Gottes und seines Sohnes Jesu Christi, nach Art und Gepflogenheit der ursprünglichen Kirche aus Gottes Wort wieder hergestellt und verbessert hätten ... damit ihrem priesterlichen Amte Genüge geleistet werde und sie einst mit der ihnen anvertrauten Herde ohne Zagen vor Christi Richterstuhl erscheinen könnten"[31].

---

seu usualis moneta fl. 700. Item asperi pro fl. 38. Pecunie istius absque argenteriis exposicio in hoc folio facit fl.1940." Constantinescu, Moldova și Transilvania, S. 190

27 Wittstock, Reformationsgeschichte, S. 55ff; Reinerth, Kirchen in Siebenbürgen, S. 137f

28 Wittstock, Reformationsgeschichte, S. 59f

29 Joseph Trausch, Beiträge und Aktenstücke zur Reformationsgeschichte von Kronstadt, Kronstadt 1865, S. 59ff

30 Geschichte der evangelischen Kirche in Siebenbürgen, Bd.1, Hermanstadt 1921, S. 245

Nachdem er als Ratsschreiber im Dienste von Hermannstadt und Kronstadt gestanden, 1552 am Reichstag zu Preßburg teilgenommen hat und von Christian Scheseus als "non in tota regione notarius alter doctior" gefeiert worden ist[32], kehrt Christian Pomarius 1554 endgültig in seine nordsiebenbürgische Heimat zurück. Er wird Pfarrer von Lechnitz, der größten Gemeinde, die dem Bistritzer Patronat unterstand. Hier heiratet er am 13. Februar 1556 zum zweiten Mal. Georg Pomarius, der spätere Schulrektor in Bistritz und Pfarrer in Wermesch, dürfte ein Kind aus dieser Ehe sein[33].

Christian Pomarius beteiligt sich nun an allen wichtigen theologischen Auseinandersetzungen der folgenden Jahre; er kann als Wortführer der sächsischen Geistlichkeit des Nösnerlandes angesehen werden. Ihm ist zum guten Teil der organisatorische Zusammenschluß der nordsiebenbürgischen Kapitel zu verdanken, ihm auch deren Eingliederung in eine nach reformatorischen Grundsätzen eingerichtete siebenbürgisch-sächsische Volkskirche.

Im Spätherbst 1554, in dem Jahr also, in dem Pomarius in die Lechnitzer Pfarre einzieht, verteidigt die Geistlichkeit des Bistritzer Kapitels in zwei Briefen an Paul Bornemisza, den katholischen Bischof von Siebenbürgen, ihren neuen Glauben. Dabei beruft sie sich nicht nur auf das Schriftwort von der Pflicht, Gott mehr zu gehorchen als den Menschen, aus dem sie das Recht ableitet, gottlosen Kirchenfürsten entgegenzutreten, sie führt auch das Reformationsbüchlein Honters und die Kirchenordnung aller Deutschen in Siebenbürgen (1547) an. Diese Briefe, die "in dem Fortschritt des Reformationswerkes auf Sachsenboden ein überaus wichtiges Dokument" bilden, sind, behauptet R.Schuller[34], "im Geiste des Pomarius" geschrieben. 1557 unterzeichnet der Lechnitzer Pfarrer als Mitglied der zahlenmäßig am stärksten vertretenen Bistritzer Delegation den "Consensus

---

31 Wittstock, Reformationsgeschichte, S. 30f, lateinisch im Anhang S. 57ff

32 Eder, Scriptores, S. 123f

33 Georg Fischer, Geschichte des Bistritzer evang. Gymnasiums A.B. bis zum Jahre 1782, in: Programm des evang. Gymnasiums A.B. zu Bistritz 1895/96, Bistritz 1896, S. 59; Schuller, Pomarius, S. 229; Joseph Trausch, Schriftsteller-Lexikon oder biographisch-literarische Denkblätter der Siebenbürger Deutschen, Bd.3, Kronstadt 1871, S. 68

34 Pomarius, S.221

doctrinae de sacramentis", ein letztes gemeinsames reformatorisches Bekenntnis für alle Siebenbürger, das im Zeichen des Luthertums steht. Für das Zustandekommen dieser "Klausenburger Einigung" waren gewiß auch die guten Beziehungen von Bedeutung, die Christian Pomarius zu Franz Davidis und Caspar Helth unterhielt[35].

Ein Werk des Christian Pomarius ist auch die Vereinigung des Bistritzer und des Kiralyer Kapitels zu einem starken nordsiebenbürgischen Kirchenbezirk. Sie wird 1560 "in gemeinsamer Willensbestätigung, ohne daß irgendein Zwang oder ein persönlicher Einfluß ausgeübt worden wäre", vollzogen[36]. Pomarius, dessen Lechnitzer Pfarre zum kleinen Kiralyer Kapitel gehörte, wird erster Dekan des vereinigten Kapitels. In dieser Eigenschaft trifft er wichtige Maßnahmen zur Neuordnung des Nösner Unterrichtswesens im Geiste der Honterschen Schulreform. Dabei achtet er auf die Ausarbeitung von Lehrplänen, auf das Einhalten eines regelmäßigen Stundenplans und auf die Beaufsichtigung der Lehrer durch den Ortspfarrer. Bei den Kirchenvisitationen durch den Dechanten wird den Schulen besondere Aufmerksamkeit gezollt[37].

Am 6. Februar 1561 unterzeichnet der Bistritzer Dechant Christian Pomarius die "Brevis confessio de sacra coena Domini", das auf der Synode zu Mediasch angenommene Bekenntnis über das Heilige Abendmahl, durch das sich die siebenbürgisch-sächsische Kirche endgültig als Kirche Luthers von den anderen reformatorischen Glaubenslehren, insbesondere von jener des Franz Davidis, absetzt[38].

Christian Pomarius, der Reformator und Humanist, der Ordner sächsischer Archive[39] und verdienstvolle Kartograph[40], stirbt am 28. August 1565. Seine Amtsbrüder trauern in einem Rundschreiben um ein "praecipuum ornamentum capituli Bistriciensis"[41].

---

35 Ebd., S. 230
36 Ebd., S. 232; Trausch, Schriftsteller-Lexikon Bd.1, S. 333
37 Teutsch, Geschichte der evang. Kirche Bd.1, S. 342
38 Schuller, Pomarius, S. 235
39 Darüber vgl. Gernot Nußbächer, Din activitatea arhivistică a lui Christian Pomarius (Aus der Archivtätigkeit des C.P.), in: Revista arhivelor Bd. VIII/2, 1965, S. 169ff
40 Diese Verdienste hat schon Verantius hervorgehoben, vgl.Anm.4
41 Schuller, Pomarius, S. 240, Anm. 1

RÉSUMÉ

Christian Pomarius et la Réforme en Nösnerland

L'humaniste Christian Pomarius, de Bistritz, est considéré comme le père spirituel et le coordinateur des mouvements réformateurs en Nösnerland. Nous apportons quelques compléments biographiques concernant ses ancêtres, sa famille, ses études et ses activités en tant que greffier de Bistritz, puis pasteur à Lechnitz et enfin en tant que doyen du chapitre de Bistritz.

Nous fournissons les preuves que les "ravages d'iconoclastes" à Bistritz en 1542 n'ont pas eu lieu. Les images saintes et les objets du culte ont été détruits au cours d'un siège. Toutefois Pomarius a demandé au conseil municipal de ne pas remettre en place ces "idôles". Pomarius a pris une part active à toutes les discussions théologiques importantes à l'époque en Transylvanie et s'est occupé de réformer l'éducation scolaire.

Nous présentons en annexe des documents de et sur Christian Pomarius encore inédits jusqu'à ce jour.

SUMMARY

Christian Pomarius and the Reformation in the Nösnerland

The Bistritz humanist, Christian Pomarius, is considered the spiritual father and coordinator of reformation movements in the Nösnerland. New data on his life refer to: forefathers, family situation, university studies, work as Bistritz town-clerk, pastor of Lechnitz, and dean of the Bistritz chapter.

Evidence is presented for the non-occurrence of the socalled "Bistritz iconoclasm"; the church's paintings and utensils were lost during a siege. However, Pomarius called upon the city council not to reinstate these "idols". He was involved in all important theological conflicts of the time in Transylvania, and contributed to maintaining the unity of the young Protestant church of the Transylvanian Saxons. He exerted an influence on decisions taken in the Nösnerland in this regard. When he was dean, Pomarius instigated the unification of the Bistritz and Kiraly chapters, also working to reform the school system.

Previously unpublished documents by and on Christian Pomarius are appended.

Anhang

1

Bistritz, 1534 Januar 13. Richter und Geschworene von Bistritz bestätigen, daß Christian Pomarius das der Stadt zugefallene Haus des Andreas Beuchel für 500 Gulden gekauft hat[42].

Eingeschaltet vom Bistritzer Rat 1539[43]

Nos, Thomas Zewch iudex, Martinus Sartor, Sigismundus Sellator, Michael Sartor, Martinus Berth, Demetrius Kretzmer, Mathias Zas, Sigismundus Lanius, Paulus Budackius, Hieronymus Coriarius, Osualdus Faber, Laurentius Pistor, iurati cives civitatis Bistriciensis, memoriae commendamus tenore praesentium universis et singulis quibus expedit significantes, quod domus quondam prudenti ac circumspectis Laurentii Coriarii, lapidea, in theatro civitatis proxime ad vicum qui ducit ad parvum circulum acialis existens, vicinas habens domos ab oriente circumspectis Thomae Pellionis, ab occidente vero Osualdi Sartoris, quam tandem circumspectus Andreas Beuchel, maiori pro parte ex lapidibus civitatis, sub suo nomine, titulis et insigniis, pro se suisque haeredibus instauravit et aedificavit, ob defectionem inhonestissimam ipsius ad inimicos tempore obsidionis ac varios census de eadem non redditos a multis annis, ad civitatem revoluta est, denique cum longum per tempus eadem domus pro civitate non occuparetur, eo respectu, ut si consanguinei et propinqui eam redimere vellent, multis interim creditoribus per praefatos consanguineos in pignus reiecta extitit. Nos ergo, urgente necessitate civitatis, eandem trina vice secundum consuetudinem patriae proclamari fecimus, amicis, scilicet vicinis et tandem omnibus, postremo specialiter ipsos propinquos et consanguineos adhortari fecimus, ut si eam domum, ipsis per tam longum iam tempus ad redimendam reservatam, pro se vellent redimere, extunc pro praesenti necessitate civitatis pecuniam redderent. Et cum nemo eorum esset, qui hoc faceret, ex consensu communi nostro ac seniorum centumvirorumque omnium decreto (quemadmodum in libro actuario et in libro quem senatus

---

42 Bruchstücke veröffentlicht von Dahinten, Beiträge zur Baugeschichte, S. 77f
43 Vgl. A/2, S. 129f

decretorum conscriptum existit) eandem florenis quingentis probatae monetae Christiano Pomario vendidimus, io respectu, ut illis quingentis florenis civitati creditoribusque qui sicuti eandem habuerunt, pro pignora et probabilibus documentis super ea iure mediantibus obtinuerunt satisfieret. Quam domum iam praefato Christiano Pomario omnibus modis liberam, ut praemittitur, ac proclamatam vendidissemus depositisque circa roboramentum emptionis pro prima solutione florenis trecentis aliisque ducentis florenis restantibus in suis praefixis terminis, in duabus beati Martini scilicet episcopi proxime consequenter futuris festivitatibus, deponendis, eundem pacifice ad eandem introduximus, nostraeque venditionis titulo eidem eandem statuimus ad perpetuae possidendam, cum cunctis attinentiis, curia videlicet et pistorio, sub antiquis metis et terminis contra vicinos habitis. Quem cum introduxissemus, nobis humili cum instantia supplicavit, ut in uberiorem cautelam ne scilicet huiusmodi emptionis suae testimonium intercideret ac pro libera domo pecunia lites evenisse videretur, litteras testimoniales atque roboratorias sibi concedere dignaremur.

Nos igitur, roborare et confirmare volentes quod semel communi consilio decrevimus praesentibus, declaramus et recognoscimus quod cum nos, ad necessitatem civitatis pecuniam pro praefata domo a praefato Christiano Pomario susceptam exposuerimus, eundem pro ut pacifice in eandem introduximus pacifice quoque conservare volumus et praeterea, si in temporum decursibus ratione eiusdem venditionis aut emptionis quaestionem aut controversiam exoriri contingat, communi suadente iustitia, non ipse emptor pro se, sed iudex iuratique cives, ordoque seniorum ac tota civitas in suis fatigiis et expensis propriis pro eo respondere debebunt et teneantur, eo quod talis pecunia in usum civitatis partim partimque ad solutionem creditorum et mulctam capitis eiusdem Andreae Bewchel conversa est. In cuius rei testimonium firmitatemque praesentes litteras nostras, quas maiori et autentici sigilli nostri pendentis munimine communiri fecimus eidemque duximus concedendas.

Datum Bistriciae, in octava Epiphaniarum Domini, anno eiusdem millesimo quingentesimo tricesimo quarto.

2

Bistritz, 1539 Januar 25. Richter, Rat und Hundertmannschaft von
Bistritz bestätigen, daß Christian Pomarius 1534 von der Stadt
ein Haus gekauft hat.

Eingeschaltet von König Johann 1539[44].

Nos, Thomas Zewch iudex, Demetrius Kretzmer, Mathias Zas, Sigismund Helthner, Joannes Vincentii, Hieronymus Coriarius, Osualdus Faber, Valentinus Kuglar, Jacobus Sellator, Bartholomaeus Corrigiator, Joannes Dwerbecher, Gaspar Pellio, Matheus Fleischer, iurati cives civitatis Bistriciensis, memoriae commendamus per praesentes universis et singulis, quibus expedit significantes, quod in solempni nostra seniorumque universorum centum virorum congregatione, circumspectus Christianus Pomarius coram nobis comparens, negotia quaedam domus suae lapideae in theatro civitatis existentis habitae et a nobis emptae, in hunc modum proponere curavit, quod quamvis super illius domus emptione, liberaque introductione et statutione sufficientes litteras nostras haberet, quibus mediantibus testatum reddidissemus, qualiter illam domum lapideam titulo liberae venditionis, sub antiquis verisque metis ac omnibus cum attinentiis sibi assignassemus eoque praetextu ut si cum tempore, quo humana statuta nonnunquam calumpniose mutantur, aliquid litigii aut dissensiones ratione eiusdem domus suboriri contigat, nostris fatigiis et impensis pro ipso communi iustitia quam nemo pecuniis lites solitus sit emere, non autem ipse pro se responderet promisissemus. Nihilominus tamen ex quo facta ac gesta rerum, temporum curriculis oblivioni traduntur et illi, quorum verissimo testimonio nonnunquam legittima quoque ac recta acta, ab iurgiorum involutris peditisque vendicantes movimentis, eorum testimonia, qui in pactione, emptioneque ac venditione interfuerunt, cum suis nominibus et cognominibus litteris nostris inseri petebat, cuius petitionibus tamquam iustis ac rationi consonis locum dandum quod ex officio nostro unicuique debemus ipsique libenter ac benevole concessimus. Introduxit itaque coram nobis de ordine seniorum centumvirorum praecipuos, qui in rebus, tamquam primarii nobis semper adiuncti praefatamque domum lapideam eiusdem exponentis una nobiscum, maturo superinde habito consilio vendiderunt: Joannem scilicet dictum Schrawth,

Michaelem Pyntiger, Georgium Ignatii, Joannem Clementis, Georgium
Schwarcz, Andream Sartorem, Joannem Waldorffer, Joannem Zywgyartho,
Martinum Bonichyn, Brictium Fabrum, Ladislaum Daum, Andream Hering,
Blasium Hay, Osualdum Sartorem, qui nominibus et in personis cete-
rorum universorum centum virorum contestantes sollempniter fassi
sunt, pro quo rei memoria recognoverunt, quod de bona ipsorum aliorumque universorum fratrum suorum centum virorum voluntate matura-
que deliberatione ac communi consilio, illam domum lapideam, quae
circumspecti Laurentii Coriarii erat et tandem per Andream Bewchel
restauratam, obque defectionem eiusdem Andreas Bewchel tempore obsidionis ad inimicos post condignam in caput eius animadversionem,
in ius civitatis revolutam, ipsi circumspecto Christiano Pomario
pro quingentis florenis monetae probatae vendidissent, ipsumque
in eandem introducere iussissent, pro se suisque haeredibus et posteritatibus universis, in filiorum filios, deinceps habendam, possidendam, iure irrevocabiliter. Idque sicuti pro tunc decrevissent
pro nunc etiam ratum atque firmum haberi vellent; praeterea idem
exponens litteras nostras orignales factum venditionis et emptionis
praelibatae domus lapideae tangentes produxit debita cum instantia,
nos rogans quatenus easdem ratas ac firmas, pro ut habuimus, nunc
quam de novo habere vellemus, easque praesentibus inseri facere
dignaremur. Quarum quidem litterarum tenor talis est: /Folgt die
Urkunde des Richters und der Geschworenen von Bistritz von 1534[45]/
Nos vero easdem litteras sic, ut praefertur, coram nobis lectas,
firmas habere volentes, prout etiam prius habuimus, praesentibus
nostris confirmatoriis easdem de verbo ad verbum inseri faciendo
eidemque exponenti sub eodem sigillo nostro maiori denuo duximus
concedendum.

Datum Bistriciae, in loco nostro consulari, ipso die conversionis
beati Pauli apostoli, anno Domini millesimo quingentesimo tricesimo nono.

3

Ofen, 1539 Juni 9. König Johann schaltet die Urkunden des Bistrit-

---

44 Vgl. A/3, S. 130f
45 Vgl. A/1, S. 127f

zer Rats von 1534 und 1539[46] ein und bestätigt Christian Pomarius im Besitz des Beuchel-Hauses.

Gleichzeitige Abschrift, Papier[47].

Transumptum literarum regalium super venditione domus Andreae Beuchel ac confirmatione sententiae datae in caput eius propter inhonestam defectionem ad inimicos tempore obsidionis.

Nos Joannes, dei gratia rex Hungariae, Dalmatiae, Croatiae et cetera, memoriae commendamus tenore praesentium significantes quibus expedit universis quod pro parte et in persona fidelis nostri Pomarii, notarii civitatis nostrae Bistriciensis, exhibitae sunt nobis et praesentatae quaedam litterae privilegiales prudentum et circumspectorum iudicis et iuratorum civium eiusdem civitatis nostrae Bistriciensis in pargameno patenter confectae sigilloque eorundem autentico in pendenti communitae super perpetua venditione cuiusdam domus in dicta civitate nostra Bistriciensi existentis, emanatae, tenoris infrascripti. Supplicatum itaque extitit nobis pro parte dicti Christiani Pomarii ut easdem litteras dictorum iudicis et iuratorum civium ratas, gratas et acceptas habendas, litterisque nostris privilegialibus de verbo ad verbum inscribi faciemus pro eodem Christiano Pomario, suisque haeredibus et posteritatibus universis innovantes perpetuo valituras confirmare dignaremur. Quarumquidem litterarum tenor talis est: /Folgt die Urkunde des Richters und der Geschworenen von Bistritz von 1539[48], enthaltend die Urkunde des Bistritzer Rats von 1534[49]/ Nos igitur supplicationi pro parte Christiani Pomarii nostri modo quo supra porrecta maiestati, praescriptas litteras dictorum iudicis et iuratorum civium praefatae civitatis nostrae Bistriciensis non abrasas, non cancellatas nec in aliqua sui parte suspectas sed prorsus omni suspicionis vicio carentes, praesentibusque litteris nostris privilegialibus de verbo ad verbum sine diminutione et augmento aliquali insertas, quo ad omnes earundem continentias clausulasque et articulos eatenus quate-

---

46 Vgl. A/1, A/2, S. 127ff
47 Staatsarchiv Klausenburg, Archiv der Stadt Bistritz: Urkunde Nr. 1301/1539
48 Vgl. A/2, S. 129f
49 Vgl. A/1, S. 127f

nus eaedem rite et legittime existunt emanatae viribusque earum veritas suffragatur acceptamus, approbamus et ratificamus easdemque ac omnia et singula in eisdem contenta pro praefato Christiano Pomario eiusemque haeredibus et posteritatibus universis innovantes perpetuo valituras confirmamus, harum nostrarum, quibus secretum sigillum nostrum est appensum, vigore et testimonio litterarum.

Datum per manus spectabilis ac magnifici Stephani de Werbewcz, summi et secretarii cancellarii nostri, fidelis nobis syncere dilecti, Budae, feria secunda inter octavas festi sacratissimi Corporis Christi, anno eiusdem millesimo quingentesimo tricesimo nono, regnorum vero nostrorum tredecimo.

4

Klausenburg, 1547 März 31. Richter und Rat von Klausenburg teilen dem Rat von Bistritz eine Zeugenaussage seines ehemaligen Stadtschreibers Christian Pomarius mit.

Orig. Pap. Siegel rund, war in rotes Wachs auf die Rückseite zum Verschluß aufgedrückt, Reste[50].

Prudentes et circumspecti domini, amicique nobis honorandi, salutem ac nostrae amicitiae commendationem.

Litteras vestrarum dominationum pro parte receptionis testium circumspecti Bartholomaei Herman, concivis dominationum vestrarum, nobis missas, intelliximus, et ideo secundum voluntatem dominationum vestrarum illos testes, quos praedictus concivis dominationum vestrarum in conspectum domini iudicis nostri produxerit, iuris ordine in talibus observari solito, dominus iudex examinavit, produxit itaque in testem suum, in conspectu domini iudicis nostri, circumspectum ac discretum Cristannum Pomarium, alias notarium dominationum vestrarum, nunc vero hic in medio nostri residentem, qui secundum conscientiae suae puritatem fassus est suamque fassionem in papiro conscripsit scriptumque[51] praesentavit[51] et viva voce etiam retullit[52] quae sequitur in hunc modum: In causa Bartholomaei Herman de Bistricia ego, Cristannus Pomarius, iure mediante requi-

---
50 Staatsarchiv Klausenburg, Archiv der Stadt Bistritz, Urkunde Nr. 1674/1547
51 Über der Zeile nachgetragen
52 So Vorlage

situs, pro domini exigentia mandati et ad constientiae meae puritatem fateor, quod Paulus quidam Herman, parens scilicet dicti exponentis, non cognatus, sed forte ab attavis longa linea affinis, tutor meus, post parentum meorum mortem extitit. Quippe qui me apud exteras tandem nationes existente et iam adulto, post se duobus filiis orphanis relictis una cum uxore suum clauserunt extermum/ .../b[53] Craccouia rediissem Bistricium reperri in domo dicti Pauli Herman quendam Benedictum Zopp condescendisse. Et cum suscipio mihi subesset ne orphanis iniuria fieret cum tempore, dictum Benedictum Zopp adii ipsumque interrogavi an ne relicta domo sua propria, se in domum orphanorum recepisset, forte vellet eam ab orphanis praetextu educationis cum tempore abalienare. Qui respondit: minime sed potius illam esset conservaturus, donec orphani succrescerent, tunc eo non curato, inhibui illum ab apparitione qualicumque et quibuscumque praetextu speciebus fiendis. Quoniam dixi nunc mihi ad studia mea eundum est et si rediero ego pro orphanis gratia patris ipsorum, qui mihi tutor fuit, loquor. Qui respondit: Nequaquam abalienabo domum ab illis quoquidem non foret iustum. Me itaque peregre rursus existens, dictus Benedictus Zopp mortuus est et filios suos in domo dicta tamquam in sua possessione relinquit. Qui ut facilius ipsam domum iniusto, ut videtur, praetextu possent sibi appropriare, pauperes orphanos abs se relegarunt, alterum videlicet Andream ad claustrum dominicarum, alterum vero, scilicet Bartolomaeum ad artem suttoriam[52] protendent, quam artem cum addicisset, quo latior diffusio fieret (· quantum datur intelligi ·) rursus ad aliam artem videlicet laniorum agentes; postmodum vero cum essem Bistriciensis notarius, illumque Andream ex claustro eripuissem, loqui ceptum est, ex parte fraudulenti tutoriatus. Tunc Bartholomaeus Zopp, filius scilicet iam saepe dicti Benedicti Zopp, convocare fecit me et quosdam bonos viros, Stephanum scilicet Kesler, Martinum Bonichyn, Gregorium Jungh et Joannem quendam Frank, proposuitque regestrum expensarum in dictos orphanos factarum, quod cum perlegissemus multaque iniuste asscripta atque nullomodo admittentes comperissemus, habito desuper consilio diximus orphanos desuper fore interrogandos, quid nam ipsis de huiusmodi ascriptis ecpensis videretur. Et quid scirent se suscepisse quidve non. Tunc

---

53 Lücke 2 cm

rursus lectum est regestrum et quaedam suscipiebant, quaedam etiam ea quae pro maiori parte abrogabant expensoremque in faciem redarguebant ita, ut non poterat suum regestrum comprobare; sicque surreximus et nihil inter eos determinavimus, postmodum dicuntur clandestine, sine scitu orphanorum domum tamquam venalem ipsimet proclamare sicque ipsimet quam eandem emissent, sed nulli constat nec mihi, qualiter ilaam domum proclamaverint et emerint, nec aliquod poculum benedictionis desuper conservatum atque bibitum est. Haec igitur ad petitionem dominationum vestrarum vestris dominationibus duximus rescribendi. Vestras dominationes bene valere optamus.

Ex civitate Coloswar, feria quinta proxima post dominicam Iudica, anno Domini 1547.

Iudex iuratique cives
civitatis Coloswar.

/Auf der Rückseite Adresse:/ Prudentibus et circumspectis iudici, iuratisque civibus civitatis Bistriciensis et cetera, dominis et amicis nobis honorandis.

NATION UND KONFESSION

LUTHERTUM UND NATIONALISMUS - DEUTSCH-PROTESTANTISMUS

Werner Conze

Weder Jesus Christus noch Martin Luther, weder Christentum noch Luthertum haben mit dem Phänomen, das wir Nationalismus nennen, grundsätzlich etwas zu tun, es sei denn im negativen Sinne durch die Feststellung, daß sie sich ausschließen und von Grund auf gegensätzlich zueinander begriffen werden müssen.

Im Alten Testament sind die heiligen Bücher eines Volkes gesammelt, das von hohem Selbstbewußtsein erfüllt, einem einzigen Gott, seinem Gott, dem wahren und mächtigen Gott über allen Gottheiten anderer Völker verbunden und verpflichtet war. Daraus ergab sich die Überzeugung von der Auserwähltheit dieses Volkes vor anderen Völkern. Nation und Religion waren untrennbar ineinander verwoben.

Jesus und die Apostel bauten zwar auf dem jüdischen Gottesglauben auf, aber dem jüdischen Volks- und Gottesbegriff wurde das "Volk Gottes" (laos theou) entgegengestellt und übergeordnet. Das "Volk Gottes" sollte alle Völker der Erde, die sich taufen lassen sollten, umfassen, wenn auch nicht geleugnet, sondern im Gegenteil hervorgehoben wurde, daß dieses Gottesvolk, die große Herde eines Hirten, aus vielen ethnischen Einheiten zusammengesetzt war, die sprachlich und politisch voneinander unterschieden und abgegrenzt waren.

Diesem in zwei Ebenen vorgestellten Volksbegriff inmitten einer christlichen Welt unter christlicher Wertung entspricht es, daß ein Christenmensch durch Natur und Gesetz zu einem bestimmten Volk gehört, diese Gegebenheit weltlicher Ordnung zu bejahen hat und ihr nicht ausweichen kann. Ein Ausweichen vor dem eigenen Volk könnte nur bedeuten, daß der Aus-Weg in die Gemeinschaft eines anderen Volkes hineinführen würde, nicht aber in die Unwirklichkeit eines a-national verstandenen Weltbürgertums. Auch die durch Natur und Gesetz gegebenen Pflichten gegenüber seinem Volk hat ein Christ zu erfüllen. Da aber das Band des Glaubens das ganze über den Einzelnationen stehende Volk Gottes umschlingt, kann das eigene Volk nicht als ein über anderen stehendes auserwähltes oder andere Völker schädigendes, gar unterdrückendes Volk begriffen werden. Die Nation kann kein oberster Wert sein. Die Nationszugehörigkeit und das Nationalbewußtsein können, wenn christlich gewertet wird, nicht zum Nationalismus gesteigert werden.

Solche Steigerung erfolgt immer nur dann, wenn die christlichen Grundlagen für die Bewertung des eigenen Volkes abgelehnt, verkannt oder mißachtet werden und wenn der Begriff des "Volkes Gottes" unbekannt, unwirksam oder unerwünscht ist. Dann ist das unmittelbare Band zwischen Gott und einzelner Person zerrissen und die vor- und außerchristliche Einheit von Religion und politischer Macht wieder hergestellt. Diese Einheit hat es außerhalb der christlichen Ökumene stets gegeben. Sie hat sich bekanntlich in der Geschichte auch bei christlichen Nationen immer wieder hergestellt und entgegen der durch Christus verkündeten und durch Luther neu betonten Trennung immer von neuem durchgesetzt - sei es durch Verquickung von politisch-national-staatlicher Macht mit einer christlichen Kirche, sei es durch christliche Begründung weltlicher Ziele, die revolutionär gegen gesatzte Macht und Ordnung gerichtet sind.

In dieser Perspektive ist das Verhältnis von Kirche und Nation oder christlichem Glauben und Nationalgefühl zu sehen. Beides wird miteinander verquickt, wenn die Nation überhöht und ihre Überhöhung christlich gestützt wird. Auf unser Thema zugespitzt, heißt dies: wenn Luther, "der Deutsche", an den Beginn deutscher National- und Freiheitsbewegung gestellt wird, wenn Deutschtum und Luthertum in eins gesetzt und dem undeutsch-römischen, ultramontanen Katholizismus entgegengesetzt werden und wenn im Lied "Ein feste Burg ist unser Gott" das Reich Gottes und das deutsche Kaiserreich im Gefühl derjenigen, die es im Ersten Weltkrieg sangen, zusammenflossen. Überall, wo solches geschah - im Jahrhundert vom Wartburgfest des Jahres 1817 an durch alle Epochen nationaler Erregung bis 1914, 1917 und zuletzt 1933 - , verschwamm die Grenze zwischen dem Volk weltlicher Ordnung und dem übernationalen Gottesvolk der Christen; da verbanden sich im Zeitalter der Revolution, zu der der Nationalismus gehört, gefühlsbestimmtes Christentum und gefühlsgeladene Zeitströmungen, Bewegungen oder Ideologien innerweltlicher Zielsetzung. "Christlich" durchtränkt wurden der Konservativismus , der Liberalismus, der Demokratismus und Radikalismus, der Sozialismus und der in all diesen enthaltene Nationalismus. Christlicher Glaube schien sich gegenüber der Welt oder in der Welt so nur noch dann bewähren und glaubhaft machen zu können, wenn er zum Bindestrich-Christentum wurde: christlich-sozial, christlich-sozialistisch, christlich-demokratisch, christlich-national, christlich-germanisch.

Das Wort und damit der Begriff "Nationalismus" ist bezeichnenderweise erst im Zeitalter der modernen Revolution entstanden. Dabei konnte das Wort sowohl zustimmend, bekennerhaft, als auch abwertend, ablehnend gebraucht werden. Die bei den Deutschen nach der Hitler-Zeit üblich gewordene negative Besetzung des Begriffs ist keineswegs allgemein gültig. In der historisch-politischen Wissenschaft wird das Wort heute meist wertfrei gebraucht. "Nationalismus" ist ein politischer Bewegungsbegriff, durch den ausgedrückt wird, daß der Volks- oder Nationsbegriff historisiert, d.h. in die geschichtliche Bewegung überführt und damit zielgerichtet verstanden wird. In nationalistischen Zielvorstellungen sind Außen- und Innenpolitik meist untrennbar verbunden; nationale Mythen werden eingemischt, und nationales Sendungsbewußtsein wird verkündet. Nationalismus bezeichnet den Willen einer in ihren Massen bewegten Nation zur Durchsetzung nationaler Wünsche, Ziele und Leitbilder, zur Veränderung politischer Zustände unter dem Maßstab propagierter Nationalinteressen. Nationalismus ist also zu unterscheiden vom Gemeinschafts- und Selbstbewußtsein alteuropäischer Nationen, die sich als solche selbst bezeichnen - z.B. als französische, deutsche, polnische - , aber dies vorwiegend nur in ihrer adeligen und bürgerlichen Oberschicht verkörperten. Daß in Ausnahmesituationen allerdings auch schon vor der modernen Revolution größere Massen des bürgerlich-bäuerlichen Volkes national erfaßt werden konnten, zeigen die Hussiten-Bewegung und der deutsche Bauernkrieg, für die es bezeichnend gewesen ist, daß geistlich-evangelische Vorstellungen mit sozialen und politischen Forderungen eng verflochten gewesen sind. Bekanntlich hat Luther damals, 1525, die Vermengung von geistlichem und weltlichem Regiment abgelehnt, insonderheit die christliche Begründung von Aufruhr und Gewalt.

Fragen wir nach dem Verhältnis Luthers und des Luthertums zur Nation und zum Nationalbewußtsein der Deutschen, so muß zunächst daran erinnert werden, daß Luther nicht von nationalen Antrieben ausging, daß er sich aber an die "lieben Deutschen" wandte und "Deutschland" im Sinn hatte, als er aus persönlicher, innerer Not nicht mehr anders konnte, als an die Öffentlichkeit zu treten. Die letzte seiner drei berühmten Schriften aus dem Jahre 1520 war gewidmet: "der allerdurchleuchtigisten, großmächtigisten Kaiserlichen Majestät und Christlichem Adel deutscher Nation". Das also war das große Forum, vor dem Luther sich aussprach und in dem er den Durchbruch für die Lehre des reinen Evangeliums erzielen wollte. Als dies nur begrenzt gelungen war, blieb nichts anderes, als die evangelische Lehre Augsburgischer Konfession dem Schutz der dazu bereiten Landesfürsten anheimzugeben und statt einer großen reformierten Kirche in ganz Deutschland eine Vielzahl evangelischer Landeskirchen unter dem jeweiligen Summepiskopat ihrer Fürsten entstehen zu lassen. In der Nachfolge Luthers standen also weder eine reformierte Universalkirche noch eine reformierte deutsche Nationalkirche, sondern viele Landeskirchen meist fürstlich regierter Staaten. Die Bindung der Kirche an die Obrigkeit von Landesnationen und deren Prägung durch das lutherische Bekenntnis waren das Ergebnis der Reformation. Die einheitliche Ebene des Reichs und der deutschen Nation ist also nicht erreicht worden. Dieses Reich behielt vielmehr seinen römischen Namen und wurde von 1555 an bi-konfessionell verfaßt. Das Corpus Evangelicorum, d. h. der evangelischen Reichsstände auf dem Reichstag, war seit diesem Jahr mit dem Corpus Catholicorum auf Koexistenz angewiesen. Der Kaiser blieb katholisch, und die kirchenpolitische Lage im Reich entsprach für die Protestanten bestenfalls einem konfessionellen Gleichgewicht.

Die evangelischen Landeskirchen waren demgemäß rechtlich und räumlich durch Landesverfassungen und Landesgrenzen bestimmt, wenn sie auch durch das Band der Augsburgischen Konfession von 1530 vereinigt waren. Die Landeskirchen sind überall eine wesentliche Grundlage und Unterstützung für den jeweiligen Landespatriotismus gewesen, der meist im fürstlichen Landesvater personifiziert war. Der Monarch und sein Land waren gemeint, wenn für die Obrigkeit gebetet wurde, und die Fürsten als oberste Bischöfe ordneten Buß- und Bettage für ihre Untertanen an. Diese landeskirchliche Prägung des Luthertums ist bis ins 20. Jahrhundert hinein maßgebend gewesen, und auch nach der Reichsgründung von 1871 ist die Formel der Verbindung von "Thron und Altar" primär nicht auf den deutschen Kaiser, sondern auf den König von Preußen sowie die anderen Fürsten des Reiches bezogen gewesen.

Deutlicher noch als in den deutschen Fürstenstaaten tritt uns die Wechselwirkung von evangelischem Bekenntnis und Landespatriotismus in privilegierten deutschen Ländern oder Gemeinwesen außerhalb des Reiches entgegen, so z.B. in den Ländern Kur-, Liv- und Estland sowie noch ausgeprägter in der evangelischen Kirche Augsburgischen Bekenntnisses in Siebenbürgen. Seit der Mitte des 16. Jahrhunderts sind sächsische Nation und lutherische Kirche dort miteinander verschmolzen gewesen. Alle sächsischen Gemeinden gehörten zur evangelischen Kirche, die solcherart eine sächsisch-lutherische Kirche gewesen ist. Denn, von Ausnahmen abgesehen, gehörten die Ungarn und Szekler nicht zu dieser Kirche, sondern zu den drei anderen, seit 1564 "rezipierten" Konfessionen des Landes. Die Siebenbürger Sachsen, nicht des Königsbodens allein, sind seit der Reformation erst in vollem Sinne zur Landesnation zusammengewachsen, weil die Kirche sie alle umfaßte und den Sinn auch ihrer politischen Existenz begründete. Denn sie band die Sachsen im Innern durch evangelische Verkündigung und kirchliche Organisation zusammen und schirmte sie nach außen sowohl national als auch konfessionell ab. Das sächsische Nationsbewußtsein war evangelisch-lutherisch gestützt, und die Kirche hat bis ins 19. und 20. Jahrhundert eine maßgebende nationalpolitische Bedeutung gehabt, auch wenn ihre Pfarrer in Predigt und Unterricht nicht nationalpolitisch argumentierten.

In den baltischen Provinzen Kur-, Liv- und Estland hat die lutherische Kirche eigentlich erst im 19. Jahrhundert ein ähnlich landesnationales Gewicht erhalten, als im Kampf um die Erhaltung der von Peter dem Großen garantierten Landesautonomie auch die lutherische Kirche bedroht war. Vorher hatte es eine isolierte deutschlutherische Identität deswegen nicht gegeben, weil die Esten und Letten im 16. Jahrhundert die Reformation angenommen hatten. So war die deutsche Oberschicht der Kur-, Liv- und Estländer mit den nichtdeutschen Bauern konfessionell verbunden. Sowohl für die baltischen Länder als auch für Siebenbürgen und andere deutsche Volksinseln in Ostmitteleuropa wie z.B. die Zips hat also gegolten, daß der Landespatriotismus, d.h. das betonte Bewußtsein nationaler Eigenart inmitten fremdvölkischer und auch fremdkonfessioneller Umgebung kirchlich-lutherisch durchdrungen oder gar begründet gewesen ist. Das lag weit vor einem allgemeindeutschen Nationalismus. Wohl wußten Livländer und Siebenbürger Sachsen, daß sie Deutsche waren; die gesamtdeutsche Beziehung ist seit der Reformation stets lebendig gewesen, sowohl durch Zuwanderungen aus dem Reich als auch durch das Studium an deutschen Universitäten; in diesem Zusammenhang kann auch erwähnt werden, daß im Jahre 1550 in Siebenbürgen die von Honterus verfaßte "Kirchenordnung aller Deutschen in Siebenbürgen" eingeführt worden ist; aber der Begriff "Nation" wurde landes- und ständisch-national, nicht gesamtdeutsch verstanden.

Im 19. Jahrhundert änderte sich die Lage der lutherischen Gemeinden in den deutschen Landeskirchen innerhalb und außerhalb des Deutschen Bundes grundlegend, als die allgemeindeutsche Nationalbewegung alle Länder und alle sozialen Schichten erfaßte und notwendigerweise auch die Kirchen nicht unberührt lassen konnte. Die Theologen, die Pfarrer und das Kirchenvolk in den Gemeinden, vor allem unter den "Gebildeten", wurden deutsch-national ergriffen und nahmen aktiv oder wenigestens passiv teil an der großen Zeitströmung, in welcher der "Germanismus" über den "Partikularismus"[1] gestellt wurde. Dieser deutsche Nationalismus begann nach dem kläglichen Ende des Heiligen Römischen Reiches deutscher Nation, steigerte sich von 1813 an und erfaßte im Jahre 1848, als die Dämme des "Partikularismus" und der Freiheitsdrosselung brachen, das ganze deutsche Volk im Deutschen Bund und, wie das Beispiel Siebenbürgens zeigt, auch darüber hinaus. Publizisten und Literaten waren, wie immer in solchen Bewegungen, die Wortführer. Schon 1813 war die nationale Beteiligung über das Bildungsbürgertum hinausgegangen. Viele Handwerkergesellen sind unter den Kriegsfreiwilligen gewesen. Aber im

---

1 Vgl. Irmeline Veit-Brause: Art. Partikularismus, in: Geschichtliche Grundbegriffe, Historisches Lexikon der politisch-sozialen Sprache in Deutschland, Bd. IV, Stuttgart 1958, S. 735 ff

Kern blieb die deutsche Nationalbewegung bis 1848 bürgerlich, und zwar weit stärker bildungs- als wirtschaftsbürgerlich. Die Gebildeten aber, die der Nationalversammlung in Frankfurt am Main 1848 das Gepräge gegeben haben, waren weit vorwiegend evangelische Christen oder Männer protestantischer Herkunft.

Gewiß ist das katholische Deutschland nicht unbeteiligt gewesen, und es meldete sich 1848 auf dem ersten deutschen Katholikentag zu Wort, aber bezeichnenderweise stärker christlich-sozial und christlich-demokratisch als nationalpolitisch. Und 1862 war der Deutsche Reformverein, der großdeutsch und damit überwiegend katholisch gerichtet war, erst eine Antwort auf den schon 1859 gegründeten, kleindeutsch und damit stark protestantisch-liberal geprägten Deutschen Nationalverein. Die Katholiken betonten zwar im Einklang mit der deutschen Geschichte - und das hieß selbstverständlich einschließlich Österreichs - ihre Zugehörigkeit zur deutschen Nation; doch fehlte ihnen die Emphase, mit der seit der Gründung der überwiegend protestantischen Deutschen Burschenschaft der Nationalismus auf protestantischer Seite verkündet wurde. Für die Katholiken war die Deutsche Nation eher ein bejahter und selbstverständlicher Besitz als ein Ziel, das im Nationalstaat erfüllt werden sollte, wie bei den liberalen Protestanten. Bis zur Reichsgründung ist die deutsche Nationalbewegung in erster Linie potestantisch-liberal, z.T. auch demokratisch geprägt gewesen. Eine solche Verbindung, die als "Modernismus" abgewertet wurde, war unvereinbar mit der katholischen Kirchenlehre. Der modernistische Nationalismus protestantisch-liberaler Prägung mündete seit 1848 in die kleindeutsche Richtung ein, die zuerst als Notlösung, dann zunehmend als Idealziel angesehen wurde.

Es ist kennzeichnend für Deutschland, daß der Nationalismus mit dem Ziel des Nationalstaats, der kleindeutsch reduziert wurde, sich auf evangelischem Boden entwickelt hat. Die landeskirchlichen Grenzen wurden ebenso überwunden wie die strengen Konfessionsbindungen. Der neu aufkommende Bewegungsbegriff "Protestantismus" drückte diese Tendenz der Entfesselung aus. Das Luthertum der evangelischen Landeskirchen wandelte sich - ungeachtet beträchtlicher Gegenkräfte, z.B. im sog. Konfessionalismus - zum Protestantismus deutsch-liberaler Einheitsgesinnung.

In Frankreich ist der durch die Revolution entfachte Nationalismus gegen die katholische Kirche oder mit einer kompromißbereiten, angepaßten Kirche in einem bereits vorhandenen Nationalstaat liberal oder demokratisch auf den Weg gebracht worden. Die Gegenposition gegen den universalen, wieder erstarkenden Katholizismus ist betont "laizistisch" gewesen. Anders in Deutschland. Dort bot sich der Protestantismus als Stütze für den modernen Nationalismus an. Im Gegensatz zum beharrenden Katholizismus erschien er als fortschrittlich und liberal. Luthers Reformation wurde als Vorstufe zur modernen konstitutionellen und geistigen Freiheit umgedeutet. In dieser Umdeutung oder, anders gesehen, im Übergang vom landeskirchlich begrenzten, dogmatisch strengen oder schließlich auch aufgeklärt rationalistisch gefärbten Luthertum zum idealistischen Protestantismus liegt der Kern unseres Problems, des Verhältnisses von geistlicher Luthernachfolge und weltlicher Nationalbewegung, beschlossen. Wie konnte es kommen, so muß gefragt werden, daß christlicher Glaube, der lutherisch allein auf das Evangelium gegründet sein sollte, sich mit einer auf politische Weltveränderung gerichteten Bewegung wie dem Nationalismus und Liberalismus verbunden hat oder gar in diese moderne Strömung einging? Es ist nicht leicht, eindeutig auf diese Grundfrage zu anworten. Statt einer vereinfachenden Antwort seien einige Hinweise gegeben, die zur Klärung beitragen können.

1. Luthers gesamtdeutsches Forum, von dem oben die Rede war, ist auch nach dem Reichstag von Worms im Jahre 1521 nicht vergessen worden. Noch der Schmalkaldische Bund der 30er Jahre und die späteren Bünde protestantischer Fürsten sind auf das Reich und damit auf ganz Deutschland gerichtet gewesen. Der Religionsfrieden, wie er zuerst 1555 geschlossen worden war, ist ein Kompromiß gewesen. Auf beiden Seiten, der evangelischen wie der katholischen, herrschte die Überzeugung, daß es eigentlich konfessionell eine deutsche Einheit geben müsse.

2. Das evangelische Selbstbewußtsein und die Überzeugung, daß evangelische Freiheit zugleich auch reichsrechtlich deutsche Freiheit bedeute, war stets, latent oder ausgesprochen, vorhanden. Die Parole der im Schmalkaldischen Bund vereinigten Fürsten, daß "deutsche Libertät" über "spanischer Servitut" stehen müsse, ist abgewandelt mit scharfer Spitze gegen Rom lange lebendig geblieben.

3. Die zahlreichen Universitäten der evangelischen Landesfürsten ermöglichten im 16. und 17. Jahrhundert die Verbindung von wissenschaftlichem Humanismus und evangelischer Theologie. Es war nicht zufällig, daß die beiden spezifisch "modernen" Universitäten, Halle und Göttingen, im protestantischen Teil Deutschlands gegründet wurden und sich im 18. Jahrhundert entwickelt haben.

4. Im Pietismus[2] wurde der "inwendige Mensch" Luthers, der "ohn all sein Verdienst und Würdigkeit" seine Erlösung erwartungsvoll allein der göttlichen Gnade anheimstellte, im Gefühlsüberschwang überhöht und nach Individualisierung auch der Glaubensinhalte geöffnet für einen christlich oder humanistisch-ethisch durchtränkten Patriotismus im gedachten Rahmen eines allgemeinen Weltbürgertums. Wer will, kann diese zwei Ebenen mit dem christlichen Verständnis von Nation und Gottesvolk in Verbindung bringen und von Säkularisierung altchristlicher Vorstellungen sprechen. Jedenfalls entstand auf protestantischem Boden ein emphatisch ausgedrückter Weltkult der geistig verstandenen Nation, des Nationalgeistes, der Nationalliteratur, der Nationalerziehung, des Nationaltheaters und auch des Nationalstolzes. Das letzte Viertel des 18. Jahrhunderts ist erfüllt von diesen neuen Begriffen, die von einer kleinen Zahl künstlerischer und intellektueller Sprecher dem "gebildeten" Lesepublikum vermittelt wurden. Es genügt, Klopstock, Lessing, Herder, Schiller, Goethe und Wilhelm von Humboldt zu nennen. Sie personifizierten eine spezifisch deutsch-protestantische "Bewegung", die philosophisch in Kant und Hegel, theologisch in Schleiermacher gipfelte.

5. Das von Schiller so genannte "geistige Reich" der Deutschen wurde politisiert, als die Französische Revolution ihre weltbewegenden Prinzipien in bewaffnete Expansion umsetzte, als Napoleon Deutschland und Europa zu beherrschen versuchte, als das alte Reich zugrundeging und als die Freiheit der europäischen Völker gegen die knechtende "Freiheit" der französischen Herrschaft gesetzt wurde. Damit entstand der moderne deutsche Nationalismus. Er wurde durch die politischen Ereignisse zwischen 1789 und 1813

---

2 Vgl. Georg Kaiser, Pietismus und Patriotismus im literarischen Deutschland, Wiesbaden 1961

ausgelöst. Er kann aber ohne die zuvor entstandene geistige Nationalbewegung nicht verstanden werden.

Der Freiheitskrieg von 1813 ist als Schnittpunkt zwischen den Bewegungen des inneren, geistigen Reiches und des zukünftigen, politischen Reiches der Deutschen anzusehen. Die nationale Erhebung wurde als Befreiung erlebt. Sie wurde religiös erlebt. Reinhard Wittram hat den Kern der Sache getroffen, als er feststellte:"unter dem Zauber dieser Begeisterung schlugen bei zahlreichen evangelischen Predigern alle christlichen Begriffe um: 'Erlösung', 'Wiedergeburt', 'Auferstehung', 'Versöhnung' , Offenbarung', 'Martyrium' wurden ins Politische umgedeutet. Der Enthusiasmus, einmal angeregt, entwickelte einen Sog, der viel Christliches in den Schmelztiegel der Säkularisierung riß und viele Bedenken niederlegte."[3] Dazu paßte, daß das Kirchengebet, das 1813 vorgeschrieben wurde[4], als den Zweck des Krieges den Kampf "für Freiheit und Unabhängigkeit, für Gott, Vaterland und König" angab, wobei all dies unter der Formel "für Religion und Vaterland" zusammengefaßt wurde. Die Verquikkung von evangelischer Freiheit mit politischer Freiheit, von monarchischem Staat und, darüber hinausgehend, deutschem Einheitswillen mit christlich begründetem religiösem Gefühl wurde vielfältig auch in die Predigten der Zeit übernommen. Daß die Predigt im Mittelpunkt des lutherischen oder allgemein protestantischen Gottesdienstes stand, wirkte sich notwendigerweise im Sinne dieser zeitgemäßen Verbindung aus.

Noch eindeutiger als in den Freiheitskriegen trat die Verschmelzung von Luthertum und Deutschtum, von Protestantismus und Nationalismus, auf dem Wartburgfest am 18. Oktober 1817 zutage. Die 300-Jahrfeier der Reformation wurde mit der Erinnerung an die Völkerschlacht von Leipzig verbunden. Aufschlußreich ist es, an welche Universtäten die Burschenschaft von Jena ihre Einladungen zur Wartburg-Kundgebung geschickt hat. Es waren: Berlin, Breslau, Erlangen, Gießen, Göttingen, Greifswald, Heidelberg, Kiel, Königsberg, Leipzig, Marburg, Rostock und Tübingen. Das waren alles protestantische Univer-

---

[3] Reinhard Wittram, Das Nationale als europäisches Problem, Göttingen 1954, S. 117
[4] Ebd., S. 117

sitäten. Alt-Bayern und Österreich fehlten. Der Gießener Burschenschafter Sartorius gab den Sinn des Festes mit den bezeichnenden Worten wieder:

> "Die Ihr heraufziehet, begeisterte Jünglingsherzen, schaut treu nach den Leitsternen Luther und Hutten, die felsenfest waren im Kampfe für Recht und Wahrheit und Glauben und für des deutschen Vaterlandes Einheit und Freiheit. Aus diesen feurig begeisterten Versammlungen der Jünglinge sollen die Bürger erwachsen, auf die unser armes Vaterland mit Vertrauen schaut."[5]

Das ganze Deutschland sollte es sein; aber das ganze Deutschland sollte angeführt werden durch die Freiheitskämpfer in der Nachfolge Luthers, des deutschen Nationalhelden.

Es muß hier darauf verzichtet werden, die Äußerungen des Deutsch-Protestantismus durch das 19. Jahrhundert hindurch, besonders in den nationalen Erregungszeiten von 1848, den 60er Jahren und des Kriegs- und Reichsgründungsjahres von 1870/71 näher aufzusuchen. Der Gipfel wurde im Kulturkampf erreicht. Im Lutherjahr 1883 brach die Erregung ebenso durch wie in den Texten und Reden zur Gründung des "Evangelischen Bundes zur Wahrung der deutsch-protestantischen Interessen" im Jahre 1887. Hier wurde deutlich, daß der hohe Kaufpreis für die kleindeutsche Reichsgründung, nämlich die Ausscheidung der österreichischen Deutschen, nicht mehr wie noch 1848 als ein schmerzliches, wenn auch unabänderliches Übel, sondern weithin geradezu als Erleichterung aufgefaßt wurde. Denn die abgestoßenen Deutschen Österreichs waren Katholiken; und das neue Reich mit dem protestantischen Kaiser war konfessionell ein mehrheitlich protestantischer Nationalstaat. Willibald Beyschlag sprach es 1886 bei der vorbereitenden Gründungsversammlung des Evangelischen Bundes in Erfurt unverblümt aus:

> "So war es uns wie eine lichte Gottesoffenbarung, als in den großen weltgeschichtlichen Ereignissen vor 15 Jahren der verborgene evangelische Charakter unseres Vaterlandes auf einmal herrlich hervortrat. Statt des bisherigen Halb und Halb in den konfessionellen Bevölkerungszahlen war auf einmal ein Deutsches Reich zu zwei Dritteln aus Protestanten gebildet; statt des alten katholischen Bundespräsidiums nun an der Spitze ein mächtiges evangelisches Kaisertum."[6]

---

5 Paul Wentzke, Geschichte der deutschen Burschenschaft, Bd.1, Heidelberg 1919, S. 211

6 Zur Entstehungsgeschichte des Evangelischen Bundes, Persönliches und Urkundliches von Professor D. Willibald Beyschlag,

So verhalf der Deutsch-Protestantismus den ihm zugetanen Deutschen dazu, ihre Zweiteilung leicht hinzunehmen, und auch die katholischen Deutschen des Reiches fanden sich nach dem Abklingen des Kulturkampfes zunehmend mit ihrer neuen Lage ab und wandten sich bejahend dem Hohenzollernreich zu.

Auf protestantischer Seite aber wurde immer wieder verkündet, daß es nicht nur eine deutsch-evangelische Nationalkirche geben sollte, sondern daß diese in einer glücklicheren Zukunft _alle_ Deutschen in sich vereinigen werde. "Alle, welche ein Herz für unsere Kirche haben", so hieß es im Gründungsaufruf des Evangelischen Bundes 1887, "alle, welche von der Überzeugung durchdrungen sind, daß allein die Treue gegen das göttliche Wort und der endliche Sieg der evangelischen Wahrheit unser Volk zur Erfüllung seines weltgeschichtlichen Berufes auch fernerhin befähigen kann, müssen sich zusammenschließen zu gemeinsamer Arbeit und gemeinsamem Kampf"; dieser Kampf aber werde dauern, "bis die Wahrheit des Evangeliums in ganz Deutschland zum Siege hindurchgedrungen ist"[7].

Wir haben soeben eine Linie durchgezogen, die vom Wartburgfest bis zur Gründung des Evangelischen Bundes reichte und über 1914 und 1917 bis zu den deutschen Christen des Jahres 1933 weitergezogen werden könnte. Doch wäre es eine grobe Verzerrung der Wirklichkeit, wenn wir die Ideologie des Deutsch-Protestantismus für das Ganze nehmen wollten. Sie darf nicht einmal als die vorwiegende Strömung angesehen werden und hat die kirchliche Praxis der Gemeinden weithin nicht maßgebend durchdrungen. Kundgebungen und Reden herausgehobener Jubiläums- und Nationalfeiertage darf man zwar als Gradmesser einer jederzeit abrufbaren Gestimmtheit, nicht aber als den Stil des evangelischen Alltagslebens ansehen. Die evangelischen Christen Deutschlands blieben landeskirchlich getrennt und landeskirchlich geprägt. Eigenarten und Unterschiede der Agenden in den einzelnen Ländern wurden wichtig genommen, und das Beharren auf der landeskirchlichen Eigentümlichkeit war meist stärker

---

Berlin 1926, S. 45f

7 Karl Kupisch, Quellen zur Geschichte des deutschen Protestantismus 1871-1945 (Siebenstern-Dokumentarband, Bd.41/42), Hamburg 1965, S. 53

als der Trieb nach deutsch-nationaler Kircheneinheit. Auch muß man sich hüten, die praktizierenden evangelischen Christen in den Gemeinden mit manchen Wortführern eines deutsch-liberalen Protestantismus, die den Gottesdienst wenig besuchten, in eins zu setzen. Der protestantische Germanismus überwölbte wohl, aber er drang nicht ins Alltagsleben durch. Und die Kirchenleitungen waren auch und gerade in Zeiten nationaler Hochstimmung darauf bedacht, den Fanfarenstößen christlich-nationaler Begeisterung den evangelischen Bußruf entgegenzusetzen. 1870 wurde nach Kriegsbeginn in Preußen und danach auch in mehreren anderen deutschen Monarchien ein Buß- und Bettag angeordnet. Typisch für diese nicht nur verordnete, sondern in den Gemeinden auch beantwortete Stimmung ist z.B. Uhlhorns Mahnung aus dem Jahre 1870: "Ob wir auch vor Menschen recht haben, vor Gott haben wir unrecht, ob wir auch für eine gute, heilsame Sache kämpfen, vor Gott bleibt nichts übrig, als uns in Demut zu beugen. Ach Herr, unsere Missetaten haben es reichlich verdient."[8] Zitate dieser Art ließen sich häufen. Immer wieder, nicht nur 1870, kam zum Ausdruck, daß es sich nicht aus dem Evangelium ableiten läßt, Nationalismus und christlichen Glauben zu verschmelzen, ebensowenig wie die biblische Begründung anderer Ideologien vom Liberalismus bis zum Sozialismus und Pazifismus prinzipiell angängig gewesen ist.

Werfen wir in diesem Zusammenhang einen Blick auf Livland und Siebenbürgen, so läßt sich allgemein sagen, daß deren Kirchen stärker als im Deutschen Bund oder im Deutschen Reich in der altbewährten Verbindung von landesnationaler Zuwendung und biblischer Verkündigung festhielten und daß die übergreifende, auch die Grenzen der Staaten übergreifende deutsch-nationale Bewegung bis über die Mitte des 19. Jahrhunderts hinaus nur schwach gewesen ist und erst danach unter Hemmungen eingedrungen ist. Das war doppelt begründet.

Einmal hat die Bismarcksche Reichsgründung eine große, wenn auch zwiespältige Wirkung ausgeübt. Auf der einen Seite führte sie zu der Sonderung von Reichs- und Auslandsdeutschen, die es bis 1871 nicht gegeben hatte. Die Identifizierung von "deutsch" mit "reichs-

---

8 Paul Piechowski, Die Kriegspredigt von 1870/71, Theol. Diss., Königsberg 1916

deutsch" begann sich von 1871 an durchzusetzen und führte zu problematischen Benennungen wie "auslandsdeutsch" oder "Deutsch-Russen" und dergleichen mehr. Doch wurde trotzdem die Reichsgründung außerhalb der kleindeutschen Grenzen als eine große Tat und ein großes geschichtliches Ereignis bewundert, das auch die Deutschen fremder Staatsangehörigkeit mit Stolz erfüllte. Das deutsche Nationalgefühl wurde dadurch erhöht, die geistigen, nationalen und persönlichen Beziehungen zwischen Reichs- und sogenannten Auslandsdeutschen nahmen zu. Das Bewußtsein, von einem einigenden Band des deutschen Volkstums umschlossen zu sein, steigerte sich. In diesem Zusammenhang sei daran erinnert, wie groß die Bedeutung des Gustav-Adolf-Vereins hierbei gewesen ist. Es kann für Siebenbürgen gezeigt werden, daß bis in die fünfziger Jahre hinein die durch den Verein gestifteten Beziehungen zwischen dem sogenannten Mutterland und den ostmitteleuropäischen Volksinseln nur schwach und zurückhaltend aufgenommen worden sind, während sie danach mit zunehmender Intensität geistig und materiell entwickelt wurden.

Der zweite Grund, weswegen in den ostmitteleuropäischen Volksgruppen der Protestantismus eine betont deutsch-nationale Färbung annahm, ist der Druck gewesen, der von den sechziger Jahren des 19. Jahrhunderts an durch die Russifizierung einerseits, die Madjarisierung andererseits auf die evangelischen Deutschen ausgeübt worden ist. Der Nationalismus der anderen Seite wurde beantwortet.

Wir wollen diesen Trend konkret am Beispiel Siebenbürgens betrachten. Vergleichen wir die weltlichen und kirchlichen Kundgebungen zu Luthers 400-jährigem Geburtstag in Siebenbürgen und im Deutschen Reich, so fällt auf, daß in Siebenbürgen die politische Leidenschaft und die schrillen Töne antirömischer Angriffe gefehlt haben. Bischof Teutsch hielt in der Hermannstädter Pfarrkirche die Festpredigt[9], in der die an Mose gegebene Verheißung Gottes (1.Mose 12,

---

9 Die Lutherfesttage der evang. Landeskirche A.B. in Siebenbürgen in Hermannstadt am 10. und 11. November 1883, Hermannstadt 1883, S. 39 ff; vgl. dazu: Hellmut Klima, Das Lutherjahr 1883 und die Lutherfeiern in der Evangelischen Kirche A.B. in Siebenbürgen, in: Gefördert und gesegnet, Die Kirche der Siebenbürger Sachsen und ihr lutherisches Erbe, Festschrift zum 500. Geburtstag D. Martin Luthers, hg. von Hermann Pitters und Gerhard Schullerus, H.4 der Beihefte der "Kirchlichen Blätter", Monatsschrift der Evangelischen Kirche A.B. in der Sozialistischen Republik Rumänien, Sibiu-Hermannstadt 1983, S. 101 ff

1-3) zugrunde gelegt wurde. Teutsch las den Text vor, in dem es heißt: "Und ich will Dich zum großen Volk machen und will Dich segnen und Dir einen großen Namen machen und sollst ein Segen sein. Ich will segnen, die Dich segnen, und in Dir sollen gesegnet werden alle Geschlechter auf Erden." Wenig später wiederholte der Bischof noch einmal das Wort des Herrn in einer gekürzten Fassung, in der der nationale Bezug zum großen Volk nicht nur nicht aufgegriffen, sondern fortgelassen wurde. Teutsch veränderte den Sinn durch Fortlassen: "Ich will Dich segnen und Du sollst ein Segen sein, und in Dir sollen gesegnet werden alle Geschlechter auf Erden." In der ganzen Predigt findet sich keine Stelle deutsch-protestantischen Geistes; stattdessen die Betonung der christlichen Freiheit und der Freiheit der Wissenschaft als Erbe der Reformation, an die mit einem besonderen Blick auf das Sachsenland erinnert wurde. Daß am Tage vorher der Direktor des Gymnasiums in Hermannstadt sich in der Schulfeier nicht auf das Theologische beschränkte, ist einleuchtend. Indem er Luthers Bedeutung für die Entwicklung der Schulen und für die deutsche Schriftsprache hervorhob, brach ein gedämpfter deutscher Nationalstolz bei ihm durch. Er bezog sich aber nur auf "die deutsche Schule, die deutsche Bildung, die deutsche Arbeit und die deutsche Sprache" und enthielt sich jeder politischen Andeutung und jeder Volkstumsemphase. Das sächsische Volk oder der sächsische Stamm wurde als Glied einer großen deutschen Kulturnation gesehen, wenn auch nicht mit diesem Namen bezeichnet. Das Wort "Nation" wurde nicht gebraucht. Das Problem einer doppelten Loyalität zwischen dem deutschen Volk und dem ungarischen Vaterland wurde nicht ausgesprochen.

15 Jahre später drängte sich eben dieses Problem in aller Heftigkeit auf. Zeugnis dessen sind die Reden, die in Kronstadt 1898 bei der Einweihung des Honterus-Denkmals gehalten worden sind. Sie zeigen, welchen Wandel des Stils und des Denkens der in den achtziger Jahren hochgesteigerte Behauptungskampf der Siebenbürger Sachsen bewirkt hatte. Zur Einleitung des Festes hielt der Dechant Franz Herfurth eine Rede[10], in der über die alte sächsisch-lutherische

---

10 Honterus und die Honterus-Festwoche im August 1898 in Kronstadt, Kronstadt 1898, S.49 ff ; Die Honterus-Jubelfeier und die sächsischen Vereinstage in Kronstadt, 19.-23.August 1898, Ein Festbericht, hg. von Prof. Lutz Korodi, Kronstadt 1898, S. 4 ff

Einheit hinaus das Deutschtum gepriesen und zugleich Ungarn als "Vaterland" kritisch bestätigt wurde. Das Fest habe einen dreifachen Sinn: Es sei ein "evangelisches", ein "deutsches" und ein "patriotisches", d.h. ein ungarländisches Fest. Wie schwer aber dieser Dreiklang zur Harmonie gebracht werden konnte, zeigte der Redner, indem er statt eines verschleiernden Pathos die Brüchigkeit dieser Grundlagen moderner Existenz der Siebenbürger Sachsen hervorhob. Das evangelische Bekenntnis weise, so führte er aus, über die Enge des Sachsenlandes hinaus sowohl zu den Glaubensgenossen fremder Zunge, besonders den ungarischen Lutheranern, als auch zu denen in Österreich und dem Deutschen Reich. Er begrüßte die Vertreter des Gustav-Adolf-Vereins und des Evangelischen Bundes und leitete damit über zum "deutschen" Charakter des Festes. "Deutsch ist unser Glaube, deutsch ist unsere Arbeit; deutsch ist unsere Würde, deutsch ist unsere Freude; darum deutsch zu sein und zu bleiben - unser Beruf." "Welch ein Segen, eines großen und edlen Volkes Zweig zu sein." Dies stand für ihn nicht im Gegensatz zur geschichtlich begründeten Bindung an das auch einst von Honterus bejahte Vaterland Ungarn. Doch gerade dies Vaterland gefährde die sächsische Verwaltung, Kirche und Schule. Der Zwiespalt wurde deutlich ausgesprochen: zwischen der Liebe zu einem fernen deutschen Nationalstaat und der unbestrittenen Zugehörigkeit zur ungarischen Monarchie zu stehen, die unrechtmäßig zu einem madjarischen Nationalstaat hinstrebe. Sollen die Sachsen nach Deutschland auswandern? so werde bereits gefragt. Die Verwurzelung in der Heimaterde werde damit angegriffen. Sie müsse aber unverrückbar festbleiben.

Diese Gedanken wurden mehr herausgestoßen, als daß sie vertieft erörtert worden wären. Aber dieser Ausbruch des Redners zeigt, wohin der Nationalismus trieb, wenn er zur nationalstaatlichen Vereinheitlichung und zu nationaler Trennung führte. In dieser Verstrickung stand auch der Deutsch-Protestantismus, der dem Hohenzollernreich sein Gepräge gegeben, der in Österreich, Böhmen und Mähren zur Tendenz des Anschlusses an das Deutsche Reich geführt hat und der außerhalb des geschlossenen deutschen Volksgebiets die Last der "doppelten Loyalität" verstärkte. Die Existenz gestufter, differenzierter "Nationen" im alten Sinne, so bei der "sächsischen Nation", ging ihrem Ende entgegen.

1918 wurde dies Ende ein für allemal herbeigeführt. Die neuen Nationalstaaten auf dem Boden der bisherigen Reiche - Rußlands und Österreich-Ungarns - standen in der Spannung, einerseits das Ziel nationaler Vereinheitlichung durch Assimilierung oder Verdrängung fremder Nationalitäten anzustreben, andererseits die völkerrechtlich als nationale "Minderheit" geschützten Volksgruppen in ihren kulturellen Rechten anzuerkennen. In dieser neuen Lage kam, wie den anderen Konfessionen, der Kirche des augsburgischen Bekenntnisses, auch und gerade wenn sie einer ausdrücklichen Politisierung widerstand, von selbst eine hohe Bedeutung zu.

Doch wurde das Einleben in die neuen Verhältnisse für die Kirche und die mit ihr verbundenen Volksgruppen alsbald, seit 1933, gestört und durch den Krieg und die Nachkriegsverhältnisse entweder gewaltsam abgebrochen oder, wie in Siebenbürgen, unter den Zwang härtester Bewährungsproben gestellt.

Das Jahrhundert des selbstbewußten Deutsch-Protestantismus liegt weit zurück.

RÉSUMÉ

Luthérianisme et nationalisme - le protestantisme allemand

Dans cette étude est rappelé le principe que la foi chrétienne et l'appartenance, en tant que citoyen, à un état ou une nation sont deux choses totalement différentes, n'ayant pas de rapport entre elles, mais qu'en fait, dans la réalité historique, elles sont indissociables, voire étroitement liées. En outre le nationalisme moderne, lui-même pour ainsi dire une religion, est entré en conflit avec la foi et les églises chrétiennes, mais s'est aussi allié avec elles quand elles pouvaient servir ses buts. Cela vaut autant pour les rapports entre le luthérianisme (confession d'Ausbourg) et la nation allemande (Empire allemand et territoires allemands à l'intérieur et à l'extérieur de l'Empire) que pour les nouveaux rapports, après la fin du vieil Empire allemand, entre le mouvement national allemand (nationalisme) et les églises protestantes, ou autrement dit, le protestantisme. Il est important de souligner que le protestantisme allemand, organisé en églises nationales, a été fortement marqué par celles-ci jusqu'au XIXe siècle compris.

Toutefois l'étude se concentre surtout sur le protestantisme allemand, c'est-à-dire le mouvement nationaliste allemand, progressiste et libéral, de tendance protestante, dont le but politique était la fondation du "petit" empire allemand de 1871 et qui a largement contribué à ce que les Allemands d'Autriche soient exclus du nouvel empire.

Il est montré le lien direct qui existe entre la fête de Wartbourg 1817, la Révolution de 1848, la fondation de l'Empire et la création de l'Union évangélique en 1887. Nous nous intéressons surtout aux conséquences de la fondation de l'Empire pour les Allemands à l'étranger et leurs propres églises protestantes. L'expansion du "protestantisme allemand" parmi ces groupes de population allemande est démontrée à l'exemple de la Transylvanie.

SUMMARY

Lutheranism and Nationalism - German Protestantism

The article evokes the old problem that Christian proclamation and secular nationality are two fundamentally different things, and yet have been necessarily associated and closely inter-related in history. Further, it shows how modern nationalism, itself a quasi-religion, was not only a source of tension with Christianity and the churches, but also allied itself with them and received their support.

This is applied to the relationship between Lutheranism (churches of Augsburg Confession) and the German Nation (German Empire and German territories inside and outside its area), likewise to the new kind of relation after the decline of the old German Empire between German national movements (nationalism) and Protestant churches, or Protestantism as such. It is stressed that German

Protestantism, organised in regional churches, was moulded by this fact, largely in the 19th century as well. Yet, in accordance with the question under study, the main attention is directed to "German Protestantism", i.e. the Protestant-influenced, would-be progressive and liberal German national movement, which - politically speaking - led to the "small German" Reich foundation of 1871, thereby substantially contributing to the separation of the Austrian Germans from the new empire. The author traces developments from the Wartburgfest of 1817, the 1848 revolution, and the foundation of the Reich to the formation of the Protestant Alliance of 1887. Particular attention is given the effect of the foundation of the Reich on Germans living outside its borders and their Protestant churches. The spreading of "German Protestantism" among them is illustrated on the example of Transylvania.

NATION UND KONFESSION IM REFORMATIONSZEITALTER[*]

Krista Zach

Ständisch gebundene Privilegienwahrung und sodann die Sicherung eines qualifizierten Rechts der freien Religionsausübung waren im 16. Jahrhundert im südöstlichen Drittel des historischen Ungarn die beiden maßgeblichen Kategorien der ständestaatlichen Verfassungsentwicklung[1]. Eine innerhalb des historischen und staatsrechtlichen Gesamtrahmens der Heiligen Stephanskrone bis 1526 weder sich abzeichnende noch angestrebte Form der Ständestaatlichkeit wurde nach Mohatsch hier in diesem Teilgebiet auf spezifische Art verwirklicht. Auf diesem Territorium konstituierte sich etwa zwischen 1527 und 1556 ein ständisches Fürstentum, das seinerseits den Namen eines seiner Teilräume trug - Transsylvania, Siebenbürgen. Im Vergleich zum historischen Siebenbürgen, der südöstlichsten geschlossenen Einheit des Königreichs Ungarn während des Mittelalters, war dieser neue mitteleuropäische Flächenstaat, war das Fürstentum Siebenbürgen viel ausgedehnter. Es umfaßte auch weitgestreckte innerungarische Gebiete, die ihm angefügten sog. "partes", wenngleich Zahl und Umfang dieser ungarischen oder slowakischen Komitate während des 16. und 17. Jahrhunderts variierten[2]. Bei der Analyse der nachfolgenden hundertfünfzigjährigen Entwicklung ist

---

[*] Neufassung des Referats über Konfession und Nation in Siebenbürgen anläßlich der Tübinger Tagung des Arbeitskreises für Siebenbürgische Landeskunde im Oktober 1983

[1] Einige, wenngleich ungenügende Hinweise zur ständestaatlichen Entwicklung finden sich bei Erik Fügedi, Das mittelalterliche Königreich Ungarn als Gastland, in: Walter Schlesinger (Hg.), Die deutsche Ostsiedlung des Mittelalters als Problem der europäischen Geschichte, Sigmaringen 1975, S. 471-507, bes. S. 494f; András Kubinyi, Zur Frage der deutschen Siedlungen im mittleren Teil des Königreichs Ungarn, in: ebd., S. 527-566, bes. S. 541f, 555f - Die Ausführungen von Jenő Szűcs in verschiedenen Aufsätzen seiner Sammlung Nation und Geschichte (Köln/Wien 1981, künftig NuG) sind in der neueren Literatur besonders hilfreich, jedoch sind sie nur am Rande auf Siebenbürgen bezogen, z.B. S. 47f, 276f

[2] Für eine Beschreibung vgl. Krista Zach, Zur Geschichte der Konfessionen in Siebenbürgen im 16. bis 18. Jahrhundert, in: Südostdeutsches Archiv 24/25/1981/82, S. 40-89, hier S. 43f

stets davon auszugehen, daß das Fürstentum Siebenbürgen mit dem historischen Transsylvania weder territorial noch rechtsgeschichtlich identisch und ebenso auch in institutioneller Hinsicht von Ungarn verschieden war. An der oben erwähnten Entwicklung waren Traditionen, Rechtsauffassungen, Institutionen aus der älteren Provinzialgeschichte Siebenbürgens ebenso beteiligt wie die sich in den partes vorwiegend artikulierenden gesamtungarischen staatsrechtlichen Normen und Vorstellungen. Dieses läßt sich gegenüber der ungarischen Situation bis 1526 insgesamt anhand von drei Faktoren näher beschreiben:

Es kam im Fürstentum Siebenbürgen zu einer deutlicheren und vielfältigeren Ausprägung der Stände als in Ungarn bis Mohatsch[3] sowie zu einer eigenartigen Dynamik von Fürst und Ständetag, wie das ungarsiche Reich sie im Kräftespiel von Monarch und Adelsständen nicht gekannt hatte[4]. Zu jenen spezifisch siebenbürgischen institutionellen Gegebenheiten hatten beide Seiten, provinzialsiebenbürgische wie gesamtungarisch-adelige Aspekte zur Entfaltung bringend, das Ihre beigetragen. Hinzu trat als dritter Faktor das Reformationsgeschehen. Zwar war dies gleichfalls ein gesamtungarischer (und ostmitteleuropäischer) Vorgang, der aber aus Gründen der Chronologie für das ungarische Königreich keine Relevanz mehr hatte. Für die spezifisch ständestaatliche Entwicklung im Fürstentum Siebenbürgen gegenüber anderen ungarischen Teilräumen - den habsburgischen und osmanischen Gebieten - war die Religionsfrage hier von entscheidender Bedeutung, zumal seit dem letzten Drittel des 16. und ebenso während des gesamten 17. Jahrhunderts.

Die auf den Landtagen Siebenbürgens seit 1542/1544 anfangs fast beiläufige, eher zufällig auftretende Parallelität der Sicherung von ständischen und konfessionellen Freiheiten mündete in eine feste Verzahnung und verfassungsmäßige Verankerung der beiden Komplexe Nationsprivilegien und freie Religionswahl. Das waren auch die Gründe dafür, in der ständischen und der Religionsfrage

---

3 Fügedi (Ungarn als Gastland, S. 494 Anm.63) läßt mit Hinweis auf Werbőczy (Tripartitum III,9 und IV,9) die Städte auf den ungarischen Reichstagen nur als Untergliederung des Adels gelten, hinterfragt aber die Rechtsfiktion des Tripartitumautors zu diesen Punkten nicht.

4 Vgl. ebd., S. 481f, 492f

im 16. und 17. Jahrhundert, wie oben angedeutet, maßgebliche Kategorien der Verfassungsgeschichte dieses Fürstentums zu sehen. Manchen Zeitgenossen war das Zusammenfließen von zweierlei Traditionen und Rechten in die Verfaßtheit des Fürstentums Siebenbürgen deutlich; meistens waren sie Auswärtige und somit die besseren Beobachter[5]. Die Einheimischen, vor allem die siebenbürgischen Autoren unter ihnen, hatten oft eine in verschiedenen Graden eingeschränkte Optik[6]. Deren Ansatzpunkt scheint nicht nur die Tatsache gewesen zu sein, daß diesem Fürstentum territorial, gleichsam als Kerngebiet, das historische Siebenbürgen mit seinen sieben Adelskomitaten, sieben szekler sowie sieben und zwei sächsischen Stühlen als administrativ-rechtliche Untergliederungen[7] immer angehörte, die partes aber in ihrem Zugehörigkeitsstatus zum Fürstentum weniger Beständigkeit aufwiesen. Das historische Siebenbürgen mit seiner seit dem 15. Jahrhundert auch im Bildungsgut des europäischen Humanismus nachweisbaren eigenartigen Rechts- und Territorialordnung[8] stand als namengebendes, einheitliches Element für die meisten Zeitgenossen wie für die historische Rückschau bis heute im Mittelpunkt der Betrachtung. Diese bereits seit der Mitte des 15. Jahrhunderts mit Aenea Silvio Piccolomini vorgegebene und vielfach nachgeahmte, wenn auch verfeinerte Sehweise - die im Anhang zitierten Texte zeigen es -, dieser gleichsam traditionelle "kleinsiebenbürgische" Blickwinkel, erschwert immer noch die sachliche Auseinandersetzung mit dem Interimsphänomen eines Fürstentums Siebenbürgen[9]. Diesen Blickwinkel noch vertie-

---

5 Vgl. dazu Possevinos Beschreibung der partes mit ihrer Verfassung und des siebenbürgischen Landtages in den achtziger Jahren im Anhang, Text 11 (künftig A/Nr.), S. 206ff

6 Sie stellten meist ihr eigenes engeres Herkunftsgebiet ins Zentrum, und oft kam es dabei - wie z.B. bei Honterus' Sachsenland-Karte von 1532 - zu einer Fastidentität dieses Gebietes mit Siebenbürgen schlechthin. Die anderen Gebiete blieben fast ganz im Dunkeln.

7 Alle im Anhang zitierten Autoren erfaßten, wenngleich in unterschiedlicher Klarheit, die spezifische siebenbürgische Territorialverfassung des Mittelalters.

8 Vgl. A/1, S. 193; A/2, S. 194f; A/4, S. 197f

9 Das betrifft vorwiegend die Ausrichtung der gesamten siebenbürgischen Forschung, die über die historischen Grenzen nicht hinüberzuschauen vermochte, einschließlich die rumänische. Die un-

fend, kommt hinzu, daß in der Fortentwicklung von Unionspartnern des 15. Jahrhunderts zu Landständen im 16. tatsächlich eine nur das historische Kerngebiet allein betreffende Kontinuitätslinie vorzuliegen scheint. Dennoch darf der territoriale und staatspolitische Anteil der partes an der Verfassungsgeschichte dieses Fürstentums Siebenbürgen nicht vernachlässigt werden, stammte doch der überwiegende Teil der damaligen Führungseliten aus den partes und spielten diese bei der Kristallisierung des Fürstentums zu einer insgesamt protestantisch ausgerichteten Macht eine entscheidende Rolle. Auch scheint mir die prägnantere Ausformung der drei siebenbürgischen Landstände seit 1542 ohne Berücksichtigung des Anteils des partes-Adels und dessen überwiegend protestantischer Ausrichtung unvollständig erklärt[10].

Die staatsrechtliche Konstruktion, die dem Fürstentum Siebenbürgen zugrunde lag, blieb immer etwas vage, manchmal zweideutig. Vielleicht waren jene rund einhundertfünfzig Jahre seiner Geschichte für die Bildung eines einheitlicheren Staatsrechts zu kurz, sicherlich lag das auch an den unterschiedlichen es konstituierenden Rechts- und Traditionselementen. Im 16. Jahrhundert entstand in Ungarn - von Siebenbürgen zu schweigen - keine eindeutige, verbindliche Beschreibung dieser Rechtselemente. Die 1517 beendete Sammlung des Stephan Werböczy entbehrt gerade hinsichtlich der ungarischen Adelsverfassung und Siebenbürgens nicht fiktiver Elemente[11], kann also keineswegs als Interpretationshilfe zu dieser Frage herangezogen werden[12]. Diese Aspekte seien hier nur gestreift, sie bilden nicht den Untersuchungsgegenstand. Unsere Aufmerksam-

---

garische Forschung ging eher von einem konträren Standpunkt aus, sah im Fürstentum Siebenbürgen zumeist eine historische Brücke vom ungarischen mittelalterlichen Königreich zu neueren Zeiten. Vgl. dazu auch Krista Zach, Fürst, Landtag und Stände, Die verfassungsrechtliche Frage in Siebenbürgen im 16. und 17. Jahrhundert, in: Ungarn-Jahrbuch 11/1980/81, S. 63-90, hier S. 64f, 87f - Die ungarische Nachkriegsforschung wich der Siebenbürgenfrage meist aus.

10 Diese Frage bedarf weiterer Quellenforschung.

11 Jenö Szücs, Die Nation in historischer Sicht und der nationale Aspekt der Geschichte, in: NuG, S. 31, 34, 47; ders., Theoretische Elemente in Meister Simon von Kézas "Gesta Hungarorum" (1282-1285), in: ebd., S. 317f

12 Wie es Fügedi (Ungarn als Gastland) hinsichtlich der Städte tat.

keit richtet sich, in Einschränkung hierzu, lediglich auf die beiden Kategorien Ständeentwicklung und Religionsfrage in ihrem Niederschlag in den Texten des Reformationszeitalters, ist also zunächst und vorwiegend Quelleninterpretation. Abschließend soll nur der Versuch einer Analyse des Stellenwerts dieser beiden Kategorien innerhalb der siebenbürgischen Geschichte unternommen werden.

Da es sich im folgenden um Quellenauslegung und nicht zuletzt um die Kenntlichmachung von Fehlinterpretationen dieser Texte durch die Außerachtlassung sprach- wie ideengeschichtlicher Komponenten handeln wird, ist eine Auswahl von zwölf Textfragmenten im Anhang beigefügt. Das erleichtert das Verweisen, enthebt umständlicher Zitate und beläßt auch die hier benötigten Belege in ihrem für die Untersuchung relevanten Zusammenhang. Selbstverständlich werden diese Textfragmente nur im lateinischen oder italienischen Original herangezogen. Die letzte Quelle ist noch nicht veröffentlicht und stammt aus der Mitte des 17. Jahrhunderts. Sie bezeichnet deutliche Kontinuitätslinien in der Darstellung dieser Problematik und soll hier nur als ein Beispiel für viele Texte dieser Art stehen. Die beiden ersten Texte gehören dem 15. Jahrhundert an; sie machen den Beginn einer bestimmten Tradition in der Darlegung derselben Thematik kenntlich, waren wohl auch für alle folgenden Texte direkt oder mittelbar die Quelle.

Die Quellengrundlage für eine Untersuchung der beiden Sammelbegriffe "Nation" und "Konfession" als historische, staatsrechtliche und geistesgeschichtliche Phänomene anhand von Texten des 16. Jahrhunderts ist selbstverständlich unterschiedlich. Hier wird ein mehrschichtiger, vieldeutiger Begriff, Nation oder natio, mit einer langen sprachlichen und historischen Vorgeschichte neben z.T. neu entstehende Konfessionsphänomene und ihre neuen Bezeichnungen gestellt. Das geschieht allein aus einer Beobachtung ihres schließlichen Konvergierens in verfassungsmäßigen Texten des späten 16. und 17. Jahrhunderts, also aus einer a-quo-Überlegung heraus. In diesen Texten wird der "... donationes, collationes, privilegia, ..."[13] der im Fürstentum miteinander lebenden "Nationen"

---

13 Leopoldinisches Diplom (1691), zitiert nach: Curieuse Nach-

("ibi degentium nationum"[14]) sowie des "Recht(s) des freyen Religions-exercitii (publici religionis suae exercitii)"[15], betreffend die "quatuor religiones in Transylvania receptas in libero exercitio"[16] gemeinsam gedacht. Was hier konvergierte, waren einerseits weit in die Geschichte Ungarns sowie seines südöstlichen Grenzlandes Siebenbürgen zurückreichende, einer sehr langsamen Ausformung unterliegende Individual- und Korporativvergabungen der ungarischen Könige, andererseits einander rechtlich gleichgestellte Konfessionen, die sich im Fürstentum während weniger Jahrzehnte des 16. Jahrhunderts, in starker Zeitraffung also, zu dieser Vielfalt herausgebildet hatten. Hierzu gesellte sich noch das Prinzip der Tolerierung der Ostkirche und ihrer Gläubigen[17]. Diese beiden verfassungprägenden Kategorien kamen nach 1542 und bis 1571 bzw. im Innovationsverbot des Fürsten Stephan Báthori von 1571 und in dessen impliziter Bestätigung durch den Mediascher Landtag von 1588 zur gültigen Formulierung[18]. Formal gesehen, standen die beiden Kompilationen verfassungsmäßiger Texte Siebenbürgens, die Approbaten (1653) und die Kompilaten (1669), am Abschluß[19]. Ihre Formulierungen gingen schließlich auch in das oben bereits zitierte Leopoldinische Diplom (1691) ein und behielten bis zur Aufhebung der siebenbürgischen Verfassung im Jahre 1868 Rechtsgültigkeit. Die beiden Kategorien der siebenbürgischen Verfassung blieben bis et-

---

richt von dem bißherigen Zustande der Evangelischen Religion in Siebenbürgen ..., Cölln 1708, Pkt. 2, S. 13

14 Ebd., Pkt. 10, S. 20

15 Ebd., Pkt. 1, S. 13, 12

16 Ebd., Kaiserliches Dekret von 1693, Pkt. 1, S. 27

17 Vgl. die Tolerierungspassage am Beginn von A/12; Curieuse Nachricht, Kaiserliches Reskript vom Dezember 1701 "an die Kayserl. Räthe in Siebenbürgen, worinne den Wallachen die Freiheit der Religion gestattet wird" (S.38), sowie eine viel ausführlichere Passage über die freie Wahl eines der vier rezipierten Bekenntnisse oder Verbleiben bei der Orthodoxie für die Rumänen, aus kaiserlichen Resolutionen von 1698 und 1699, ebd., S. 38-41

18 Siehe unten, S. 179

19 Neben vielen ungarischen Ausgaben vgl. Friedrich Schuler von Libloy, Die wichtigsten Verfassungsgrundgesetze des Großfürstenthums Siebenbürgen von altersher bis in die Neuzeit, Hermannstadt 1861

wa zur Mitte des 19. Jahrhunderts die tragenden Pfeiler für Bestand, Funktion und Selbstverständnis der politischen Nation Siebenbürgens, wurden schließlich jedoch auch zum Sinnbild für das Obsoletwerden solcher Normen. Zumindest seit dem Ende des 18.Jahrhunderts wurde die 'Modernisierung' dieses Privilegialsystems im größeren Rahmen der Habsburger Monarchie zu seiner Überlebensfrage, eine Anpassung oder Neudefinition von Staat und Nation im Sinne der französischen bzw. der mitteleuropäischen Aufklärung aber verweigert. Ideengeschichtlich betrachtet, erscheint dieser spätere Immobilismus umso merkwürdiger, als es gerade diese beiden Kategorien waren, die seit dem Reformationszeitalter immer wieder auch - und das vor allem im positiven Sinne - Anlaß und Anstoß für eine Mobilisierung und Vergesellschaftung jener Teile der Bevölkerung gewesen waren, die der politischen Nation dieses Landes nicht angehörten. Nation und Konfession waren somit in Siebenbürgen auch Polarisierungsfaktoren besonderer Art, für deren Beurteilung das Reformationszeitalter eine deutliche Zäsur setzte. Nachklänge dieser ostmitteleuropäischen, seit der Mitte des 17. Jahrhunderts nurmehr spezifisch siebenbürgischen Problematik sind auch in der Gegenwart noch zu vernehmen.

Fragestellungen, Ziele

Wünschenswert für die systematische Untersuchung der beiden Definitionselemente der sogenannten politischen Nation Siebenbürgens wäre die gesonderte Analyse der beiden Kategorien Nation und Konfession in sprachlicher, ideengeschichtlicher, historisch-rechtlicher Sicht. Der eine Strang, Nation, mit seiner Verankerung in der mittelalterlichen Geschichte des Königreichs Ungarn wie auch jener lange Zeit namenlosen[20] terra Transilvana, jener partibus Transilvanis, müßte Privilegien- und libertates-Fragen der adeligen und Territorialgemeinschaften dieses Aufsiedlungs- und Grenzlandes im Südosten seit dem 12. Jahrhundert klären. Die darauf zurückgehende, seit der Regierungszeit Matthias Corvins sich deutlicher konturierende provinziale Ständeentwicklung müßte herausgearbeitet, und der staatsrechtliche Status dieser Reichsprovinz - etwa im

---

20 Friedrich Teutsch, Die "Unionen" der drei ständischen "Nationen" in Siebenbürgen bis 1542, Hermannstadt 1874, S. 6

Vergleich mit Kroatien - sollte eindeutiger resumiert werden.
Es ist sicherlich als ein Zeichen für das wachsende Selbst- und
Eigenartbewußtsein zu werten, wenn die provinziale Ständegemein-
schaft oder "Universität" - die "universitas tota nobilium ac
procerum Siculorum quoque omnium generum necnon Saxonum sedium
singularum septem", kürzer, die "ipsa tota ac universalis communitas nobilium Siculorumque ac Saxonum", zusammengekommen zu einem
Landtag in Mediasch im November 1459, "convenientes et generalem
facientes congregationem" - den siebenbürgischen Reichsteil als
"regnum hoc totum Transsilvanense" bezeichnete[21]. Aber dieser
vermutlich früheste regnum-Beleg, dem bis 1526 noch viele folgten, ist nicht bedeutungsgleich mit denen aus der Zeit des Fürstentums Siebenbürgen, wie oft behauptet wird[22].

Und was war eigentlich die universitas oder communitas? Diese Häu-
fung lateinischer Begriffe und Bezeichnungen aus der Urkundensprache des 14. und 15. Jahrhunderts soll vor Augen führen, wie vielfältig die Problematik ist und wie wenig erforscht zugleich, wie
sehr dieser Teil der staatsrechtlichen Entwicklung noch bis heute
dem weiten Feld der Meinungen überlassen bleibt. Es fehlen vor allem eine stichhaltige Interpretation der selten eindeutigen Quel-
lenaussagen, beginnend mit der Untersuchung von Begriffen wie universitas, natio für die späteren Stände, für ethnische Bezeichnungen, für Sozialstufungen sowie monographische Gesamtübersichten.
Solche Forschungslücken beruhen allerdings auf objektiven Schwierigkeiten. Die Quellen sind für die Zeit nach der Mitte des 14.
Jahrhunderts noch nicht systematisch veröffentlicht, ausgenommen
die die Sachsen betreffenden Teile, die mit dem kürzlich angekün-

---

21 Aus den Beschlüssen des Mediascher Landtags vom 3.12.1459, zitiert nach Urkundenbuch zur Geschichte der Deutschen in Siebenbürgen, begr. v. F. Zimmermann, hg.v. G. Gündisch (künftig UB),
Bd. 6, S. 65

22 So schon bei Teutsch (Unionen, S. 6, 16, passim), besonders aber
in der rumänischen Literatur, wofür Stefan Pascu (Voievodatul
Transylvaniei - Die Woiwodschaft Siebenbürgen - Bd.1, Cluj 1972,
bes. S. 186-202) beispielhaft ist. František Graus (Die Nationenbildung der Westslawen im Mittelalter, Sigmaringen 1980, Nationes Bd. 3) führt aus, daß dieser regnum-Begriff "in den meisten Quellen (des Mittelalters) keine prägnante Bedeutung" habe (S. 155) und gibt dazu die Fachforschung für Mähren an. Vgl.
auch ebd., S. 72, 224ff

digten 8. Band des Urkundenbuches bis zum Ende dieses Jahrhunderts reichen. Die ständische Thematik Siebenbürgens ist zudem in Rumänien kein echter Forschungsgegenstand.

Ein möglicher Zugang zu diesem noch wenig erforschten Fragenkomplex der Assemblées d'état im mitteleuropäischen Zusammenhang sowie der damit verflochtenen Problematik einer mittelalterlichen Phase in der Nationsbildungsgeschichte dieses Raumes[23] sollte über die Klärung des Sprachgebrauchs einschlägiger Begriffe in den Quellen gesucht werden[24]. Für das mittelalterliche Siebenbürgen im besonderen steht solch eine Untersuchung noch aus; sie hätte vor allem die etwas ungewöhnliche Polyvalenz des natio-Begriffes herauszuarbeiten[25]. Dieses Stück Quelleninterpretation kann im Rahmen der vorliegenden Untersuchung nicht nachgetragen werden. An gegebener Stelle sollen lediglich einzelne Anmerkungen zum terminologischen und ideengeschichtlichen Wandel in der Zeit vor dem 16. Jahrhundert auf diese Vorgeschichte hinweisen, soweit dieser zum Verständnis des Sprachgebrauchs im Reformationszeitalter relevant erscheint. Festgehalten sei hier lediglich, daß auch die umfassen-

---

23 Vgl. dazu die Reihe Nationes: Graus, Nationenbildung, Bd.3 sowie Helmut Beumann, Werner Schröder (Hg.), Aspekte der Nationenbildung im Mittelalter, Sigmaringen 1978, Nationes Bd. 1; Bogo Grafenauer, Die ethnische Gliederung und geschichtliche Rolle der westlichen Südslawen im Mittelalter, Ljubljana 1966 - Diese drei Werke gehen von mittelalterlichen Phasen der Nationenbildung aus. Dagegen wird die Problematik bei Szűcs (Die Nation in historischer Sicht, S. 71-73; ders., "Nationalität" und "Nationalbewußtsein" im Mittelalter, in: NuG, S. 163-167, 190-193) als strukturell davon zu unterscheidender Ablauf eingestuft, die als von der (modernen) 'Nation' zu unterscheidende 'Nationalitäts'-Phasen interpretiert werden.

24 Vgl. exemplarische Untersuchungen dazu bei Szücs (Theoretische Elemente, S. 274-276, 291-310) für Ungarn anhand der 'Gesta Hungarorum' des Magisters Simon von Kéza (1282/85); für die Südslawen bei Grafenauer (Ethnische Gliederung, S. 7f, 11f, 42f); für die Böhmen, Mährer und Polen bei Graus, insbesondere in den 15 Beilagen (Nationenbildung, S.148-229); für Mitteleuropa bei Hans-Dietrich Kahl, Einige Beobachtungen zum Sprachgebrauch von natio im mittelalterlichen Latein mit Ausblicken auf das neuhochdeutsche Fremdwort "Nation", in: Nationes Bd. 1, S. 63-108

25 Vgl. Anm. 1 - Die vorliegende Untersuchung stützt sich auf Ergebnisse einer Quellenstudie, die hier nur referiert werden können: Krista Zach, Der Nationsbegriff in Siebenbürgen, Zum Sprachgebrauch von populus / gens / natio in Texten des 13. bis 16. Jahrhunderts, in: Ungarn-Jahrbuch 15/1985, im Druck

dere Klärung solcher Schlüsselbegriffe aus den Texten des Reformationszeitalters - etwa der lat. natio, gens, populus, status, ordines, universitas/communitas, regnum/patria - vom älteren, mittelalterlichen Sprachgebrauch ausgehen muß. Diese Klärung hat die drei folgenden Bereiche zu berücksichtigen: Sprachgeschichte, Ideengeschichte, Institutionengeschichte und zwar im mitteleuropäischen, im ungarischen und gegebenenfalls im provinzialsiebenbürgischen Umfeld.

Der andere Strang der Problematik, Konfession, bereitet vergleichsweise geringere Schwierigkeiten. Er ist mit seiner quellenmäßig gut erfaßbaren Verankerung in den Reformations- und Bekenntnisschriften Siebenbürgens und den Landtagsbeschlüssen der Stände aus dem 16. Jahrhundert bislang vorwiegend aus den staatsrechtlichen Quellen bearbeitet worden. Das Konfessionsschrifttum wurde dagegen nur für einzelne Bereiche herangezogen. Die meisten dieser in lateinischer oder magyarischer Sprache verfaßten theologischen Kontroversen wurden fast ausschließlich aus literaturgeschichtlichem Blickwinkel gewürdigt, kaum aber als historisch-staatsrechtliche Quelle verwertet[26]. Ein kulturgeschichtlich besonders interessanter Teil dieser Literatur und im weiteren Sinn ein Element des gesamteuropäischen humanistischen Schrifttums verbleibt noch im Manuskript[27]. Die Entwicklungslinien bis zur Bestätigung der freien Konfessionswahl der Landstände durch den Fürsten - eine Entwicklung der Reformationsproblematik, die auch in anderen Ländern eine vergleichbare Richtung genommen hatte[28], dann aber, anders als in Siebenbürgen, wieder ganz oder stückweise zurückgezogen wurde - sind bereits deutlich herausgestellt worden[29]. Die in ihrer Wir-

---

[26] Die meisten dieser Schriften erschienen bald nach ihrer Abfassung im Druck, machten also vollen Gebrauch vom neuen Medium Buchdruck, vgl. Gedeon Borsa u.a. (Hg.), Régi Magyarországi Nyomtatványok 1473 - 1600 (Alte ungarische Drucke), Budapest 1971 (künftig RMN)

[27] Vgl. Krista Zach, Humanismus und Renaissance in Siebenbürgen, in: Ungarn-Jahrbuch 10/1979, S. 163-225, hier S. 184, Anm.106

[28] Vgl. einige Hinweise bei Zach, Geschichte der Konfessionen, S. 78-80

[29] Besonders von Ludwig Binder, Grundlagen und Formen der Toleranz in Siebenbürgen bis zur Mitte des 17. Jahrhunderts, Köln/Wien 1976 (Siebenbürgisches Archiv Bd. 11), passim

kung weniger durch Staatsraison beschränkte, schließlich auch verfassungsmäßig fest verankerte interkonfessionelle Wahlfreiheit bereitet anscheinend nurmehr terminologische Schwierigkeiten. Sie wurde einerseits etwas mißverständlich als 'Glaubensfreiheit' bezeichnet und als religiöse Toleranz avant la lettre interpretiert; ihre kulturgeschichtliche Einordnung wird noch diskutiert[30]. Andererseits ist die Rezeption der allmählich während des 16. Jahrhunderts in Mitteleuropa für die einzelnen reformatorischen Bekenntnisse sich herausbildenden Benennungen im Schrifttum Siebenbürgens noch nicht nachgewiesen.

Die nachfolgende Untersuchung wählt zu ihrem Ausgangspunkt ebensolche Fragen der Nomenklatur, beschränkt sich aber auf lateinische und italienische Texte des 16. Jahrhunderts und auf den dort festzustellenden Sprachgebrauch für einige institutionelle, ethnische und konfessionelle Bezeichnungen. Dabei ist von der Beobachtung auszugehen, daß während dieser 'Zeit des Umbruchs', als die das Reformationszeitalter allgemein oft bezeichnet wird, die raschen politischen, institutionellen, sozialen und kulturellen Wandlungsvorgänge sich auch auf sprachlicher Ebene spiegeln. Man kann diesen Prozeß ebenfalls auf sprachgeschichtlicher Ebene verfolgen: Eine ideenfreudige, innovationsbereite Tendenz, die neuer Synthesenbildung Vorschub leistet, zeichnet sich ab. Ältere Traditionen aus der lateinischen Gelehrtensprache des Mittelalters und aus der höfischen Dichtung einerseits, die in Ungarn im 13. Jahrhundert rezipiert waren[31], stehen hier neben der lateinischen Kanzleisprache und Chronistik ungarischer Prägung andererseits. Mit der Reformation, der Wortverbreitung durch den Buchdruck, der vermehrten Schülerzahl beginnt die Bildungsschicht trotz aller Anlehnung an die klassischen und humanistischen Autoren, die sich des Lateinischen und Griechischen bedienten, im theologischen wie im diplomatisch-urkundlichen Schrifttum immer mehr die Volkssprachen zu benutzen[32]. Es handelt sich in Siebenbürgen im Reformationszeitalter

---

30 Vgl. zur Infragestellung dieser in siebenbürgisch-sächsischer Literatur gleichsam axiomatisch vorgetragenen These neuerdings Walter Daugsch, Toleranz im Fürstentum Siebenbürgen, in: Kirche im Osten 26/1983, S. 35-72, bes. S. 35ff, 65-70

31 Szűcs, "Nationalität", S. 183; ders., König Stephans "Institutionen" - König Stephans Staat, in: NuG, S. 245-262, bes.S.253f;

Nation und Konfession 167

um einen sprachlichen Gemengezustand, um das Zusammentreffen von Sprachelementen wie von Autoren aus unterschiedlichen Traditionen[33].

Bei der Untersuchung der historisch relevanten Aussagen der Texte des Reformationszeitalters sollte auf mindestens drei typische Fehlerquellen geachtet werden - sie haben nur z.T. mit der spezifischen Qualität jener eben erwähnten Sprachlage zu tun:

Erstens ist für ein und denselben Bedeutungsinhalt, z.B. für gens/ genus/populus/natio als "Stamm", "Volk" ein uneinheitlicher Gebrauch[34] zu beobachten. Diese Bezeichnungen werden meist miteinander austauschbar verwendet, und sei es in einem einzigen Textabschnitt[35]. Des weiteren sind unbestimmte Begriffsbildungen zu erwähnen - Umschreibungen[36], subjektive Ersatztermini[37], Verdoppe-

---

ders., Theoretische Elemente, S. 267, 299f

32 Die Zäsur zwischen Latein und Volkssprache lag für Siebenbürgen bei Urkunden und theologisch-reformatorischem Schrifttum etwa um 1560/1570, vgl. dazu z.B. die Sammlung der Landtagsbeschlüsse, die in den siebziger Jahren meist nur noch Einleitung und Beschluß in Latein, den längeren mittleren Teil in Ungarisch aufweisen: Sándor Szilágyi (Hg.), Monumenta Comitialia Regni Transylvaniae, Bd. 1-4, Budapest 1875ff (künftig MCRT) - Es ist dies die Zeit der Bibelübersetzungen in die Volkssprache, der Paralleleditionen, wie das Eigen-Landrecht, lateinisch und deutsch, beide 1583, vgl. allgemein dazu RMN - Auch bei den Rumänen gab es zu dieser Zeit zweisprachige Kirchenbucheditionen.

33 Dieser Aspekt ist noch zu wenig untersucht worden. Zum "Lutherdeutsch" als Teil dieser Frage vgl. die Ausführungen von Grete Klaster-Ungureanu in diesem Band.

34 J. F. Niermeyer, Mediae Latinitatis Lexicon Minus, Leiden 1976; vgl. dazu Bemerkungen in der Einleitung, S.XIV und z.B. die Einträge unter den vier genannten Stichwörtern, S. 466, 813f, 714

35 Vgl. u.a. A/3 (90f); A/5 (127, 143, 148); A/7 (3b, 4a)

36 Vgl. A/4, A/5, A/9, A/11, A/12 - ein zwischen territorialem Standes- und ethnischem Volksbegriff schillernder Gebrauch.

37 Gromo verwendet in A/9 "fattione" als Eigenbeschreibung der siebenbürgischen Landstände (nationes), da er die Völkerschaften mit dem Wort "nationi" erwähnt. In etymologischen Lexika der italienischen Sprache ist "nazioni" für Angehörige derselben "ethnischen Gruppe" schon im 14. Jahrhundert, z.B. bei Boccaccio, belegt. "Facione" hingegen hatte u.a. historisch die Unterscheidung der vier Kampfgruppen beim byzantinischen Pferderennen nach Farben zum Inhalt; in figurativer Bedeutung, ebenfalls schon frühzeitig, auch die Inhalte "conditione", "stato", vgl. Salvatore Battaglia, Grande dizionario della lingua ita-

lungen[38] -, die meist für neue oder dem Verfasser wenig vertraute historische Phänomene angewandt werden. Dieser uneinheitliche Sprachgebrauch ist nicht eine Besonderheit der hier ausgewählten Texte, sondern ein Kennzeichen der mittelalterlich-lateinischen Überlieferung insgesamt[39].

Zweitens ist ein sicherer, eher einheitlicher Sprachgebrauch zu erkennen, der in etwa der regionalen urkundlichen und chronistischen Tradition entspricht[40].

Drittens sei nachdrücklich auf die Nichtübereinstimmung zwischen modernem und humanistisch-reformatorischem Sprachgebrauch des 16. Jahrhunderts hingewiesen.

Diese letzte Fehlerquelle liegt in fast allen europäischen Sprachen in exemplarischer Weise vor, wenn ein Neologismus wie Nation mit dem lateinischen natio gleichgesetzt wird, dessen Wortfeld im Mittelalter anders gefächert war. Mit dem philologischen Aspekt dieser Frage befaßte sich jüngst wieder H.-D. Kahl, ausgehend von etymologischen Werken:

> "Es sollen ... einige Beobachtungen mitgeteilt werden, die die Vorform des heutigen 'Nation' im Latein damaliger Zeit, also natio, betreffen. Die zweifelsfrei bestehende etymologische Verbindung zwischen beiden Begriffen schließt in besonders hohem Maße die Gefahr ein, daß über diese Brücke unvermerkt moderne Vorstellungen und Assoziationen in den Terminus der älteren Quellensprache hineingetragen werden können mit der Folge anachronistischer Fehlinterpretation."[41]

---

liana, Torino 1961, Bd. 11, S. 276 ("nazione"); Bd. 5, S. 762 ("facione")

38 Diese sind bei Gromo (vgl. A/9) anzutreffen. Um zwischen "nationi"/Völkerschaften und nationes/Stände zu unterscheiden, führt Gromo folgende Erläuterung an: In Siebenbürgen lebten außer den Wallachen drei andere Völkerschaften ("tre altre sorte di nationi") und zwar echte Ungarn ("la prima /natione/ sono Hungari veri"), die Bewohner des Szeklerlandes ("L'altra parte sono li popoli habitanti in Ciculia") und Sachsen ("La terza natione et fattione di Transilvania sono li Sassoni, populi Germani"). Die genaue begrifflich-sachliche Trennung zwischen Völkerschaften und Ständen gelingt Gromo nicht immer überzeugend, auch wenn er Verdoppelungen wie "natione et fattione" einführt.

39 Kahl, Sprachgebrauch von natio, mit zahlreichen Beispielen und einschlägiger Literatur, bes.S. 63-68; Niermeyer, Lexicon Minus, S. XIV

40 Beispiele siehe unten S. 173

41 Kahl, Sprachgebrauch von natio, S.64

J. Szűcs versucht in mehreren Aufsätzen, die ideengeschichtlichen Aspekte herauszuarbeiten, geht auf Siebenbürgen aber nur am Rande ein[42]. In der Histriographie[43] wie in der heutigen Fachliteratur aus Rumänien wird die notwendige begriffliche Klarheit in der na-

---

[42] Vgl. Anm. 1 - Kahls Anmerkungen zu Siebenbürgen (ebd., S. 89-91) kann nicht immer zugestimmt werden. Rein formal argumentierend, nämlich nach dem Kriterium des späten Textbelegs von natio für Landstand im Jahre 1506, bleiben die historischen Anfänge dieser Institution unterbelichtet, und die Sachbeschreibung für die drei nationes fällt z.T. ungenau aus.

[43] Albert Arz von Straussenburg (Beiträge zur siebenbürgischen Wappenkunde, Köln/Wien 1981, Siebenbürgisches Archiv Bd. 16, S. 10, 13) führt aus, daß der gesamte Komplex der natio- wie der universitas-Terminologie selbst von den namhaften sächsischen Autoren oft mißverständlich verwendet wurde. Er nimmt allein den Rechtshistoriker und Archivar Georg E. Müller aus. Als Beispiel dieses mißverständlichen Gebrauchs sei aus der älteren Literatur Teutsch (Unionen, S. 13, 16, 20, 21, 31 passim) zitiert. Sehr häufig wurde und wird noch die Absprache der Szekler und Sachsen mit dem Komitatsadel bei Kápolna 1437 als "ein engeres Zusammenschließen (der Szekler) mit den beiden anderen Nationen" (Teutsch, Unionen, S. 13) oder als eine "brüderliche Union der drei Nationen" (Carl Göllner, Im Kampf für Freiheit und Recht, in: Geschichte der Deutschen auf dem Gebiete Rumäniens Bd.1, Bukarest 1979, S. 91-100, hier S. 92) bezeichnet. Wenngleich es sich hier um die späteren Stände gleichsam in nuce handelt, gab es 1437 weder den Begriff "drei Nationen" noch institutionalisierte Landstände in Siebenbürgen. Gleichwohl wird rückprojizierend die Kápolnaer Union von 1437 auch heute immer wieder als Absprache der "drei Stände" bezeichnet.
Auf die universitas-Frage kann hier nicht näher eingegangen werden. Eine "Universität" im mittelalterlich-institutionellen Sinne (vgl. Niermeyer, Lexicon Minus, S. 1051, Nr.2) konnten auch Hörige sein wie etwa die aufständischen Bauern vor dem Benediktinerkloster Kolozsmonostor 1437: "universitas Hungarorum et Valachorum" (Teutsch, Unionen, S. 42, Nr.5). Universitates nannte man ebenso die einzelnen Gebietskörperschaften Siebenbürgens und die Adelskongregation. Erläutert ist dieser Begriff mit seinem eindeutigen Bezug auf die provinzial-ungarisch mittelalterliche Territorialordnung Siebenbürgens gerade in jener Urkunde von 1463, in der m.W. zum ersten Mal die Bezeichnung "drei Nationen" auftritt: "... coram universitate trium nationum ..." (UB Bd. 6, S. 153, Nr.3330). Hier sind nicht"Landstände" als politische Körperschaften gemeint, sondern die territorial gegliederten Aufgebote der Komitate, der Szekler, der Sachsen, da es sich um eine neue Heeresordnung des Königs Matthias handelt. Die Bestimmungen für Siebenbürgen weichen von der allgemeinen ungarischen Heeresordnung etwas ab, sie sind deswegen hier gesondert vermerkt und vom König bestätigt worden, wobei auf die Ordnung von 1435 aus der Zeit König Sigismunds Bezug genommen wird (ebd., S. 154).
Der teils mißverständliche Umgang mit den Quellenzitaten wie

tio/Nationsfrage vermißt, z.T. auch durch unwissenschaftliche, ideologische Anschauungen überlagert[44]. Modernes nationalstaatliches Anspruchsdenken dient dabei als Interpretationsmuster für frühere Geschichtsepochen und -termini[45].

---

mit ihrer Auslegung in der natio-Problematik geht - wie noch gezeigt werden soll - nicht nur auf die ungenügende Interpretation der Quellen des 15. Jahrhunderts zurück, sondern vor allem auf die chronistischen Aufzeichnungen des 16. Jahrhunderts, aus denen im Anhang zitiert wird.

44 Irritierend häufig treten in der rumänischen Literatur und zwar keineswegs allein in popularisierenden Werken, sondern in sonst soliden Publikationen mißverständliche bis verfehlte Auslegungen zu den Begriffen und historisch-institutionellen Inhalten von natio, universitas, Privilegien - seien sie ratione nationis, seien sie ratione religionis - auf. Kurze Hinweise müssen hier genügen: Maria Holban, die Herausgeberin der verdienstvollen Reihe von Reiseberichten, Călători străini despre țarile române (Auswärtige Reisende über die rumänischen Länder - București 1968ff, bisher 8 Bde.) erklärt mehrfach die "privilegierten Gruppen der Sachsen, Szekler und des magyarischen Adels" in ihrer Eigenschaft als sog. Stände zur "puren juristischen Fiktion" (Bd. 1, S. XXXIV passim). Sie beanstandet das Fehlen der "Volksmasse der Rumänen" in der Reihe der "Nationen" Siebenbürgens, die dort schon vor der ungarischen Landnahme lebten, wo hingegen der "magyarische Adel als 'Nation' apostrophiert" werde (ebd.). Abgesehen davon, daß es jedem unbenommen sei, soziopolitische Institutionen als juristische Fiktion auszulegen - was einer korrekten Definition dieses staatsrechtlichen Fachausdrucks allerdings widerspräche -, fällt an dieser Interpretation M. Holbans auf, daß argumentative Kriterien aus unterschiedlichen Bereichen für eine und dieselbe, an sich klare Sache angewandt werden. Von solchen Auslegungen ausgehend, ist der Weg zu einer weiteren Fehlinterpretation nur kurz. Bei Ştefan Andreescu (Restitutio Daciae, București 1980) ist nachzulesen, Nikolaus Olahus sei der erste gewesen, der "schon im Jahre 1536 die mittelalterliche juristische Fiktion der 'drei Nationen' überwand und entschieden behauptete, daß in Siebenbürgen vier verschiedene Völkerschaften (neamuri): die Ungarn, die Szekler, die Sachsen und die Rumänen" lebten (S. 121). Wie die folgenden Ausführungen zeigen, kann diese Interpretation nur darlegen, daß die eigentliche natio-Problematik mißverstanden wurde oder in Nebel gehüllt werden sollte. Eine korrekte Behandlung der sicherlich schwierigen Frage findet sich bei David Prodan, Supplex libellus Valachorum, Köln/Wien 1982 (Studia Transylvanica Bd. 9), S. 62-68

45 Bezug nehmend auf die sog. 'Nationalismus'-Debatte, die während der sechziger Jahre in der historischen Fachwelt und auch in den Medien Ungarns geführt wurde, erläutert J. Szűcs diesen Aspekt: In der ungarischen wie in der rumänischen - sowohl bürgerlichen als auch sozialistischen - Geschichtsschreibung überwiege die Interpretation der mittelalterlichen Geschichte vom Standpunkt des nationalstaatlichen Denkens im 19. Jahrhundert,

Ein Ansatz für diese z.T. unklaren, z.T. fehlgemeinten philologischen und ideengeschichtlichen Interpretationen der natio/Nationsproblematik Siebenbürgens war mit den der vorliegenden Untersuchung zugrundeliegenden Texten des 16. Jahrhunderts gegeben. Dieselben Texte erschienen auch in anderer Hinsicht untersuchenswert. Humanismus und Reformation brachten mittels des Buchdrucks eine starke Vermehrung der Quellenbasis. Die bekanntlich komplexe Entwicklung der Religionsfrage zog viele auswärtige Gelehrte, Humanisten und danach auch katholische Missionäre und Missionare an, die über dieses Land berichteten. Die humanistische Freude am Beschreiben der Völker und Länder ließ dieses eher ex-zentrische Gebiet in den Gesichtskreis der Gebildeten treten; seine vielen Völker und historischen Strukturen erweckten - so lassen es die Choro- und Kosmographien, in denen Siebenbürgen vorkommt, erkennen - Neugier. Erwähnt sei schließlich noch, daß das 16. Jahrhundert gegenüber der lateinischen Urkundensprache in den humanistischen und religiösen Schriften insgesamt mehr terminologische Varietät brachte, auch ein Mehr an literarischem Ehrgeiz der nicht mehr anonymen Verfasser. Daher bieten sich gerade diese Texte für eine Analyse der Nations- und Konfessionsbezeichnungen mit ihren ethnischen, sozialen, institutionellen Konnotationen besonders an.

Die Texte

Zugrunde gelegt werden chronistische Werke und Landesbeschreibungen aus der europäischen humanistisch-kosmographischen Tradition, vorwiegend auf Geographie, Geschichte und die "Merkwürdigkeiten" Siebenbürgens ausgerichtete Texte des 16. Jahrhunderts in lateinischem und italienischem Original - also literarisch-chronographische Schriften. Dazu kommen zwei Texte aus dem 15. Jahrhundert, die eine richtungsweisende Tradition begründeten, und, als Nachhall der gleichen Problematik, ein noch unveröffentlichter Jesuitentext des 17. Jahrhunderts. Zum Vergleich des Sprachgebrauchs werden zwei andere Textgruppen aus demselben Zeitraum herangezogen, Urkunden und Konfessionsschriften. Der im 16. Jahrhundert einsetzende ungarische und deutsche Sprachgebrauch in allen drei Textgruppen bleibt außer Betracht, da er m.E. für die Fragestellung keinen

---

vgl. Die Nation in historischer Sicht, S. 13-16, 33-52, mit Beispielen für Siebenbürgen bes. S. 43f, 47f

Erkenntniszuwachs bedeutet.

Die im Anhang zitierten zwölf Textfragmente von zehn Autoren bilden eine Auswahl, auf weitere vergleichbare Arbeiten wird an gegebener Stelle Bezug genommen, etwa auf Honterus, Bomel, Bruto, Schesäus, Hann. Diese Texte lassen sich nach Herkunft und Standort ihrer Verfasser in drei Gruppen gliedern:

1. Humanistische Werke in der kosmographisch-weltgeschichtlichen Tradition Mitteleuropas, in denen einzelstaatliche und provinziale Untergliederungen auftreten. Hier sind die Informationen über die geographische Region Siebenbürgen oft chaotisch, das Merkwürdige überwiegt echte Kenntnisse. Typisch hierfür ist die entsprechende Passage aus der Cosmographia des Ae. S. Piccolomini, der "Transylvania regione" zwischen Ungarn und Thrazien placierte[46]. Im Abstand von nur fünf Jahren[47] erschien H. Schedels Weltchronik, der die Passage über Siebenbürgen wortwörtlich von Piccolomini übernahm (vgl. A/1, A/2). Gleichgroßer Beliebtheit wie diese beiden Weltchroniken erfreute sich die rund fünfzig Jahre später herausgebrachte Cosmographia universalis des S. Münster[48]. Der große Verbreitungsradius dieser drei Werke, auch nach Siebenbürgen und Ungarn, ist unschwer durch Vergleich der betreffenden Siebenbürgenpassagen in den Texten des Anhangs festzustellen. Die gesamte Gattung benutzte ein einheitliches Aufbaumuster: Geographische Ortung der beschriebenen Provinz; Verweis auf die alte Geschichte nach griechisch-römischer Quelle - für Siebenbürgen ist es "Dacia"[49]-;

---

46 Das in A/1 wiedergegebene 2. Kapitel der "Historia" steht zwischen der Beschreibung Ungarns (S. 218-226) und Thraziens (S. 229-231). Bibliographische Angaben zu Piccolominis Text vgl. unten, Anm. 107

47 Angaben über den Zeitpunkt der Abfassung und der Erstausgabe der im Anhang abgedruckten Texte vgl. jeweils nach der Titelangabe. Damit können die Chronologie der Angaben in den einzelnen Anhangtexten sowie ihr Einflußradius verdeutlicht werden.

48 Vgl. Elisabeth Rücker, Die Schedelsche Weltchronik, Das größte Buchunternehmen der Dürer-Zeit, München 1973, S. 7, 42, 143; Karl Heinz Burmeister, Neue Forschungen zu Sebastian Münster, Ingelheim 1971, S. 21-23

49 Der humanistische Dacia-Begriff ist in allen Texten des Anhangs - mit Ausnahme von A/3, A/9, A/10 und A/12, wo auf die Römerzeit in Siebenbürgen verwiesen wird - zu finden.

Aufzählung der dort lebenden Völkerschaften mit ihren gelehrt überlieferten Ursprungsmythen oder Legenden[50]; abrupter Übergang zur Gegenwart, "zu unßern Zeyten"[51] und Bericht über die "Merkwürdigkeiten" - Bräuche, Organisationsformen, Geschichtsfragmente. Bei Münster ist gegenüber dem 15. Jahrhundert ein Zuwachs an korrekter Information zu beobachten.

Es wird hier aus Platzgründen davon abgesehen, die Quellen zu nennen und die Informationsinhalte zu berichtigen[52]. Auch der humanistische "Dacia"-Begriff und der Sprachgebrauch von regnum/patria müssen unberücksichtigt bleiben. Bekanntlich war Kompilation im 16. Jahrhundert kein Delikt. Wenn in diesem Jahrhundert Informationsinhalte eine Zuschreibung erhielten wie etwa bei Münster, Possevino oder Vrančić, kann das der Analyse dienlich sein. In seiner Honter-Monographie führt G. Engelmann aus, daß Sebastian Münster Zuarbeiter ("Beiträger"), u.a. "... etlich auß Sieben Burgen ..." hatte; Namen werden nicht genannt. Von daher führen mindestens zwei Spuren aus der Zeit vor der editio princeps der Cosmographey (1544) nach Basel, zu Münster selbst bzw. zur Offizin seines Stiefsohnes Heinrich Petri: die von Honterus sowie die seines Landsmannes Martin Brenner, eines Arztes, der dort 1543 drei Dekaden von Bonfinis Rerum Hungaricarum herausgab. Beide, die (überarbeiteten) Kartenwerke Honters und Bonfinis Geschichte der Ungarn bis einschließlich Matthias Corvinus sollten noch eine bedeutende Nachwirkung in

---

50 Anhand dieser Angaben kann ebenfalls eruiert werden, welche Vorbilder die einzelnen Autoren verwendeten. Die Beschreibung bzw. Auslegung und Korrektur dieser Ursprungslegenden ist für die Rumänen mustergültig von Adolf Armbruster (Romanitatea românilor, Istoria unei idei - Die Romanität der Rumänen, Geschichte einer Idee, București 1972) vorgenommen worden, vgl. u.a. S. 46-50, 82-90 passim' - Die ungarischen und szekler Ursprünge in den zitierten Texten gehen überwiegend auf die Legendenbildung des Magisters Simon von Kéza zurück. Die Herkunft der Sachsen in Siebenbürgen stellt nur M. Siegler korrekt dar (S. 51 - zu bibliographischen Angaben vgl. unten Anm.122), wie es vor ihm schon Th. Bomel getan hatte, vgl. Joseph Trausch, Friedrich Schuller, Hermann H.Hienz, Schriftsteller-Lexikon der Siebenbürger Deutschen, Köln/Wien 1983,2.Aufl. (Schriften zur Landeskunde Siebenbürgens) Bd.1, S. 160

51 Vgl. A/1 bis A/6, S. 193ff

52 Auf einige Spezialuntersuchungen dazu sei verwiesen: Holban, Călători (nicht immer kritisch); Bernhard Capesius, Sie förderten den Lauf der Dinge, Bukarest 1967; Armbruster, Romanitatea

der Historiographie haben.
2. Die zeitlich wie sachlich folgenden Schriften fußen, sehr gut erkennbar, auf denen der ersten Gruppe. Sie nehmen im Zitat oder auch kritisch öfter auf jene Bezug, und ihre Verfasser partizipieren sicherlich an dem hohen Prestige von Vorläufern wie Piccolomini oder Münster. Es sind hier jedoch überwiegend Einheimische und gute Landeskenner am Werk; auch ist diese Gruppe im Anhang zahlreicher, nicht aber vollständig vertreten. Zwei deutliche Motivationen zur Aufzeichnung von Wissenswertem ragen heraus - die (stillschweigende) Berichtigung der Vorläufer aufgrund besserer landeskundlicher Kenntnis sowie der auch sonst zu beobachtende Ansatz zur Landeshistoriographie, hier vorwiegend als Zeitgeschichte[53] eingebracht. Damit steht die siebenbürgische Geschichtsschreibung zeitnah in der europäischen Tradition, was angesichts der großen communitas literarum, der auch von vielen Siebenbürgern und Ungarn wahrgenommenen humanistischen Studiengemeinschaft in Italien und im Reich, nicht verwundert. Für die Beurteilung des Informationsgehaltes der Texte in dieser zweiten Gruppe ist darüber hinaus anzumerken, daß die im Anhang genannten Verfasser ausnahmslos in höheren, teils in öffentlichen Ämtern standen. Sie waren Sekretäre oder Berater der Fürsten wie Olahus, Vrančić; Diplomaten wie Reicherstorffer, Bomel; Protonotäre der sächsischen Nationsuniversität wie gleichfalls Reicherstorffer, Siegler, Schesäus. Später traten sie fast alle in den geistlichen Stand. Die Autoren waren somit aktuell politisch gut informierte Persönlichkeiten, nach Studium und Neigung waren sie fast alle auch Humanisten, die z.B. Zugang zu den einheimischen Geschichtsquellen suchten und erhielten. Das kam ihren Texten sehr zugute[54]. Kurz sei noch auf eine

---

53 Am ungarischen Königshof bestand seit Matthias Corvinus eine dergestaltige Tradition, vgl. Stefan Torjai-Szabó, Das literarische Schaffen im Zeitalter des Humanismus und der Renaissance in Ungarn, in: Ungarn-Jahrbuch 10/1979, S. 133-162, bes. S.146-158 - Zur siebenbürgisch-sächsischen Historiographie vgl. die ausführliche Übersicht von Adolf Armbruster, Vorarbeiten zu einer Geschichte der siebenbürgisch-sächsischen Historiographie, in: Südostdeutsches Archiv 19/20/1976/1977, S. 20-52, bes.S.22ff

54 Vgl. in A/5 entsprechende Hinweise auf antike Autoren und Humanisten, auf eigene Sprachkenntnisse und den eigenen Augenschein, auch auf die mittelalterliche ungarische Chronistik. Bomel und Siegler zogen offensichtlich Urkunden des Hermannstädter Archivs der Nationsuniversität zu Rate.

weitere Tradition hingewiesen, die vor allem Olahus, Vrančić und Reicherstorffer rezipierten und die gleichfalls vom europäischen Humanismus ausgeht, nämlich auf die ungarische Hofhistoriographie z.Z. Matthias Corvins[55]. Sie speiste sich bekanntlich auch aus der ungarischen Diplomatik und Chronistik des Mittelalters seit dem Anonymus und Simon von Kéza[56]. So versuchte etwa Vrančić, den Attila-Mathias-Mythos des Bonfini auf den jungen Fürsten Johann Sigismund zu übertragen[57], also einen Kontinuitätsbogen besonderer Art in die zerklüftete ungarische Zeitgeschichte hineinzuinterpretieren und das Haus Zápolya zugleich zusätzlich zu legitimieren. Von allen im Anhang nachzulesenden Ursprungsmythen blieb der der skythischen, also äußerst 'edlen' Herkunft der Szekler einzig konstant; auch er stammt von Kéza[58].

Besonderer Hervorhebung bedarf die Diversität in der chronographischen Produktion des 16. Jahrhunderts zum Thema Siebenbürgen. Folgende Bereiche seien u.a. erwähnt: die Kartographie mit Honterus' thematischer Sachsenland-Karte[59]; chronologische Tafeln (Bomel[60], Siegler); die Landeskunde, vertreten durch Olahus, Vrančić, Reicherstorffer, Hann[61] und Reisebeschreibung (Reicherstorffer); das historische Epos nach antik-literarischem Vorbild bei Schäseus[62]. Verglichen mit der ersten Gruppe, war die Breitenwirkung dieser Autoren beschränkt, da die meisten ihrer Werke bis zum 18. und 19.

---

55 Torjai-Szabó, Das literarische Schaffen, S. 154-156
56 Szűcs, Theoretische Elemente, S. 271-276
57 Torjai-Szabó, Das literarische Schaffen, S. 155, 147f
58 Szűcs, Theoretische Elemente, S. 318, Anm. 10
59 Vgl. Gerhard Engelmann, Johannes Honter als Geograph, Köln/Wien 1982 (Studia Transylvanica Bd. 7), S. 22
60 Chronologia Rerum Ungaricarum, ..., per Thom.Bomelium Coronensem, collecta et Inclito Senatui Coronensi dicata, Coronae 1566 (22 S.), vgl. Trausch, Schuller, Hienz, Schriftsteller-Lexikon Bd. 1, S. 160; Siegler vgl. A/8
61 Vgl. A/3, A/5, A/6, A/7 - Michael Hann verfaßte als Vorspann zu dem 1583 Stephan Báthori überreichten Eigen-Landrecht der Sachsen eine kurze Geschichte der Sachsen, die im Manuskript blieb, vgl. Trausch, Schuller, Hienz, Schriftsteller-Lexikon, Bd.2,S.71
62 Ruinae Pannonicae, Libri quatuor, ... Autore Christ. Schesaeo Mediensi Transyl., vgl. ebd., Bd. 3, S. 169f; Fragmente daraus übertrug Capesius, Sie förderten..., S. 241ff

Jahrhundert im Manuskript blieben[63], also vorher nur manchen Kennern zugänglich waren.

Die hier genannten Autoren waren Zeugen der beiden die Strukturen wandelnden Ereignisse in der Geschichte Siebenbürgens - der Konstituierung eines ständisch geprägten Fürstenstaates und der Reformation[64]. Es ist daher besonders interessant zu erfahren, wieweit und in welcher Formulierung diese Fakten Eingang in ihre dem Zeitgeschehen in so starkem Maße gewidmeten Schriften gefunden haben. Hier sei als Resümee des Folgenden vorweggenommen, daß beide Ereignisketten nur in schwachen Spuren erkennbar werden. Sie sind bei den beiden Chronisten, den sächsischen Provinzialnotaren Bomel (1548-1561) und Siegler (1563-1573) noch am deutlichsten konturiert, bei Reicherstorffer nur für die Institutionengeschichte, da aber in prägnanter Formulierung, nachzuweisen[65]. Mag sein, daß die Autoren dieser zweiten Gruppe zum Zeitpunkt ihrer hier im Anhang angeführten Verfasserschaft diesen Ereignissen noch zu nahe standen. Bis auf Siegler schlossen sie ihre Werke ab, als die konfessionelle Diversifizierung noch im Fluß war.

3. Deswegen kontrastieren die Texte der dritten Gruppe mit denen der vorangegangenen. Der Regierungsantritt des Fürsten Stephan Báthori (1571-1586) bedeutete das Ende weiterer protestantischer Reformen, eine Stabilisierung auf staatlich-institutioneller wie auf konfessioneller Ebene. Einen Rückblick auf die vergangenen Jahre des raschen Wandels als auf eine Ära der Wirren, Verstrickungen und Irrtümer in barocker Wortkunst gab der neue Superintendent (Bischof) der lutherischen Kirche Lukas Ungleich im Vorwort zur "Formula Pii consensus" 1572:

> "In der Erschütterung vieler Umwälzungen, die voller bitterster Gefahren waren, und in häufigen Veränderungen des Staatswesens

---

63 Vgl. oben Anm. 47

64 Mit Ausnahme von Honterus, dessen Sachsenland-Karte 1532 in Druck ging, und Olahus (A/3), dessen noch fast 200 Jahre als Manuskript aufbewahrte Schriften um 1536 entstanden. Beide Autoren liegen mit ihren Arbeiten also vor 1542/1543.

65 Siehe unten S. 181 - Über die Veränderungen im konfessionellen Bereich ließ sich Reicherstoffer 1550 nur soweit ein, als er mitteilte, die vier Völkerschaften Siebenbürgens folgten verschiedenen 'Religionen', vgl. A/7, S. 200ff

haben sie (die sächsischen Gemeinden, d.V.) durch Gottes Schutz unverletzt durchgehalten. Und was noch mehr ist: auch in Wirrnissen unheimlicher Verirrungen, die dieses Staatswesen mit dem Verderben vieler Seelen bezahlen mußte, nachdem es seit einigen Jahren durch unruhige Geister in sie hinein verstrickt wurde, blieben unsere Gemeinden, wiewohl erschüttert und verunreinigt, doch standhaft fest verbunden im selben Bekenntnis des Glaubens, der wahren Lehre und disziplinierter Gesinnung."[66]

Das konfessionelle Geschehen bleibt das Hauptanliegen dieser Textgruppe, was mit dem konfessionspolitischen Standort der zitierten Autoren, einem dezidiert pro-katholischen Ort, zusammenhängt. Diese Art von Berichterstattung erfuhr im 17. Jahrhundert noch eine lange Reihe von Fortsetzungen durch die Franziskaner- und Jesuitenmissionare in Siebenbürgen, größtenteils noch unveröffentlichte Quellen. Man kann sie ganz allgemein als konfessionspolitische Lageberichte mit ethnischen, siedlungsgeographischen, wirtschaftshistorischen Detailinformationen bezeichnen. Der Beginn einer subjektiven Aufzeichnung in Konfessionsdingen, jeweils also die Kennzeichnung des Bekenntnisses der eigenen ethnisch und territorial definierten Gruppe als des optimalen, ist allerdings schon bei Siegler zu erkennen[67].

Demgegenüber tritt das Interesse an der institutionellen Veränderung zurück. Sie ist zwar rezipiert, verglichen mit Gruppe 2, aber unklar formuliert. Das mag daran liegen, daß die beiden ersten Autoren Italiener waren, nur kurz in Siebenbürgen weilten und, wie erwähnt, ein starkes katholisches Engagement offenbarten - für sie war die Reformation ein eventuell noch reversibles Ärgernis. Der dritte Autor, wahrscheinlich ein Ungar, konnte sich 1650 die Beschreibung der Institutionen des Fürstentums sparen, es handelte sich inzwischen um Wohlbekanntes.

Festzuhalten wäre, daß Fürst Stephan Báthori so etwas wie ein Patronat über die Historiographie Siebenbürgens ausübte - drei Werke aus der mittleren Textgruppe, alle von Deutschen verfaßt, wurden ihm gewidmet: Sieglers Chronologie (1. März 1572), Schesäus' Ruinae (1581), Hanns Sachsengeschichte (1583). Der Fürst regte auch

---

66 Zit. nach Ernst Wagner, Quellen zur Geschichte der Siebenbürger Sachsen 1191-1975, Köln/Wien 1981, 2. Aufl.(Schriften zur Landeskunde Siebenbürgens Bd. 1), S. 129, Nr. 47
67 Siehe unten S. 203

Brutos[68] weitläufige Geschichte Ungarns (und Siebenbürgens) im 16. Jahrhundert sowie Possevinos Commentario an[69]. Nicht zu Unrecht schätzte der an italienischen Universitäten ausgebildete Báthori die literarischen, historiographischen und beobachtenden Fähigkeiten italienischer und deutscher[70] Verfasser. Hervorgehoben sei der scharfe Blick des Ausländers für ethnographische und ethnische Details, die die Einheimischen im 16. Jahrhundert meist weniger fesselten. Bis hin zu Possevino scheint der Fürst jedoch mit diesen Ergebnissen nicht recht zufrieden gewesen zu sein, sei es, daß die Arbeiten zu bescheiden (Siegler, Bomel, Hann), sei es, daß ihr konfessionalistischer Standpunkt zu reformfreundlich gewesen ist. Solches läßt sich z.B. aus dem Auftragswerk Possevinos erschließen, der sich auf Bruto bezog[71]. Stephan Báthori, von dem Gromo behauptete, er verstehe nichts von theologischen Schriften[72], nahm zwar - anders als sein Vorgänger Johann Sigismund - wenig Anteil an den Kontroversgesprächen und religiösen Disputen seiner Zeit; dafür lagen ihm staatliche Ordnung und Festigung sehr nahe. In diesem Sinne verstand er und verstanden auch die Sachsen die Vereidigung ihrer Lehre auf die Confessio Augustana (Synode vom 3.5.1572), wobei "wahre Lehre" und "disziplinierte Gesinnung" sich verbanden[73]. Von dieser Symbiose von Volksstamm, Landstand und Konfession wurde beispielgebende Wirkung auf die "Nachbarvölker" erhofft[74].

---

68 Die langatmige Geschichte des venetianischen Arztes Giovan Michele Bruto wurde erst im 19. Jahrhundert unvollständig veröffentlicht in: Monumenta Hungariae Historica, Budapest 1863-1876 (künftig MHH), Scriptores Bd. 2, S. 12-14 - Über den Auftrag berichtet in seiner Einleitung zu Possevinos Commentario Giacomo Bascapé, Le relazioni fra l'Italia e la Transilvania nel secolo XVI (Die Beziehungen zwischen Italien und Siebenbürgen im 16. Jahrhundert), Roma 1931, S. 50

69 Ebd., S. 49f

70 Stephan Báthori ließ seine Kriegszüge als König von Polen von dem Deutschen Heidenstein darstellen. Das Manuskript soll er eigenhändig korrigiert haben, vgl. Mathias Bernath (Hg.), Biographisches Lexikon zur Geschichte Südosteuropas, München 1973, Bd. 1, S. 155

71 Bascapé, La relazioni, S. 50

72 Holban, Călători, Bd. 2, S. 323f

73 Vgl. Zitat S. 176f

74 "(Durch welche Weisheit und Güte) Gott wollte, daß diese Ge-

Die "Religion" sollte fortan, wie im 17. Jahrhundert, im Vordergrund stehen, der überwiegend protestantische Landtag den katholischen Fürsten aus dem Hause Báthori immer wieder gegenübertreten. Beispiele hierfür waren das Verbot des Jesuitenordens, der von den Báthoris stark gefördert wurde und 1588 neue Forderungen stellte[75], sowie die Bestätigung aller damaligen Konfessionen des Landes auf dem Landtag zu Mediasch im gleichen Jahr – beides als Bedingung der Stände für die Mündigkeitserklärung Sigismund Báthoris[76]. Dieser prokatholischen Politik der Báthoris, die öfter die Grenzen des Möglichen auslotete, stand die protestantische Grundhaltung des Landtags gegenüber. Daher begann sich auch seit den achtziger Jahren die bislang eher landeskundliche Perspektive der Geschichtsschreibung in Siebenbürgen auf den konfessionellen und immer mehr auch auf den ethnischen[77] Standort des jeweiligen Autors einzuengen. Damit waren die Weichen für die Historiographie des folgenden Jahrhunderts gestellt. Die übergreifende, alle Völkerschaften und Standpunkte berücksichtigende Perspektive sollten nurmehr die Beschreibungen Siebenbürgens durch die katholischen Geistlichen aufweisen, wenngleich auch hier der humanistische Geist einem missionarischen Eifer Platz machte. In Siebenbürgen obsiegten die gleichsam 'kleinmagyarischen' und 'kleinsächsischen' Standorte, das ständische Strukturmuster in zweifacher Hinsicht – ethnisch und konfessionell – überlagernd. Im 17. Jahrhundert traten 'gesamttransylvanische' Züge hauptsächlich in der Ständepolitik gegenüber auswärtigen Mächten, dem Heiligen Stuhl oder Habsburg, zutage.

Die Privilegienfrage wurde erst gegen Ende dieses Jahrhunderts wieder zum sehr aktuellen Gegenstand. Um diese beiden politischen Realitäten der drei ständischen Nationen und der vier rezipierten Konfessionen, mit Hinweis auf die weitgefaßte Duldung der ortho-

---

meinden des sächsischen Volksstammes den anderen Nachbarvölkern gewissermaßen ein Beispiel bieten für das Wesen seiner göttlichen Gegenwart und gnädigen Verschonung." zit. nach Wagner, Quellen, S. 130, Nr. 47

75 MCRT Bd. 3, S. 245-248
76 Ebd., S. 248-251
77 Armbruster, Vorarbeiten, S. 25f

doxen Konfession, verfestigte sich auch im 17. Jahrhundert der Sprachgebrauch.

Zum Sprachgebrauch

Der Zugang zu jenem vielfach gestuften Strukturwandel des Reformationszeitalters wird in dieser Arbeit über die Textanalyse, die Untersuchung des Sprachgebrauchs gesucht. Hier seien die Ergebnisse zu den beiden Komplexen Nation und Konfession in eine Übersicht mit sowohl chronologischer als auch quellenspezifischer Ausrichtung zusammengefaßt.

1. Nationsbegriffe

Der Betrachtungszeitraum für die Klärung des gerade in der Urkunden- und chronostischen Sprache Ungarns ungewöhnlich breit gefächerten Wortfeldes von natio muß vom 13. bis zum 16. und 17. Jahrhundert gewählt werden. Hier können Ergebnisse einer Spezialuntersuchung - wie schon angedeutet[78] - nur referiert werden. Es sind vier verschiedene Inhalte zu unterscheiden:

a) gens / populus / natio. In europäischen (auch ungarischen) Quellen und Urkunden seit dem Hochmittelalter sind alle drei Begriffe im ethnischen und territorialen Wortsinn, wie er uns auch heute noch vertraut ist, für "Volk"/"Volksstamm" anzutreffen. Natio ist in diesem Sinn jedoch zunächst weniger häufig. Dieser Sprachgebrauch ist auch in allen Texten des Anhangs vorzufinden, bei A/4 noch durch lingua verdeutlicht.

Die Verwendung von natio in diesem Wortsinn kann seit dem 13..bzw. frühen 16. Jahrhundert in ungarischen und siebenbürgenbezogenen Texten Unklarheit schaffen, wenn dieses natio etwas anderes als "Volk"/"Volksstamm" bedeutet, zumal dann, wenn es innerhalb eines Satzes oder Abschnittes in unterschiedlicher Bedeutung vorkommt[79]. In den Siebenbürgen betreffenden Urkunden - seien sie nun siebenbürgisch-provinzialer oder kanzlei-ungarischer Provenienz - und ebenso in der mittelalterlichen Chronistik in auf dieses Gebiet bezogenen Passagen überwiegt seit dem 13. Jahrhundert der Gebrauch von Ethnonymika - Siculi, Saxones, Valachi, Rutheni, Rasciani,

---

78 Vgl. Zach, Nationsbegriff
79 Vgl. oben Anm. 35

Nation und Konfession   181

Hungari. Das klingt für die ersten vier Namen auch in den Texten
des Anhangs, also im 16. Jahrhundert, noch an.

b) Natio (wie populus im Hochmittelalter[80], in Gesamtungarn seit
Simon von Kéza[81] aber natio in der Formel natio hungarica) als Begriff für eine institutionell-politische Kategorie, für das "politische Volk", die "politische Nation", ist in Siebenbürgen in diesem gesamten Zeitraum selten. Eine diesbezügliche Formulierung
scheint bei Vrančić mit dem "natio eam triplex incolit" vorzuliegen (vgl. A/5), die Schesäus wörtlich in sein Epos übernahm[82]. Diesen drei Völkerschaften Siebenbürgens - bei Vrančić nach dem Doppelpunkt: "Siculi, Hungari, Saxones" -, die die politische Nation
("natio") bilden, folgen die Walachen ("adjungam tamen et Valacchos"), die ebenfalls zu den "locis incolae" zählen, aber nicht
zur politischen Nation, da sie rechtlich und territorial keine Gebietskörperschaft haben, wenngleich sie in einigen Distrikten geschlossener siedeln: "Valacchos, qui quamlibet libertas, nulla nobilitas, nullum proprium jus ...". Darin ist keine Bosheit des Autors zu sehen, der eine im zweiten Viertel des 16. Jahrhunderts
sich ihm darstellende Lage beschreibt. In Vrančićs eleganter lateinischer Formulierung der in Siebenbürgen wohnenden dreifältigen
natio klingt ein dritter Inhalt dieses Begriffes an.

c) Natio / statu(u)s et ordines als Bezeichnung für die Landstände. In Urkunden Siebenbürgens erscheint natio für die Landstände
im Sinne der ungarischen Territorialordnung erstmals 1506[83]. Der
allgemein-europäisch gebräuchlichere Begriff dafür war ordines/
status et ordines. Dieser ist in Siebenbürgen seltener anzutreffen, war aber vermutlich schon vor seinem ersten Aufscheinen in
den Landtagsbeschlüssen oder -artikeln von 1552[84] dort eingebür-

---

80 Grafenauer, Ethnische Gliederung, S. 8
81 Szűcs, Theoretische Elemente, S. 278-293 - Zum ersten Mal in
   Urkunden Ungarns im Jahre 1298, ebd., S. 322, Anm. 37 - Gemeint
   ist die auf Blutsverwandtschaft beruhende Gemeinschaft des waffentragenden, politisch konstituierten ungarischen Adels.
82 "Dort wohnt ein dreifach Geschlecht ...", zit. nach Capesius,
   Sie förderten ..., S. 253
83 Teutsch, Unionen, S. 63-66
84 "Ordines" mit Bezug auf den ungarischen Reichstag vgl. z.B. in
   der Urkunde zur Heeresverfassung Siebenbürgens von 1463 (siehe

gert.

Im 16. Jahrhundert liegt natio im Sinne von "Landstand" nur dann eindeutig vor, wenn es in Verbindung mit der Zahl drei und gegebenenfalls noch mit der ethnonymischen Aufzählung der hiermit ebenfalls gemeinten Stände des Szekler-, des Sachsenbodens und der ungarischen Adelskomitate vorkommt, auf diese mittelalterliche Territorialverfassung also Bezug nimmt. In den Landtagsartikeln ist dies sehr häufig der Fall[85], in den untersuchten chronistischen Texten des 16. Jahrhunderts aber nur selten. Die einzig exemplarische Formulierung dieses sicherlich nicht ganz leicht durchschaubaren Sachverhalts stammt von einem Einheimischen, einem guten Kenner der Verhältnisse auch aus rechtlicher und diplomatischer Sicht. Georg Reicherstorffer wies in A/7, beginnend mit "Eadem provincia in tres dividentur nationes ...", auf diese Territorialordnung mit den rechtlichen und administrativen Besonderheiten jedes der drei Gebiete deutlich hin. Bei Vrančić finden sich Anklänge ("tres ordines", "universis et singulis nationis") in A/6, Siegler verwendet beide Begriffe, ohne sie zu erläutern, was auf ihre Eingebürgertheit deutet, z.B. in "ex singulis nationibus" - wobei die Szekler fehlen - oder in "Conventus omnium ordinum regni" für das Jahr 1556 (A/8).

Weil die Rumänen und andere Völkerschaften dieser Provinz nicht zur "politischen Nation" gehörten, weil sie keinen gesonderten,

---

oben Anm. 43). Die Bezeichnung bleibt auch auf den Preßburger Reichstagen Rumpfungarns, vgl. Monumenta Comitialia Regni Hungariae, hg.v. Volmos Fraknoi, Bd. 1-3, Pest 1874-76, z.B. Bd. 1, S. 447: "ipsos Status et Ordines" (1532); Bd.3, S. 131: "Primum ordinum Praelati, Barones, Nobiles, caeterique Ordines et Status regni Hungariae" (1547) - Die status majores in Schlesien unter österreichischer Herrschaft meinten Landtag und Landstände, vgl. Haberkern, Wallach (Hg.), Hilfswörterbuch für Historiker, Mittelalter und Neuzeit, Bd.2, München 1972, 3. Aufl.., S. 596f - Im Fürstentum Siebenbürgen blieb die Nomenklatur etwas uneinheitlich: "Omnes status et ordines regni Transilvaniae" (1552); "ordinum et statuum trium nationum regni Transilvaniae" (1554), vgl. MCRT Bd.1, S. 404, 514 - Auf dem Weißenburger Landtag vom Februar 1557 wurden auch die partes erwähnt: "status et ordines regni Hungarie et Transylvanie", vgl. ebd., Bd.2, S. 72

85 So z.B. auf dem Landtag zu Klausenburg vom August 1542: "Ut maiestas regia regnum Hungariae, et in Transyluania tres naciones nobilium Siculorum et Saxonum in antiquis iuribus et libertatibus per ..." MCRT Bd.1, S. 130

mit ihrem Ethnonym bezeichneten Landstand bildeten, kommt es im 16. Jahrhundert in der Chronistik immer wieder zu der Verwirrung stiftenden Formulierung, die dortigen Bewohner betreffend: drei Nationen und die Walachen (mit Abwandlungen) wie in allen Texten des Anhangs außer A/3 und A/12. Das beinhaltet keine Zurücksetzung der Rumänen, sondern die Formulierung ihres politisch-institutionellen Funktionsmangels als ethnische Gruppe.

Bemerkenswert ist die Lösung der etwas verwirrenden Polysemantik von natio/nationes bei dem Italiener Gromo in A/9, A/10. Für die ethnische Bestimmung ("Völkerschaften") verwendet er in seinen Texten natione, -i; für die drei siebenbürgischen Landstände wählt er sich einen eigenen Begriff, "fattione"[86], wobei er bei seiner Zählung gelegentlich durcheinander gerät[87]. Possevino, der mindestens einem Landtag beigewohnt zu haben scheint, gerät mit der Zählung wiederum in Schwierigkeiten, weil er die adeligen Ungarn der partes und Siebenbürgens als je einen Stand anführt[88]. In dem zuletzt zitierten Text eines Jesuiten kommt die institutionelle Beschaffenheit des Fürstentums Siebenbürgen mangels Interesses nicht mehr zur Sprache.

Der natio-Begriff für die drei Landstände der Provinz Siebenbürgen, wie er formelhaft erstmals aus dem Jahr 1506 überliefert ist, hat eine mehrschichtige Vergangenheit: Er steht in Zusammenhang sowohl mit dem von Kéza zuerst geprägten Begriffsinhalt der natio hungarica des ungarischen Reichstages als auch mit der Berufung von Vertretern des Szeklerbodens und der Königsboden-Sachsen - neben anderen weiniger deutlich definierbaren Gruppen - zu Kongregationen der siebenbürgischen Adelskomitate seit dem 13. Jahrhundert und nicht zuletzt mit den vielzitierten drei Unionspartnern ("partes, Nobiles, Saxones et Siculi"[89]) der Beistandsabsprachen in Siebenbürgen seit dem großen Bauernaufstand von 1437/38. Der Zeitpunkt, von dem an von eigenen siebenbürgischen Provinzialständen ausgegangen werden kann, ist nicht auf das Jahr genau anzugeben.

---

86 Vgl. oben Anm. 37
87 A/9, f. 254f; A/10, f. 162f
88 A/11, f. 90
89 Teutsch, Unionen, S. 47-49, Nr. 10

Eine darauf zulaufende Entwicklung ist während des gesamten 15. Jahrhunderts aus den diplomatischen Quellen zu erkennen, ein fester Ansatzpunkt aber in der dritten Union dieser Art, beim Schäßburger Landtag 1506, deutlich. Hier wurde erstmals und hauptsächlich eine Rechtsordnung für die gesamte Provinz beschlossen, was über die schon vor 1437 üblichen Absprachen über Steuer-, Rechts- und Aufgebotsfragen weit hinausging[90].

Der natio-Begriff ist in Urkunden und Chroniken des 16. Jahrhunderts weiterhin ambivalent, wenn Landstand und Ethnonym assoziiert erscheinen, wie z.B. einmal auch bei Vrančić in "Saxonum natio" (A/5).

d) natio als ethnisch näher, aber nicht ausschließlich definierte Konfessionsgruppe. Illustrierend seien dazu einige Konfessionsschriften zitiert: zunächst das letzte gemeinsame Bekenntnis der lutherischen Ungarn und Sachsen nach der Klausenburger Synode von 1557, "Consensus doctrinae de sacramentis Christi pastorum et ministrorum ecclesiarum in inferiori Pannonia et nationis utriusque in tota Transylvania" (gemeint sind Siebenbürgen und die partes bzw. das Gebiet der beiden Stände des ungarischen Adels und der Sachsen, da die Szekler zu diesem Zeitpunkt noch katholisch waren); sodann der Heidelberger Katechismus, gedruckt von Kaspar Helth/Heltai, "Catechismus ecclesiarum Dei in natione Hungarica per Transylvaniam ..." sowie der Disputationskompromiß zwischen Kalvinern und Antitrinitariern auf der Weißenburger Synode (beide 1566), "Sententia concors pastorum et ministrorum ecclesiae Dei nationis Hungaricae in Transylvania ..."[91], in der zum letzten Mal auch im Konfessionellen ein Konsens innerhalb der ungarischen Adelskomitate bzw. der Ungarn Siebenbürgens und der partes - die Szekler wieder ausgenommen - gesucht wurde; zuletzt eine Formel aus der Vorrede zum sogenannten sächsischen Glaubensbekenntnis von 1572, das von der "Kirche Gottes sächsischer Nation" spricht[92].

Die Regionalisierung der konfessionellen Entwicklungen war zunächst durch typische Städtenamen wie Klausenburg, Hermannstadt, Debre-

---

90 Ebd., S. 27f; Nr. 22, S. 63-66
91 RMN, Nr. 215/1 und 215/2, S. 215f
92 Wagner, Quellen, S. 128

zin, danach nach ethnisch-ständischem Kriterium festgehalten worden. Als auch die Szekler zu reformieren begannen, wurden diese Ordnungsversuche zunichte. Nurmehr bei den Sachsen fielen Bekenntnis und Landstand weitgehend zusammen. In den Texten des Anhangs fand diese Entwicklung (bis 1563) allein bei Siegler Niederschlag (A/8).

2. Konfessionsbegriffe

Ein Blick auf die Texte des Anhangs und Zitate aus Konfessionsschriften läßt schon erkennen, daß im 16. Jahrhundert die später üblichen, heute noch verbindlichen Benennungen - Evangelische Kirche A.B.[93] für die lutherische; Reformierte Kirche für die helvetische oder kalvinische Richtung; Unitarische Kirche für die antitrinitarische, auch arianisch genannte Richtung; Orthodoxe Kirche - noch keineswegs feststanden. Die frühen Reformatoren beriefen sich, wie auch in Gesamteuropa, auf Wiederherstellung der Disziplin, auf das Evangelium, was auch bei Siegler eindeutig überliefert ist: Honterus war der "restaurator honestarum disciplinarum in Transylvania" (1549); in Hermannstadt wurde 1533 eine "ordinatio ministrorum evangelii" vorgenommen[94]. Was von der eigenen, der bereinigten Auffassung abwich, war "Dogma", Häresie, Blasphemie (A/8). Nur für die katholische Kirche war die Bezeichnung eindeutig, sieht man von den polemischen Benennungen wie "papistisch" einmal ab. Die Orthodoxen gehörten dem "rito greco" (A/11)/"ritum Graecum" (A/12) an, sofern nicht der mittelalterliche Sammelbegriff "Schismatiker" auftrat.

Mit der Reformation begann sich bei den entsprechenden Gemeinden in Siebenbürgen gleichfalls schon sehr bald eine Synodalordnung abzuzeichnen. Die Protestantengruppen selbst gliederten und benannten sich nach verschiedenen Ortskirchen "ecclesiae" - vom Burzenland (1543), von Hermannstadt (1557), für alle Deutschen des Königsbodens wie der Komitate, von Klausenburg für die lutherischen Ungarn und Deutschen dieses Raumes, von Debrezin für die schon 1561 kalvinischen Ungarn dort etc. -, ohne sich in konfessioneller

---

93 Ludwig Binder, Die Kirche der Siebenbürger Sachsen, Erlangen 1982, S. 9

94 Siegler, Chronologiae (bibliographische Angaben vgl. unten Anm. 122), S. 71, 79; S. 80, 84 so ähnlich

Hinsicht genauere Namen zuzuweisen[95].

Namengebend wirkten zuerst die katholischen Gegner der Reformation, wie die Texte von Gromo, Possevino und des anonymen Jesuiten zeigen: "Religione ... luterana, ... Ugenotta, ...cattolica" (A/9, A/10); "la confessione Augustana, ... heresia ... Calvinista, ... setta et heresia Ariana, ..." (A/11) und ähnlich auch in A/12. Es erfolgte also eine Namengebung für neue reformatorische Bekenntnisse durch die Gegner von katholischer Seite, die allerdings von deren Kirchen aus gutem Grund nicht sofort aufgegriffen wurde. Im Landtagsprotokoll vom Dezember 1588 erscheinen diese Namen schon in urkundlicher Form. Es wurde da beschworen, daß "... tantum sectas in regno permissurum preter Valachos, confessionis augustanae, calvinistarum et arrianorum"[96]. Eine ähnliche Form wurde in Art. 8 auf dem Weißenburger Landtag vom April 1595 beeidigt. Sie lautet in deutscher Übersetzung:

> "Was die Religionsangelegenheiten betrifft, haben wir von Reichswegen beschlossen, daß die rezipierten Religionen, nämlich die // Katholische oder römische, die Lutherische, die Calvinistische und die Arianische überall frei erhalten werden sollen."[97]

Die während der fünfziger Jahre sich abzeichnende Untergliederung der Reformationskirchen nach einem ständisch-territorialen wie auch nach dem ethnischen Prinzip konnte bereits in den sechziger Jahren nicht mehr realisiert werden. Bereits die Gliederung nach einem ethnischen Gesichtspunkt innerhalb des Luthertums in eine Klausenburger und eine Hermannstädter Superintendentur (1557) war eine überwiegend territoriale Teilung ohne genauere Entsprechung in den beiden landständischen Gebieten. Im Klausenburger Bereich, vor allem in der Stadt selbst, lebten genügend Deutsche; eine Annäherung dieses Sprengels an das Gebiet der ungarischen Adelsnation, d.h. des Adelsstandes - der ja die sieben siebenbürgischen Komitate und die partes beinhaltete -, war von Anfang an Fiktion. Schließlich

---

95 Abgrenzungen wurden im sachlich-theologischen Bereich formuliert, z.B. hinsichtlich des Abendmahlsritus und der Christologie, insbesondere innerhalb der ungarisch-sprachigen Gruppe, vgl. RMN passim

96 MCRT Bd. 3, Nr. 40, S. 257

97 Robert Csallner, Quellenbuch zur vaterländischen Geschichte, Hermannstadt 1905, Nr. 20, S. 142f

wurde das überwiegend ungarisch bewohnte Gebiet, dem im Landtag 'der Adel'entsprach, vierkonfessionell - sieht man von den orthodoxen Rumänen und Serben einmal ab. Ähnlich stand es seit den achtziger Jahren im Szeklerland. Landstand und Konfession hatten sich überall, außer bei den Sachsen, auseinanderentwickelt.

Ausblick

Die Reformation brachte in Siebenbürgen im 16. Jahrhundert neue Parteiungen und Gliederungen jenseits der ständischen und sozialen Ordnung mit sich. Letztere müssen hier weitgehend außer acht bleiben. Sie Ständeordnung wurde zunächst etwas relativiert, aber niemals in Frage gestellt oder überwunden. Die neue Religionsgesetzgebung, die im wesentlichen die drei Stände betraf, die Ostkirche nur tangierte, war in ihrem Angebot an Freiheiten - libertates im mittelalterlichen Sinn - in je verschiedener Weise ethnisch, sozial und konfessionell begrenzt. Das Fehlen eindeutig benennbarer Trennlinien zwischen dem ethnischen und dem ständischen Bereich führte immer wieder zu Spannungen. Diese könnten als eine Reihe von Dichotomien dargestellt werden - so z.B. zwischen Ständeprinzip und ethnischer oder nationalitätenpolitischer Gliederung im Selbstverständnis der einzelnen, zwischen ständischer und sozialer Ordnung. Letztere hätte beispielsweise die Rolle und den Stellenwert der Städte im Lande zu berücksichtigen. Solche Analysen wurden bislang nur selten in Angriff genommen. Dieser historisch-sozialgeschichtliche Blickwinkel fehlt fast zur Gänze in den bislang umfassendsten Arbeiten zum Reformationszeitalter aus theologischer Sicht, bei Karl Reinerth, Ludwig Binder, Mihály Bucsay.

Hier seien zur Verdeutlichung nur einige Relationen zwischen den verschiedenen Gruppenbildungen herausgestellt. Eine gründliche Analyse wäre wünschenswert. Seit dem Reformationszeitalter kann in Siebenbürgen im wesentlichen von drei konstitutionell relevanten Gruppen ausgegangen werden, historisch älteren wie damals jüngeren:

1. Politische Gruppen waren die administrativ-territorial autonomen Gemeinschaften, aus denen seit dem 15. Jahrhundert die drei Landstände mit ihren Verwirrung stiftenden Namen erwuchsen - also die korporativ verfaßten Gemeinschaften des Szekler- und des

Königsbodens sowie die adelsprivilegierte communitas nobilium. Diese bildeten, wie erwähnt, die 'politische Nation' Siebenbürgens und damit seit dem ausgehenden 18. Jahrhundert ein bedeutend werdendes Konfliktpotential.

2. Konfessionelle Gruppen oder Gemeinschaften wurden seit der Reformation für das traditionell bikonfessionelle Siebenbürgen - katholisch und orthodox - typisch oder gleichsam konstitutiv.

3. Ethnische Gruppen gab es 'natürlicherweise' schon immer in Siebenbürgen, man denke nur an die'Völkertafeln', die in allen ungarischen Chroniken und z.B. auch von Vrančić für dieses Gebiet genannt werden. Nationalität war jedoch bis zur Reformation nicht ein bestimmendes, gruppenbildendes Kriterium, wie es das danach werden sollte; zum Sachsen- und zum Szeklerboden gehörten rechtlich auch Rumänen, Zigeuner.

Wenn man beispielsweise vom Kriterium politisch-institutioneller Gruppenbildung ausgeht, ergeben sich für die drei Standesgemeinschaften folgende Bezüge der drei Gruppierungsmöglichkeiten Stand - Konfession - Ethnie untereinander:

a) Die Standesgemeinschaft der Königsbodensachsen war - einzig in Siebenbürgen - auch konfessionell und ethnisch weitgehend eindeutig zu definieren. Dem Landstand der universitas Saxonum oder Nationsuniversität entsprach - nach Überwindung der Täufereinbrüche in ihrem Gebiet[98] während der fünfziger Jahre - das lutherische Bekenntnis, seit spätestens 1572 die CA[99]. Die konfessionellen Bande gingen jedoch über den verwaltungsrechtlichen Bereich der Nationsuniversität hinaus und zwar an ethnischen Gesichtspunkten entlang. Zur sogenannten 'geistlichen Universität' der Sachsen gehörten auch die grundhörigen deutschen Bauern auf Adelsboden. Ausgenommen blieben die Deutschen in Klausenburg, die sich im Verlauf des folgenden Jahrhunderts dann auch allmählich den Ungarn dort assimilierten. Die Nationsuniversität hatte die Kirchenordnung von 1547 - die "aller Deutschen in Sybenbürgen"[100] - unterschrieben. In

---

98 Karl Reinerth, Die Gründung der evangelischen Kirchen in Siebenbürgen, Köln/Wien 1979 (Studia Transylvanica Bd.5), S. 194

99 Siegler verweist schon 1561 in seiner Chronologie auf die Confessio Augustana der lutherischen Sachsen (S. 83), was ein späterer Einschub sein könnte, vgl. auch A/8

deutschsprachigen Texten der Nationsuniversität wurde etwas später auch "... die universitet der deutschen nation"[101] alternativ zum lateinischen universitas Saxonum gebraucht; das Eigen-Landrecht der Sachsen von 1583 verwendete in seiner deutschen Fassung hingegen die Bezeichnung "Sachsen"[102]. Das sprachliche Definitionselement deutsch allein war also zu keiner Zeit eindeutig oder ausreichend. Übersehen werden sollte nämlich nicht ganz, daß z.B. für rumänische Dörfer auf dem Königsboden ebenfalls "sächsisches Recht" - also das Eigen-Landrecht - von der zweiten Instanz an galt, "Sachsen" also nicht allein eine Ethnie meinte.

b) Trotz vieler Gemeinsamkeiten zwischen Königsbodensachsen und Szeklergemeinschaft (siculitas) als autonomen Gebietskörperschaften war hier das weitgehende Ineinanderfallen von Stand, Konfession und Ethnie so nicht gegeben. Dazu wurde oft bemerkt, der Rechtsstatus des Szeklerbodens sei nicht so klar definiert worden, die szekler Gebietskörperschaft nicht so stark geprägt, wie dies bei den Sachsen der Fall gewesen sei. Weitere Unterscheidungsmerkmale kamen hinzu. Die noch weit bis in das 15. und 16. Jahrhundert eher stammesgemeinschaftlich denn nach feudalzeitlicher Sozialstufung gegliederte universitas Siculorum geriet im Reformationszeitalter in die Krise. Dies zeigte sich m.E. auch daran, daß die politisch-ethnisch weitgehend einheitliche siculitas sich nach zwei Richtungen hin aufspaltete: In sozialer Hinsicht fand eine Angleichung an ungarische Verhältnisse in den Komitaten statt[103], in konfessioneller Hinsicht blieben die vier östlichen Szeklerstühle überwiegend katholisch, die anderen wurden - wie auch sonst in den Komitaten - protestantisch-mehrkonfessionell. Zunächst hatte es so ausgesehen, als sollten die Szekler eine den Sachsen ähnliche und ihren Stand verstärkend-unterstreichende Entwicklung verzeichnen, weil hier die Reformation erst einige Jahrzehnte später als im üb-

---

100 Wagner, Quellen, S. 116

101 Csallner, Quellenbuch, Nr. 19/3, S. 141

102 Das Eigen-Landrecht der Siebenbürger Sachsen, hg.v. Adolf Laufs, Wolfgang Bührer, München 1973, S. XXV, XXX, 51, 102, 155

103 Samu Benkő, Lajos Démeny, Károly Vekov, Răscoala secuilor din 1595-1596 (Aufstände der Szekler in den Jahren 1595-1596), București 1978, S. 42, 66

rigen Land Fuß zu fassen begann - die Szekler also katholisch zu bleiben schienen. Diese siculitas, laut derer sich - wie auch in den Texten des Anhangs nachzulesen - jeder Szekler für "adelig" erachtete, gab im 16. Jahrhundert den modernisierenden sozialen Spannungen nach, zwei große Szekleraufstände brachten die Entladung, der gehobene Szekleradel begann sich danach dem ungarischen Adel der Komitate mehr und mehr anzugleichen, der arme Szekler ein Höriger zu werden.

c) Die "Ungarn" oder "der Adel" der Komitate hatten vor 1540/42 wenig Veranlassung zu gesonderter Gemeinschaftsbildung außerhalb der mittelalterlichen communitas oder universitas. In Siebenbürgen allein gehörte zur universitas nobilium der Adel aller sieben Komitate gemeinsam. Darüber hinaus gab es kaum Unterschiede zu der für das Königreich Ungarn so bezeichnenden sozial-politischen Kategorie der natio hungarica, der zu Kriegsdienst, Politik und hohem geistlichen Amt einzig als befähigt sich erachtenden Gruppe. Die städtische Bevölkerung zählte im ungarischen Reichstag nicht als echter Stand[104], Aufstieg in den Adel scheint ihr bevorzugtes soziales Ziel gewesen zu sein[105]. Erst im 16. Jahrhundert und mit der Reformation wurden diese Fragen der Sozialordnung akut und zwar in besonderem Maße im Fürstentum Siebenbürgen.

Während des Reformationszeitalters wurde also die oft zitierte Vielschichtigkeit der Strukturen dieses Mehrvölkergebiets Siebenbürgen noch um den konfessionellen Faktor vermehrt. Für eine der beiden alten Konfessionen des Frühmittelalters, für die Ostkirche, brachte die protestantische Plurikonfessionalität auch Vorteile, die jedoch meist nicht konkret oder direkt wahrgenommen wurden, wie auch aus A/12 hervorgeht. In diesem Zusammenhang zu erwähnen sind u.a. eine Kirchenordnung mit einem Bischof an der Spitze, der die Priester ordinieren sollte und in Weißenburg residierte[106]; das Angebot von Kirchenbüchern in der Muttersprache, die zugleich ein Beginn zur Fixierung einer rumänischen Hochsprache waren. Die Ostkirche verhielt sich überwiegend ablehnend, da die reformato-

---

104 Vgl. oben Anm. 3 - Fügedi, Ungarn als Gastland, S. 494, Anm. 63
105 Ebd.
106 Csallner, Quellenbuch, S. 142; A/12

rische Absicht der Sachsen und Ungarn nicht zu übersehen war.

Die Untersuchung sollte nachweisen, daß beim Umgang mit polysemantischen Begriffen in Quellentexten des Mittelalters besondere Sorgfalt geboten erscheint und dies umso mehr, wenn teilweise Überschneidungen mit fast gleichlautenden modernen Begriffen sich im Wortfeld ergeben wie etwa bei natio/Nation. Das liest sich banal, als eine Selbstverständlichkeit; der Umgang, der gerade mit dem natio-Begriff gemacht wurde und wird, belehrt aber eines Besseren. Sowenig es 1437 vor Kápolna eine unio trium nationum gab - dieser Begriff ist erst um die Wende zum 16. Jahrhundert in den Quellen belegt -, wohl aber die in Texten erwähnten fraternae unionis ... partes, die in gewisser Weise mit den späteren Landständen etwas zu tun hatten, ebensowenig kann auch natio im Wortsinn von "Landstand" als eine "juristische Fiktion" abgetan werden, sofern man Geschichte aus ihrer Zeitverflechtung, aus gewachsenen Strukturen deutlich erfassen will. Hierbei zeigt sich wiederum, daß die dritte der als konstitutionell bezeichneten Gruppenbildungen in Siebenbürgen, die ethnisch bestimmte, eine spätere Erscheinung ist. Sie ist auch heute ein relevantes Kriterium für Staatsbildungen. Als solche verstellt sie oft den Blick auf frühere Zeiten, als dieser ethnischen Komponente geringere oder eine andere Bedeutung zukam. Der Beginn dieser Entwicklung liegt zweifellos im Reformationszeitalter, auch für Siebenbürgen; zum Tragen kam sie erst mit der Französischen Revolution.

RÉSUMÉ

Nation et confession à l'époque de la Réforme

A partir des deux catégories "privilèges" et "confession" l'auteur étudie, d'un point de vue théoretique, l'evolution de la constitution de la Transylvanie au XVIe siècle et montre que la création d'un "état corporatif", tel qu il existe depuis 1526 , n'était pas forcément prévisible sous cette forme dans l'empire hongrois jusqu'à Mohács.

Le choix de la confession et les privilèges, ou plus exactement, les "privilèges des nations" sont attestés dans des textes du XVIe siècle rédigés en latin ou en italien. L'analyse de ces textes, tant du point de vue historique (histoire des institutions) que du point de vue philologique, permet de relever des interprétations erronées figurant dans la littérature secondaire contemporaine et plus ancienne.

L'étude de textes allant du XIIIe au XVIIe siècles montre que le mot "nation" a un très large champ sémantique que l'on peut diviser en quatre rubriques. Les termes employés au XVIe siècle pour désigner les différentes confessions témoignent de l'hétérogénéité de la structure sociale de ce territoire. L'aspect ethnique ne joue pour l'époque que nous étudions qu'un rôle secondaire.

SUMMARY

Nation and Confession in the Reformation Era

Transylvania's constitutional development in the 16th century is discussed in theoretical terms using the two categories of privileges and religion; it is shown that there was no precendent for development of the estates in Transylvania's body politic in the Hungarian empire as far as Mohatsch. The two categories, the question of religion and that of privileges - more precisely, the complex of the "national" privileges - are documented from 16th century texts (in the Latin or Italian original). They are interpreted from the point of view of both the history of institutions and of philology, on the basis of older, medieval usage. The procedure followed is to show up common misinterpretations in older and recent secondary literature. The result is the delineation of a very broad lexical field for the notion of nation in Transylvania, based on textual studies between the 13th and 17th centuries and falling under four headings. The multiplication of the social structure of this territory can be shown with the aid of the terms relative to confession dating from the 16th century. The components to ethnic structures prove less relevant for the period under study.

Anhang

1

Aeneae Sylvii Piccolominei postea Pii II Papae Opera Geographica et Historica, Helmstedt 1699 /Teil 2/:

Aeneae Sylvii Pii II Pontificis Maximi, in Europam sui temporis varias continentem historias

ca. 1458/1463[107], 1489[108]

"Cap. II. De Transsylvania regione, Teutonibus, Siculis & Valachis populis eam incolentibus

Transsylvania regio est ultra Danubium sita, quam Daci qvondam incoluere, feroces populi, & multis Romanorum cladibus insignes: nostra aetate tres incolunt gentes, Teutones, Siculi, & Valachi. Teutones è Saxonia originem habent, viri fortes & bello exercitati, à septem civitatibus qvas inhabitant Sibenburgenses patrio sermone appellati. Siculi Hungarorum vetustissimi creduntur, primi omnium qvi ex Hungaria veteri in hanc provinciam venerint. Eam ob causam qvamvis agros suis colunt manibus, /226//227/ ac rure viventes, greges pecorum pascunt, nobiles tamen appellantur, & concurrentes invicem, alter alterum generosum dominum salutant, nec tributa pendunt, nisi qvo anno rex Hungariae coronatur. Tunc enim qvot sunt patres familias, tot boves regi tradunt, qvorum numerum supra sexaginta millia esse ferunt. Jussi verò in bellum exire nisi pareant, capitali poena plectuntur, bona fisco applicantur. Valachi genus Italicum sunt, qvemadmodum paulòpost referemus, paucos tamen apud Transsylvanos invenias viros exercitatos Hungaricae linguae nescios. ..."

---

107 Die Arbeit, im wesentlichen eine Kompilation, entstand erst während des Pontifikats Pius' II., vgl. Enciclopedia italiana, Roma 1949, Bd. 27, S. 312/1-2

108 Armbruster, Romanitatea, S. 52

2

Aus der Weltchronik des Hartmann Schedel: Liber Chronicarum / Das buch der Cronicken, Nürnberg 1493[109]

ca. 1487/1493[110], 1493

"Von dem hungrischen land vnd den gschihten darī"[111] /269/

"... Die gegent in den sibenbürgen genant ist ihenßhalb der Thonaw gelegen. darinn ettwen Daci die frayssamen vnd mit obsygungen gegen den römern berümbt lewt gewonet haben. zu unßern zeyten wonen in diser gegennt dreyerlay völcker. als Teütsch Siculi vn̄ Walachen. Die Teütschen haben auß Sachsen land vrsprung gar starck vnd des kriegs geübt mā. von den syben stetten darī sie wonen die Sybenburger genant. Siculi sind der Hungern die eltisten vnd die allererstē die auß alten Hungern in dise gegēt komen sind / 270/271// von der vrsach wegen wiewol sie sich mit iren henden des agkers neren vnd auff dem gew wonende des vihs wartten so werden sie doch edel gehaissen. vnnd so ir einer dem andern begegnet so grüeßen sie aneinander als wolgeporn herrn. Sie geben nymant zinss den̄ so ein könig zu Hungern gekrönt wirdt. als vil denn hawßueter sind souil ochßen geben sie dem könig. derselben zal sollen ob.1x^m. sein. Weñ sie aber in dē krieg zeziehen gefordert werden vnd nicht gehorsam erscheynen so werden sie mit peen des tods gestraft vnd ire güeter dem gemaynen seckel zugeaygnet. Die Walachen sind ein Welchs geschlecht als wir schier hernach sagen werden. doch findest du bey den Sybenbürgern wenig geübter mā des hungerischen gezüngs vnkündig. ..."

---

[109] Die lateinische und die deutsche Fassung (von Georg Alt übertragen) erschienen beide 1493 im Abstand von fünf Monaten, vgl. Rücker, Weltchronik, S. 143

[110] Schedel begann die Kompilation mit verbindenden Texten etwa um 1487, ebd., S. 17, 42

[111] Aus Die bibliophilen Taschenbücher Bd. 64, Dortmund 1978 (verkleinerte Faksimile-Ausgabe nach der editio princeps), S. 269 270f

3

Nicolai Olahi Metropolitae Strigonensis Hungaria et Atila[112] sive de originibus gentis, regni Hungariae situ, habitu, opportunitatibus et rebus bello paceque ab Atila gestis
Libri Duo, Vindobonae 1763[113]

ca. 1536[114], 1735

Liber I.
Cap. XIV: "De Transsylvania"

"... In hac /Transsylvania/ sunt, quatuor diverse genere nationes: Hungari, Siculi, Saxones, Valachi inter quos, ineptiores bello putantur Saxones: HUNGARI, & SICULI, eadem lingua utuntur; nisi quod Siculi quaedam peculiaria gentis suae habeant vocabula; de quibus in fine operis latius di/cemus /61//62/. SAXONES dicuntur Saxonum Germaniae esse coloniae, per Carolum Magnum eo traductae, quod verum esse arguit, linguae utriusque populi consonantia. Valachi, Romanorum coloniae esse traduntur. Eius rei argumentum est, quod multa habeant communia cum idiomate Romano, cuius populi, pleraque numismata, eo loci reperiuntur; haud dubie, magna; vetustatis imperiique isthic Romani, indicia."

Cap. XV: "Continuatio Descriptionis Transylvaniae" /66/

"Hinc sunt septem Civitates, quas Sedes vocant Saxonicas: Cibinum, Sázsebes, sive Millembach, olim Sebesus, Segesvár, Sasváros, sive Brosz, Vyntz, Bertalom, & Holtzonia. Harum quarumlibet praefecturam, quae Iudicatus Regius vulgo vocatur, Rex confert. Subsunt his singulis, multa oppida & vici ...
§ II. CIBINIUM, caput septem Sedium Saxonicalium, ..." /66//69/
§ IV. Census habent Saxones, statutos, quos Regi conferunt. Saepe

---

112 Die Erstausgabe von Matthias Bel (in: Adparatus ad Historiam Hungariae sive Collectio Miscella, Monumentorum ineditorum partim, partim editorum, sed fugentium, Posonii 1735) enthielt nur das erste Buch.

113 Beide Bücher gab Adam Franz Kollar (Wien 1763) erstmals heraus.

114 Diese Ausgabe richtet sich nach Olahus' Widmung "Ad Lectorem", die "Bruxellis 16. Mai 1536" (o.Pag.) datiert ist und bei Kollar erstmals abgedruckt wurde. Kollars Anmerkungen wurden hier nicht berücksichtigt.

tamen, maior legitimo ab eis exigitur. Agriculturae, et aliis laboribus sunt mirum ... His ex caussis Saxones opulenti sunt, hospites honorifice excipiunt, & lautissime tractant.

§ V. FOGARAS, arx munitissima, ad radices alpinum, quae Transylvaniam, a Transalpinis dividunt, condita: ... Haec arx est, veluti quidam parvus Ducatus. Subiecti enim sunt ei Bojarones Valachi, qui arcis dominium observant, ut Principem." /69/

Cap.XIX: "De residuis Hungariae commoditatibus"[115] /90/

§ III. Totius huius Hungariae Regnum, continet in se, nostro hoc tempore, diversas nationes: Hungaros, Alemannos, Bohemos, Sclavos, Croacos, /90//91/ Saxones, Siculos, Valachos, Rascianos, Cumanos, Jazyges, Ruthenos, & iam postremo Turcas: quae omnes differenti inter se utuntur lingua, nisi quod aliqua vocabula, propter diuturnam consuetudinem, atque mutuum commercium, aliquam habere videantur similitudinem & symphoniam. ..." /91/

Nicolai Oláhi Hungariae liber II. Atila sive de ...

Cap. XVIII: "Reliquiae Hunnorum Siculi Transilvaniae; eorum mores, leges, consuetudines; omnes ingenui haberi volunt; patriae libertatisque incredibile Studium." /194/

"... Hic populus /Siculi/ etiam nunc a nostris putantur vetustiores esse Hunnorum, qui in Hungaria remanserint. ... Gravatim patiuntur suam familiam, domumque, externae nationis misori connubio, moribus, ritibus ac legibus aliorum Hungarorum sunt longe dissimiles. ..." /195/

"§ II. ... Volunt se omnes haberi ingenuos, utpote qui sint veterum Hunnorum reliquae. Nec abs re ea uti curant libertatis praerogativa; /195//196/ nemine enim patiuntur inter se libertate esse superiorem. Sunt divisi in comitatus, Czik, Gyrgyo, Kysdy, Orbay, & alios aliquot: quos ipsi Regiones, vel potius sedes vocant. ..." /196/

---

115 Diese Passage aus Cap. XIX erscheint nicht in Holban, Călători, Bd. 1

4

Cosmographiae universalis Lib. VI. Autore Sebast. Munstero,
Basel 1550

ca. 1528/1544[116], 1544

"Valachia."

"... Daci postea eam terram occupauerunt, à quibus aliquandiu etiam Dacia dicta fuit, nunc Teutones, Ceculi & Valachi tenent. Teutones fortes uiri è Saxonia illuc à Carolo magno transmissi, à septem urbibus quas habitāt Siebenburgēses patrio sermone uocantur, licet alij Scythis id ascribant, ut supra memorauimus. Agriculturae reiq(ue) pecuariae Valachi ut plurimum student, quod originem gentis arguit. ..." /917/

"Transsyluania Vngarici regni prouincia."

"..., ueniens in Ceculiam, uulgo Zeckenland. Est autem Ceculia peculiaris quaedam regio in Transsyluania, cuius incolae aliam quàm Transsyluani habent linguam. Trāssyluani enim pro maiori parte loquuntur Germanice, at Ceculi loquuntur Vngaricè, habent q(ue) tres praecipuas ciuitates quas sedes uocant, scilicet Kysdi, Orbai & Schepsi, in quibus ius dicunt, conueniunt q(ue) ibi quoties aliquid arduum tractare uolunt, quod q(ue) totam concernit regionem. Apposuimus hic tabulam paruam Transsyluaniae cum adiacentibus regionibus, ut uideas situm terrarum in quas distracta est Dacia, nempe Vualachiam, Bulgariā, Transsyluaniam, Seruiā, Rasciam, Moldauiam & caetera." /918/

"De fer(t)ilitate Transsyluaniae.

HAbet Trāssyluania numerosū populū qui p(er) magna parte utitur germanica lingua, potissimū Saxonica, ..." /919/

"De administratione Transsyluaniae.

REges Vngariae multo tempore gubernauerunt hanc regionem per subordinatum illuc prouincicalem praefectum, quem lingua sua uocauerunt Vuaiuodam. Is autem eligi cōsueuit à tribus linguis, nempe Ceculis, Vualachis & Teutonibus, erat q(ue) locum tenens regis,

---

116 Burmeister (Sebastian Münster, S. 21) nimmt als Arbeitsbeginn die Einladung Münsters an die potentiellen Mitarbeiter ("Beiträger") von 1528 an.

quin & quidam ad regiam uenerunt dignitatem, id quod patet in
Matthia Huniade seu Coruino. ..." /920/

5

Antonius Verantius Sibenicenseis Dalmata de situ Transsylvaniae,
Moldaviae et Transalpinae[117]

ca. 1542/1549[118], 1857

"A nostris ergo chronicis non discedam, quibus de Hungaricis, Valacchiaeque utriusque rebus magis credendum, vel omnium nationum testimoniis, puto esse, quam quae de his ipsis externae historiae memorant, praesentim ubi quomodocunque audita posteritati tradidere. Quis enim credere, quod cujuspiam gentis monumenta melius ab aliis, quam ab ipsamet intelligentur, et tum verius, tum uberius narrentur? quamquam haec ubertas nostris incuria pene publica defuit, dum alia curantur nulla in laude reponenda.

Verum de Romanorum, Hunnorum, aliquarumque variarum nationum, quae ea regna habuere, quali conditione suis illis olim temporibus fuerint, quid proferam? si hoc nostro saeculo curruptissimo vel paucis annis ante, tanta in Hungaria, in Croatia, in Slavonia, in Transylvania, in Moldavia ac Transalpina facta est commutatio, ..." /121/

"Etenim nostra aetate, regna haec ripartito distinguuntur: in Transylvaniam, Transalpinam, et Moldaviam. Harumque indigenae Valacchi, illius Seculi, Hungari, Saxonesque appelantur; hancque divisionem ab illa antiqua Getarum ac Dacerum consuetudine ad nostra usque tempora manasse, facile ex Strabonis lectione inducor ad credendum. Posteriores /127//128/ enim aetate, et si praecedentima non omnia, nonnulla tamen serrant vestigia, vel imitantur saltem."

---

117 Die beiden Texte Vrančićs, A/5 und A/6, blieben bis 1857 im Manuskript, wurden aber - wie die erwähnte Anleihe des Scheseus zeigt - dennoch rezipiert. Die Erstveröffentlichung erfolgte in MHH, Scriptores Bd. 2, S. 119-151, als Abschnitt VII.

118 Das Biographische Lexikon zur Geschichte Südosteuropas (Bd. 4, S. 443) nennt als Entstehungsdatum 1540, ohne dies zu erläutern. Eine Niederschrift zwischen 1542 (nach dem Thordaer Landtag) und 1549 (als Vrančić Siebenbürgen für immer verließ), erscheint wahrscheinlicher.

"... Gens, quae eas terras nostra aetate incolit, Valacchi sunt, eaque a Romanis ducit originem, ..." /130/

"Natio eam triplex incolit: Siculi, Hungari, Saxones, adjungam tamen et Valacchos, qui quamlibet libertas, nulla nobilitas, nullum proprium jus, praeterquam paucis districtum Hazak incolentibus. ... Ceteri plebei omnes, Hungarorum coloni, et sine propriis sedibus, sed sparsi hinc inde per totum regnum, rari in apertis locis incolae, montibus ac sylvis, plerumque cum suo pecore pariter abdicti, sordide vitam ducunt.

Seculos autem Hunnorum genus esse nemo ambiguit. Origo ipsorum talis est: habentur in Hungarorum chronicis, quod rex Atila, quum jam annis 125 supervixisset, plusquam LX. liberos reliquerat, inter quos, dum proceros duos, Chabam silicet et Aladarium, utrumque tum /143//144/ aetate maturiores, tum virtute animi, ... Haec Siculorum origo, hinc nobilitas, qua communiter omnes, ... hinc libertas, qua ab annuis censibus exactioneque servitutis prorsus immunes sunt et absoluti, duobus tantummodo obnoxii. Mores penitus incultos non habent, verumqui Scythiam adhuc praeseferunt cruditatem, omnique pene consuetudine, legibus, et vitae institutis ab Hungaris, religione excepta, discrepant, ne lingua quidem omni ex parte, quum veterum more loquuntur, similes." /145/

"Saxonum natio, quae procul dubio a Saxonibus, Germaniae populis, olim Othonum Romanorum caesarum, dein Caroli magni Francorum regis tempore marte potentissimis oriunda, relicto solo patrio in hanc terram migravere, quod tum ex Hungarorum chronicis, tum ex ejus gentis senum relatu animadvertimus, qui quasi per manus majoribus suis accipientes ejusce rei memoriam, ad nostram usque aetatem servavere; nam regnante Geycha rege, dein divo Stephano, variae nationes: Bohemi, Poloni, Graeci, /146//147/ Armeni, Bessi, Saxones, Thuringi, Rhenanes, Cumani, Latini, et aliae plures in Hungariam advenere, ibidemque cum Hungaris diutius concordibus animis degentes, facile ab eis et in matrimonia sua, et in consortium nobilitatis assumpti fuere."

"Hungari, penes quos totius Transsylvaniae praecipua est nobilitas, ab Hunnis descendunt, ... iis et mores, et vestibus, et jura, et lingua cum caeteris Pannoniae Hungaris eadem, ..." /148/

"Caeterum, quum hac nationes tam diversae terram eandem incolant, tanta concordia et animarum consensu inter sese sint, ut mirum nihil magis." /150/

6

Antun Vrančić, De Siculis Transsylvaniae[119]

"Universa enim Siculia septem sedes continet. Nomina sedium (quos alio nomine alibi comitatum vocant): Wdwarhely, Maros, Aranyas, Sepsy, Orbay, Cyk cum Gergyo. Gentes illius regionis in tres ordines (ut scribuntur etiam in litteris, suis nominibus, universis trium nationum Siculis, ab antiquo scitico populo ac gente sic appellati) divisae sunt. Summi, qui nobiles vocantur, ita se habent, ut ipsi primas in regione illa tenent, sic tamen, ut nemini subditorum manus violentas imponere fas est tam summo quam infimo, nisi mediante juris processu. Alter alteri, si cui partium rei incommoditas contigerit, insidiari solet. Gentes illi ab antiquo fuerunt sub privilegio regali, ac sub vaivodae Transsylvanensis comitatu. Ut in literis etiam inscribitur: Nos N. vaivoda Transsylvaniensis et Siculorum comes, Universis et singulis trium nationum, septem Siculicalium sedium assessoribus, senioribus Siculis salutem etc." /286/

7

Georgio à Reychersdorff, Transylvano, CHOROGRAPHIA TRANSYLVANIAE, QUAE DACIA olim appellata, aliarumque prouinciarum et regionum succincta descriptio et explicatio, Viennae Austriae M.D.L. ca. 1545/1550[120], 1550

"Vt autem paulisper ad lucidiorem istius Transyluaniae prouinciae cognitionem per Chorographicam descriptionem progrediamur: Eadem prouincia in tres diuiditur nationes, suis inter se ritibus, moribus, consuetudinibus, et legibus aliquantulum dißidentes, ipsamque regionem distinctis terrarum locis incolentes: vtpote Saxones,

---

119 Aus MHH, Scriptores Bd. 3, S. 285-289 - Diese Passage wurde in die von Holban (Călători) erstellte Textsammlung nicht aufgenommen.

120 Reicherstorffers Chorographia Moldaviae erschien erstmals in Wien 1545

Ciculos, et Hungaros. Inter quos ipsi quoque Valachi eiusdem prouinciae incolae, in quibusdam desertis posseßionibus et villis resident, genus hominū durißimum, nec nisi armentis et pecoribus, plaerunque etiam furtiuo pecorum et equorum abigeatu se alentes. Hi more suo, pilosis seu hirsutis ex lana caprina contextis, suaque manu elaboratis amiciuntur vestibus, nullis penitus legibus humanis obsequentes. /3b/

DE DIFFERENTIA ATQVE ritu et moribus trium nationum praedictarum.

INprimis Saxonicus iste populus in eum locum è Germania (vt aiunt) deductus, agriculturae studiosus, ... lingua vtitur Saxonica. Sermo autem Saxonicus ad communem Germanicam Coloniensium linguam multo proprius accedit, quàm ad alias linguas, et à Sueuo atque Heluetico non ita facilè intelligitur, quam plaeraeque Septentrionales in Germania. Transyluani igitur, sicuti caeterae omnes nationes Germanicae, habent peculiarem linguae dialectum. Et vt hoc addam, quod alijs nationibus, tam morum facilitate, quàm pietate et religione longè praestat.

CICULIA Daciae angulus, Moldauiae regioni contiguus, eius terrae populi dicūtur Ciculi, Scytharum (vt aiunt) genus, à quo originem traxêre, suis viuunt legibus et moribus, suáque officia sorte distribuunt. Nemo apud illos ignobilis esse censetur, etiam si manu aratrum tractet, aut caprino gregi praesit. Durum enim et asperum genus hominum, quasi bello natum, qui moribus, sermone, et vestitu non multùm ab Hungaris discrepare videntur. Hi sunt Hunnorum antiquißimi, .../4a//4b/ ...

Ciculi autem in septem sunt diuisi regiones, quas ipsi sedes vocant, quarum nomina sunt: Sepsi, Orbai, Kysdi Czijk, Gyrgio, Marcus Zeek, Aranyas Zeek, ...

HVNGARI et Nobiles eiusdem regionis paßim intermixti Saxonibus, cum Ciculis propemodum tam sermone, quàm vestitu et armis conueniunt: In rebus verò bellicis caeteris nationibus non vno nomine anteponendos arbitror. /4b// 5a

Quae tres nationes, coniunctis viribus et copijs ad bellicam expeditionem instituendam, iuxta communem supputationem, ad nonaginta et amplius millia armatorū suppeditant. Etenim non obscurū est, quàm ingentia à tot iam saeculis haec regio ex aßiduis hostium incursibus pertulerit pericula: tamen nullo non tempore hostes, non sine ingenti clade victi, et inde repulsi fuere.

VALACHI etiam hanc terram, sed sparsim sine certa sede incolunt. Teutones verò seu Saxones munitißimas paßim et vrbes et arces habent, qui rebus omnibus caeteris nationibus facilè praestant." /5a/ ...

"... Eam Teutones primo tempore et aliquot retro saeculis possidere, sive hi ex Saxonia, sive à Rheno venerint, tamen ex Germania profectos fuisse constat: Sed quam fortunam, quemue Ducem sequuti sint, nullis quidem literis proditum est, nisi quod in Hungarorum Chronicis legitur, Divo Stephano regnante multor semel nationes Hungariam et istius continua occupasse, inter quos Saxones fuisse memorantur." /17a/

"Est itaq(ue) haec nobilissima et opulentisima regio et provinciae, pluribus aucta nationibus et incolis, omniumque rerum, quae ad humanum spectant usum, ..." /17b/

8

MICHAELIS SIGLERI Chronologiae Rerum Hungaricarum, Transyluanicarum, et vicinarum Regionum, Libri Duo, Posonii 1735[121]

1563/1572[122], 1735

Lib. II. Cap. I.

"1553. Inchoata est ordinatio, ministrorum euangelii, in ecclesia Cibiniensi, ... XXII. die Martii. ..." /73/

"1556. Conuentus omnium ordinum regni, in oppido Zékelvásarhely, vbi praecipue actum est, de suscipienda legatione, ex singulis nationibus, ad regem Ferdinandum, ..." /74/

"/1556/ Junii mensis die I. conuentus, ex trium nationum ordinibus, agitur, ..." /77/

---

121 Aus Bel, Adparatus ad Historiam, S. 43-88
122 Siegler wurde, wie erwähnt, 1563 zum Provinzialnotar der sächsischen Nationsuniversität berufen. Die Widmung der Chronologie an Fürst Stephan Báthori ist "Cibinii 1. Mart. 1572" datiert, vgl. ebd., S. 42

"/1557/ DOGMA, Berengarii, Zuinglii, Caluini, Bullingeri & c. de Coena Domini, diu in Galliis, Italia, & Germania iactatum, recens in Transyluania spargitur, auctore Martino Kalmanchay claudo, pastore ecclesiae Debretiensis, & Ludouico Szegedino, ac Laurentio Perek: ... Vt singuli ecclesiarum Saxonicarum pastores, veram de Sacramentis doctrinam, in ecclesia Vittembergensi sonantem, & amplectantur, & per omnia retineant, neque vllum nouum dogma, in suas ecclesias admittant." /79/

"/1558/ Synodus pastorum ecclesiae Hungaricae nationis, in Transyluania I. die Maii, in oppido Thorda, agitur: illic contra Stancarum, de persona & beneficiis CHRISTI , & contra eos, qui negant veram, realem, & substantialem praesentiam corporis & sanguinis CHRISTI in S. Coena." /81/

Lib. II. Cap. II.

"1561. In vrbe Megyes, iussu Serenissimi Principis Ioannis II. electi regis Hungariae, die VI. Februarii, disputatio de Coena Domini, inter Franciscum Dauidis, & reliquos Caluini sententiam amplectentes, instituta, cum ministris, & pastoribus ecclesiarum Saxonicarum, illic per aliquot dies vtrinque, res, magna contentione fuit, multisque scriptis, agitata. Franciscus Dauidis, cum suis complicibus, Zuinglii, & Caluini, aliorumque opiniones sequuti sunt: Corpus & Sanguinem CHRISTI spiritualiter, non corporaliter, nec ore, sed corde, seu fide sumi. Saxones, Lutheri sententiam, & Augustanam Confessionem, probarunt."/83/

9

Brief des Giovanandrea Gromo an einen römischen Prälaten, Venedig 1564[123]

1564, 1929

"La seconda parte di tal regno è quella che vien detta Transylvania, ..." /253/

"Dentro questo sito vi sono oltre questi Valachi, come ho detto

---

[123] A(ndrei) Veress (Hg.), Documente privitoare la istoria Ardealului, Moldavei și Țării Românești (1527-1572)(Quellen zur Geschichte Siebenbürgens, der Moldau und der Walachei), București 1929, S. 250-258

tre altre sorte di nationi. La prima sono Hungari veri, et di questi sono due sorti: l'una nobili feudatarii, quali tutti sono Signori, et fanno tutti il mestier della militia a cavallo, et questi sono sparsi per tutto il regno, niuno tale nella città habitando, ma ogn'uno chi ha le proprie case in ville et chi appresso i gran baroni, ... Questi sono il più di loro Luterani, alcuni Ugonotti et anche molti chattolici; vivono nelle loro case, senza molti ornamenti, ...

L'altra parte sono li popoli habitanti in Ciculia, fatti nobili tutti anticamente per privileggi delli Re loro, essndo questi li più antichi habitatori di Transylvania, et questi ancora che lavorino terre tutti si chiamano nobili, ben tra loro anche vi sono persone di honorata riputatione, ma non hanno capi, ... In questa parte tutti sono catholici et vi sono frati et preti; non vi sono città, ma terre grosse aperte, et ville buone, ... Tra loro habita numero grande di Cingari, de quali si servono per lavorar le terre." /254/

"La terza natione et fattione di Transylvania sono li Sassoni, populi Germani, venuti ad habitare già è gran tempo in tal paese. Questi hanno la mera lingua et tutti li costumi, vestire et cibarsi alla alemanna, ... Posseggono le sette città sopradette, de'quali loro istessi vogliono la custodia et ... La loro falsa religione è quella instituita da Luthero, non tanto differente dalla vera, ... Questi sono in vero la più potente fattion di quel Regno, si per il denaro, di che sono copiosi, come per le città gagliarde et forti che posseggono.

Della natione Valacca nascono due speccie di soldati a piedi. Una chiamata Drabanti, ... L'altra si chiama Edoni o Educchi, ... Con queste due militie si accompagnano assai Cingani, de'quali numero grosso è in quel paese; et questo in quanto di Transylvania circa la fattioni ho raccolto." /255/

10

Compendio di tutto il Regno posseduto dal Re Giovanni Transilvano et di tutte le cose notabili d'esso Regno, Raccolto per Giovanandrea Gromo[124]

ca. 1564/1567[125], 1945

"Diuiso questo ualoroso Regno nelle sue parti, uengo alla diuisione et connumeratione delle nationi et operationi loro et de diuersi habitanti di quello, onde è da sapere che cinque nationi ordinarie ui habitano. La prima è l'Vnghera, la seconda la Saxona la terza la Valacha, la quarta la Pollacha, la quinta la Cingara, quali tutte hanno diuersi principij, diuerse operationi et diuersi costumi. L'Vngheria tutta fa professione di nobili et caualieri, (...) ma ui sono li Baroni che precedano a gl'altri, come quelli che hanno giurisditione et stati che gli altri che non hanno stato uiuono molto inferiori a quelli. Percioche eglino nelle loro case uiuono come liberi et Signori. Di questi ultimi ui sono due fattioni, l'una propriamente Vnghera chiamata, quali sono sparsi per tutte le parti di quel regno, i piu di loro danno i loro poderi a lauorare a Valachi, nel modo che in Italia si costuma a Coloni, et questi tutti fanno professione di Caualieri et soldati; la religione di questi è Lutherana ò Vgonotta, eccettuando il contado di Battari, il quale è tutto Cattolico, et la Città di Varadino, quale è composta di diuerse opinioni circa le cose della fede. L'altra fattione sono li Ciculi, i quali habitano una parte as//tratta /161//162/ e separata da tutta la Transiluania, confinant con la Moldauia et uicini a Polonia. Questi tutti chiamano nobili ... /162//163/ ..., sono obligati per tanti mesi seruire il Principe a loro spese, et per questo caua pochissimo ordinario da loro. Questa prouincia ... tutta fino a presente è cattolica, con tutto che sia stata con ogni instanza et da Vgonotii et da Lutherani infestata. ... L'origine di questa trouo essere da Scithi uenuta. Il costume, la lingua et le armi, col uestire

---

124 Text nach Aurel Decei (Hg.), in: Apulum 2/1943-1945, S. 140-213

125 Die Datierung 1566/1567 gibt die Einleitung zu diesem Text in Holban, Călători Bd. 2, S. 313 - Eine Datierung kurz nach der Abfassung von A/9 - 1564 - erscheint nicht ausgeschlossen.

conformi a gl'altri Vngheri. ...

La seconda natione et[126] fattione è la Sassone ue//nuta /163//164/ di Germania già gran tempo ma instaurata di gran numero et stanze (per quanto ho inteso) nel tempo del Re Stefano. Questa fino ad hora ha tutti li costumi, lingua et uestire Germano et secondo tal rito si sono anco abrogati l'istessa libertà che hanno altre terre franche di Germania. Et hanno sette Città belle, ... Questa tal fattione è tutta politica, ne infra loro si ritroua alcuno pouero, ma sono tutti mercanti et artifici ingegnosi; si dilettano assai della agricoltura, ma fanno i loro terreni coltiuare a i Valacchi; pagano loro le guardie delle loro terre, poi, dato il loro conueniente tributo al Principe, con gli obligi che hanno in tempo di guerra di dare tanti soldati, ... si gouernano a Republica, (...) dando gli offitij della Città et sue giuristitioni fra loro pur sempre. ...; la religione loro è l'istessa di Sassonia cioè Lutherana; fra quali sono fondatissimi profesori."/164/

"La Terza natione è la Valaccha, quale è sparsa per tutte le parti di quel Regno. ... /165//166/ ... La lingua loro è aliena et uaria dall'Vnghera; ma si come fanno professione d'essere discesi da Colonia Romana, ..., cosi ancora usano lingua assomigliante alla antica Romana, ma barbara si come fanno de costumi et uestimenti. Quelli che stanno a casa forniscano il cotidiano uso della Città di formaggi, latticini, frutte et simil cose. La Religione loro è Greca, usitata nella naturale prouincia loro detta Valachia transalpina, ..." /166/

11

La Transilvania di Antonio Possevino della Compagna di Giesù[127] 1583[128], 1913

"DEL COMMENTARIO DI TRANSILVANIA, LIBRO SECONDO

Capo 1. Particolare descrittione delle regioni o contadi[129] et delle sedi, nelle quali è divisa la Transilvania"

"... Due vescovati in tutti questi contadi erano; l'uno chiamato

---

126 Ausgelassen: terza ("la /terza/ fattione")
127 Text vgl. Bascapé, La relazioni, S. 50-135
128 Vgl. Einleitung ebd., S. 52, 55

Transilvaniese la cui sede era in Alba Giulia, l'altro in Varadino. Tre sorti di nationi habitano la Transilvania. Gli Ungheri, i quali propriamente sono fuori d Transilvania; benchè anco glia sono misti dentro coi Daci, de' quali però è una medesima lingua. I Valachi, che non hanno certa sede. I Sassoni, i quali hanno sette città; onde chiamano in loro lingua la Transilvania Sibenburger. Le leggi erano, quali sono in Ungheria, eccetto pochissime cose mutate; ma quelle de' Sassoni havevano, et hanno altro modo di governo. Di queste dunque parieremo distintamente, come di membra assai principali di quel principato.

Capo 2. - Città Sassoniche et loro pertinenze en Transilvania. ..." /80/

"Capo 7. - Degli altri contadi, ... /85//86/ ...

Gli Ungheri, soggetti a costoro, vivono colle loro leggi, colle quali vive tutta l'Ungheria; la quale è soggetta alla corona ...; massime che di tutto ciò è stampato il libro di Stefano Verbucio[130], ... Tripartitum iuris consuetudinarii inclyti regni Hungariae. ..." /86/

"Capo 8. - Governo politico in generale contribuzioni et privilegi di alcuni.

OR quei contadi, i quali sono dentro della Transilvania, cioè Colociese, Tordese, ... il Ciculiese, ... l'Huniadiese (pochissime cose mutate) si governano con quelle leggi et consuetudini colle quali habbiam detto, che gli altri di fuori si governano. Et a ciascuno di detti contadi è presidente un conte, ...

Si reggono questi contadi dai nobili stessi, i quali in ciascuno dimorano. ..." /87/

"Le sette città poi de i Sassoni, solle loro nove sedi o contadi et coi villaggi, ... non si governano nel medesimo modo; ma il governo dei loro contadi è appresso la Comunità de' Sassoni, che cosi si chiama questo vincolo et unità, nella quale, come in una lega, si governano et conservano. ... /88/

Quanto ai Valachi, ... non può dirsi altro, salvo che fanno a gui-

---

129 Komitate
130 Werbőczi

sa degli altri sudditi de' nobili et delle città de' Sassoni, contribuendo, et essendo impiegati in quel, che secondo l'occorenza è loro comandato.

I privilegi de i nobili di Scitulia possono comprendersi dal quarto titolo della terza parte del Diritto et consuetidini del regno di Stefano Verbucio; se bene, dove solevano ricorrere alla curia regia in molte cause, hora vanno al principe di Transilvania; et alcune altre cose si sono alterate, ..." /89/

"Circa il modo poi di fare i comitii[131], esso è di due sorti; l'uno concernente i particolari, l'altro i generali. Ai comitii particolari due di ciascuno contado vengono; ma delle città Sassoniche sola Cibinio, come capo dell'altre, manda il giudice regio et il console. Et tali comitii particolari si fanno quasi ogni sei mesi; nel quali per il più si tratta delle cose pertinenti ai sussidi dovuti al principe. Ai generali comitii poi tutti i nobili, et i consoli, et giudici delle città Sassoniche concorrono. In questi seggono in una parte gli Ungheri, i quali sono fuori del regno di Transilvania, in un'altra i Transilvani. Et queste due nationi quasi sempre sono di accordo. Nella terza seggono quei di Ciculia; le città Sassoniche nella quarta. Et nel dare i suffragi esce fuori uno di loro, il quale ad alta voce dice (se è per gli Ungheri) La voce degli Ungheri è questa. Et cosi conseguentemente gli altri. Et quando si trovano le tre parti di accordo, conviene che la quarta (voglia o non voglia) acconsenta.

Capo 9. - Stato et governo ecclesiastico, quale hoggidi' si trova in Transilvania.

ESSENDO la Transilvania, doppo l'infelice caduta di Giovanni Sepusio, ... sommersa quasi affatto nell'heresia, tutte le cose ecclesiastiche mutarono faccia, ... (I Sassoni) ... seguone la confessione Augustana, ...

Il Principe poi e i capitani, e i conti, e i senatori o consoli, et giudici regii giudicano insieme col superintendente heretico le cause ecclesiastiche. Et perciochè estorsero i nobili un decreto, il quale si chiama il decreto del regno, che ciascuno vivesse,

---

131 Landtage

quanto alla religione, nel modo che gli paresse; però ciascuno nobile nei suoi villaggi governa, secondo la sua fantasia, le cose della sua setta et heresia, ponendovi quel predicante, il quale si conforma più alla sua heresia, nella quale, et specialmente nell'Ariana, quasi tutti i nobili sono pertinacissimi. .../90//91/
... Et essendo fin hora tutti i consiglieri, o senatori, fuori della religione cattolica, chi Ariano, chi Luterano, chi Calvinista, chi credendo che per ogni strada si possa ascendere al cielo, ...

Quanto a Valachi, come non è di loro alcuno peculiare contado, ma habitando essi mistamente fra gli Ungheri et i Sassoni, dipendono in ogni cosa fuori della religione, da coloro nelle giurisditione de' quali dimorano. ... Et con tutto ciò è maraviglia, quanto sieno stati fin hora, col rimanente della Valachia et della Moldavia, tenaci del loro scisma et rito greco. Hanno costoro uno, il quale fa residenza in Alba Giulia, come Metropolita, quale ha fundato quasi tutte le loro chiese, le quali hora hanno nel dominio di Transilvania. Questa dignità gli viene confirmata dal Principe, purchè egli apporti lettere da qualsivoglia patriarca o vescovo. ... Le cerimonie et le parole della messa sono quasi le medesime, quali sono appresso i cattolici. De' digiuni et delle feste sono osservantissimi. Se però alcuno nobile, sotto la cui giurisditione sono, gli vuole costringere alla sua heresia, et costoro ne facciano querela (come sogliono) al principe, non puo il principe usare altro rigore, che di parole et rimostranza, poichè ogni sorti di setta è libera nei proprii beni, si come dissi. Le cause dunque spirituali de' Valachi sono generalmente decise da loro vescovi; ...

Restano finalmente i cattolici di Varadino, quei di Ciculia, gli altri che sono nel Banato Lugasiense, et nel contado di Crozna: ..." /91/

12

Anonym: Informatio de statu Transylvaniae & spe conversionis 1650[132]

ca. 1650, n.n.

"Transylvania constat nationibus 4. Valachis, Saxonibus, Siculis, Ungaris. Valachi coloniae veterum Romanorum, quorum & linguam corruptam habent, sunt potiori parte agrestes. Sequuntur ritum Graecum toleratum a Regnicolis, etsi de libertate Religionis conditi Articuli seu leges eos non comprehendant. Pauci aliqui iam Calvinismum susceperunt. Biblia habent nuper versa in linguam suam ab uno ex Praedicantibus Aulicis Calvinistis: ita nimicum zelant lupi ovium destructionem. De hac gente ad unionem reducenda non apparet ulla via, quamdiu Princeps est Acatholicus. Habent Episcopum suum, qui Albae Iuliae in suburbanis residet. Sacerdotes eorum rudes sunt plerumq(ue) et immunitate Ecclesia non ubiq(ue) gaudent, qui ex perpetuo obligatis Rusticis nati sunt: sed habentur seu Rustici, nisi se aliqua solutione redimant à latoribus consuetis Rusticani. Ex hac natione constat potiori ex parte Civitas Karansebes ad fines Transylvaniae Turciam & Transalpinam Valachiam versus sita. Multi pro commoditate loci incolae sunt etiam Nobiles. Olim hic Residentia fuit Soc(ieta)tis JESU, postquam eiectam habitarunt ibi Franciscani aliqui Bosnenses cum Ludimagistro à Soc(ieta)te dimisso ..." /361r//361v/

"Saxones Colonia ut aliqui existimant Caroli Magni è Saxonia traducta, incolunt civitates praecipuas & fortiores; multos insuper Pagos circumiacentes. Cives liberi sunt. Pagani vero vel urbibus vel Nobilibus subiecti. Gens humana, tractabilis, aptaq(ue) ad fidem si cultores haberent. Sectam Lutheri tenent; ...

Siculi habent 7 Regiones quas ipsi sedes appellant, pagis amplis & frequentissimis refectas, ut terza religua Transylvana, maxime ab Hungaris habitata videatur respectivè desolata. Ea his Sedibus tres, Czik, Gyergyo, Kaszony, sunt integre catholicae: 4 aliae Wuarhely, Kisdi, Orbai, Aranyas mixtam habent haeresia Calvinianam, & alicubi Arianam. Catholici tamen multi, & feré plures. In

---

[132] Archivio della Società di Giesù: AUSTR. 20, f. 361r,v-371r,v

his tribus Sedibus habitant infames illi Concubinarij Sacerdotes
cum suo Archidiacono; de quo dicitur quod permiserit, Calvinistas
se facturu(m) /361v//362r/ suos. Habent hi patrocinium haereticorum, ..."

"Hungari, sunt plurimi Calvinistae deinde Ariani, Catholici pauciores. Templa Parochialia exercitium est, habentur cum Sacerdotibus omnino tria. Albae Iuliae, Monostorini & in Szazfeness, duo alia Templa in pagis Böth & Jegengö habunt tantum licentiatos. Capellam etiam est una in Gernyeszeg: & altera supra oppidum Magnificae Dominae Kamuthianae, insignis nostrae benefactricis, Szent Laslo dictum, amplu(m) valde, et spirituali fructui merendo non incommodum. De singulis praenominatis, quae occurunt breviter."
/363r/

ND KRISTALLISATIONEN

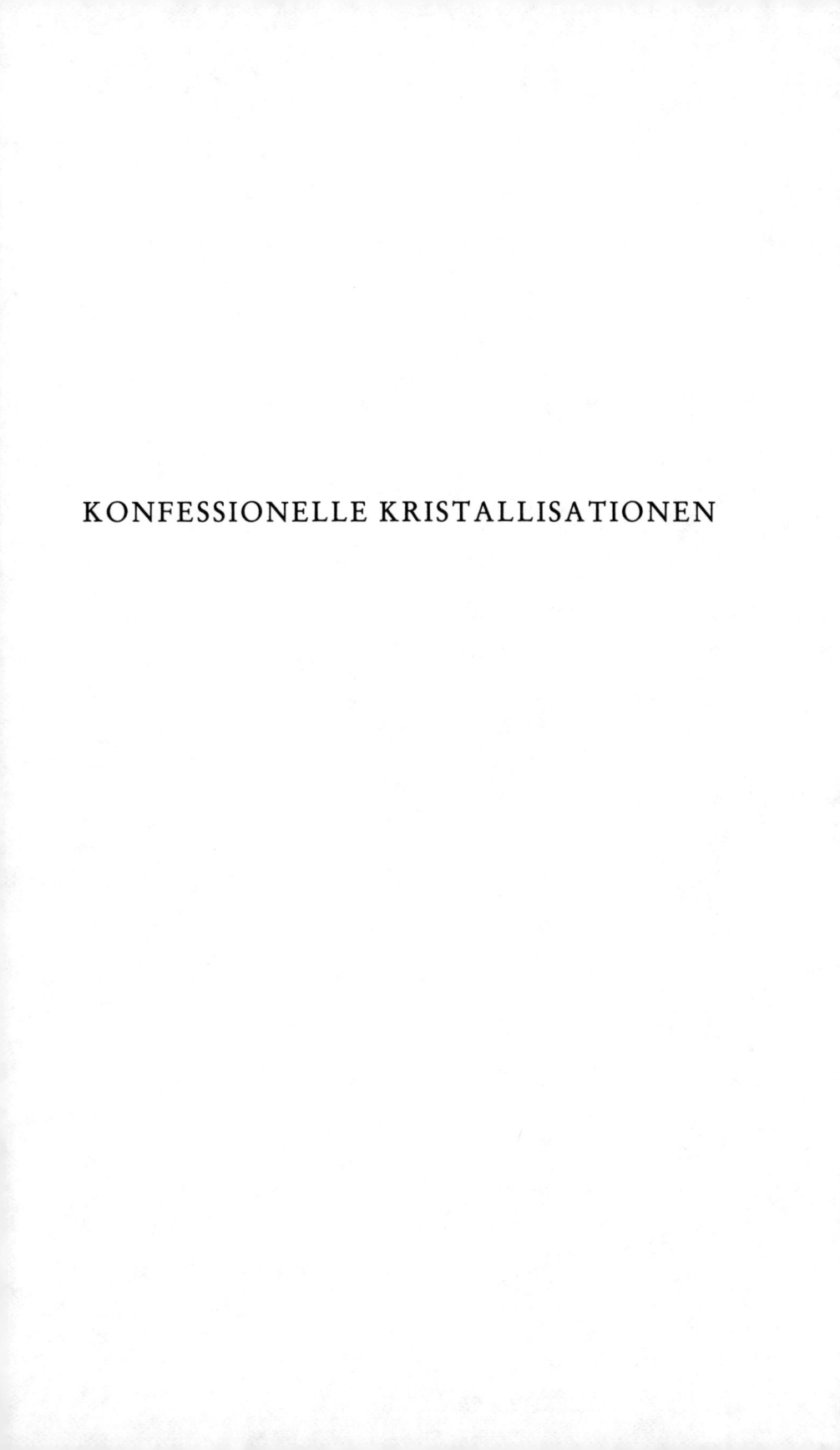

KONFESSIONELLE KRISTALLISATIONEN

GEGENREFORMATION UND PROTESTANTISCHE KONFESSIONSBILDUNG IN SIEBENBÜRGEN ZUR ZEIT STEPHAN BATHORYS (1571-1584)*

Walter Daugsch

Der vorliegende Beitrag befaßt sich weniger mit katholischen Einflüssen auf Theologie, Dogmatik und Liturgie der neuen protestantischen Kirchen Siebenbürgens; auch die innere Reform des nachreformatorischen Katholizismus, die im Tridentinum ihren ersten Höhepunkt fand, soll hier weitgehend außer acht bleiben. Es sollen vielmehr gegenreformatorische Einflüsse auf die "geistige und organisatorische Verfestigung", die Vereinheitlichung der neuen Kirchen, auf ihre Abgrenzung gegenüber der alten Kirche und untereinander, auf ihre rechtliche Konsolidierung untersucht werden[1]. Unter "Gegenreformation" soll deshalb hier - unter bewußter Außerachtlassung der offenen Diskussion um diesen Begriff - ganz im herkömmlichen Sinn das Bestreben der katholischen Kirche bzw. katholischer Fürsten verstanden werden, auf politischem Wege gegen die reformatorische Bewegung vorzugehen, im Sinne einer "katholischen Restauration" ein protestantisch gewordenes Gebiet zum Katholizismus zurückzuführen[2].

---

* Diese Arbeit entstand im Rahmen des Forschungsprojekts "Die Bedeutung der mittelalterlichen Privilegien für die Sozial- und Verfassungsgeschichte Siebenbürgens in der Neuzeit", das vom Land Nordrhein-Westfalen gefördert wurde.

1 Ich schließe mich an dieser Stelle wie auch im folgenden der Definition Ernst Walter Zeedens an: "Unter Konfessionsbildung sei also verstanden: die geistige und organisatorische Verfestigung der seit der Glaubensspaltung auseinanderstrebenden verschiedenen christlichen Bekenntnisse zu einem halbwegs stabilen Kirchentum nach Dogma, Verfassung und religiös sittlicher Lebensform. Zugleich ihr Ausgreifen in die christliche Welt des frühneuzeitlichen Europa; ihre Abschirmung gegen Einbrüche von außen mit Mitteln der Diplomatie und Politik; aber auch ihre Gestaltung durch außerkirchliche Kräfte, insonderheit die Staatsgewalt." - Ernst Walter Zeeden, Grundlagen und Wege der Konfessionsbildung in Deutschland im Zeitalter der Glaubenskämpfe, in: ders. (Hg.), Gegenreformation, Darmstadt 1973 (Wege der Forschung Bd. CCCXI), S. 85-134; hier S. 88

2 Zeeden, Gegenreformation, S. 1; zu Begriffsgeschichte, Proble-

In Siebenbürgen trat 1571 mit der Wahl Stephan Báthorys ein katholischer Fürst an die Spitze eines nahezu vollständig protestantischen Landes[3]. Freilich waren die Möglichkeiten Báthorys, im Sinne einer katholischen Restauration religionspolitisch aktiv zu werden, wesentlich von seiner politischen Stellung als Fürst bestimmt. Diese Stellung war ständisch beschränkt[4]: die drei ständischen Nationen, der ungarische Komitatsadel, die Szekler und die Sachsen, verfügten über weitgehende innerständische Autonomie in Verwaltung und Jurisdiktion[5]. Im Landtag besaßen sie zudem ein Repräsentativorgan, das mit dem Fürstenwahlrecht, beträchtlichen Mitspracherechten bei der Legislative[6] und dem Recht der Bewilligung von Steuern und Kontributionen ausgestattet war[7]. Zu diesen entscheidenden politischen Vorrechten der Stände traten Bestimmungen, die die Existenz des Protestantismus rechtlich absicherten.

In den Landtagsbeschlüssen von 1557/1558, 1564 und 1568-1571 waren nacheinander das Luthertum, der Calvinismus und der Antitrinitarismus der römisch-katholischen Kirche gleichgestellt und "rezipiert", d.h. gesetzlich anerkannt worden[8]. Angesichts dieser

---

matik und zur Diskussion des Begriffs "Gegenreformation" vgl. Hubert Jedin, Katholische Reformation oder Gegenreformation? in: Zeeden, Gegenreformation, S. 46-81; zur herkömmlichen Begriffsdefinition insbesondere S. 59f

3 Zu den Umständen dieser Wahl vgl. Ludwig Binder, Grundlagen und Formen der Toleranz in Siebenbürgen bis zur Mitte des 17. Jahrhunderts, Köln/Wien 1976 (Siebenbürgisches Archiv Bd.11), S. 124f

4 Friedrich Schuler von Libloy, Siebenbürgische Rechtsgeschichte, Hermannstadt 1855, S. 326

5 Ebd., S. 410-452; für die innerständische Autonomie der Siebenbürger Sachsen vgl. insbesondere Georg Müller, Die sächsische Nationsuniversität in Siebenbürgen, Ihre verfassungs- und verwaltungsrechtliche Entwicklung 1224-1876, Hermannstadt 1928; für die Szekler: Hansgerd Göckenjan, Hilfsvölker und Grenzwächter im mittelalterlichen Ungarn, Wiesbaden 1972 (Quellen und Studien zur Geschichte des östlichen Europa Bd.5), S. 125-129

6 Schuler von Libloy, Rechtsgeschichte, S. 403f

7 Ebd., S. 345-355

8 Zur Rezeption der Lutheraner 1557/1558 vgl. Monumenta Comitialia Regni Transylvaniae, hg. v. Sándor Szilágyi, 21 Bde., 1875-1898 (künftig MCT), Bd.2, S. 93, 98; zur Rezeption der Calvinisten: ebd., S. 231f; zur Rezeption der Unitarier 1568-1571: ebd., S. 343 (Text des Landtagsbeschlusses von Thorda 1568 in

Gegenreformation und Konfessionsbildung 217

politischen Gegebenheiten war der Rahmen einer gegenreformatorischen Einflußnahme von fürstlicher Seite beschränkt. Auf gesetzlichem Wege konnte dies nur mit Einwilligung des Landtags geschehen, der, protestantisch dominiert, kaum solchen Maßnahmen zugestimmt hätte, die direkt auf die Wiederherstellung der römisch-katholischen Vorherrschaft abzielten. Trotzdem ergaben sich verschiedene Ansatzpunkte für eine restaurative Religionspolitik. Sie bestanden zum einen in der Unterstützung und Förderung der verbliebenen katholischen Minderheit und in der Kontaktaufnahme zum Vatikan und zum Jesuitenorden, die bereits 1571 erfolgte[9]. 1576 konnte sich die Gesellschaft Jesu in Siebenbürgen etablieren; die Gründung eines ersten Jesuitenkollegs in Klausenburg erfolgte 1580/1581[10]. Eine andere Möglichkeit katholischer Einflußnahme stellte die Ausnutzung zwischen- und innerkonfessioneller Streitigkeiten dar. Diese Möglichkeit ergab sich aus der Situation der siebenbürgischen Protestanten selbst; hatte sich doch erwiesen, daß die Vertreter der verschiedenen Bekenntnisse nicht in der Lage waren, dogmatische Streitigkeiten auf Synoden beizulegen. Allen Landtagsbeschlüssen, die Rezeptionen aussprachen, waren solche ergebnislosen Disputationen und Synoden vorausgegangen[11].

---

ungarischer Sprache); G.D. Teutsch (Hg.), Urkundenbuch der Evangelischen Landeskirche A.B. in Siebenbürgen (künftig UB), Bd.1, Hermannstadt 1862, S. 94f (Originaltext mit deutscher Übersetzung); Bestätigung 1569: ebd., S. 95; endgültige Rezeption 1571 auf dem Landtag von Neumarkt: ebd., S. 96 (ungarischer Originaltext mit deutscher Übersetzung)

9 Andrei Veress, Nunţii apostolici în Ardeal (1592-1600), Bucureşti 1928, S. 9; L. Lukács S.I. und L. Polgár S.I., Documenta romana historiae Societatis Iesu in regnis olim corona hungarica unitis, Bd. 2 (1571-1580), Rom 1965, S. 3-6

10 Ebd., S. 334f, 414-416 (Genehmigung der Aktivität der Gesellschaft Jesu durch den Landtag 1579); zur Gründung des Kollegs: ebd., S. 494-497; Andreas Veress (Hg.), Epistulae et acta jesuitarum Transylvaniae temporibus principum Báthory (1571-1613), Bd.1, Budapest 1911 (Fontes rerum transylvanicarum Bd. 1), S. 127-132

11 Das Protokoll einer solchen Synode findet sich in: UB Bd.1, S. 80ff: "Actio synodi celebrata Enyedini (...) mense Aprili anno salutatis 1564"; zu den Synoden und Disputationen, die den jeweiligen Rezeptionen vorausgingen, vgl. allgemein Karl Reinerth, Die Gründung der evangelischen Kirchen in Siebenbürgen, Köln/Wien 1979 (Studia Transylvanica Bd.5), S. 52, 292f, 295-297

Die Streitigkeiten zwischen den Bekenntnissen dauerten auch nach den Rezeptionen weiter an; aber auch innerhalb der neuen Glaubensgemeinschaften bestanden Widersprüche. Die Rezeptionen hatten die Spaltung des Protestantismus in verschiedene Bekenntnisse bereits rechtlich besiegelt, bevor die eigentliche Konfessionsbildung, verstanden als innere "geistige und organisatorische Verfestigung (...) der verschiedenen Bekenntnisse zu einem halbwegs stabilen Kirchentum nach Dogma, Verfassung und religiöser Lebensform" ihren Abschluß gefunden hatte[12]. Zwar war dieser Prozeß bei den Calvinisten - hier existierte seit 1559 eine Bekenntnisschrift[13] - und insbesondere bei den lutherischen Siebenbürger Sachsen verhältnismäßig weit fortgeschritten, aber trotz der einheitlichen Durchführung der Reformation auf das Geheiß der Nationsuniversität von 1544/1545 und der verbindlichen Einführung der 1547 entstandenen "Kirchenordnung aller Deutschen in Sybenbürgen" von Johannes Honter auf dem Sachsenboden im Jahr 1550[14] hatten sich auch hier unterschiedliche liturgische Gebräuche und Anschauungen gehalten, die Streitigkeiten verursachten[15]. Dazu existierten immer noch Tendenzen zum Antitrinitarismus und zum Calvinismus[16]. Am wenigsten vorangeschritten war die Konfessionsbildung bei den Unitariern: Hier bestanden die unterschiedlichsten Lehrmeinungen nebeneinander.

Als erste bekamen die Siebenbürger Sachsen den fürstlichen Willen zu spüren, die kirchlichen Verhältnisse des Landes im restaurativen Sinn - und damit tendenziell rekatholisierend - zu beeinflus-

---

12 Siehe Anm. 1

13 Reinerth, Kirchen in Siebenbürgen, S. 261; es handelt sich um die reformierte Bekenntnisschrift, die auf der Synode von Neumarkt verfaßt wurde.

14 Zum Entschluß der Nationsuniversität 1544: UB Bd.1, S. 3; Müller, Nationsuniversität, S. 99; Friedrich Teutsch, Geschichte der evangelischen Kirche in Siebenbürgen, Bd.1 (1150-1699), Hermannstadt 1921, S. 243; zum Beschluß 1545: UB Bd.1, S. 4; Teutsch, Kirchengeschichte Bd.1, S. 244; zur Entstehung der Kirchenordnung: Müller, Nationsuniversität, S. 100; zum Beschluß der Nationsuniversität von 1550: UB Bd.1, S. 5

15 Hermann Jekeli, Unsere Bischöfe 1553-1867, Hermannstadt 1933, Neudruck unter dem Titel: Die Bischöfe der evangelischen Landeskirche A.B. in Siebenbürgen, Köln/Wien 1978, S. 28

16 Reinerth, Kirchen in Siebenbürgen, S. 200ff

sen. Schon 1571 forderte Báthory die sächsische Geistlichkeit zur Abhaltung einer Synode auf, die die Augsburgische Konfession zur allein verbindlichen Bekenntnisschrift erklären sollte[17]. Den im selben bzw. im folgenden Jahr zusammentretenden Synoden untersagte er die Neubesetzung der gerade vakanten Superintendentenstelle[18] und behielt sich selbst das Recht vor, aus drei von den Synodalen vorgeschlagenen Kandidaten einen auszuwählen. In der Frage der Vereinheitlichung kirchlicher Zeremonien drängte er ebenfalls auf eine Entscheidung im restaurativen Sinn: Der liturgische Gebrauch von Meßgewändern, Kerzen, Heiligenbildern u.ä., in einigen sächsischen Gemeinden noch üblich, sollte wieder allgemein verbindlich werden[19]. Schließlich verlangte der Fürst den Eid der sächsischen Geistlichkeit auf die Augustana, verbunden mit einer ausdrücklichen dogmatischen Absetzung von calvinistischen und unitarischen Lehrmeinungen. Diese sollten als Irrlehren, ihre Bekenner und namentlich deren prominenteste Vertreter Biandrata, Davidis, Helth u.a. als Ketzer verdammt werden[20].

Die fürstlichen Forderungen waren nichts anderes als ein Versuch, in die gesetzlich garantierte Eigenständigkeit der lutherischen Kirche der Siebenbürger Sachsen einzugreifen. Allein die Aufnötigung der "Confessio Augustana" grenzte an einen Bruch bestehender Gesetze: Seit 1547 existierte Honters "Kirchenordnung", die durchaus Bekenntnischarakter hatte und durch Beschluß der Nationsuniversität 1550 für alle sächsischen Geistlichen rechtsverbindlich war[21]. Durch die Rezeption war dieser Zustand - die Autonomie der natio saxonica in Glaubensfragen - auch landesgesetzlich sanktioniert worden. Báthory maßte sich Rechte an, die allein der Nationsuniversität zustanden: Über die Einflußnahme auf rein religiöse Dinge hinaus griff er so die gesetzlich garantierte Stellung der natio saxonica und damit die innerständische Autonomie

---

17 Teutsch, Kirchengeschichte, Bd.1, S. 287; ein Bericht von der Synode findet sich in UB Bd.2, S. 123-126

18 Johannes Höchsmann, Zur Geschichte der Gegenreformation in Ungarn und Siebenbürgen, 1. Teil, in: Archiv des Vereins für siebenbürgische Landeskunde 26/1894, S. 522-560, hier S. 527

19 Jekeli, Bischöfe, S. 28

20 Das Protokoll der betreffenden Synode in UB Bd.1, S. 129-138, hier S. 134

21 Siehe Anm. 14

selbst an.

Auch die Tatsache, daß der Fürst auf Annahme und Beschwörung der "Confessio Augustana invariata" drang[22], deutet auf den restaurativen Charakter seiner Religionspolitik hin: Galt doch gerade die "Invariata" bei zeitgenössischen Protestanten wie Katholiken als ausgesprochenes Kompromißbekenntnis. Trotz aller Entschiedenheit, mit der im Augsburger Bekenntnis der protestantische Standpunkt zum Ausdruck kam, betonte es die Vereinbarkeit reformatorischen Gedankengutes mit den Lehren der alten Kirche[23]. So berief sich die Bekenntnisschrift ausdrücklich auf altkirchliche Konzile[24], auf die Kirchenväter und das kanonische Recht[25]. Entscheidende Abweichungen von altkirchlichen Dogmen waren ganz oder teilweise ausgespart worden[26]. Der Kompromißcharakter der "Confessio Augustana" war schon zu ihrer Entstehungszeit von katholischer Seite begrüßt[27], von protestantischer Seite hingegen, insbesondere von Luther selbst, kritisiert worden[28]. Der "katholische" Charakter der Augsburger Bekenntnisschrift[29] konnte durchaus bei verschiedenen katholischen Fürsten den Eindruck des "kleineren Übels", wenn nicht gar die Hoffnung der Rekatholisierung auf dieser Basis erwecken[30].

---

22 Binder, Toleranz, S. 126

23 Heinrich Bornkamm, Artikel "Augsburger Bekenntnis", in: Die Religion in Geschichte und Gegenwart, Bd.1, Tübingen 1957, 3. Aufl., Sp. 733-736, hier Sp. 735

24 Leif Grane, Die Confessio Augustana, Einführung in die Hauptgedanken der lutherischen Reformation, Göttingen 1970, S. 17ff

25 Wilhelm Maurer, Historischer Kommentar zur Confessio Augustana, Bd.1: Einleitung und Ordnungsfragen, Gütersloh 1976, S. 33

26 Ebd., S. 30; Bornkamm, Augsburger Bekenntnis, Sp. 735; zu den verschiedenen Entstehungsstufen der Augustana vgl. Maurer, Ordnungsfragen, S. 39-51

27 Herbert Immenkötter, Der Reichstag zu Augsburg und die Confutatio, Historische Einführung und neuhochdeutsche Übertragung, Münster 1979 (Katholisches Leben und Kirchenreform im Zeitalter der Glaubensspaltung, Vereinsschriften der Gesellschaft zur Heraugabe des Corpus Catholicorum, Bd.39), S. 29, 33f

28 Maurer, Ordnungsfragen, S. 41

29 Ebd., S. 25

30 Höchsmann (Gegenreformation, S. 526) erwähnt in diesem Zusammenhang Karl V. und Maximilian II.; Jekeli, Bischöfe, S. 27

Mit der Forderung, den Superintendenten der sächsischen Luthera-
der auszuwählen - ein katholischer Fürst versuchte hier, das Ober-
haupt einer protestantischen Kirche zu bestimmen -, griff Báthory nach einem Recht, das sächsische Synoden bisher unangefochten von fürstlicher Einmischung ausgeübt hatten[31]. Schließlich bedeutete es nichts weniger als eine Aufforderung zum Bruch von Lan-
desgesetzen[32], wenn Báthory von den sächsischen Synodalen die Anathematisierung von Calvinisten und Antitrinitariern verlangte; handelte es sich doch um die Oberhäupter rezipierter Glaubensge-
meinschaften, die von Gesetzes wegen in ihrer Lehrmeinung nicht angegriffen werden durften[33]. Hier ist das gegenreformatorisch inspirierte Bestreben zu erkennen, die dogmatischen Widersprüche zwischen den protestantischen Bekenntnissen auszunutzen: In der allgemeinen Auseinandersetzung des wieder zu errichtenden Katholizismus mit dem Protestantismus versuchte der Fürst, eine der protestantischen Richtungen zu instrumentalisieren, indem er ihre Vertreter gegen andere Bekenntnisse ausspielte.

Angesichts der Massivität des fürstlichen Versuchs, in die inne-
re Autonomie der sächsischen Kirche und darüber hinaus in die ständische Autonomie einzugreifen und das Verhältnis der entste-
henden protestantischen Konfessionen untereinander zu beeinflus-
sen, sind die Entscheidungen der Synodalen um so bemerkenswerter. Sie unterschrieben nicht nur - Báthorys Forderung gemäß - die "Confessio Augustana", sondern wahrscheinlich auch deren "Apolo-
gie"[34], die deutlicher als die "Augustana" selbst den protestan-
tischen Standpunkt erkennen läßt[35]. In der Frage der Zeremonien ließen sie sich keine Entscheidung aufzwingen, sondern argumen-

---

31 Bereits der erste Superintendent der sächsischen Lutheraner war selbständig im Jahr 1553 - also noch vor der Rezeption des Luthertums - gewählt worden, vgl. Reinerth, Kirchen in Siebenbürgen, S. 191
32 Höchsmann, Gegenreformation, S. 533
33 Die Landtagsbeschlüsse von 1564 (MCT Bd.2, S. 231f) und 1568 (UB Bd.1, S. 94f) gaben "jedem Prediger das Recht, das Evangelium seinem Verständnis gemäß frei zu verkündigen" - Binder, Toleranz, S. 89f
34 Höchsmann, Gegenreformation, S. 529 - freilich sind die Anga-
ben über diesen Vorgang bei Höchsmann etwas vage und lassen sich auch sonst nicht belegen.
35 Bornkamm, Augsburger Bekenntnis, Sp. 735

tierten, daß verschiedene äußere Formen keine Beeinträchtigung der Einheit des Bekenntnisses darstellten[36]. Statt dem Fürsten die Auswahl des Oberhauptes der sächsischen Kirche zu überlassen, schritten die Synodalen selbst zur Wahl. In Lukas Ungleich (Unglerus) wählten sie aus ihrer Mitte einen Superintendenten, der zudem als "Neuerer" in zeremonieller Hinsicht galt[37]. Die Anathematisierung von Calvinisten und Unitariern lehnten sie ab[38].

1572 erkannte Stephan Báthory die Entscheidungen der Synoden an. Obwohl er sie als seine eigenen Beschlüsse darstellte, deren Änderung er sich zusätzlich vorbehielt[39], ist nicht zu übersehen, daß der Fürst in seinen gegenreformatorischen Bestrebungen eine Niederlage erlitten hatte. Eine Vertiefung von Streitigkeiten unter den Lutheranern und deren Nutzung zu restaurativen Zwecken war ebenso mißlungen wie ihre Instrumentalisierung bei der Zurückdrängung der anderen protestantischen Konfessionen. Die Annahme der "Confessio Augustana" durch die Synode hatte ebenfalls nicht die vom Fürsten gewünschte restaurative Wirkung: Sie bedeutete vielmehr die endgültige Festlegung der sächsischen Kirche auf die Wittenberger Richtung und übte so eine konsolidierende Wirkung aus. Mit den Entscheidungen der Synoden von 1571/1572, die in der Auseinandersetzung mit restaurativen, in ihrer Tendenz rekatholisierenden Forderungen des Fürsten getroffen wurden, war die lutherische Konfessionsbildung bei den Siebenbürger Sachsen abgeschlossen.

Eine weitere Maßnahme, welche die Ausbreitung der Reformation unterbinden sollte, war die Verabschiedung des sogenannten Innovationsgesetzes. Auf Betreiben Báthorys sprach der Landtag von Thorda 1572 das Verbot aus, weitergehende religiöse Neuerungen als zu Lebzeiten des Fürsten Johann II. Sigismund (1559-1571) vorzunehmen[40]. Dieses Gesetz mußte für den Unitarismus gefährlich

---

36 Höchsmann, Gegenreformation, S. 540f
37 Teutsch, Kirchengeschichte Bd.1, S. 296
38 UB Bd.2, S. 129-138; Höchsmann, Gegenreformation, S. 541; Teutsch, Kirchengeschichte, Bd.1, S. 294
39 So ist in der fürstlichen Ernennungsurkunde für Unglerus nicht von der vorausgegangenen Wahl durch die Synode die Rede; sie enthält zudem den Zusatz "durante nostro beneplacito", UB Bd. 1, S. 206-208; Höchsmann, Gegenreformation, S. 541f

werden, da es die rechtliche Grundlage, auf der dieser existierte, veränderte; hatte doch der Landtagsbeschluß von 1568 - der als Rezeption der Unitarier galt - nicht nur ein bestimmtes Bekenntnis gestattet, sondern ganz allgemein die Freiheit der Verkündigung des Wortes Gottes und die Bekenntnisfreiheit überhaupt gewährt[41]. Aufgrund dieser Rechtslage waren einige bekannte Humanisten nach Siebenbürgen gekommen und hatten dort Auffassungen entwickelt und verbreitet, die zum Teil erheblich über die bloße Ablehnung der Präexistenz Christi und die damit verbundene Verwerfung des Trinitätsdogmas - den Bekenntnisstand der siebenbürgischen Unitarier von 1568 - hinausgingen[42]. Zu nennen sind hier etwa Johannes Sommer, Jakobus Palaeologus, Adam Neuser und Mathias Glirius. Sie alle hatten neben ihrem mehr philosophischen Wirken direkten Einfluß auf die Ausgestaltung des religiösen Lebens und des Bekenntnisses der Unitarier gewonnen[43]. Mit dem Innovationsgesetz gab der Landtag dem Fürsten die rechtliche Handhabe für ein Vorgehen gegen Strömungen innerhalb des Unitariertums, die den Bekenntnisstand von 1571 verlassen hatten. 1575 setzte die Verfolgung radikaler Antitrinitarier ein. Dabei zeigte sich wieder Báthorys Bestreben, Spannungen zwischen den protestantischen Gemeinschaften im Sinne seiner Religionspolitik auszunutzen. Dieses Mal hatte der Fürst mehr Erfolg: Der Prozeß gegen die "Czeklischen Kezerischen prediger" - sie hatten u.a. sämtliche christlichen Feiertage einschließlich des Sonntags, das Abendmahl und den Glauben an die Unsterblichkeit der Seele verworfen[44] - wurde nicht vor ein Glaubensgericht der Unitarier, sondern vor ein Gericht gezogen, das sich aus Lutheranern zusammensetzte[45].

---

40 MCT Bd.2, S. 528 (ungarischer Text des Landtagsartikels); UB Bd.1, S. 96f (Originaltext mit deutscher Übersetzung)

41 Siehe Anm. 33

42 Zur Tätigkeit antitrinitarischer Philosophen vgl. allgemein das detailreiche und quellenmäßig gut belegte Werk von Antál Pirnát, Die Ideologie der Siebenbürger Antitrinitarier in den 1570er Jahren, Budapest 1961, hier S. 30

43 Ebd., S. 104-130

44 Das Bekenntnis der "Kezerischen prediger" ist abgedruckt in ebd., S. 139-143

45 Pirnát geht davon aus, daß es sich um ein Glaubensgericht siebenbürgisch-sächsischer Lutheraner gehandelt habe, ebd., S.

Im selben Jahr wurde das Recht der Unitarier, Synoden abzuhalten, beschränkt: Diese durften nur noch in Thorda oder Klausenburg stattfinden[46]. 1576 wurde der Amtsbereich des unitarischen Superintendenten Franz Davidis auf die genannten Städte beschränkt: die Antitrinitarier in anderen Landesteilen wurden der Aufsicht des calvinistischen Superintendenten unterstellt[47].

Neben diesen erfolgreichen Versuchen, die protestantischen Bekenntnisse gegeneinander auszuspielen, konnte der Fürst - vertreten durch seinen Bruder Christoph Báthory, den er nach seiner Wahl zum polnischen König (1576) als Wojwoden eingesetzt hatte[48] - Widersprüche unter den Unitariern selbst ausnutzen. Zu Streitigkeiten bis hin zur Spaltung der unitarischen Glaubensgemeinschaft kam es, als Franz Davidis das antitrinitarische Bekenntnis radikaler gestalten wollte. Bereits im März 1578 hatte eine Synode in Thorda die Kindertaufe abgeschafft[49]; noch im selben Jahr kam es zwischen Davidis und Fausto Sozzini (Socinus), den die konservativeren Opponenten des unitarischen Superintendenten eigens aus Polen herbeigerufen hatten, zur offenen Kontroverse um den Nonadorantismus. Davidis konnte gegen den nicht gering einzuschätzenden Einfluß Sozzinis und gegen den Widerstand gemäßigter unitarischer Kreise 1579 auf der Synode von Thorda die Nichtanbetungswürdigkeit Christi durchsetzen[50]. Die Spaltung der unitarischen Gemeinschaft bot den Anlaß, das Innovationsgesetz von 1572 anzuwenden: Auf das Bestreben Giorgio Biandratas - eines der Hauptgegner des Superintendenten - ließ Christoph Báthory Davidis noch im selben Jahr festnehmen[51] und als "Neuerer und Zerstörer

---

144; Binder (Toleranz, S. 151, Anm.10) zweifelt diese Aussage mit der Argumentation an, Weißenburg - wo der Prozeß stattfand - habe nie zum sächsischen Territorium gehört; die Urteilsbegründung ist überschrieben: "Censura oder Vrteil der Teuttschen Kirchen Pastoren vber forbeschriebene Artikel der Ketzer"; die genannte Urteilsbegründung vgl. bei Pirnát, Antitrinitarier, S. 144-148

46 Ebd., S. 169f; Binder, Toleranz, S. 153

47 Höchsmann, Gegenreformation, S. 546f

48 G.D. Teutsch, Geschichte der Siebenbürger Sachsen für das sächsische Volk, Bd.1: Von den ältesten Zeiten bis 1699, Hermannstadt 1899, 3. Aufl., S. 254f

49 Pirnát, Antitrinitarier, S. 170; Binder, Toleranz, S. 153

50 Pirnát, Antitrinitarier, S. 176; Binder, Toleranz, S. 153

des Reiches" verurteilen und einkerkern[52]. Indessen begann Biandrata mit der Reorganisation der unitarischen Kirche nach den gemäßigteren Vorstellungen Sozzinis[53]. Im Juli 1579 faßte eine Synode unter Leitung von Demetrius Hunyadi eine Bekenntnisschrift ab, die zum Stand von 1571 zurückkehrte[54]. Damit war es Báthory zwar gelungen, auf der Grundlage der restriktiven Landtagsbeschlüsse von 1572 die Vielfalt von Lehrmeinungen, die relativ weitgehende weltanschauliche Freiheit auf dem Boden des Antitrinitarismus zu beseitigen und ihre radikalen Wortführer auszuschalten; gerade diese Tatsache trug aber andererseits wesentlich zur Konsolidierung des Unitariertums bei. Durch die Ausschaltung abweichender Lehrmeinungen dogmatisch geeinigt, konnten sich die Unitarier mit Hilfe ihres grundlegenden Bekenntnisses von 1579 als Kirche konstituieren. Wieder waren die restaurativen Ziele der fürstlichen Religionspolitik in ihr Gegenteil umgeschlagen: Das Vorgehen Báthorys gegen den Antitrinitarismus hatte nicht zu dessen Beseitigung, sondern vielmehr zu seiner inneren Festigung geführt. Mit den Ereignissen von 1578/1579 war auch die Konfessionsbildung der Unitarier abgeschlossen.

Die gegenreformatorische Kirchenpolitik Stephan Báthorys brach die vergleichsweise tolerante Phase der Religionsgesetzgebung in Siebenbürgen von ca. 1540 bis 1571 ab[55]. Durch die Festlegung der Bekenntnisse auf den Stand von 1569 sollte eine Einschränkung der reformatorischen Bewegung erreicht werden, was ihre Ausbreitung und Weiterentwicklung anging. Die Maßnahmen Báthorys waren in

---

51 Pirnát, Antitrinitarier, S. 177

52 Reinerth, Kirchen in Siebenbürgen, S. 303, nach Jakobus Palaeologus, "In Confutatione Eccl. Pol.", p. 280 (keine weiteren bibliographischen Angaben bei Reinerth)

53 Pirnát, Antitrinitarier, S. 180

54 Binder, Toleranz, S. 153

55 K. Zach unterscheidet eine "klassische Periode größter religiöser Toleranz, markiert durch (...) den frühen Tod Johann Sigismunds II. (dem der katholische Stefan Báthori folgte), von 1542 bis 1571. 1571-1603 erfolgte die schrittweise Einschränkung der Toleranz seitens der Obrigkeit und der einzelnen bevorrechtigten Religionsgemeinschaften." Krista Zach, Orthodoxe Kirche und rumänisches Volksbewußtsein im 15. und 16. Jahrhundert, Wiesbaden 1977 (Schriften zur Geistesgeschichte des östlichen Europa, Bd.11), S. 159

dieser Hinsicht - vom Standpunkt der Gegenreformation gesehen - ein Fehlschlag: Aus der Auseinandersetzung mit der restaurativen Religionspolitik des Fürsten gingen die Protestanten Siebenbürgens gestärkt hervor. Aufgrund der rechtlichen Verankerung der protestantischen Bekenntnisse änderten Báthorys Vorstöße nichts an Bestand und Verbreitung der neuen Glaubensgemeinschaften, deren Rechtsstellung durch das Innovationsgesetz letztlich sogar gestärkt wurde[56]. Freilich schränkte das fürstliche Vorgehen Meinungs- und Auslegungsspielräume innerhalb der einzelnen Bekenntnisse ein; die neuen Kirchen sahen sich der Dynamik der Weiterentwicklung reformatorischer Ideen beraubt. Gerade diese Einschränkung auf eine jeweilige innerkonfessionelle Orthodoxie, die sich in der verbindlichen Festlegung auf Bekenntnisschriften äußerte, zeitigte andererseits eine konsolidierende Wirkung auf die einzelnen Gemeinschaften: Innerlich durch die dogmatische Vereinheitlichung gefestigt, nach außen gegeneinander und gegenüber der römisch-katholischen Kirche abgegrenzt, konstituierten sich die neuen Glaubensgemeinschaften als Konfessionen.

Die Konfessionalisierung sicherte den Bestand der protestantischen Kirchen Siebenbürgens. Das gilt insbesondere für die unitarische Glaubensgemeinschaft, die sich nur auf dieser Grundlage - für Europa einzigartig - in Siebenbürgen als Kirche bis heute erhalten konnte[57], aber auch für die siebenbürgisch-sächsischen Lutheraner und die ungarischen Calvinisten Siebenbürgens. Auch spätere, wesentlich heftigere gegenreformatorische Angriffe, etwa gegen Ende des 16. Jahrhunderts[58], konnten den protestanti-

---

56 So begründeten die protestantisch dominierten Stände 1588 das Verbot des Jesuitenordens mit dem Innovationsgesetz. Da die Gesellschaft Jesu vor 1572 in Siebenbürgen nicht existiert hatte, galt sie als religiöse Neuerung, vgl. MCT Bd.3, S. 239f

57 Die Duldung der unitarischen Gemeinschaft in Polen wurde 1658 aufgehoben; zahlreiche polnische Unitarier gingen daraufhin nach Siebenbürgen, vgl. Jan Tazbir, Die Sozinianer in der zweiten Hälfte des 17. Jahrhunderts, in: Paul Wrzecionko (Hg.), Reformation und Frühaufklärung in Polen, Studien über den Sozinianismus und seinen Einfluß auf das westeuropäische Denken im 17. Jahrhundert, Göttingen 1977 (Kirche im Osten Bd.14), S. 9-77, hier S. 33

58 Géza Lencz, Der Aufstand Bocskays und der Wiener Friede, Eine kirchenhistorische Studie, Debrecen 1917, S. 37-46

tischen Konfessionen Siebenbürgens keinen wesentlichen Schaden zufügen oder gar ihre Existenz beseitigen.

RÉSUMÉ

Contre-réforme et protestantisme en Transylvanie
à l'époque de Stephan Bathory (1571-1584)

En dépit de la grande expansion de la Réforme et de l'importance politique des états, en majorité protestants, des tendances contre-réformatrices se manifestèrent sous Stephan Bathory. Il chercha entre autres à renforcer la minorité catholique et à propager à nouveau le catholicisme (installation de jésuites à Klausenbourg en 1576). Il essaya aussi de s'immiscer dans les affaires internes des communautés protestantes (synodes des luthériens saxons de Transylvanie - 1571/1572) et de limiter par des lois la liberté de confession et d'enseignement de la religion protestante (loi d'innovation 1572). Les mesures prises contre la Réforme n'aboutirent pas.

Une influence réactionnaire sur le dogme et l'organisation des églises protestantes s'avéra impossible. Certes Bathory réussit par des lois à freiner la Réforme, mais la limitation du mouvement réformateur à trois églises (Luthériens, Calvinistes et Unitariens), ainsi que l'obligation pour chacune d'elles de respecter l'état confessionnel de 1570 renforcèrent, d'un autre côté, leur cohésion. De ces communautés religieuses, dotées d'une assez grande liberté de religion et de culte, sont nées des églises nettement distinctes du point de vue de l'organisation et de la foi.

SUMMARY

Counter-Reformation and Formation of Protestant Denominations in Transylvania at the Time of Stephan Bathory (1571-84)

Despite the widespread influence of the Reformation and a strong political predominance of the largely Protestant professional classes, counter-reformation tendencies were apparent at the time of Stephan Bathory even in Transylvania. Elements of his religious policy included strengthening the Catholic minority and the re-proliferation at Catholicism (establishing Jesuits in Klausenburg in 1576), the attempt to exert restorative influence on internal church matters in Protestant congregations (1571/72 Transylvanian Saxon Lutheran Synods) and the statutory limitation of Protestant freedom of teaching and confession (Innovation Law of 1572). The prince's counter-reformational moves were to fail, however. It proved impossible to exert restorative influences on the doctrines and organisation of the Protestant churches. While the spread of the Reformation was impeded by law, the fact of restricting it to three groups (Lutheran, Calvinists, Unitarians), each bound to its confession of 1570, meant a considerable contribution to its internal consolidation. Communities with large-scale freedom in matters of faith and confession turned into clearly defined denominations, each with its own doctrine and organisation.

BEDINGUNGSFAKTOREN ZUR ENTSTEHUNG RELIGIÖSER TOLERANZ
IM SIEBENBÜRGEN DES 16. JAHRHUNDERTS

Gábor Barta

Für alle Kenner der Geschichte Siebenbürgens ist die bekannte religiöse Toleranz der interessanteste und vielleicht sympathischste Charakterzug des damaligen Fürstentums im 16. Jahrhundert. Es gilt fast als Gemeinplatz - besonders seit dem ausgezeichneten Buch Ludwig Binders -, daß die Grundlage dieser religiösen Toleranz in erster Linie der komplizierte ständische Aufbau des siebenbürgischen Staates war. Die Autonomie der "drei Nationen" - Ungarn, Sachsen und Sekler - bot günstige Möglichkeiten für eine Glaubensvielfalt. Schließlich gilt es wiederum als selbstverständlich, daß die politische Situation des Fürstentums, seine schwankende Lage zwischen den Einflußsphären Habsburgs und der Türken, ebenfalls das Entstehen der Toleranz beeinflußte[1].

An diesem in seinen Grundlagen logischen Gesamtbild vermag ich nichts zu ändern. Im folgenden soll versucht werden, auf einige Probleme einzugehen, die mit Fragen der gesellschaftlichen und politischen Entwicklung in Verbindung stehen. Meine Arbeit strebt nur eine bessere Beleuchtung einiger Einzelheiten an. Diese sind folgende:
- Welche anderen gesellschaftlichen Faktoren haben neben den "drei Nationen" die religiösen Verhältnisse beeinflußt?
- Wie funktionierte die siebenbürgische Staatsmacht?
- Welche Zusammenhänge zwischen gesellschaftlichen Faktoren, Staatsmacht und religiöser Politik sind zu vermerken?

I

Zuerst zur Frage der "drei Nationen". Die Anerkennung der lutherischen Konfession 1548 ist zweifellos in direkte Verbindung mit dem starken politischen Druck der "Universitas Saxonum" zu brin-

---
1 Ludwig Binder, Grundlagen und Formen der Toleranz in Siebenbürgen bis zur Mitte des 17. Jahrhunderts, Köln/Wien 1976 (Siebenbürgisches Archiv Bd.11)

gen: Wir befinden uns am Vorabend der kurzlebigen Habsburg-Restauration (1551-1556) in Siebenbürgen. Die reformierte (kalvinistische) Konfession erhält nun, auf die Forderung des ungarischen Adels hin, der die lutherische Lehre relativ schnell hinter sich ließ, 1564 ihre Gleichberechtigung. Die Weiterexistenz des Katholizismus und die Zulassung des Unitarismus - letztere fand, wie bekannt, 1571 statt - sind dagegen nicht mehr so eindeutig mit den ständischen Verhältnissen zu verbinden. Der Katholizismus fand in Siebenbürgen über einige Adelsfamilien hinaus nur unter den Seklern Anhänger. Doch Mitte des Jahrhunderts teilten sich auch diese: Die Hälfte der Sekler durchlief sehr schnell die verschiedensten Phasen der Glaubenserneuerung und landete schließlich beim Antitrinitarismus oder sogar bei der Sekte der Sabbatarier. Die antitrinitarischen (später unitarischen) Lehren stießen - über die erwähnte Gruppe der Sekler hinaus - nur noch beim ungarischen Bürgertum Nordsiebenbürgens, hauptsächlich in Klausenburg, und bei einer kleineren Splittergruppe ungarischer Adliger auf Verständnis. Über das Schicksal dieser zwei Konfessionen entschied lediglich der Wille des Herrschers. Doch ist es eine andere Frage, wie weit dies den Wünschen der siebenbürgischen Stände nachkam und wie weit die fürstliche Intention andere gesellschaftliche Kräfte berücksichtigen mußte.

Die "drei Nationen" bildeten nämlich nicht die ausschließlichen Grundlagen des siebenbürgischen Staates. Die alten ungarischen Komitate des sog. Partium waren seit Mitte der 40er Jahre des 16. Jahrhunderts - mit kurzer Unterbrechung - vollrechtliche Mitglieder des siebenbürgischen Landtags, welcher offiziell - bis 1570 - ungarischer, nicht siebenbürgischer Landtag war! Man könnte die in ihnen lebenden Adligen also auch als die "vierte Nation" bezeichnen[2]. Die sogenannten "Bauernbürger" der Oppida (Marktflecken) - obwohl sie bei der Führung des Staates keine Rolle spielten - stellten einen wichtigen Faktor dar und zwar insbesondere in Debrezin. Aber auch die schon erwähnten ungarischen Bürger von Klausenburg wurden durch die "drei Nationen" im Landtag nicht vertreten. In beiden Fällen muß von wichtigen Wirtschaftskräften gesprochen wer-

---

2 Imre Lukinich, Erdély területi változásai 1541-1711 (Der Wandel des Territoriums von Siebenbürgen 1541-1711), Budapest 1918

den. Die Bauernbürger des Partium, die offiziell Leibeigene waren, haben aus der Viehzucht und dem Viehhandel, die Klausenburger aus dem westlichen Fernhandel ihren Reichtum gewonnen. Und wie die Klausenburger die Vorkämpfer des Unitarismus waren, so wurden die "cives" von Debrezin die Verteidiger des Kalvinismus.

Der Zusammenhang zwischen der religiösen Toleranz und der Vielschichtigkeit der ständischen Gesellschaft ist folglich zu erweitern in dem Sinne, daß auch die Rolle der Kräfte außerhalb der "drei Nationen" Berücksichtigung finden muß. Das führt jedoch zu einer weiteren Frage: Wie konnten in einem Ständestaat außerständische Kräfte wie beispielsweise die Debreziner Bauernbürger zu Einfluß kommen?

II

Die Herrschaftsstrukturen im siebenbürgischen Staat hatten sich auf eine höchst sonderbare Weise herausgebildet. Obwohl die Union der "drei Nationen" von 1437 schon um vieles früher die Grundlagen der Autonomie des Landes geschaffen hatte, spielte bei der Entstehung des Fürstentums diese Autonomie fast überhaupt keine Rolle. Das Zustandekommen des neuen Landes wurde durch den Zusammenbruch des ungarischen Staates bewirkt. In den Jahren nach 1526 stellte sich heraus, daß die östliche Hälfte des mittelalterlichen Ungarn sich vor den Türken selbst durch das Eingreifen Habsburgs nicht mehr schützen ließ. Dieses Eingeständnis prägte die Politik König Johanns und Georg Martinuzzis. Bei letzterem war das Eingreifen der Pforte schon offen und eindeutig: Bei der Einnahme Ofens trug der Sultan die Herrschaft über Ostungarn einfach der Witwe Johanns I., Isabella, auf.

Tatsächlich leiteten im Namen von Isabella und dem Kleinkind Johann Sigismund die Anführer der ungarischen Zápolya-Partei den neuen Staat und nicht die Siebenbürger selbst. Nur einige Namen seien außer Martinuzzi genannt: Péter Petrovics, Imre Bebek, Mihály Csáki, Janos Török. Ferenc Kendi war der einzige echte siebenbürgische Staatsmann von ernsthafter Bedeutung! Die Funktion der "drei Nationen" erschöpfte sich darin, sich mit dem neuen Staat abzufinden. Daran änderte auch die Restauration Siebenbürgens von 1556 nicht viel: Am Hof Isabellas und Johann Sigismunds hatten

neben den Familien Balassa und Báthori, neben Kaspar Bekes und
Michael Csáki die fremdländischen Vertrauten Niezowski, Ligeza,
Biandrata noch immer mehr Einfluß als die Vertreter der Sekler
oder Sachsen.

Auch die materielle Basis der fürstlichen Macht wurde nicht nur
durch Siebenbürgen selbst gebildet mit seinen Steuern, Zöllen,
Bergwerken und den Domänen Weißenburg, Neuschloß und später Foga-
rasch. Georg Martinuzzi stützte sich in erster Linie auf die ge-
waltigen Besitztümer des Bistums Großwardein. Auch Isabella und
Johann Sigismund bewahrten sich dieses Vermögen als "Hauptmann-
schaft". Mehrere Großbesitze im Theißgebiet - das der Familien
Varday, Jaksics, Drágffy usw. - fielen entweder an die Krone oder
an die Báthoris - und für die Machtübernahme durch letztere bzw.
für ihre harte Regierung bildeten wiederum nur die eigenen Groß-
besitztümer jenseits der Theiß den entsprechenden Hintergrund[3].

Ganz allgemein läßt sich sagen, daß die Herrscher Siebenbürgens
für ihre Zeit ungewöhnlich große Besitztümer hatten - durchschnitt-
lich 20% des Landes! Ihre Macht beruhte, nach der Art des Mittelalters, in erster Linie auf diesen Gütern. Mit aristokratischen
Gegenkräften mußten sie nur selten rechnen: In Siebenbürgen selbst
gab es echte Großgrundbesitzer fast überhaupt nicht, und die Oli-
garchen-Familien des Partium wurden entweder abtrünnig oder star-
ben aus.

Die ungarische Historiographie hat schon wiederholt darauf verwiesen, daß die siebenbürgischen Fürsten sich eine sehr starke Zentralgewalt aufgebaut hatten. Die Stände erhielten im allgemeinen
nur in kurzen Wirreperioden des Machtwechsels eine echte politische Funktion. Auf ihre Regierungsweise soll an dieser Stelle nicht
näher eingegangen werden[4]. Vielleicht genügt folgendes: Die fürst-

---

3 László Makkai, Histoire de Transylvanie, Paris 1946, S. 151ff;
  Gábor Barta, Az erdélyi fejedelemség születése (Die Geburt des
  siebenbürgischen Fürstentums), Budapest 1979; ders., A Sztambul-
  ba vezető ut 1526-1528 (Der Weg nach Stambul 1526-1528) Budapest 1983

4 Vencel Biró, Az erdélyi fejedelmi hatalom fejlödése 1542-1690
  (Die Entwicklung der siebenbürgischen Fürstenmacht), Kolozsvár
  1917; Zsolt Trócsányi, Az erdélyi fejedelemség korának ország-
  gyülései (Die Siebenbürgischen Landtage in der Zeit des Fürstentums), Budapest 1976; ders., Erdély központi kormányzata 1540-

liche Willkür erlaubte sich im 16. Jahrhundert eine derartige Serie von politischen Morden und Todesurteilen, wie sie ähnlich weder aus der Geschichte der Jagellonen- noch der Habsburgerzeit Ungarns bekannt ist[5].

Doch wenn nun die fürstliche Macht derart stark war, wie konnten die ständischen und sogar die außerständischen Kräfte bei der Regelung der Religionsverhältnisse ebenfalls zu einer wichtigen Rolle gelangen? Warum setzten die hartnäckig "Altgläubigen", König Johann, Bischof Martinuzzi oder Königin Isabella, die Erhaltung der katholischen Kirche nicht mit Gewalt durch? Warum kam der Schwung der Glaubenserneuerung Johann Sigismunds sofort nach seinem Tod zum Stocken? Warum waren die Gegenreformationsversuche Stephan Báthoris, der zugleich auch König des katholischen Polen war, so vorsichtig?

III

Die Historiographie schwankt oft, wie sie den Rang der Herrscher Siebenbürgens bezeichnen soll. Johann Zápolya wird Johann I., ungarischer König, anderswo "der Woiwode" und sogar - horribile dictu - "König Siebenbürgens" genannt, Isabella einfach nur "die Königin" ohne Angabe des Landes, Johann Sigismund und die Familie Báthori dagegen "Fürst" oder manchmal nur "Woiwode". Die Wirklichkeit ist demgegenüber viel komplizierter. Zápolya und sein Sohn waren rechtlich ungarische Könige, Johann I. und II., und benutzten diesen Titel auch, Isabella war nur eine Art Regentin. Die erste Unsicherheit trat nach 1556 ein, weil Johann Sigismund mit der Abdankung seinen Rechtstitel verlor und - bei unveränderter Benutzung des Königstitels - für heiklere diplomatische Operationen die Titel "dux Transylvaniae" oder "rex Transylvaniae" zu führen gezwungen war. Den ihm 1570 verliehenen Titel Reichsfürst konnte er wegen seines frühen Todes kaum benutzen, während die sein Erbe antretenden Báthoris das Abkommen von Speyer, das sich ohnehin nicht auf sie bezog, brachen. Stephan Báthori betrachtete

---

1690 (Die zentrale Regierung Siebenbürgens), Budapest 1980

5 Z.B. Ermordung von Ferenc Kendi und seiner Consorten 1558; blutige Repression des Sekler-Aufstandes 1575; Hinrichtung nach der Schlacht bei Kerelöszentpál 1575; blutige "Innenpolitik" des Sigismund Báthori usw.

sich lange Zeit auch selbst als "Woiwode" und gelangte erst als polnischer König zur illegitimen Verwendung des Titels "Fürst" (princeps). Diesen Titel bekam rechtlich erst sein Neffe Sigismund Báthori 1595[6]. Die Unbestimmtheit des Titels drückt etwas sehr Wesentliches aus: Die mit starker Hand regierenden Herrscher Siebenbürgens führten einen Staat, dem im 16. Jahrhundert Unsicherheit und das Gefühl der Vorläufigkeit ihr Siegel aufdrückten.

Die Habsburger und die ungarische Gesellschaft gaben die Hoffnung nie auf, Siebenbürgen wiedererlangen zu können. Die immer erneuten Kämpfe, die die Fürsten mit Habsburg-Ungarn ausfechten mußten, sind bekannt. Die Perioden des Friedens waren unglaublich kurz; nach dem Frieden von Großwardein 1538 zwei Jahre, nach dem Ofener Fiasko 1542 kaum sechs Monate und nach dem Vergleich von Sathmar 1565 vielleicht nicht einmal ein halbes Jahr. Eine tatsächliche Beruhigung brachte erst Stephan Báthoris polnisches Königtum, doch wird das Ende der damaligen anderthalb Jahrzehnte dauernden Ruhe von den düsteren Schatten des langen Türkenkrieges verdunkelt. Umsonst also die Unterstützung und sogar das bewaffnete Eingreifen des Sultans - Siebenbürgen ist ununterbrochen durch die Außenwelt gefährdet.

Und auch die innere Situation ist nicht besser. Der äußere Zwang war durchweg imstande, die Leute dazu zu bringen, die Existenz des neuen Staates anzuerkennen - zu echten, ehrlichen Anhängern der Familie Zápolya und ihrer Nachfolger machte er nur wenige. Der ungarische Adel - ob im Partium oder in Siebenbürgen - konnte sich nie mit der Zerstückelung des halbtausendjährigen Landes abfinden. Er war ständig darum bemüht, eine Wiedervereinigung zu erlangen. Deshalb konnten sich die Verträge von Großwardein, Gelau, Nyirbátor, Sathmar, Speyer und Prag in gespenstischer Gleichförmigkeit wiederholen und waren immer populär, obwohl sie immer zur Katastrophe führten[7].

---
6 Vgl. Roderich Goos, Österreichische Staatsverträge, Fürstentum Siebenbürgen, Wien 1911; Documente privitoare la istoria Românilor (Dokumente zur Geschichte der Rumänen), hg.v. E. Hurmuzaki, Bd. II/1, II/4

7 Monumenta Comitialia Regni Transylvaniae Bd.1, Budapest 1875, S. 566f

Die Sachsen gerieten seit 1527 in ein ebenso schweres Dilemma. Sie hatten die Denkweise des ungarischen Adels durch das seit Jahrzehnten erstarkende deutsche Selbstbewußtsein ersetzt, ein Selbstbewußtsein, daß auch die traditionellen wirtschaftlichen und sonstigen Beziehungen mit dem deutschen Bürgertum Ungarns und des Reiches verstärkte. Sie hielten immer am längsten zu den Habsburgern: 1528-1536, 1540-1542, 1551-1556 und in den Jahren nach 1594. Ihre Haltung gegenüber dem neuen Staat läßt sich am ehesten als reservierte Loyalität bezeichnen[8].

Die Sekler durchlebten im 16. Jahrhundert die bisher schwerste Krise ihrer Geschichte. Ihre archaische soldatisch-bäuerliche Gesellschaft wurde durch die eigene innere Entwicklung und auf Druck der feudalen Umgebung zur Auflösung gebracht: Es begann der langsame, schmerzhafte Prozeß der Zweiteilung in Adlige und Leibeigene. Die Existenz dieser Krise belegt die Serie bewaffneter Aufstände - 1519, 1562, 1571, 1575 und 1596 -, und die Unzufriedenen suchten immer gern Unterstützung bei Kräften außerhalb Siebenbürgens - seien es nun die Habsburger, Polen oder die Wallachei Michaels des Tapferen[9].

Es kann also festgestellt werden: Der siebenbürgische Fürstenthron stand fest - auf der Spitze eines Vulkans. Es ist nicht verwunderlich, wenn die Herrscher im 16. Jahrhundert sich hüteten, ihre Untertanen zusätzlich mit Glaubensfragen zu beunruhigen, die für die Weiterexistenz des Staates letztendlich unwesentlich waren. Und hierbei ist nicht nur an die Annahme der Toleranzgesetze zu denken, sondern auch daran, daß aus der gesamten Epoche nur ein Fall bekannt ist, wo die Staatsmacht gegen irgendeine Konfession Gewalt einsetzte. Die Verhaftung von Franz Davidis und

---

8 Roderich Goos, Die Siebenbürger Sachsen in der Planung der deutschen Südostpolitik, Wien 1940; Gustav Gündisch, Der Hermannstädter Aufstand des Jahres 1556, in: Forschung zur Volks- und Landeskunde 1/1959, S. 75-110

9 Răscoală Secuilor din 1595-1596 - antecedente, desfăşurare şi urmari (Der Sekler Aufstand 1595-1596, Ursachen, Verlauf und Folgen), hg.v. Samu Benkö, Lajos Demény, Károly Vekov, Bucureşti 1978 = Székely felkelés 1595-1596 (Der Sekleraufstand von 1595-1596), Bukarest 1979. Die Zersetzung der Sekler-Gesellschaft verlangsamte sich, kam später, während des langen Türkenkrieges (1593-1606) sogar zum Stillstand. Vom Beginn des 17. Jahrhunderts an wurden die Sekler kollektiv in den Adels-

die Unterdrückung des extremen Flügels der Antitrinitarier fallen eben in die politisch ruhigsten Jahre der Báthori-Periode (1579). Die Herrscher bezogen meist für irgendeine Konfession Stellung. Das Patronat Johann Sigismunds über die "Unitarier" und der aktive Katholizismus der Báthoris sind allgemein bekannt. Dagegen wird nicht immer gesehen, daß Stephan Báthori, der die Jesuiten nach Siebenbürgen holte, die Reformation bei den Rumänen auch nur mit geschickter Taktik zum Stehen bringen konnte. Ein wichtigeres Mittel als politischer Druck war die Schaffung der Einheit der orthodoxen Kirche Siebenbürgens (1574). Es ist auch daran zu erinnern, daß die orthodoxe Konfession, abgesehen von der kurzen Herrschaft Michaels des Tapferen, nie zu den "rezipierten Konfessionen" gehörte, dennoch läßt sich mit Ausnahme einiger fehlgeschlagener Versuche (z.B. 1559) kein Beispiel für ihre Verfolgung beibringen[10]. Aufgrund der beschriebenen Konstellation haben die Bauernbürger und die ungarischen Bürger von Siebenbürgen eine bestimmte Bedeutung erlangt. Ihre Wirtschaft hat nämlich das Gegengewicht zu den politisch immer unsicheren Sachsen geschaffen, deswegen mußte man ihre religiöse Einstellung mit berücksichtigen.

Als Ergebnis läßt sich also festhalten: Die religiöse Toleranz konnte sich im siebenbürgischen Staat entwickeln, weil die Zentralgewalt in eigenem Interesse sich kaum in die Glaubensverhältnisse der Gesellschaft einmischte. In diesem 16. Jahrhundert, das von der Vertreibung spanischer Mauren (Moriscos) bis zur Bartholomäusnacht so viel selbstverstümmelnden Fanatismus sah, ist die Toleranz-Politik der siebenbürgischen Mächtigen der würdigste Beweis ihrer Nüchternheit und Weisheit.

Doch warum gestaltete sich das Schicksal der siebenbürgischen Konfessionen so unterschiedlich? Auch hierfür sollen einige Zu-

---

stand erhoben, dies war aber nicht gleichwertig mit dem ungarischen Adel.

10 Gh. Moisescu, Şt. Lupşa, A. Filipaşcu, Istoria Bisericii Române (Die Geschichte der rumänischen Kirche) Bd.I, Bucureşti 1957, S. 359; Binder, Toleranz, S. 120. Die Reformation der Rumänen wurde übrigens auch durch den Unterschied zwischen der Lebensart der Rumänen einerseits und der der Ungarn und Sachsen andererseits verhindert.

sammenhänge skizziert werden.

IV

Zuerst eine allgemeine Feststellung: Die Annahme der Reformation in Ungarn - die Sachsen mit einbegriffen - wurde erleichtert durch die seelische Erschütterung infolge der Türkennot und den Zerfall des Landes. Deshalb konnte der "alte" Glauben so schnell an Einfluß verlieren. Doch hatten es die Herren Siebenbürgens schon damals nicht leicht. Im Kampf gegen die katholischen Habsburger hätte es sich von selbst verstanden, wenn sie sich an die Spitze der Glaubenserneuerung gestellt hätten. Doch als gezwungenermaßen türkische Verbündete waren für sie die Bande zum Westen von besonderer Bedeutung. König Johann als Bundesgenosse des Papstes und Isabella, Tochter bzw. Schwester des polnischen Königs, konnten sich - abgesehen von ihrer eigenen Überzeugung - einen solchen Bruch kaum erlauben. Sie blieben also Katholiken, ohne zur Verteidigung dieser Kirche viel zu tun. Georg Martinuzzi und Isabella schufen mit der Enteignung der Besitztümer und des Einkommens der drei Bistümer des Fürstentums - Großwardein, Tschanad und Weißenburg - eine neue Basis der fürstlichen Macht. Folglich wurde die Säkularisation in Siebenbürgen ausgerechnet von den Verteidigern des alten Glaubens begonnen. Unter Johann Sigismund beschleunigte sich der Verfall, und auch der Versuch zur Gegenreformation der Báthoris erreichte nicht mehr als das bloße Überleben der katholischen Konfession: Die protestantischen Stände nötigten dem minderjährigen Sigismund Báthori schon 1588 die Vertreibung der Jesuiten ab.

Mit der Frage, warum die Sachsen die lutherischen Prinzipien annahmen, hat sich die Forschung schon viel beschäftigt. Der geistige Einfluß des Humanismus, die Lehren von Luther kamen von Deutschland, durch Ungarndeutsche vermittelt, und wurden von Honterus wirkungsvoll propagiert und systematisiert[11]. Noch offen ist indes die Frage, wie diese Konfession die "Universitas" gewinnen konnte: m.E. nicht nur, weil die Ideen der "Sakramenta-

---

[11] Oskar Wittstock, Johannes Honterus, der Siebenbürger Humanist und Reformator, Göttingen 1970; Binder, Toleranz; Karl Reinerth, Die Gründung der evangelischen Kirchen in Siebenbürgen, Köln/Wien 1979 (Studia Transylvanica Bd.5)

rier" von dem Franzosen Jean Calvin stammten. Wichtiger könnte die Tatsache sein, daß die kalvinistische Lehre von Ungarn bis an die Grenzen Siebenbürgens gebracht wurde und dies mit ausgesprochen politischen Hintergedanken.
Der erste Verteidiger der helvetischen Glaubenssätze war nämlich Péter Petrovics, der größte Gegner der Politik Martinuzzis nach 1547 - also zur Zeit der siebenbürgischen Habsburg-Restauration. Während des ersten bewaffneten Aufstandes gegen den Statthalter (1550) führte er die Synode von Torony durch, die erste Versammlung der ungarischen kalvinistischen Geistlichkeit. Das folgende Treffen (1552 in Beregszász) organisierte er parallel zu den Vorbereitungen für die Empörung gegen die Habsburg-Herrschaft. Er war auch der Protektor von Márton Kálmáncsehi und Péter Melius[12].

Folglich tritt die kalvinistische Lehre als Resultat der gegen die Habsburger gerichteten Politik im Fürstentum auf - und der Schauplatz ihres ersten Sieges wird eben das Gebiet jenseits der Theiß, das durch den mißglückten Einfall von Habsburg am stärksten den Türken ausgeliefert war. Für die Sachsen, deren traditionelle Habsburg-Orientierung durch die Passauer und Augsburger Verträge nur noch gestärkt wurde, gab es keine Veranlassung, die Petrovics-Bewegung zu unterstützen. Es verstand sich so von selbst, daß sie sich diesen Ideen verschlossen.

Am sonderbarsten jedoch verlief die Geschichte der Annahme der unitarischen Konfession. Diese in ganz Europa verfolgte und selbst in Polen nur geduldete Glaubensrichtung wurde für kurze Zeit in Siebenbürgen zum Fürstenglauben. Soll man dies nun als Zeichen eines geistigen Vermittlungsversuchs zwischen Orient und Okzident eines an den Rand der christlichen Welt gedrängten kleinen Staates werten? Tatsache ist, daß der Unitarismus gegenüber

---

12 Jenö Zoványi, A reformáció Magyarországon 1565-ig (Die Reformation in Ungarn bis 1565), Budapest 1922; Mihály Bucsay, Der Protestantismus in Ungarn 1521-1978, Ungarns Reformkirchen in Geschichte und Gegenwart, Bd.1, Wien/Köln/Graz 1977; Gábor Barta, Die Geburt, S. 147 - Petrovics blieb übrigens auch nach der Rückkehr von Isabella und Johann Sigismund 1556 als der höchste Protektor der helvetischen Konfession tätig. Zu Peter Melius vgl. den Beitrag von H.Heltmann in diesem Band.

den anderen Konfessionen - selbst auch den Muselmanen - die am wenigsten intolerante christliche Konfession ist[13].

Oder ist diese Tatsache als Ausdruck der komplizierten Persönlichkeit des jungen Johann Sigismund zu verstehen? Dieser Herrscher mit seinem wechselvollen Schicksal erlebte als Kind den Zerfall des Landes und hatte gelernt, sich vor dem Sultan zu fürchten. Von seinem Vater hatte er die Türkenpolitik geerbt, von seiner polnisch-italienischen Mutter die geistige Offenheit der Renaissance. Zu einem grüblerischen, wahrheitsuchenden Mann herangewachsen, war er ein vorzügliches Objekt für einen Franz Davidis oder Giogio Biandrata.

Was dagegen die Basis der Unitarier im Volk angeht, so ist der schnelle Übertritt eines Teils der Sekler ebenso ein Symptom der Krise wie das Festhalten des anderen Teils am Katholizismus. Vor der düsteren Gegenwart flüchteten die einen nach vorn, soweit es ihnen die Ideen der Zeit gerade noch erlaubten (siehe die Minderheit der Sabbatarier!), während die anderen auf den Traditionen einer schöneren Vergangenheit beharrten. Der Antitrinitarismus der Klausenburger und ihrer Genossen läßt sich zum Teil mit ihrer Verbundenheit mit dem Fürstenhof erklären. Andererseits kann man auch mit einer andersgearteten Triebkraft rechnen.

Die sächsischen Städte betraten den Weg der Glaubenserneuerung, als ihr Wirtschaftsleben - in den ersten zwei Jahrzehnten der Trennung Siebenbürgens von Ungarn - plötzlich reger wurde. Dieser Aufschwung blieb aber bald stecken, und so blieb auch die "Universitas" auf der ersten Stufe der Reformation stehen. Den "cives" des Gebietes jenseits der Theiß, besonders denen von Debrezin, brachte der Vormarsch der Türken einen künstlichen und instabilen Aufschwung, der aber zeitlich länger dauerte als die Prosperität bei den Sachsen. Debrezin nun blieb damals auf der zweiten Stufe stehen, beim Kalvinismus. Klausenburg dagegen, mit seiner Schlüsselstellung an der einzigen Handelsstraße Siebenbürgens nach dem Westen, kam zu einer bis zum langen Krieg dauernden Wirtschaftsblüte und gelangte in der Reformation bis zur

---

13 Antal Pirnáth, Die Ideologie der Siebenbürger Antitrinitarier in den 1570er Jahren, Budapest 1961; Róbert Dán, Mathias Vehe-Glirius and Radical Reformation, Budapest 1982

dritten Stufe, dem Unitarismus[14].

Es scheint folglich so zu sein, daß es einen Zusammenhang zwischen den Varianten der Glaubenserneuerung und den gesellschaftlich-ökonomischen Möglichkeiten derer gab, die diesen Glauben annahmen. Doch ob dieser Zusammenhang tatsächlich bestand und worin er sich gegebenenfalls verwirklichte - wäre erst noch zu prüfen.

RÉSUMÉ

Les causes de la tolérance religieuse en
Transylvanie au XVIe siècle

La société transylvaine n'était pas uniquement déterminée par les "trois nations". Il devait aussi être tenu compte des habitants du "Partium" et des citoyens hongrois de Klausenbourg en ce qui concernait la coexistence des différentes communautés religieuses. Sur le plan politique aussi les rois, ou princes, ne s'appuyaient pas sur les trois nations mais sur les Turcs; les affaires de l'État étaient gérées par les Hongrois et non par les Transylvains. Les états ne jouaient presqu'aucun rôle politique, mais le fait qu'ils aient contribué de façon décisive, ainsi que d'autres groupes ne faisaht pas partie des états, à l'instauration de la tolérance religieuse s'explique par des raisons politiques. Le pouvoir des princes, en apparence solidement établi, était menacé

---

14 Nicolae Nistor, Wirtschaftsbeziehungen zwischen Südsiebenbürgen und der Walachei während des 15.-17. Jahrhunderts, in: Forschungen zur Volks- und Landeskunde 14/1971, H.2, S. 43-50; Mihai Dan, Samuil Goldenberg, Der Warenaustausch zwischen Bistritz und den Moldauer Städten ... im 16. Jahrhundert, in: Forschungen zur Volks- und Landeskunde 10/1967, H.1; Ferenc Szakály, Zur Kontinuitätsfrage der Wirtschaftsstruktur in den ungarischen Marktflecken zur Zeit der Türkenkriege, in: Vorträge des 1. Internationalen Grazer Symposions zur Wirtschafts- und Sozialgeschichte Südosteuropas, hg.v. Othmar Pickl, Graz/Wien 1971; Samuil Goldenberg, Kolozsvár kereskedelme a XVI. században (Der Handel von Klausenburg im 16. Jahrhundert), in: Emlékkönyv Kelemen Lajos születésének nyolcvanadik évfordulójára (Festschrift zum 80. Geburtstag von Lajos Kelemen), Kolozsvár/Budapest 1957

par des ennemis extérieurs et intérieurs: d'une part les Habsbourgs ne cessaient de réclamer la Transylvanie, d'autre part les nobles hongrois désiraient que la principauté soit rattachée à la Hongrie. Les princes ne pouvaient encore risquer d'inquiéter leurs sujets sur le plan religieux, aussi leur accordèrent-ils la liberté de religion.

L'auteur de cette étude est d'avis que le grand nombre des confessions religieuses en Transylvanie a des causes socio-économiques qu'il s'agirait d'analyser plus en profondeur.

SUMMARY

Factors Determining the Emergence of Religious Tolerance
in 16th Century Transylvania

Transylvanian society in the 16th century was not solely determined by the "three nations". In the question of the growing denominations account must be taken of the "partium" inhabitants and the Hungarian citizens of Klausenburg. Politically speaking, it was not the three nations who sustained the king, but the Turks. Hungarians, not Transylvanians, conducted the affairs of state. The professional classes hardly had a political function. There were political reasons for their being major factors in the emergence of religious tolerance, alongside other non-class-related forces. The apparently firm power of the prince was threatened by external enemies - Habsburg never gave up his claim to Transylvania - and internal strife - the Hungarian aristocracy of Transylvania aspired to the unification of the princedom with Hungary. The princes could not afford additional unrest of their subjects in religious questions. They thus permitted denominational diversity.

The author gives socio-economic reasons for the emergence of so many differing denominations in Transylvania, which need closer examination.

BUCHDRUCK – FÖRDERUNG UND VERBREITUNG

ÜBER DIE ANFÄNGE DES BUCHDRUCKS IN HERMANNSTADT UND KRONSTADT

Gedeon Borsa

Die historischen und kulturellen Ereignisse in Siebenbürgen werden von den dort geborenen Siebenbürger Sachsen meistens von zwei Standpunkten her untersucht: entweder aus siebenbürgischer oder aus deutscher Sicht. Es sei mir erlaubt, hier nun ein Bild über die siebenbürgische Typographie aus einer dritten Perspektive und zwar aus der ungarischen zu bieten. Ich glaube kaum, daß eine solche Dimension historisch unbegründet ist.

Das erste Druckwerk in Ungarn wurde am 5. Juni 1473 in der Hauptstadt Ofen hergestellt. Es handelt sich um die Geschichte von Ungarn in lateinischer Sprache: "Chronica Hungarorum". Das erwähnte Datum ist auffallend früh, wenn man bedenkt, daß in dieser Zeit weder in Spanien noch in England eine Druckpresse tätig war. Diese Tatsache läßt sich durch die regen italienischen Kontakte von Matthias Corvinus erklären, der zu den bedeutendsten Königen von Ungarn gehört. So ist es auch zu verstehen, daß die frühesten Bauten im Renaissancestil außerhalb von Italien eben in Ungarn zu finden sind.

Die erste Druckerei von Ungarn wurde von Andreas Hess geleitet. Aus seiner Presse ist uns noch ein zweites Druckwerk bekannt: eine kleine Arbeit von Basilius Magnus, im Anhang ein kurzer Text von Xenophon, höchst wahrscheinlich auch aus dem Jahr 1473. Die von Hess gebrauchten Buchstabentypen stammen aus Rom, aus der Offizin von Georg Lauer. Das typographische Material auch der zweiten Druckerei in Ungarn kam aus Italien: Es wurde von Matthias Moravus aus Olmütz in Neapel hergestellt. Mit diesen Typen hat ein unbekannter Drucker in Ungarn in der Zeit zwischen 1477 und 1480 drei bis heute erhalten gebliebene Werke veröffentlicht.

Damit endete aber auch schon die Frühblüte der Typographie in Ungarn. Die Blätter der folgenden fünf Jahrzehnte in der Geschichte des ungarischen Druckwesens sind unbeschrieben. Die Bücher für Ungarn wurden im Ausland, meist in der Hochburg der damaligen Typographie, in Venedig hergestellt. Der Bedarf des Landes an gedruckten Werken war damals nicht unbedeutend. Allein in der Stadt Ofen war über ein Dutzend Buchhändler vor der Schlacht von Mohatsch (1526) tätig, die ihre Bücher unter ihrem Namen im Ausland drucken ließen. Es handelt sich meistens um Meßbücher, Breviere und andere liturgische Werke, ferner um Schulbücher, die dann in Ungarn verkauft wurden. Die Zahl solcher Drucke liegt über hundert.

Fast genau ein halbes Jahrhundert nach der Einstellung der zweiten Druckerei in Ungarn wurde die erste Druckerei in Siebenbürgen gegründet. Leider ist heute kein einziges Produkt dieser Offizin vorhanden, doch die überlieferten Angaben geben ein ziemlich übersichtliches Bild darüber. Joseph Trausch berichtet von einer damals in seiner Bibliothek befindlichen handschriftlichen Schulrede, die im Jahre 1659 im Hermannstädter Gymnasium gehalten wurde. Hierin ist eine lateinische Aufzeichnung über die Geschichte der ersten Druckerei von Hermannstadt zu lesen. Daraus geht hervor, daß die Mönche am 12. Februar 1529 den Befehl erhalten hätten, die Stadt binnen acht Tagen zu verlassen. Damit wurde die Forschung von ihren kirchlich-traditionalen Fesseln befreit, was der Buchdruckerkunst einen deutlichen Aufschwung ermöglichte. Einen Beleg dafür bietet eine Grammatik aus dem Jahre 1529 von dem Schulmeister Thomae Gemmasi (sic!), die in Hermannstadt gedruckt wurde. Das Buch ist Johann, dem Sohn des Stadtrichters Markus Pemfflinger, gewidmet. Zeuge ist ferner das Pestbuch von Sebastian Pauschner, der Stadtarzt von Hermannstadt war. Auch juristische Lehrbücher von verschiedenen Autoren, die in der Schulbibliothek aufbewahrt wurden, stammen aus dieser Zeit. Soweit die Aufzeichnung aus dem 17. Jahrhundert.

Es handelt sich also um zwei konkrete Bücher, die in Hermannstadt gedruckt wurden: die Schulgrammatik und das Pestbuch. Man kann das Vorhandensein beider Werke glücklicherweise auch aus anderen Quellen belegen. Ein "Thomas Gemmarius Cibiniensis" ließ sich am 14. April 1520 an der Wiener Universität inskribieren. Im Sommersemester des Jahres 1521 wurde er in die Matrikel der ungarischen Nation an der Universität eingetragen und dort 1526 als Bakkalaureus bezeichnet. Eine Eintragung des Hermannstädter Kapitularprotokolls vom 7. Juli 1528 berichtet über "Thomas artium liberalium baccalaureus ludimagister".

Auch die erwähnte Widmung der gedruckten Grammatik aus Hermannstadt
fügt sich in das Bild gut ein. Johann, der Sohn Markus Pemfflingers,
war im Jahre 1529 etwa sieben Jahre alt. Dieses Alter war sicher
am ehesten geeignet, ihm ein Elementarschulbuch zu widmen. Der Vater,
Markus Pemfflinger, verließ Hermannstadt im Jahre 1531 endgültig.
Somit ist auch die Jahreszahl 1529 bekräftigt; denn es ist unwahr-
scheinlich, ein Schulbuch einem jüngeren Kind oder jemandem nach
dessen Verlassen der Stadt zu dedizieren.

Die erwähnte Nachricht aus dem 17. Jahrhundert über das Pestbuch
Sebastian Pauschners nennt keine Jahreszahl. Aber Georg Soterius
schreibt in seinem handschriftlichen "Lexikon historicogeographicum
Transsilvaniae" am Anfang des 18. Jahrhunderts:"Pauschner Sebastian
der freyen Künsten und Artzney-Doctor hat Anno1530 ein Tractatchen
von der Pest in deutscher Sprache geschrieben, und in Hermannstadt
in 4° drucken lassen, war übrigens Catholisch." Obiges ist auch in
lateinischer Sprache von Soterius erhalten geblieben. Die Jahreszahl 1530 ist Beweis dafür, daß die Angaben nicht einfach aus der
erwähnten Rede von 1659 übernommen wurden, sondern man stützte sich
auf eine andere Quelle. So verstärken sich die miteinander überein-
stimmenden Angaben, und ihre Authentizität ist dadurch wesentlich
erhöht.

Aber der wichtigste Zeuge für das Pestbuch bzw. für die Existenz
der frühen Hermannstädter Druckerei ist eine handschriftliche Kopie
des Werkes von Pauschner, die von Friedrich Teutsch um 1885 in der
Bibliothek der evangelischen Kirche von Hermannstadt gefunden und
von Béla Révész im Jahre 1911 in extenso publiziert wurde. Diese
Kopie beleuchtet einerseits manche Einzelheiten, die früher völlig
unbekannt waren, andererseits verschafft sie uns die Möglichkeit, die
Existenz der Hermannstädter Druckerei unmittelbar und mittelbar zu
beweisen.

Nach der handschriftlichen Überlieferung lautet der Text des Titel-
blattes:"Eine kleine Unterrichtinge: Wie Mann sich haben Soll, in
der Zeidt, der ungütigen Pestilenz'.' Doctoris Sebastiani Pawschnery.
Gedruckt in der Hermannstadt durch M. Lucam Trapoldner Im Jahr des
Herren 1530." Das Vorwort des kleinen Werkes beginnt mit dem folgenden Satz: "Sebastianus Pauschnerius, der Sieben freyen Kunste
undt Artzney Doctor, wünschet den Nahmhaften Wohlweisen Herren Jo-

hanni Schirmer, Richter undt Rahtleute, und der Stadt Crohn, gnadt
undt friedt, In Christo Jesu unsern Herren." Aus einem zeitgenössischen Dokument ist bekannt, daß Schirmer mit zwei anderen Ratsherren am 2. Februar 1530 in Hermannstadt eintraf, um dort mit den
zuständigen Behörden zu verhandeln. Zahlreiche Quellen belegen darüber hinaus, daß eine Pestepidemie im Jahre 1530 in dieser Gegend
wütete. Aus dem Text des fünften Kapitels des Pestbuches geht die
katholische Auffassung Pauschners deutlich hervor.

Vom druckgeschichtlichen Standpunkt her ist die wichtigste Angabe
in der handschriftlichen Überlieferung des Pestbuches von Sebastian
Pauschner der Name des Hermannstädter Druckers Lukas Trapoldner.
Über ihn ist bekannt, daß er zwischen 1531 und 1545 Notar von Hermannstadt war. Im Jahre 1546 begleitete er als Rektor der städtischen
Schule Valentin Wagner nach Kronstadt. Wagner, der Humanist und
lutherische Seelsorger, übernahm später die Leitung der Presse von
Honterus. Magister Lukas Trapoldner starb als Senator von Hermannstadt nach dem 24. Dezember 1547. Die Familie Trapoldner ist übrigens in Hermannstadt wohlbekannt. Der Sohn Lukas folgte seinem Vater
als Notar bei der Stadt. Ein gewisser Simon Trappoldi (Trapoldianus)
war der erste in Hermannstadt, der am 22. September 1524 wegen des
Verdachtes des Luthertums verklagt wurde.

Der Klausenburger Gelehrte Zsigmond Jakó hat die Aufmerksamkeit auf
einen Holzschnitt gelenkt, der sich in einem kirchenslawischen Evangeliar befindet, das im Jahre 1579 in Karlsburg vom "diak Lorinc"
(Schreiber Laurenz) hergestellt wurde. In diesem Buchschmuck steht
die Jahreszahl 1528 zusammen mit drei Buchstaben in lateinischer
Schrift. Nach Jakós Meinung stammt dieser Holzschnitt aus der ersten
Hermannstädter Werkstatt, deren Tätigkeit sich dadurch schon ab 1528
datieren läßt. Die Buchstaben wurden von ihm als "Theobaldus Gryffius
Reutlingensis" aufgelöst. Der Genannte ist als fachmännischer Berater
und Mitarbeiter von Honterus bei der Gründung der ersten Kronstädter
Druckerei bekannt. Jakó vermutet, daß Gryffius um 1528 die Hermannstädter Offizin gegründet hat.

Weitere direkte Angaben über die Existenz der Druckerei in Hermannstadt stehen uns zur Zeit nicht zur Verfügung, aber die oben angeführten liefern dazu m.E. genügend Beweise. Vielleicht taucht auch

ein Exemplar der Grammatik von Gemmarius oder des Pestbuches von
Pauschner oder ein anderes Produkt der frühesten Hermannstädter
Offizin einmal in einer Sammlung auf.

Nach der derzeitigen Kenntnis scheint die Lebensdauer dieser Offizin
relativ kurz gewesen zu sein. Man kann jedoch nicht ausschließen,
daß ein in der Zukunft vielleicht auftauchendes Dokument dieses Problem in ein vollkommen neues Licht rücken wird.

Obwohl die Tätigkeit einer Druckerei mit lateinischen Buchstaben
in Hermannstadt zwischen 1530 und 1575 unbekannt ist, gelang es in
den letzten zwei Jahrzehnten, viele wichtige Einzelheiten über eine
Druckerei mit kyrillischen Typen zu klären, die ab 1544 etwa ein
Jahrzehnt lang in dieser Stadt arbeitete. Zeitgenössische Dokumente
beweisen, daß ein Katechismus in rumänischer Sprache im Jahre 1544
in Hermannstadt gedruckt wurde, ein Exemplar davon war noch in der
ersten Hälfte des 19. Jahrhunderts in Siebenbürgen vorhanden, leider
verschwand es spurlos vor etwa hundert Jahren. Es handelt sich dabei
um das erste in rumänischer Sprache gedruckte Buch mit dem Titel
"Întrebarea creștinească" (Die christliche Frage).

Vor zwanzig Jahren tauchte ein vollständiges Exemplar eines Evangeliars in kirchenslawischer Sprache auf, dessen Nachwort wertvolle
Informationen über seinen Hersteller und seine Datierung mitteilt:
Der Druck wurde von Philipp Moldavenin am 22. Juni 1546 beendet.
Der Hauptbeweis für den Druckort Hermannstadt ist dessen Stadtwappen,
mit dem dieser Philipp sein Buch an vier Stellen in einem Rahmen
von Rankenornamenten schmückte. Das Evangeliar ist recht umfangreich -
es besteht aus 290 Blättern in Folio - und enthält noch weitere
ganz gut gelungene Holzschnitte: eine Abbildung des sitzenden Christus
und die Brustbilder der Evangelisten. Aber nicht allein der Buchschmuck stammt von Philipp, sondern - höchstwahrscheinlich - auch
die eigenartig geschnittenen Buchstaben, die sonst in der Typographie nicht zu finden sind.

Ein weiterer Zeuge dieser Hermannstädter Offizin ist ein nur als
Bruchstück erhalten gebliebenes Evangeliar in rumänischer Sprache.
Aufgrund der im Papier befindlichen Wasserzeichen war es möglich,
diese Publikation auf etwa 1552 zu datieren. Das ist das älteste
heute im Originalexemplar vorhandene Buch, das in rumänischer Sprache

gedruckt wurde.

Philipp von Moldau als "circumspectus magister Philippus pictor et scriba litterarum Valachicarum" ist in den Rechnungsbüchern von Hermannstadt mehrmals erwähnt. Das Stadtwappen und die zeitgenössischen Berichte über den Druck des ersten rumänischen Katechismus in Hermannstadt bestätigen die Tätigkeit einer kyrillischen Presse in diesem Ort ab 1544 und die Identität von Philippus Pictor mit Philipp von Moldau.

Die Frühgeschichte der Typographie in Hermannstadt wurde früher weniger eingehend untersucht als die in Kronstadt. Ich will mich daher im folgenden allein auf das Anfangsjahr der Kronstädter Druckerei beschränken. Früher war die Meinung allgemein verbreitet, die erste Offizin von Honterus habe ihre Tätigkeit schon in den Jahren 1533-1535 begonnen. Aber seit Karl Kurt Klein hat sich die Auffassung durchgesetzt, daß die ersten Druckwerke von Kronstadt erst im Jahre 1539 erschienen sind. Sicher ist, daß Honterus sich nach seiner Rückkehr aus der Schweiz schon ab 1533 mit der Gründung einer Druckerei beschäftigte. Bis heute ist kein einziges Druckwerk dieser Presse aus der Zeit vor 1539 bekannt, aber es sind nicht weniger als neun kleine Bücher aus diesem Jahr erhalten geblieben.

Georg Haner hat im Jahre 1694 mit huldvollem und frommem Respekt angenommen, die Tätigkeit der Druckerei von Honterus habe mit der Publikation einiger Schriften von Luther und der Augsburgischen Konfession begonnen. In Wirklichkeit ist aus Kronstadt vor 1543 kein einziges Druckwerk bekannt, das unmittelbar im Dienst der Reformation gestanden hätte. Auch die früheste bekannte Ausgabe des Kleinen Katechismus von Luther aus Kronstadt stammt erst vom Jahre 1548.

Zurückkehrend auf die Kronstädter Druckwerke des ersten Jahres kann man feststellen, daß bei der Datierung kein Problem auftaucht: alle Ausgaben tragen auf ihrem Titelblatt die authentische Jahreszahl. Aber für eine Datierung innerhalb des Jahres geben die Bücher weder in einem genaueren Kolophon noch mit einem datierten Vorwort einen Anhaltspunkt. Alle Publikationen der Honterus-Presse tragen auf ihrem Titelblatt einen Buchschmuck. Auf dem Titelblatt der Sentenzen von Augustin aus dem Jahre 1539 ist ein aus vier Teilen zusammengesetztes Wappen zu sehen: Die Wappen von Ungarn, Polen, der Familie Szapolyai und des jagellonischen Königshauses wurden dazu herangezogen. Die Widmung lautet: "Ad Isabellam Dei gratia reginam Ungariae Jo. Honteri praefatio". Ein weiteres Titelblatt aus demselben Jahr zeigt das ungarische Wappen in der Mitte mit dem kleinen Wappen von König Johann Szapolyai. Die Widmung wurde von Honterus auch diesmal dem Wappen entsprechend formuliert: "Ad Joannem Dei gratia regem Hungariae, Dalmatiae, Croatiae etc." Diese zwei Druckwerke sind auch typographisch etwas anspruchsvoller ausgestattet: Das Titelblatt ist in rot und schwarz gedruckt. Die beiden von Honter gewidmeten Bücher wurden am königlichen Hof von Ofen wohlwollend angenommen, wie Antonius Verantius, der spätere Primas von Ungarn, in seinem Brief vom 7. März 1540 aus Karlsburg an Honterus berichtet.

An der in Holz geschnittenen Einfassung, die auf den weiteren sieben Kronstädter Titelblättern aus dem Jahre 1539 zu finden ist, kann man feststellen, daß sie noch innerhalb dieses Jahres zweimal geändert wurde. Die dadurch entstandenen drei Phasen machen es möglich, alle Produkte der Honterus-Presse des ersten Jahres chronologisch einzuordnen. So weiß man, daß die älteste Kronstädter Ausgabe die griechische Grammatik von Honterus ist. Die aufgrund ausschließlich typographischer Argumente festgestellte Reihenfolge deckt sich genau mit der Liste, die "Caspar Pesthiensis" - Gáspár Pesti - im Zusammenhang mit seiner Dedikation der "Epitome adagiorum" von Erasmus an die Kronstädter Studenten im Jahre 1541 erstellt hat. Die Liste von Pesti ist also auffallend zuverlässig und chronologisch richtig.

Oben habe ich versucht, einige Angaben über die Anfänge des Buchdrucks in Kronstadt zusammenzufassen. Es würde viel zu weit führen und viel zu lange dauern, wollte ich auch auf die Geschichte der weiteren Jahre oder auf die Person von Honterus allein bis zum Tode Luthers eingehen. So breche ich mein Thema hier ab, um eine kurze Auswertung der frühesten Geschichte der Typographie in Siebenbürgen anzuschließen. Auch dabei muß ich auf Vollständigkeit verzichten und mich auf einige - meiner Meinung nach - wichtige Erscheinungen beschränken.

Charakteristisch ist sowohl für Hermannstadt als auch für Kronstadt die auffallend aktive Mitwirkung der Stadt bei der Gründung und Weiterführung der Druckereien. Im Falle der ersten Offizin in Her-

mannstadt besitzen wir dazu zwar keine unmittelbaren, aber doch recht
überzeugende mittelbare Angaben. Thomas Gemmarius war der Rektor
der städtischen Schule. Seine Grammatik war gewiß für diese Lehranstalt bestimmt. Sebastian Pauschner war der Stadtphysikus, der
in einer Zeit, als eine Epidemie die Bevölkerung der Stadt bedrohte,
Ratschläge für Seuchenschutz publizierte. Philipp Pictor oder Maler
aus der Moldau stand als amtlicher Dolmetscher und Schreiber im Dienst
der Stadt, deren Wappen in seinen Publikationen mehrmals auftaucht.
Auf die enge Beziehung zwischen Honterus und der Stadt Kronstadt
möchte ich hier nicht eingehen, es sei lediglich betont, wie oft
das von ihm eigenhändig geschnittene Stadtwappen in seinen Publikationen zu finden ist.

Vielleicht mag das Übergewicht der Schulbücher in den frühen siebenbürgischen Publikationen auffallend sein. Der erhöhte Bedarf dafür
ist gewiß aufgrund einer durch die Reformation bedingten neuen Schulpolitik entstanden, die von den Städten selbst betrieben wurde. In
einer feudalen Gesellschaft, wie sie damals in Siebenbürgen herrschte,
war ein Patron für die Druckereien unentbehrlich, der u.a. bei den
höheren Instanzen (z.B. beim König) das Interesse der Druckereien
vertreten konnte. Die mit zahlreichen Privilegien ausgestatteten
Städte waren dazu geeignet.

Eine Frage ist noch zu beantworten: Warum ist die Buchdruckerei im
Karpatenraum gerade in Siebenbürgen am frühesten entstanden, obwohl
diese Gegend gewiß nicht zu den wirtschaftlich am weitesten entwickelten gehörte? Die Ursachen wird man in der Geschichte suchen müssen.
Nach der Schlacht von Mohatsch im Jahre 1526, als Ungarn durch die
Türken vernichtend geschlagen wurde, sind die Osmanen tief in die
Mitte des Landes eingedrungen, wodurch die Verkehrs- und Handelswege weitgehend bedroht wurden. Aus Siebenbürgen nach Deutschland,
z.B. nach Nürnberg, führte bis dahin jahrhundertelang der kürzeste
und bequemste Weg über Ofen, die Donau entlang nach Westen. Nach
1526 ist nun diese Route durch die ungarische Tiefebene wegen der
Türken und durch die katholisch gebliebenen Gebiete der Habsburger
nehr als unsicher geworden. Der Umweg führte über Kaschau und Bartfeld durch die Karpaten nach Krakau und weiter nach Breslau. Einerseits die Unsicherheit, andererseits die wesentliche Verlängerung der
Verbindungsstraßen erhöhten das Risiko und die Transportkosten. Auf-

grund dieser Situation ist Siebenbürgen in eine gewisse wirtschaftliche Isolation geraten. Die Lösung der daraus entstandenen Probleme wurde in der Selbstversorgung gesucht. So ist es zu erklären, daß die ersten Offizinen im Karpatenraum im 16. Jahrhundert eben in Siebenbürgen entstanden sind.

Eine Stütze erfährt dieser Erklärungsversuch, wenn man auch die Entwicklung der Papierherstellung heranzieht. Im Sinne der Reformation sollten die Leute selbst die Bibel lesen. Dazu war es notwendig, das Schulwesen auszubauen und zu erneuern. Die Schülerzahl vermehrte sich rasch, und zur Ausbildung waren mehr und mehr Schulbücher erforderlich. Um sie in benötigter Menge und laufend zu sichern, mußten Druckereien errichtet werden, die zu ihrer Produktion natürlich in zunehmendem Maße Papier brauchten. So ist es kein Zufall, daß parallel zu den wichtigsten Druckereien in Siebenbürgen bald Papiermühlen mit ihrer Tätigkeit begannen. Nach dem bisher Gesagten ist es nun schon selbstverständlich, daß die Städte bzw. ihre führenden Bürger bei der Papierherstellung eine wichtige Rolle spielten. Sieben Jahre nach der Errichtung der Kronstädter Offizin, also ab 1546, konnte diese Druckerei sich nun sicher auf heimatliches Papier stützen. Auf eine ähnliche Situation mußte die Offizin in Klausenburg von 1550 bis 1564 warten. Bei der Neugründung der Hermannstädter Druckerei im Jahre 1575 hat der Rat aber sorgfältig vorbereitet: Die Offizin hat ihre Tätigkeit erst nach der Fertigstellung der Papiermühle im Jahre 1575 aufgenommen. Die enge Wechselbeziehung zwischen Druckerei und Papiermühle bedarf keiner Erläuterung, doch fast so eindeutig ist der Zusammenhang zwischen der Entwicklung der beiden erwähnten Industriezweige und der wirtschaftlichen Isolation von Siebenbürgen.

Auch die Herstellung von kyrillischen Druckwerken, zuerst in Hermannstadt und etwas später in Kronstadt, ist ein klares Zeichen für die Verschiebung der Handelsrouten. Nach der Schlacht von Mohatsch ist auch der ganze Nord-Balkan durch die Türken verunsichert worden. So zerbrach die bewährte Beziehung zwischen der Druckerhauptstadt Venedig und den Völkern, die hier zur Orthodoxie gehörten. Die handelstüchtigen Deutschen in Siebenbürgen haben diese Marktlücke bald entdeckt und druckten für die Bulgaren, Serben und Rumänen ihre litur-

gischen Bücher in kirchenslawischer und rumänischer Sprache in
Süd-Siebenbürgen*.

RÉSUMÉ

Les débuts de l'imprimerie à Hermannstadt et à Kronstadt

L'existence d'une imprimerie en Hongrie est attestée depuis 1473, mais elle n'a été que d'une curte durée. Les livres dont on se servait en Hongrie étaient édités à l'étranger. A partir de 1528 une première imprimerie transylvaine travailla pendant une dizaine d'années à Hermannstadt; elle utilisait des caractères latins. Il en fut créé une autre à Kronstadt en 1539. A partir de 1544 il y eut à Hermannstadt un atelier d'imprimerie utilisant des caractères cyrilliques. En 1550 une imprimerie fut fondée aussi à Klausenbourg. L'atelier de Hermannstadt fut recréé en 1575. Depuis 1546 il existait aussi des papeteries dans le pays.

Les imprimeries et papeteries ont été créées pour des raisons politiques. L'occupation de la Hongrie par les Turcs entravait le commerce entre la Transylvanie et les pays de l'ouest et avait isolé économiquement le pays. Pour satisfaire les besoins en livres engendrés par la Réforme on fonda des imprimeries nationales, qui livraient aussi des livres en caractères cyrilliques aux pays au nord des Balkans, coupés eux aussi de leur fournisseur habituel, Venise.

---

* Belege und weitere Argumente zu dem behandelten Sachverhalt vgl. Gedeon Borsa, Kísérlet az 1539. évi brassói nyomtatványok megjelenési sorrendjének megállapítására (Versuch zur Erstellung einer Chronologie des Erscheinens der Kronstädter Drucke des Jahres 1539), in: Magyar Könyvszemle 1963, S. 263-268; ders., Die erste Buchdruckerei zu Hermannstadt in Siebenbürgen (1528-1530), in: Bibliothek und Wissenschaft III/1966, S. 1-12; Ferenc Hervay, Die erste kyrillische Buchdruckerei zu Hermannstadt in Siebenbürgen (1544-1547), in: ebd., S. 145-155

SUMMARY
The Beginnings of Printing in Hermannstadt and Kronstadt

One of the first printers' shops in Hungary is referred to as early as in 1473. It was short-lived, however, the books needed in Hungary being printed abroad. The first Transylvanian printer operated for about a decade in Hermannstadt from 1528, using Latin. Kronstadt followed in 1539; from 1544 a Hermannstadt printer used Cyrillic type, this being revived again in 1575; activities began in Klausenburg, too, in 1550, and a number of paper mills functioned from 1546.

The reasons for the emergence of printers' shops and paper mills are political in character. Hungary's occupation by the Turks had impeded trade between Transylvania and the West, and plunged the country into economic isolation. In order to cover the growing demand for books after the Reformation local printing started up, also supplying the North Balkan nations with Cyrillic publications, since they were cut off from Venice.

LUTHERDRUCKE IN SIEBENBÜRGEN BIS 1546

Gustav Gündisch

Für den bücherkundlich und bibliotheksgeschichtlich Interessierten war es naheliegend, vor einer Tagung unter dem Generalthema "Luther und Siebenbürgen" einmal feststellen zu wollen, wie viele seiner Schriften aus der Zeit bis 1546, also bis zum Tode des Reformators, in Siebenbürgen Umlauf hatten und gelesen worden sind und welche; gegebenenfalls wer sie besessen hat. Er mußte sich dabei allerdings immer dessen bewußt sein, daß aus dem nur in Trümmern überkommenen Bestand allgemeine Schlüsse nicht ohne weiteres zu ziehen sind. Immerhin schien es von einigem Wert, das Schriftgut wenigstens in seinen Hauptzügen kennenzulernen. Die Arbeit mußte zudem durch den Umstand einigermaßen leicht zu bewerkstelligen sein, daß das Schrifttum von dokumentarischem Wert heute in Rumänien zum großen Teil in wenigen bedeutenden Bibliotheken gesammelt und häufig auch schon wissenschaftlich erschlossen ist oder sich gerade in Bearbeitung befindet. Es ist dem Verfasser eine angenehme Pflicht, dem Staatskomitee für Kultur und Sozialistische Erziehung der S.R. Rumänien den Dank dafür abzustatten, daß es ihm die Genehmigung erteilt hat, die in Frage stehenden Bibliotheken aufzusuchen und dort zu arbeiten und deren Leitungen angewiesen hat, seine Suche nach Tunlichkeit zu unterstützen.

Nach alter Überlieferung werden die Anfänge der Reformation in Siebenbürgen mit den frühen lutherischen Druckschriften in Zusammenhang gebracht, die von aus deutschen Landen heimkehrenden siebenbürgisch-sächsischen Kaufleuten bereits im Jahr 1519, nach anderen 1521 in Umlauf gesetzt worden sind[1]. Bestimmteres darüber ist zu erfahren aus zwei Mahnbriefen des ungarischen Königs Ludwig II. an

---

[1] Die Literatur darüber zuletzt in dem Beitrag von Hermann Pitters, Luther und die Anfänge der Reformation in der siebenbürgisch-sächsischen Kirche, Siebenbürgische Beziehungen zu Wittenberg in der 1. Hälfte des 16.Jahrhunderts, in: Gefördert und gesegnet, die Kirche der Siebenbürger Sachsen und ihr lutherisches Erbe, Festschrift zum 500. Geburtstag D. Martin Luthers, hg. von Herman Pitters und Gerhard Schullerus, Hermannstadt 1983, S.37-57

die Stadträte von Hermannstadt und Kronstadt aus 1524, sowie aus einem Schreiben des neuernannten Graner Erzbischofs Ladislaus de Szalka an das ihm untergeordnete Hermannstädter Kapitel aus dem gleichen Jahr[2]. Es wird hier dagegen gewettert, daß inmitten der ihnen zugehörigen Gemeinden lutherische "libelli" gelesen und verbreitet würden. In der Hauptsache seien Kaufleute damit befaßt. Den angeführten Institutionen wird dringend aufgetragen, diesen Schriften allenthalben u.zw. "von Ort zu Ort und von Haus zu Haus" nachzuspüren und alles vorgefundene und belastende Schriftgut zu verbrennen. Die ansonsten recht aussagekräftige Hermannstädter Klageschrift aus 1526 schlägt das Thema allerdings kaum an[3]. Mit solchen Mitteln freilich konnte die Bewegung höchstens etwas verzögert, keinesfalls aber unterbunden werden. Es hat dennoch anderthalb Dutzend Jahre bedurft, bis sich die Bewegung ganz durchzusetzen vermochte. Den ersten handgreiflichen Beweis für das Lesen und die Verbreitung lutherischer Schriften in Siebenbürgen liefert erst die "Kirchenordnung aller Deutschen in Sybenbürgen" aus 1547, die drei Jahre danach für das ganze Gebiet der Nationsuniversität rechtsverbindlich gemacht worden ist[4]. In dem Kapitel "Von ierlicher Visitation" heißt es dazu:

"Es sol auch ernstlich befolen werden, daß man in allen kirchen halte lateinische vnd deutsch Biblien, Ein hauspostill D. Martini Luther, mit dem Catechismo in predig weise beschrieben vnd andern notwendigen deutschen büchern."[5]

Weitaus am stärksten vertreten ist das zeitgenössische Schrifttum Luthers in der Bibliothek des Brukenthalmuseums in Hermannstadt. Es geht zum überwiegenden Teil auf die frühere Gymnasialbücherei

---

2 Die drei Briefe gedruckt bei K. Fabritius, Pemfflinger Márk szász gróf élete (Das Leben des Sachsengrafen Markus Pemfflinger), Budapest 1875, S. 131ff; V. Bunyitai u.a. (Hg.), Monumenta Ecclesiastica tempora innovatae in Hungaria religionis illustrantia, Bd.1, Budapest 1902, S. 120ff

3 Sie wird eingehend behandelt von Karl Reinerth, Die Gründung der evangelischen Kirchen in Siebenbürgen, Köln/Wien 1979 (Studia Transylvanica Bd.5), S. 13-18

4 Georg Daniel Teutsch (Hg.), Urkundenbuch der evangelischen Landeskirche A.B. in Siebenbürgen, Bd.1, Hermannstadt 1862, S. 5

5 Oskar Netoliczka, Johannes Honterus ausgewählte Schriften, Hermannstadt 1898, S. 55 - Auch im Abschnitt "Von christlicher leer" ist schon davon die Rede, zitiert bei Pitters, Anfänge, S. 53

zurück, deren ältere Bestände im Zuge von Reorganisationsmaßnahmen des Stadtpfarrers Friedrich Müller d.Ä. im Brukenthalmuseum in dessen größere Bibliothek überführt und eingegliedert worden sind. In diesen etwa 25.000 Bände umfassenden Beständen vornehmlich des 16. und 17. Jahrhunderts liegt ein gut Teil der Lektüre vor, der sich zu der betreffenden Zeit insbesondere die gelehrten Kreise Hermannstadts hingegeben haben, was vielfältige Rückschlüsse auf das geistige Leben der Stadt und ihrer Umwelt in einem Ausmaß zuläßt, wie es anderweitig in Siebenbürgen vielleicht nur noch in Klausenburg möglich ist[6]. In der Brukenthal-Bibliothek konnte denn auch mit annähernd 85 Belegen fast die Hälfte der in Siebenbürgen noch vorhandenen Lutherdrucke aus der Zeit bis 1546 geortet werden. Überraschenderweise finden sich in der Bücherei des Landeskonsistoriums der evangelischen Kirche in Hermannstadt nur ganz vereinzelte Lutherdrucke. Die einst sehr reichhaltige, von Johannes Honterus ins Leben gerufene "Liberei" des Kronstädter Gymnasiums ist bekanntlich dem großen Stadtbrand von 1689 zum Opfer gefallen. Ein erhalten gebliebener Bibliothekskatalog aus 1575, den Julius Groß[7] veröffentlicht hat, führt leider nur ganz wenige Lutherdrucke aus der untersuchten Zeit auf. Die Dokumentarbibliothek auf dem Burgrücken Schäßburgs mit den reichhaltigen Beständen der ehemaligen Gymnasialbücherei, die ein erfreulich starkes reformatorisches und klassisches Schriftgut etwa ab 1550 aufweist, besitzt lediglich acht Lutherdrucke aus früherer Zeit. Dagegen befinden sich in der 1802 eröffneten, in einem schmucken Spätbarockbau untergebrachten Bibliothek des siebenbürgischen Hofkanzlers Graf Samuel Teleki in Neumarkt insgesamt 32 Schriften Luthers aus der in Frage stehenden Epoche. Viele entstammen der großen, schon 1557 gegründeten Bücherei des dortigen reformierten Kollegiums von einst, die sich - ähnlich der Hermannstädter Gymnasialbücherei - als ein Katalysator für einheimische Buchbestände erwiesen hat. Einige Lutherdrucke dürften auch auf die ebenfalls in die Teleki-Bólyai-Bibliothek - so ihr heutiger amtlicher Name - einge-

---

6 Gustav Gündisch, Eine siebenbürgische Bischofsbibliothek des 16. Jahrhunderts, Die Bücherei des Lukas Unglerus (+1600), in: Magyar Könyvszemle 1981, S. 127

7 Zur ältesten Geschichte der Kronstädter Gymnasialbibliothek, in: Archiv des Vereins für siebenbürgische Landeskunde, NF, Hermannstadt 21/1887, S. 591-708

reihte Bücherei des früheren unitarischen Kollegiums in Székelykeresztur zurückgehen[8].

In der Klausenburger Akademiebibliothek, die u.a. das ältere Schriftgut des einstigen unitarischen Kollegiums in Klausenburg und das der reformierten sowie des römisch-katholischen Lyzeums umschließt, ließen sich 12 lutherische Schriften der Zeit ausweisen. Weitere sechs Drucke befinden sich in der Klausenburger Universitätsbibliothek. Die Akademiebibliothek in Bukarest besitzt einen einzigen Lutherdruck aus 1529, dem Jahr der ersten Belagerung Wiens durch die Türken, der um die von ihnen drohende Gefahr für Europa kreist und sie als ein Zeugnis des Wütens des Teufels ansieht. Von den 13 zeitgenössischen Lutherdrucken des Batthyaneums in Karlsburg läßt sich die unmittelbare siebenbürgische Herkunft leider bei kaum einem zweifelsfrei ausmachen. In ihrer Mehrheit entstammen diese Drucke nachweislich westlichen Bibliotheksbeständen. Es handelt sich dabei demnach offenbar um Buchkäufe, die der Begründer dieser Bibliothek, der siebenbürgisch-katholische Bischof Graf Ignaz Batthyány im auslaufenden 18. Jahrhundert im Westen getätigt hat, wo infolge der von Joseph II. verordneten Säkularisierung vieler Klöster zahlreiche alte Buchbestände auf den Markt kamen.

Aus unserer Zusammenstellung ausgeklammert bleiben müssen leider - aus Zeitmangel - die heute in den großen Budapester Bibliotheken, insbesondere in der Széchenyi-Nationalbibliothek vermutlich lagernden Lutherschriften siebenbürgischer Provenienz. Man darf nämlich mit Fug annehmen, daß sich dort infolge der politischen Veränderungen nach 1867, dem Jahr des österreichisch-ungarischen Ausgleichs, auch verschiedene aus Siebenbürgen stammende Buchbestände angesammelt haben. Ihre in Aussicht genommene Identifizierung wird größere Mühe verursachen.

Eine Beobachtung allgemeiner Natur drängt sich aus dem vorliegenden Buchmaterial von vornherein auf. Unter den zahlreichen Schriften Luthers, die häufig zu gleicher Zeit in einer lateinischen und

---

8 Die Teleki-Bólyai-Bibliothek bildet heute einen Bestandteil der Kreisbibliothek Mieresch in Neumarkt, vgl. Biblioteca Județeană Mureș (Kreisbibliothek Mieresch), hg. v. Comitetul de Cultură și Educație Socialistă (Komitee für Kultur und Sozialistische Erziehung), Tg. Mureș 1979

einer deutschen Ausfertigung gedruckt worden sind, wird im allgemeinen der lateinischen der Vorzug gegeben. Das deutet darauf hin, daß auch siebenbürgisch-sächsische Leser sich zu jener Zeit mit lateinischen Texten leichter getan haben.

Die meisten der heute in Siebenbürgen vorfindlichen Lutherdrucke aus der Zeit bis einschließlich 1546 liegen aus den Jahren 1520-1522 (26), aus 1525/26 (22) und von 1530 (10) vor. Die älteste dieser Lutherschriften stammt aus dem Jahr 1518, eine am 16. Mai dieses Jahres gehaltene Predigt über die Kraft des Bannes: "Sermo de virtute excommunicationis". Aus den Jahren 1519 und 1520 haben wir Ausgaben einer von Luther mit einer Vorrede versehenen Schrift der deutschen Mystik, der sogenannten "Theologia teutsch", die in Straßburg und Augsburg gedruckt wurden. Gedanken dieser mystischen Theologie sind in Luthers Rechtfertigungslehre eingeflossen. Und es ist vielleicht kein Zufall, daß er im gleichen Jahr auch einen Kommentar zum Galaterbrief des Apostels Paulus veröffentlicht. Denn dieser Brief war ihm "als ein helles Zeugnis von der Rechtfertigung durch den Glauben" besonders ans Herz gewachsen[9]. In Siebenbürgen hat sich dieser Kommentar zum Galaterbrief, den Luther in seiner Wintervorlesung 1531/32 erneut ausgelegt hatte, besonderer Beliebtheit erfreut. Er liegt hier in nicht weniger als sieben Ausgaben der Jahre 1519-1546 vor.

1520 ist das Jahr, in dem Luther mit seinen großen reformatorischen Hauptschriften den Durchbruch erzielt. Wenigstens zwei dieser bedeutenden Drucke waren in Siebenbürgen nachweislich verbreitet. Der eine, der lateinisch abgefaßte Traktat "Von der babylonischen Gefangenschaft der Kirche" wird in die später durch Brand vernichtete Kronstädter Gymnasialbibliothek mit der Bücherei des Valentin Alczner eingegliedert[10]. "Von der Freiheit eines Christenmenschen" ist die zweite reformatorische Hauptschrift Luthers, die frühzeitig

---

9 J. Köstlin, Martin Luther, Sein Leben und seine Schriften, Elberfeld 1875

10 J. Groß, Gymnasialbibliothek, S. 707 - Bei Valentin Alczner handelt es sich vermutlich um den gleichen Namensträger, der laut einer Aufzeichnung in der Kronstädter Matrikel 1677 das geistliche Studium ergriffen hat, vgl. Quellen zur Geschichte der Stadt Kronstadt Bd. V, Kronstadt 1909, S. 25

nach Siebenbürgen gekommen ist, allerdings auch sie nur in der lateinischen Fassung. Das heute in der Teleki-Bólyai-Bibliothek in Neumarkt befindliche Exemplar stammt aus der Bücherei des Reußmarkter Pfarrers Lukas Johannes Brenner. Auf der Wartburg hat Luther, einer Anregung seines Kurfürsten Friedrich des Weisen Folge leistend, die "Postil oder vszleg der Epistel vnd Evangelien durch den Advent.." geschrieben und gleich in Druck gegeben, die er 1525 fortführt und 1535 bis wieder an Advent heranführt. Sie liegt in Siebenbürgen in mehrfachen Ausgaben vor. Auf der Wartburg verfaßt Luther auch eine Reihe seelsorgerlicher Schriften wie "Von der Beycht", die Auslegung des Magnifikat u.a. Mit "Eyn trew vormanung ... Sich tzu vorhuten fur auffruhr vnnd Emporung" , die ebenfalls ihren Weg nach Siebenbürgen findet, greift er in das seit seiner Abwesenheit von Wittenberg ins Tumltuarische abgleitende reformatorische Geschehen ein, das ihn schließlich zwingt, seinen Aufenthalt auf der Wartburg brüsk abzubrechen. Seine Schrift über die Mönchsgelübde liegt gleich in drei Exemplaren vor, davon eines in der großen Bücherei des unierten Domherrn von Blasendorf Timotei Cipariu (+ 1887), das heute in der Klausenburger Akademiebibliothek aufbewahrt wird[11].

Eine ganze Reihe lutherischer Schriften aus 1523/24 befaßt sich mit der Einrichtung des gottesdienstlichen Lebens und mit Grundzügen für eine Gemeindeverfassung nach der neuen Lehre. Diese scheinen in Siebenbürgen besondere Beachtung gefunden zu haben, wie dem beigefügten chronologischen Verzeichnis von Luthers in Siebenbürgen vorfindlichen Schriften entnommen werden kann. 1524 erscheint auch eine erste deutsche Fassung des Alten Testaments bei Knobloch in Straßburg. In dem in der Brukenthal-Bibliothek befindlichen Exemplar verzeichnet der Hermannstädter Hans Jordan u.a., daß er "1520 von Sipenburgen gen Klausenburgk endlich kemen" ist und trägt zahlreiche, seine Familienverhältnisse betreffende Ereignisse sowie Besitzveränderungen in diese seine Hausbibel ein, darunter zu 1543 die Geburt seines aus zweiter Ehe stammenden Sohnes Thomas Jordan, der ein berühmter Balneologe geworden und 1585 als Protomedikus

---

11 Über Cipariu als Bücherliebhaber vgl. Zsigmond Jakó, Bibliofilia lui T. Cipariu (T.C. als Bücherfreund), in: Anuarul Institutului de Istorie și Arheologie-Cluj X/1967, S. 129-171

von Mähren in Brünn verschieden ist[12]. Luthers Flugschrift aus 1525 gegen die aufständischen Bauern hat aus dem Besitz eines bislang unbekannten Georgius Helch in die Hermannstädter Gymnasialbibliothek Eingang gefunden. Die gegen Erasmus gerichtete Schrift Luthers vom unfreien Willen ist in Siebenbürgen in mehreren Ausgaben verbreitet gewesen, ein Schriftstück, das nach Zahrnt "zu den großen Dokumenten nicht nur der christlichen Theologie, sondern der Religionsgeschichte überhaupt" gehört[13].

Nach dieser Auseinandersetzung nimmt sich Luther wieder verstärkt Bibeltexte vor. Er schreibt vielbeachtete Kommentare zu den kleinen Propheten Hosea und Jonas sowie zur Apokalypse, die in Siebenbürgen mehrfach Eingang finden, wie auch eine Reihe von Predigten. In der Auslegung des 82. Psalms, die auf der Veste Koburg entsteht, greift er wegen der neuaufkommenden täuferischen Unruhen noch einmal das Problem von Amt und Pflichten einer christlichen Obrigkeit auf, das ihn so häufig beschäftigt hat. Mit "Die propheten alle deutsch" aus 1534 legt Luther das letzte Stück für eine deutsche Gesamtausgabe der Bibel vor. Die "Biblia, das ist die gantze Heilige Schrift" liegt in Hermannstadt in Ausgaben aus 1541 und 1545 vor. Vom Kleinen Katechismus sind Ausgaben aus 1532, 1536 und 1544 vorhanden.

In den späteren Jahren hat Luther u.a. den 110., den 130. Psalm, das "Lied der Lieder" lateinisch oder deutsch ausgelegt. Aus 1538 stammen seine Anmerkungen zu einzelnen Kapiteln des Matthäusevangeliums, die, lateinisch abgefaßt, gleich in zwei Exemplaren vorliegen. An Umfang und Bedeutung übertreffen sie seine 1539 umsichtig und sorgfältig ausgearbeitete Streitschrift "Von den Conziliis und Kirchen". Zeitlich gehört dazu auch der "Vnterricht der Visitatoren", heute im Staatsarchiv Hermannstadt als Colligatum, das dem Siebenbürger Sachsen Michael Aiwen, einem Bistritzer oder Kronstädter gehörte. 1542, im Jahr der mit Hilfe von Reichstruppen versuchten Rückeroberung Ofens, hat Luther bei Schirlentz in Wittenberg eine "Heerpredigt" sowie ein "Vermanunge ... Wider den Türcken" herausgegeben. Von beiden Schriften befindet sich je ein Exemplar in Her-

---

12 Über Thomas Jordan vgl. u.a. J. Spielmann, A. Huttmann, Blätter aus der Medizingeschichte der Siebenbürger Sachsen, in: Die Waage 7/1968, S. 62f

13 Heinz Zahrnt, Martin Luther in seiner Zeit - für unsere Zeit, München 1983, S. 140

mannstadt, wo sich dafür innerlich besonders betroffene Leser gefunden habem mögen.

Von der 1545 einsetzenden vielbändigen Ausgabe der "Opera omnia" Luthers durch Hans Lufft liegen in Siebenbürgen mehrere Exemplare vor. Allein in der Bibliothek des Honterusgymnasiums in Kronstadt waren bis zur Katastrophe von 1689 vier Reihen vorhanden[14].

Es stellt sich nun die Frage, ob die von uns verzeichneten Werke bereits bald nach ihrem Erscheinen in Siebenbürgen tatsächlich im Umlauf waren oder ob sie erst in späterer Zeit ins Land gekommen sind. Letzteres ist, wie schon gesagt, bei den aus dem Batthyaneum in Karlsburg vorhandenen Lutherdrucken fast durchweg der Fall. Für die erste Annahme sprechen - von den Karlsburger Drucken abgesehen - eine Reihe von Bucheinzeichnungen, auf die z.T. schon hingewiesen wurde. Auch das "argumentum e silentio" darf dafür in Anspruch genommen werden. Denn in den von uns untersuchten Büchereien von Persönlichkeiten des 16. Jahrhunderts sind mit einer einzigen Ausnahme, der Bücherei des Kleinpolder Pfarrers Damasus Dürr, überhaupt keine Lutherdrucke vorhanden[15], und bei Dürr allein die Auslegung des Galaterbriefs aus 1536. Auch in den großen Hermanstädter Büchersammlungen des 17. Jahrhunderts der Stadtpfarrer Petrus Rihelius und Andreas Oltard, sowie des Ratsherrn Matthias Miles, des Verfassers des "Siebenbürgischen Würgengel", tauchen keine Lutherdrucke auf. Man wird daher annehmen dürfen, daß Luthers Schriften noch zu seinen Lebzeiten in Siebenbürgen Eingang gefunden haben.

Anders hat diese Frage der hochgeschätzte, bei dem Erdbeben von 1977 samt seiner Familie ums Leben gekommene siebenbürgische Buchgeschichtsforscher Ádám Dankanits gesehen. Schon in seinem 1974 in ungarischer

---

14 Groß, Gymnasialbibliothek, S. 684

15 Gustav Gündisch, Franz Salicäus, Ein Beitrag zur Reformationsgeschichte Siebenbürgens, in: Geschichtswirklichkeit und Glaubensbewährung, Festschrift für Bischof Friedrich Müller, Stuttgart 1967; ders., Die Bibliothek des Damasus Dürr, in: Revue Roumaine d'Histoire XII/1973, S. 947-953; ders., Die Bibliothek des Sachsengrafen Albert Huet, in: Korrespondenzblatt des Arbeitskreises für siebenbürgische Landeskunde 4(68)/1974, S. 32-51; ders., Die Bibliothek des Superintendenten der evangelischen Kirche in Siebenbürgen Matthias Schiffbaumer, in: Revue des études sudest européenes XV/1977, S. 463-478; ders., Die Bücherei des Lukas Unglerus, in: Magyar Könyvszemle 1981, S. 127-138

Sprache erschienenen, neue Wege erschließenden Buch "XVI. századi olvasmányok" (Lesestoffe des 16. Jahrhunderts) hatte er hinsichtlich der Lutherrezeption in Siebenbürgen die These aufgestellt, daß "sich das protestantische Schrifttum nicht so sehr zur Zeit der eigentlichen Reformation Siebenbürgens stärker verbreitet habe, sondern vielmehr im Zeitraum, da sich diese protestantischen Kirchen konsolidierten"[16]. Leider ist diese These auch in der deutschen Ausgabe stehen geblieben, für die uns lediglich die Aufgabe gestellt war, den siebenbürgisch-sächsischen Buchbestand des 16. Jahrhunderts nach Tunlichkeit mit einzuarbeiten, da Dankanits mit seinen Ausführungen sich zu einseitig auf die in der ungarisch-siebenbürgischen Gesellschaft gängige Literatur gestützt hatte.

Unsere Zusammenstellung hat ein anderes Ergebnis gezeigt. Luthers Schriften sind danach bereits in den zwanziger und dreißiger Jahren in Siebenbürgen verbreitet gewesen, sodaß von dieser Seite her der Boden für die politisch erst 1542 möglich gewordene Reformation bereitet war.

Nachtrag

Das vorstehende Tübinger Referat über in Siebenbürgen noch vorhandene Lutherdrucke aus der Zeit bis 1546 war im wesentlichen auf den Ergebnissen einer Fahndung aufgebaut, die im August 1983 in den großen staatlichen Dokumentarbibliotheken von Hermannstadt, Karlsburg, Klausenburg, Neumarkt und Schäßburg vorgenommen werden konnte. Eine Nachlese erschien schon damals unabweislich. Ich habe sie im April 1984 durchführen können. Sie hat, wie aus dem anschließenden Nachtragsverzeichnis ersichtlich wird, ein erfreuliches Resultat gezeigt. Es sei nur auf den Nachdruck aus 1524 einer der reformatorischen Hauptschriften Luthers vom Jahr 1520 verwiesen:"De captivitate babylonica...".

Die anschließend verzeichneten Lutherdrucke finden sich in den Dokumentarbüchereien der evangelischen Kirchengemeinden A.B. von Kronstadt (8), Mediasch (3) und Schäßburg (1), im Staatsarchiv Hermann-

---

16 Zitat nach der deutschen Ausgabe "Lesestoffe des 16. Jahrhunderts in Siebenbürgen", Bukarest 1982, S. 51

stadt (2), der "Astra"-Kreisbibliothek Hermannstadt (2), des Protestantisch-Theologischen Instituts in Hermannstadt (1) und im Privatbesitz (2). In Privatbesitz dürfte vermutlich noch mancher Lutherdruck liegen, doch läßt sich das heute nach Lage der Dinge schwer erfassen.

Bemerkenswert ist, daß die hier neu erfaßten 19 Drucke fast durchweg schon im 16. und 17. Jahrhundert in Siebenbürgen im Umlauf waren und den Namenseinzeichnungen zufolge Sachsen als Besitzer hatten. Insgesamt konnten somit rund 180 noch in Siebenbürgen befindliche Lutherdrucke aus der Zeit bis 1546 erfaßt werden.

RÉSUMÉ

Écrits luthériens publiés jusqu'en 1546

La présente étude se propose de faire l'inventaire empirique, aussi complet que possible, des écrits de Luther (depuis leur parution jusqu'en 1546) figurant dans les bibliothèques de Transylvanie, afin de pouvoir juger du degré de diffusion de ces écrits à leur époque. Selon une vieille tradition, les premiers écrits de Luther auraient fait leur apparition en Transylvanie vers 1520. Dès 1524 le roi de Hongrie, de même que les autorités catholiques, interdirent la diffusion des "libelli" luthériens; toutefois sans grand succès.

Les écrits de Luther trouvèrent leur plus grande résonance parmi les Saxons de Transylvanie, comme le prouvent les riches collections de l'ancienne bibliothèque du lycée de Hermannstadt conservée au musée de Brukenthal et qui contient presque la moitié des oeuvres complètes de Luther, citées en annexe. D'autres écrits se trouvent dans la bibliothèque documentaire de Schaessbourg, dans les bibliothèque de plusieurs paroisses saxonnes ou dans des bibliothèques privées. Le nombre de livres que possède la bibliothèque universitaire de Klausenbourg et celle de Teleki-Bolyai à Neumarkt nous permet de supposer une large diffusion des écrits de Luther parmi les Hongrois de Transylvanie. Par contre presque tous les écrits de Luther figurant à la bibliothèque du Batthyaneum à Karlsbourg ne sont pas d'origine transylvaine. Ils proviennent en majeure partie des bibliothèques de couvents sécularisés sous Joseph II.

La thèse d'Adam Dankanits, selon laquelle les écrits de Luther n'ont été diffusés que tardivement en Transylvanie, est ainsi donc réfutée.

SUMMARY

Luther Publications in Transylvania until 1546

This article aims at as complete as possible an empirical listing of Luther publications up to 1546 available in Transylvanian libraries today. The underlying aim is to draw conclusions about their dissemination and reception at the time. Tradition has it that the first writings of Luther turned up in Transylvania in 1520. As early as 1524 the King of Hungary and Catholic church leaders forbade the dissemination of Lutheran "libelli", albeit unsuccessfully.

Contemporary editions of Luther's works were most widely read among the Transylvanian Saxons, as is shown by the ample stocks of the former Hermannstadt high-school library in the Brukenthal Museum. The books in the Klausenburg university library and the Teleki-Bólyai library in Neumarkt indicate the distribution of Luther publications among Transylvanian Hungarians, too. By contrast, the works of Luther found in the Batthyaneum in Karlsburg are almost all not of Transylvanian origin, but mainly from monastery libraries secularised under Joseph II. This refutes Adam Dankanits' contention that Luther's writings were received fairly late in Transylvania.

Chronologisches Schriftenverzeichnis*

1518 Sermo de virtute excommunicationis .. Fratri Martino Luther ... Leipzig, Valentin Schumann 1518. Teleki-Bólyai-Bibliothek Neumarkt - Benzing 213f

1519 Theologia Teutsch. Das ist ain edels vnd kostlichs büchlin, von rechtem verstand was Adam und Christus sey. Straßburg, Johann Knobloch 1519. Brukenthal-Bibliothek Hermannstadt - Benzing 165

In epistolam Pauli ad Galatas ... commentarius. (Leipzig, Melchior Lotter) 1519. Teleki-Bólyai-Bibliothek Neumarkt - Benzing 416-420

1520 Theologia teütsch ... buchlin von rechtem verstand ... Augsburg, Otmar Silvanus 1520. Brukenthal-Bibliothek Hermannstadt - Benzing 168

In epistolam Pauli ad Galatas ... commentarius. (Basel, Adam Petri) 1520. Brukenthal-Bibliothek Hermannstadt - Benzing 421

Augustiani theologi synceri ... lucubrationum pars una, quas aedidit usque in annum praesentem XX ... Basel, Adam Petri 1520. Brukenthal-Bibliothek Hermannstadt, Teleki-Bólyai-Bibliothek Neumarkt - Benzing 9

Ain Schoene Predig von Zwayerlay gerechtigkait. (Augsburg, Otmar Silvanus) 1520. Teleki-Bólyai-Bibliothek Neumarkt - Benzing 346

Epistola Lutheriana ad Leonem decimum ... Tractatus de libertate christiana ... Wittenberg, (Johannes Rhau-Grunenberg) 1520. Teleki-Bólyai-Bibliothek Neumarkt - Benzing 755

Auslegūg deutsch des Vatter vnnser fur die Eynfeltigen Leyen. (Wittenberg, Melchior Lotter 1520). Batthyaneum Karlsburg - Benzing 273

Von der Liebe Gottes ein Wunder hübsch. Von Luther und Staupitz. Basel, Adam Petri 1520. Batthyaneum Karlsburg - Benzing?

1521 Evangelium von den tzehen auszsetzigen, vordeutscht vnd auszgeleget ... Wittenberg, (Melchior Lotter) 1521. Batthyaneum Karlsburg - Benzing 985f

---

* Die Verweise "Benzing ... " bzw. "Aland ... " beziehen sich auf: J. Benzing, Lutherbibliographie, Verzeichnis der gedruckten Schriften Martin Luthers bis zu seinem Tod, bearbeitet in Verbindung mit der Weimarer Ausgabe unter Mitarbeit von Helmut Claus, Baden-Baden 1966; Kurt Aland, Hilfsbuch zum Lutherstudium, bearbeitet in Verbindung mit Ernst Otto Reichert und Gerhard Jordan, Gütersloh (1970)

Das Magnificat verteutschet vnd ausgelegt ... Wittenberg,
(Melchior Lotter) 1521. Batthyaneum Karlsburg - Benzing 856f,
beide Male ohne Jahresangabe

Der sechs v̄n dreyssigist psalm David ... Wittenberg, (Johann
Rhau-Grunenberg) 1521. Batthyaneum Karlsburg - Benzing 959f

Deutsch Auszlegūg des sieben v̄n sechtzigstē Psalmē. (Wittenberg, Johannes Rhau-Grunenberg 1521). Batthyaneum Karlsburg - Benzing 938

Von der Beycht, ob die der Bapst macht habe zu gepieten. (Wittenberg, Melchior Lotter u.a.) 1521. Batthyaneum Karlsburg - Benzing 947-954 ohne Jahresangabe

Postil Oder vszleg der Epistel vnd Evangelien durch den Advent
... Wittenberg (o.D.) 1521. Brukenthal-Bibliothek Hermannstadt
- Benzing 854 kennt nur(Straßburg, J. Schott 1522)

De libertate christiana dissertatio ... (Basel, Adam Petri)
1521. Teleki-Bólyai-Bibliothek Neumarkt - Benzing 761

De bonis operibus Doct. Martini Lutheri liber. Wittenberg,
Johannes Rhau-Grunenberg 1521. Teleki-Bólyai-Bibliothek Neumarkt - Benzing 651

... Operationes in duas psalmorum decades. Basel, Adam Petri
1521. Teleki-Bólyai-Bibliothek Neumarkt - Benzing 518

1522   Eyn trew vormanung ... tzu allen Christen. Sich tzu vorhuten
fur auffruhr vnnd Emporung. (Basel, Adam Petri 1522.) Batthyaneum Karlsburg - Benzing 1048

Vom Eelichen Leben. Wittenberg (Johannes Rhau-Grunenberg) 1522.
Brukenthal-Bibliothek Hermannstadt - Benzing 1239f

Eyn Sendbriff ... vber die frage. Ob auch yemand on glawben
verstorben, selig werden müge ... Wittenberg, (Nickel Schirlentz) 1522. Brukenthal- Bibliothek Hermannstadt - Benzing
1267 ohne Ort, ohne Druck und Jahr

De votis monasticis ... iudicium a sese recognitum et auctum.
Wittenberg, Johannes Rhau-Grunenberg 1522. Brukenthal-Bibliothek Hermannstadt, Akademiebibliothek Klausenburg, Teleki-Bólyai-Bibliothek Neumarkt - Benzing 1010

Iudicium D. Martini Lutheri de Erasmo Roterodamo. Wittenberg
(ohne Druck, ohne Jahr). Akademiebibliothek Klausenburg -
Nach Benzing 1484 nur Ausgabe (Straßburg, Johannes Schott 1523)

De abroganda missa privata ... sententia. (Basel, Valentin
Curio) 1522. Teleki-Bólyai-Bibliothek Neumarkt - Benzing 1000

Contra Henricum regem Angliae ... Wittenberg, (Johannes Rhau-Grunenberg) 1522. Teleki-Bólyai-Bibliothek Neumarkt - Benzing
1225

De votis monasticis ... iudicium ... Basel (Adam Petri) 1522.
Akademiebibliothek Klausenburg - Benzing 1009

1523   Das eyn Christliche versamlung odder gemeyne recht vnd macht
habe alle lere zu urteylen: vnd lerer zu beruffen. Wittenberg,
Melchior Lotter 1523. Brukenthal-Bibliothek Hermannstadt -
Benzing 1570

Von den gutten Wercken. Wittenberg, Melchior u. Michael Lotter
1523. Brukenthal-Bibliothek Hermannstadt - Benzing 642 zu 1525

Adversus falso nominatum ordinem episcoporum. Wittenberg (Johannes Rhau-Grunenberg) 1523. Akademiebibliothek Klausenburg,
Teleki-Bólyai-Bibliothek Neumarkt - Benzing 1211

Uon weltlicher vberkeyt, wie weytt man yhr gehorsam schuldig
sey. Wittenberg, (Johannes Rhau-Grunenberg) 1523. Teleki-Bólyai-Bibliothek Neumarkt - Benzing 1516

Widder den falsch genannten geystlichen stand des Bapsts vnd
der Bischoffen. Deutsch und lateinisch. Wittenberg, Johannes
Rhau-Grunenberg 1523. Akademiebibliothek Bukarest - Benzing
1211 nur lateinisch

Von ordenung gottis dienst yn̄ der gemeyne. Wittenberg, (Cranach
u. Döring) 1520 (?). Brukenthal-Bibliothek Hermannstadt -
Benzing 1615 zu 1523

Eyn kurcz form der czehen gebot, Eyn kurcz form des glaubens,
Eyn kurcz form desz Vatter unsersz. Wittenberg, o.D. 1523.
Brukenthal-Bibliothek Hermannstadt - Benzing 800-810 nur zu
1520/21

Schrift über Austritt von 3 Nonnen aus dem Kloster Nimptzsch.
O.O, o.D., o.J. Brukenthal-Bibliothek Hermannstadt- Benzing
1823-1825 nur über allgemeine Klosteraustritte

1524   Von dem allernötigisten. Wie man diener der kirchen welen vnd
eynsetzen sol. Wittenberg, Melchior Lotter 1524. Brukenthal-
Bibliothek Hermannstadt - Benzing 1690

An die Radherrn aller stedte deutsches lands, das sie Christliche schulen auffrichten vnd hallten sollen. Wittenberg,
(Cranach u. Döring) 1524. Brukenthal-Bibliothek Hermannstadt
- Benzing 1875

Eyn trost brieff an die Christen zu Augspurg. Wittenberg, Hans
Lufft 1524. - Brukenthal-Bibliothek Hermannstadt - So vermerkt
auch von Benzing 1712

In epistolam Pauli ad Galatas ... commentarius. (Basel, Thomas
Wolf) 1524. Akademiebibliothek Klausenburg - Benzing 425

Eyn Sermon von der betrachtung des heyligen leydēs Christi.
Erfurt, (Johannes Loersfeld) 1524. Teleki-Bólyai-Bibliothek
Neumarkt - Benzing 334

Deuteronomios Mose ex Ebraeo castigatus cum annotationibus
... Wittenberg, Hans Lufft 1524. Teleki-Bólyai-Bibliothek
Neumarkt - Benzing 1851 zu 1525 mit leicht abweichendem Titel

Eyn brieff an die Christen zu Straspurg widder den schwermer
geyst ... (Wittenberg, Cranach u. Döring 1524) oder (Erfurt,
Johannes Loersfeld 1524). Brukenthal-Bibliothek Hermannstadt -
Benzing 1965f

Von der Christlichen hoffnung; ein tröstlich leer für die kleinmütigen. (Basel, Valentin Curio) oder (Straßburg, Matthias
Schürers Erben o.J.). Batthyaneum Karlsburg - Benzing 521f zu
um 1524/25

Das alte Testament. Straßburg, Johannes Knobloch 1524. Brukenthal-Bibliothek Hermannstadt - bei Benzing ?

1525 De Christi Jesu ex Iudaeis ortu, matrisque eius virginitate.
Straßburg, Johannes Knobloch 1525. Brukenthal-Bibliothek Hermannstadt, Übersetzung Johann Lonicers von Luthers deutscher
Fassung "Daß Jesus Christus ein geborner Jude sei" - Benzing
1542

Eyn brieff ... An die Christen zu Antorff. Wittenberg, (Josef
Klug) 1525. Brukenthal-Bibliothek Hermannstadt - Benzing 2200

Ein brieff an die Christen zue Straspurg wider den schwermer
geyst ... (o.O., o.D.) 1525. Brukenthal-Bibliothek Hermannstadt - Benzing 1967-71

Die Epistel S. Pauls an die Galater auszgelegt ... Basel,
Johannes Bebel 1525. Universitätsbibliothek Klausenburg -
Benzing 428

Wider die Mordischen vñ Reubischen Rotten der Pawren (Nürnberg,
Jobst Gutknecht 1525). Brukenthal-Bibliothek Hermannstadt -
Benzing 2152

Epistolarum Farrago pietatis et eruditione plena, cum Psalmorum
aliquot interpretatione. Hagenau, Johann Secer 1525. Teleki-
Bólyai-Bibliothek Neumarkt - Benzing 65

Der zwey vnd zwentzigste Psalm Davids von dem leyden Christi.
Wittenberg, Joseph Klug 1525. Teleki-Bólyai-Bibliothek Neumarkt - Benzing 529

De servo arbitrio Mar. Lutheri ad Erasmum Roterodamum. Wittenberg, Hans Lufft 1525. Teleki-Bólyai-Bibliothek Neumarkt -
Benzing 2201

Deuteronomios Mose ex Hebraeo accuratissime restitutus. Basel,
Adam Petri 1525. Staatsarchiv Hermannstadt - Benzing 1853

Deuteronomios Mose cum annotationibus Mart. Lutheri, adiecto
Indice. Straßburg, Johannes Knobloch 1525. Teleki-Bólyai-Bibliothek Neumarkt - Benzing 1852

Eyn Schrecklich geschicht vnd gericht Gotes vber Thomas Muentzer. (o.O., o.D., o.J.). Brukenthal-Bibliothek Hermannstadt - Benzing 2169-76

Widder die hymelischen propheten, von den bildern vnd Sacrament etc.. Wittenberg, (o.D., o.J.). Batthyaneum Karlsburg - Benzing 2086-88, 2090f, 2093

1526 Commentarius Martini Lutheri in Jonam Prophetam ... factua a Vincentio Obsopeo. Hagenau, Johannes Secer 1526. Brukenthal-Bibliothek Hermannstadt - Benzing 2283

In divae virginis Mariae, Zachariaeque odas, Magnificat puta et Benedictus Commentarii. Straßburg, Johannes Herwagen 1526. Brukenthal-Bibliothek Hermannstadt - So vermerkt auch von Benzing 866

In Hoseam prophetam ... Ennaratio. Wittenberg, Hans Lufft 1526. Brukenthal-Bibliothek Hermannstadt - Benzing 3485 zu 1545

In Oseam prophetam annotationes. Basel, Thomas Wolf 1526. Brukenthal-Bibliothek Hermannstadt - Benzing 2371

Jona propheta cum annotationibus M. Lutheri. Straßburg, Johannes Knobloch 1526. Brukenthal-Bibliothek Hermannstadt, Akademiebibliothek Klausenburg - Benzing 2282

De servo arbitrio Martini Lutheri ad Erasmū Roterodamum. Augsburg, (Simprecht Ruff) 1526. Akademiebibliothek Klausenburg, Universitätsbibliothek Klausenburg - Benzing 2205

De servo arbitrio Martini Lutheri ad D. Erasmum Roterodamum. Nürnberg, Johannes Petreius 1526. Universitätsbibliothek Klausenburg - Benzing 2204; Ausgabe Wittenberg, Hans Lufft 1526. Teleki-Bólyai-Bibliothek Neumarkt - Benzing 2202

Duodecim, De sacramento Eucharistiae ad Valdenses fratres. Aus dem Deutschen übersetzt von Justus Jonas. Wittenberg, Hans Lufft 1526. Dokumentarbibliothek Schäßburg - Benzing ?

1527 Auff des königs zu Engelland lester schrift ... Martin Luthers Antwort. (Wittenberg, Michael Lotter) 1527. Brukenthal-Bibliothek Hermannstadt - Benzing 2408f

Predigt: Am 5. Sontag noch des heiligen Dreykönigen Tag. Wittenberg, o.D. 1527. Teleki-Bólyai-Bibliothek Neumarkt - bei Benzing nicht nachgewiesen; Aland 472

1528 An den Kurfürsten zu Brandenburg Marggraven Joachim, Christliche vermanung. (Wittenberg, Hans Lufft 1528). Brukenthal-Bibliothek Hermanstadt - So vermerkt von Benzing 2542

Commentarius in apocalypsin ante Centum Annos aeditus. Wittenberg, (Nickel Schirlentz) 1528. Brukenthal-Bibliothek Hermannstadt - Benzing 2477. Das Werk liegt zweimal in gleicher Auflage vor.

Von Er Lenhard keiser ynn Beyern vmb des Evangelii willen verbrandt. Eine selige geschicht. Wittenberg, Hans Lufft 1528. Brukenthal-Bibliothek Hermannstadt - Benzing 2469

Commentarius in epistola S. Pauli ad Galatas. Wittenberg, (o.D.) 1528. Brukenthal-Bibliothek Hermannstadt - Benzing ?

Vom Abendtmal Christi, Bekenntnis. (o.O., o.D.) 1528. Brukenthal-Bibliothek Hermannstadt - Benzing 2505

1529 Ein bericht an einen guten freund von Beider gestalt des Sacraments ... Wittenberg, Joseph Klug 1529. Brukenthal-Bibliothek Hermannstadt - Benzing 2523f

Von der falschē betler büeberey. Mit einer Vorrede Martini Luther. Wittenberg (o.D.) 1529. Universitätsbibliothek Klausenburg - Benzing 2534

Von der sunde widder den Heiligen Geist. Ein Sermon. Wittenberg, Georg Rhau 1529. Brukenthal-Bibliothek Hermannstadt - Benzing 2544

Von dem gruwel der Stilmissen, so me den Canon noemet. Wittenberg, Heinrich Öttinger 1529. Teleki-Bólyai-Biliothek Neumarkt - Benzing 2083f mit Druckort Magdeburg

Sermon über das III. capitel der epistel an die Epheser. Wittenberg, Hans Weiss 1529. Brukenthal-Bibliothek Hermannstadt - Benzing ?

1530 Der Hundert vnnd achtzehendt Psalm mit kurtzer auszlegung ... (o.O., o.D., o.J.). Batthyaneum Karlsburg - Benzing 2874 mit Angabe Nürnberg, Gutknecht 1530

Propositiones a Marti. Luthero subinde disputatae. Wittenberg, Joseph Klug 1530. Universitätsbibliothek Klausenburg - Benzing 60

Die gantze Bibel ... Zürich, Christoph Froschauer 1530. Brukenthal-Bibliothek Hermannstadt - Benzing ?

Der LXXXII. Psalm, ausgelegt ... Wittenberg, Nickel Schirlentz 1530. Brukenthal-Bibliothek Hermannstadt - Benzing 2886

Deütsch Catechismus. Gemeeret mit einer neüen vnnderricht. (Augsburg, Heinrich Steiner) 1530. Brukenthal-Bibliothek Hermannstadt - So vermerkt von Benzing 2555

Eyn Sermon auff das Evangelium Matthei am IX. Cap. Vom reych Christi ... Wittenberg, Hans Weiss 1530. Brukenthal-Bibliothek Hermannstadt - Benzing 2022 verzeichnet nur die Ausgabe aus 1525

Von ehesachen. Zwickau, Wolfgang Meyerpeck 1530. Teleki-Bólyai-Bibliothek Neumarkt - Benzing 2868

Eyn Wedderrop vam Fegevür. Magdeburg, Hans Walther 1530. Teleki-Bólyai-Bibliothek Neumarkt - Benzing 2798

Eyn breef an den Cardinal Ertzbisschop tho Mentz. Magdeburg, (Hans Walther) 1530. Teleki-Bólyai-Bibliothek Neumarkt - Benzing 2808

1531 Warnynge Doctor Martini Lutheri An syne leven Düdeschen. Magdeburg, Hans Walther 1531. Teleki-Bólyai-Bibliothek Neumarkt - Benzing 2924

Ein Sermon vom Creutz vnd leiden, vnd wie man sich darein schicken sol. Wittenberg, Hans Lufft 1531. Brukenthal-Bibliothek Hermannstadt - Benzing 2899

Der Psalm Miserere deudsch ausgelegt Durch M. Egidium Fabrum. Mit einer Vorrede Mart. Luther. Wittenberg, Nickel Schirlentz 1531. Teleki- Bólyai-Bibliothek Neumarkt - Benzing 2942

1532 Catechismus minor D. Martini Lutheri latine redditus. Nürnberg, (Johannes Petreius) 1532. Teleki-Bólyai-Bibliothek Neumarkt-Benzing 2634f kennt nur Nürnberger Ausgaben aus 1537 u. 1543

1533 Enarrationes doctissimae in Quintum, Sextum et Septimum capita Matthaei ... Per Vicentium Obsopoeum in latinum sermonem traductae. Hagenau, Johannes Secer 1533. Brukenthal-Bibliothek Hermannstadt - Benzing 20

1534 1. Die Propheten alle deutsch. 2. Das newe Testament. Wittenberg, Hans Lufft 1534. Brukenthal-Bibliothek Hermannstadt - Benzing ?

Summaria D. Mar. Lutheri in Psalmos Davidis e germa. latine reddita per Justum Jonam. Wittenberg, Johannes Weiß 1534 - Brukenthal- Bibliothek Hermannstadt - Benzing 3055

In Esaiam prophetam scholia ex D. Mart. Lutheri praelectionibus collecta. Wittenberg, Hans Lufft 1534. Akademiebibliothek Klausenburg - Benzing 2986

Epistolae domini Nicolai Amsdorfii et D. Martini Luteri de Erasmo Roterodamo. Wittenberg, Hans Lufft 1534. Brukenthal-Bibliothek Hermannstadt, Akademiebibliothek Klausenburg, Teleki-Bólyai-Bibliothek Neumarkt - Benzing 3118

1535 Auslegung der Episteln vnd Euangelien, vom Aduent an bis auff Ostern. Wittenberg, Peter Seitz 1535. Brukenthal-Bibliothek Hermannstadt - So vermerkt auch von Benzing 1087

Ettliche spruche ... wider das Concilium Obstantiense (wolt sagen) Constantiense ... Wittenberg, Hans Lufft 1535. Brukenthal-Bibliothek Hermannstadt - Benzing 3177

In epistolam S. Pauli ad Galatas commentarius ... Wittenberg, Hans Lufft 1535. Brukenthal-Bibliothek Hermannstadt - Benzing 3183

Ennarrationes sev postillae ... in Lectiones, quae ex Evangelicis historiis ... Straßburg, Georg Ulricher 1535. Brukenthal-Bibliothek Hermannstadt, Teleki-Bólyai-Bibliothek Neumarkt - das Hermannstädter Exemplar vermerkt von Benzing 1151

1536 Auslegung der Euangelien an den Furnemesten Festen, im gantzen jar ... Wittenberg, Peter Seitz 1536. Brukenthal-Bibliothek Hermannstadt - Benzing 1125 mit Hans Lufft als Drucker

D. Martini Lutheri ... Catechismus ... latinus factus per Vincentium Obsopoeum. Hagenau, Peter Braubach 1536. Dokumentarbibliothek Schäßburg - Benzing 2581

Auslegung der Epistel. Wittenberg, Peter Seitz 1536. Brukenthal-Bibliothek Hermannstadt - Benzing ?

1537 Conciuncula quaedam D. Mart. Lutheri amico cuidam praescriptae. Wittenberg, Nicolaus Schirlentz 1537. Teleki-Bólyai-Bibliothek Neumarkt -Benzing 3237

1538 Annotationes D. Mart. Luth. in aliquot cap. Matthaei ... Wittenberg, Hans Lufft 1538. Brukenthal-Bibliothek Hermannstadt, Dokumentarbibliothek Schäßburg - Benzing 3272

Artickel, so da hetten sollen auffs Concilium zu Mantua, oder wo es würden sein, vberantwortet werden ... Wittenberg, Hans Lufft 1538. Brukenthal-Bibliothek Hermannstadt - Benzing 3286

In epistolam S. Pauli ad Galatas commentarius ... Wittenberg, Hans Lufft 1538. Brukenthal-Bibliothek Hermannstadt - Benzing 3185

Der Spruch S. Pauli Gal. 1. Christus hat sich selbs fur vnser Sunder geben ... Wittenberg, Hans Weiß 1538. Brukenthal-Bibliothek Hermannstadt, Akademiebibliothek Klausenburg - Benzing 3188

1539 Der CX Psalm Dixit Dominus gepredigt vnd ausgelegt durch D. Mart. Luther. Wittenberg, Nickel Schirlentz 1539. Brukenthal-Bibliothek Hermannstadt - Benzing 3321f

Vnterricht der Visitatoren an die Pfarhern in Hertzog Heinrichs zu Sachsen Fürstenthum. Wittenberg, Hans Lufft 1539. Brukenthal-Bibliothek u. Staatsarchiv Hermannstadt - Benzing 2497

Von den Conciliis vnd Kirchen. Wittenberg, Hans Lufft 1539. Brukenthal-Bibliothek Hermannstadt - Benzing 3332, 3334

In cantica canticorum brevis, sed admodum dilucida enarratio D. Martini Lutheri. Wittenberg, Hans Lufft 1539. Dokumentarbibliothek Schäßburg - Benzing 3307

Betbüchlin mit dem Calender vnd Passional. Wittenberg, Hans Lufft 1539. Brukenthal-Bibliothek Hermannstadt - So vermerkt bei Benzing 1300

Der CXXX Psalm, De profundis clama von D. Mar. Luth. verdeutdscht. Wittenberg,(Hans Lufft) 1539 Staatsarchiv u. Bibliothek des Landeskonsistoriums Hermannstadt - Benzing 3116

Das LIII Capitel des propheten Jesaia. Wittenberg, Nickel Schirlentz 1539. Brukenthal-Bibliothek Hermannstadt - Aland 306; Benzing ?

1540 Confessio fidei exhibita ... Wittenberg, (o.D.) 1540. Teleki-Bólyai-Bibliothek Neumarkt - Aland 63 deutsch; Benzing ?

1541 Biblia, das ist die gantze Heilige Schrift. Leipzig, Nikolaus Wolrab 1541/1542. Brukenthal-Bibliothek Hermannstadt - Benzing ?

An die Pfarrherrn, Wider den Wucher zu predigen. Wittenberg, Joseph Klug 1541. Brukenthal-Bibliothek Hermannstadt - Benzing 3350, 3352 zu 1540

Eine Predigt ... Das man Kinder zur Schulen halten solle. Wittenberg, Nickel Schirlentz 1541. Brukenthal-Bibliothek Hermannstadt - Benzing 2825

Enarratio psalmi XC per ... in Schola Vitebergensi Anno 1534 publice absoluta. Wittenberg, Veit Kreutzer 1541. Brukenthal-Bibliothek Hermannstadt, Dokumentarbibliothek Schäßburg - Benzing 3360

1542 Eine Heerpredigt Wider den Türcken. Wittenberg, Nickel Schirlentz 1542. Brukenthal-Bibliothek Hermannstadt - Benzing 2719f

Vermanunge zum Gebet Wider den Türcken. Wittenberg, Nickel Schirlentz 1542. Brukenthal-Bibliothek Hermannstadt - Benzing 3386

Capita fidei christianae contra Papam et Portas inferorum constanter asseranda. Wittenberg, Joseph Klug 1542. Dokumentarbibliothek Schäßburg - Benzing 3289

Commentarius in Micham prophetam collectus ex praelectionibus MART. LUTH. nunc primum in lucem editus. Wittenberg, Veit Kreutzer 1542. Brukenthal-Bibliothek Hermannstadt, Akademiebibliothek Klausenburg - Benzing 3413

In quindecim psalmos graduum commentarii ex praelectionibus D. Martini Lutheri summa fide collecti. Straßburg, Crato Mylius 1542. Batthyaneum Karlsburg - Benzing 3348

1543 Enchiridion piarum precationum cum Passionali. Wittenberg, Hans Lufft 1543. Brukenthal-Bibliothek Hermannstadt - Benzing 1316

Homiliae de baptismo ... illustrissimis et laudatissimis Principibus ab Anhalt dedicatae. (Frankfurt/M.), Peter Braubach 1543. Brukenthal-Bibliothek Hermannstadt - Benzing 3364

1544 Catechismus maior D. Martini Luth. recognitus et auctus.
Frankfurt/M., Peter Braubach 1544. Brukenthal-Bibliothek
Hermannstadt - Benzing 2582

In primum librum Mose enarrationes ... Martini Lutheri ...
Wittenberg, Peter Seitz 1544. Brukenthal-Bibliothek Hermannstadt - So vermerkt von Benzing 3451

Das XIIII vnd XV Capitel S. Johannis. Gepredigt vnd ausgelegt
durch D. Mart. Luther. Wittenberg, Joseph Klug 1544. Dokumentarbibliothek Schäßburg - bei Benzing 3277-80 nur Ausgaben
aus 1538/39

Haußpostill. Nürnberg, Ulrich Neuber u. D. Gerlatz o.J. Brukenthal-Bibliothek Hermannstadt - bei Benzing 3467-82 zweiter
Druckername nicht genannt

1545 Biblia, das ist die gantze Heilige Schrifft. Wittenberg, Hans
Lufft 1545. Brukenthal-Bibliothek Hermannstadt - Benzing?

In Hoseam propetham Reverendi D. Martini Lutheri ... enarratio.
Wittenberg, Hans Lufft 1545. Brukenthal-Bibliothek Hermannstadt
(2 Exemplare), Akademiebibliothek Klausenburg - Benzing 3485

Tomus primus omnium operum ... Martini Lutheri continens ...
ab anno Christi MDXVII usque ad annum XX. Wittenberg, Hans
Lufft 1545. Brukenthal-Bibliothek Hermannstadt, Staatsarchiv
Hermannstadt, Teleki-Bólyai-Bibliothek Neumarkt - Benzing 2

Simplex et pia evangeliorum, quae dominicis diebus et in praecipvis festis legi solent, explicatio ... Nunc primum ex Germanica versa, per Michaelem Rodingium. Nürnberg, Johannes Montanus u. Ulrich Neuber 1545. Batthyaneum Karlsburg - Benzing
3483

Suppvtatio annorum mundi emendata. Wittenberg, Georg Rhau
1545. Universitätsbibliothek Klausenburg - Benzing 3366

1546 Commentarius in Micham prophetam collectus ex praelectionibus reverend. D. Mart. Luth. nunc primum in lucem editus per
M. Vitum Theodorum. Nürnberg (o.D.) 1546. Brukenthal-Bibliothek Hermannstadt - fehlt bei Benzing u. Aland

Enarrationes seu postillae ... maiores, in lectiones, quae
ex Evangelicis historiis ... Basel, Johannes Herwagen 1546.
Brukenthal-Bibliothek Hermannstadt - Benzing 1152

Hauspostill Doct. Martini Luther, von Furnemesten Festen
durchs Jar. Wittenberg, Hans Lufft 1546; ebenso Ausgabe von Peter Seitz. Beide Exemplare Brukenthal-Bibliothek Hermannstadt
- Die Hermannstädter Ausgabe von Lufft vermerkt bei Benzing 3477

In Esaiam prophetam scholia ex Doct. Mart. Lutheri praelectionibus collecta. Tübingen, Ulrich Morhart 1546. Brukenthal-Bibliothek Hermannstadt - So vermerkt bei Benzing 2987

In epistolam S. Pauli ad Galatas commentarius ... Frankfurt/M.,
Peter Braubach 1546. Brukenthal-Bibliothek Hermannstadt, Dokumentarbibliothek Schäßburg - Benzing 3187

De ressurectione mortuorum in XV. caput prioris epistolae
Divi Pauli ad Corinthios. Frankfurt/M., Peter Braubach (15)46.
Akademiebibliothek Klausenburg - Benzing 3088

Tomus secundus omnium operum ... Martini Lutheri ... Wittenberg, Hans Lufft 1546. Brukenthal-Bibliothek Hermannstadt,
Staatsarchiv Hermannstadt - Benzing 2

Nachtrag

1518 Decem Praecepta Wittenbergensi predicata populo ... Witten-
      berg, Johannes Rhau-Grunenberg 1518. Dokumentarbibliothek der
      evang. Kirchengemeinde A.B. Kronstadt - Benzing 192

1520 Das Magnificat vorteutschet vnd auszgeleget durch ... (Witten-
      berg) 1520. Dokumentarbibliothek der evang. Kirchengemeinde
      A.B. Kronstadt - Fehlt bei Benzing zu 1520

1522 Der Hundertt vnd achtzehend Psalm nutzlich zu betten fur das
      worth Gottes. (Wittenberg, Rhau-Grunenberg) 1522. Dokumentar-
      bibliothek der evang. Kirchengemeinde A.B. Kronstadt - Ben-
      zing 947 zu 1521

1524 De captivitate babylonica adversus Catharinum Responsio. Wit-
      tenberg, (o.D.) 1524. Dokumentarbibliothek der evang. Kirchen-
      gemeinde A.B. Kronstadt - Benzing 711 lediglich (Straßburg,
      Wolfgang Klöpfel) 1524

      Offenbarung des Endchrists aus dem Propheten Daniel wydder
      Catharinum. Wittenberg, (Lukas Cranach und Christian Döring)
      1524. Bibliothek der evang. Kirchengemeinde A.B. Kronstadt -
      Benzing 884

1525 Deuteronomios Moses... s. das Verzeichnis oben (künftig s.V.
      o.). Ein weiteres Exemplar Staatsarchiv Hermannstadt

1527 De constituendis scholis... Hagenau, Johannes Secer (nicht
      vor 1527). Teleki-Bólyai-Bibliothek Neumarkt - Benzing 1887

1529 Ein Betbüchlin, mit eym Calender vnd Passional. Wittenberg,
      Hans Lufft 1529. Bibliothek des Protestantischen Theologischen
      Instituts, Zweig Hermannstadt - Benzing 1296

1530 Vermanung an die geistlichen versamlet auff dem Reichstag zu
      Augsburg anno 1530. Wittenberg, Joseph Klug 1530. Staatsar-
      chiv Hermannstadt - Benzing 2781

1533 Ecclesiastices odder prediger Salomo, ausgelegt durch ..., aus dem latin verdeudschet durch Justum Jonam. Wittenberg, Georg Rhau 1533. Privatbesitz Klausenburg - Benzing 2983

1536 Libellus casuum quarundam matrimonialium elegantissimus, Ioanne Brentio autore. In eundem praefatio D. Martini Lutheri prius non aedita. Jam denuo recognitus et ab innumeris mendis repurgatus. Basel, Bartholomeus Westhemerus 1536. "Astra"-Kreisbibliothek Hermannstadt - Benzing 2946

1537 Simplex et aptissimus orandi modus. Wittenberg, (Nikolaus Schirlentz) 1537. Staatsarchiv Hermannstadt - Benzing 3160

1539 In cantica canticorum... s.V.o. Ein weiteres Exemplar Dokumentarbibliothek der evang. Kirchengemeinde A.B. Mediasch

1540 In quindecim psalmos graduum commentarii. Straßburg, Crato Mylius 1540. Dokumentarbibliothek der evang. Kirchengemeinde A.B. Mediasch - Benzing 3348 zu 1542

1543 Enchiridion piarum precationum ... s.V.o. Ein weiteres Exemplar Dokumentarbibliothek der evang. Kirchengemeinde A.B. Kronstadt

Homiliae de baptismo ... s.V.o. Ein weiteres Exemplar Dokumentarbibliothek der evang. Kirchengemeinde A.B. Kronstadt

1545 Tomus primus omnium operum ... s.V.o. Weitere Exemplare in den Dokumentarbibliotheken der evang. Kirchengemeinden A.B. Kronstadt und Mediasch

1546 De ressurectione mortuorum ... s.V.o. Ein weiteres Exemplar in der "Astra"-Kreisbibliothek Hermannstadt

In epistolam S. Pauli ad Galatas s.V.o. Ein weiteres Exemplar Privatbibliothek Kausenburg

Die Propheten alle deutsch. Wittenberg (o.D.) 1546. Dokumentarbibliothek der evang. Kirchengemeinde A.B. Schäßburg - fehlt bei Benzing

SPRACHE –
INTERFERENZEN UND INNOVATIONEN

LUTHERS SPRACHE IN SIEBENBÜRGEN

Grete Klaster-Ungureanu

Die Frage nach Luthers Einfluß auf die deutsche Schriftsprache in Siebenbürgen ist bekanntlich in der Siebenbürgenforschung nicht neu. Sie stellt einen Aspekt - man könnte sagen den Hauptaspekt - in der Diskussion um die Einführung der neuhochdeutschen (künftig nhd.) Schriftsprache in Siebenbürgen dar. Das geht aus den einschlägigen Untersuchungen klar hervor, die schon Adolf Schullerus, Andreas Scheiner, Karl Kurt Klein, Bernhard Capesius - um nur einige der Großen unter unseren Sprachforschern zu nennen - zum Thema vorgenommen haben. Es ist daher auch mit einer gewissen Kühnheit verbunden, nach solchen Persönlichkeiten, besonders nach den bahnbrechenden Arbeiten von Schullerus[1], noch etwas zur Erörterung beitragen zu wollen. Zu entschuldigen wäre diese Kühnheit damit, daß Nichtfachleuten die genannten Arbeiten wohl kaum bekannt sein dürften und daß sie es vollauf verdienen, gelegentlich wieder in Erinnerung gerufen zu werden. Außerdem aber hat sich, wie bei allen historischen Forschungen, am realen Sachverhalt zwar nichts geändert, wohl aber kann eine neuere wissenschaftliche Sichtweise mit Hilfe andersartiger Methoden die bereits festgehaltenen Kenntnisse ergänzen oder manches daran anders beleuchten.

I. Die überlieferte Ansicht

Schullerus[2] hatte ursprünglich den "Einzug der Luthersprache" in die siebenbürgischen Kirchen und Schulen anhand von Agende, Kirchenlied und Katechismus "im Gefolge der Reformation" für das Jahr 1547 angesetzt, vier Jahre später aber (1923)[3] eine Berührung mit der Sprache der Septemberbibel schon in einem 1537 datierten Sprachdenkmal - dem sog. Mediascher Predigtbuch - festgestellt. Die Sprache

---

1 Prolegomena zu einer Geschichte der deutschen Schriftsprache in Siebenbürgen, in Archiv für Siebenbürgische Landeskunde 34/ 1907, S. 408-425; ders., Luthers Sprache in Siebenbürgen, Hermannstadt 1923; ders., Siebenbürgisch-sächsische Volkskunde im Umriß, Leipzig 1926

2 Eine Aufgabe deutscher Sprachforschung im Ostland, in: Ostland, / Monatsschrift für die Kultur der Ostdeutschen A.F. 1/1919, S.83-86

3 Luthers Sprache

der Predigten des Damasus Dürr - niedergeschrieben zwischen 1570 und 1582 - betrachtete er 1907[4] als Beweisstück für die "Einwurzelung der lutherischen Schriftsprache in Siebenbürgen", in seiner Programmschrift in der Zeitschrift "Ostland"(1919) aber wird die Sprache des "Eygen Landtrechts" des Matthias Fronius (1583) als Augenblick des "endgiltigen Sieges" der Luthersprache in Siebenbürgen betrachtet. Scheiner[5] wies dagegen auf einige 1907 von Georg Eduard Müller mitgeteilte Sprachdenkmäler hin, die Belege ostmitteldeutschen Gepräges aus dem 15. Jahrhundert darstellen - offensichtlich aber nicht "Lutherdeutsch" seien - und betrachtete als Zeitpunkt endgültiger Festsetzung der nhd. Schriftsprache erst die Jahre 1846/1848[6].

Gern polemisierende Sprachforscher erachten diese Schwankungen in den Angaben als "beträchtlich", als Signal zur Bezweiflung der Richtigkeit in der Auffassung des einen oder des anderen Verfassers. Ein Unterschied von 10 oder auch 60 Jahren spielt jedoch in einer sprachlichen Entwicklung, noch dazu in alter Zeit, eine viel zu geringe Rolle, um bändefüllend erörtert zu werden. Wir halten aus der überlieferten Sprachforschung zusammenfassend fest, daß Luthers Sprache in den siebenbürgischen Sprachdenkmälern des kirchlichen Bereichs um 1537, also bald nach der Herausgabe des Neuen Testaments (1522) und der Bibelausgabe (1534) auftritt und daß sie sich nach (5-11) Jahrzehnten sprachlicher Rivalität als alleinige Variante der deutschen Schriftsprache in Siebenbürgen durchsetzte.

II. Die aktuelle Problematik

Obige Zusammenfassung, so sachlich und eindeutig sie klingen mag, birgt für den modernen Sprachhistoriker eine Reihe von Fragen, deren Beantwortung eine bestimmte Verlagerung in den Werturteilen zur Folge haben könnte.

Was ist in unserem Zusammenhang unter "Luthers Sprache" zu verstehen?

---
4 Prolegomena
5 Das Hohelied Salomonis in siebenbürgisch-sächsischer Sprache, Hermannstadt 1930
6 Andreas Scheiner, Die Mundart der Sachsen von Hermannstadt, in: Archiv des Vereins für Siebenbürgische Landeskunde 41/1928, S. 523-687

Zweifelsohne zweierlei:
- Luthers Schriftwort, d.h. Formulierungen, die der Bibel oder anderen seiner Schriften entnommen sind oder sich möglichst daran anlehnen, also seinem Individualstil entsprechen, und
- die ostmitteldeutsche (künftig omd.) Schriftsprache, deren Luther sich bediente, die vor ihm, zu seiner Zeit und nach ihm unabhängig von seinen Schriften als eine von mehreren historischen, mundartübergreifenden Varianten der deutschen Schriftsprache existierte.

Der Unterschied zwischen diesen beiden Begriffen macht sich sogar bei Luther selbst bemerkbar, wenn wir feststellen, wie sehr sich seine übrigen Schriften stilistisch von der Bibelsprache unterscheiden. Für uns Siebenbürger jedoch bedeutet Luthersprache vor allem Bibelsprache.

Was ist nun in Siebenbürgen im 16. und 17. Jahrhundert "eingedrungen" und "vorgedrungen": Luthers Schriftwort oder die omd. Schriftsprache? Wir können vorerst sagen: beides, aber nicht vollkommen gleichzeitig oder - besser - nicht gleichwertig. Sprachdenkmäler wie die 1907 von Müller[7] mitgeteilten Anmerkungen auf Urkunden aus dem 15. Jahrhundert, Namen in Dokumenten usw. beweisen, daß sich manche Schreibkundige in Siebenbürgen schon ein Jahrhundert vor Luther der omd. Sprachvariante bedienten.

Anmerkungen auf Urkunden des 15. Jahrhunderts

    Dyr pryf gehoeret vf Mytters grvnd. (oberdeutsch, künftig obd.)
    Dir brif gehoert czv Ormand vnd Kwkenes. (omd.)
    Dir brif gehoert of den hatert Rod kirg. (omd.)
    Derr brif gehort czv dem hvs czvr Helten. (omd.)
    Das yst der gnod pryff. (obd.)

    Wy Mildenbvrg vorboten ist. (omd.)
    Of den Hatert czu Mertesdorf. (?)
    Vorgepot of Meldenberg. (obd.)
    Das vorgebot ken Jak fia Peter. (omd.)
    Forgebot ken min sresteren of Wyngardkirg. (omd.)

Solche Spuren sind zwar im Vergleich zu der damals vorherrschenden Variante der deutschen Schriftsprache - dem Gemeinen Deutsch süddeutscher Prägung - in den siebenbürgischen Sprachdenkmälern mengenmäßig gering, beweisen aber, daß eine solche (individuelle, kultu-

---

[7] Vgl. Schullerus, Prolegomena, S. 423f

relle oder politische) Orientierung nicht ausgeschlossen war und
dadurch der Luthersprache der Weg geebnet wurde. Denn wie im binnendeutschen Sprachgebiet war auch in Siebenbürgen der ausschlaggebende
Grund zur Übernahme der Luthersprache die Gedankenwelt der Reformation. Wir können Schullerus insoweit recht geben, daß ab 1547 durch
Johannes Honterus und die lutherischen Geistlichen - unter denen
für unsere Belange Damasus Dürr, der Kleinpolder Pfarrer und Dechant
des Unterwaldes, besonders hervorragt - Luthers Individualstil zum
Vorbild des schriftlichen Sprachgebrauchs im kirchlichen und, davon
abhängig, im schulischen Bereich wurde. Ob aber von einem "Sieg
der Luthersprache" die Rede sein kann, also von einer völligen Anpassung der siebenbürgischen Ausdrucksweise an dieses Vorbild, von
einer völligen Verdrängung der anderen, damals noch bestehenden
Formen der deutschen Sprache in Siebenbürgen, das ist - wie wir
sehen werden - eine andere Frage.

Eine weitere Frage ist , ob im außerkirchlichen Bereich, etwa im
Rechtswesen - vertreten durch den Text des "Eygen Landtrechts",
den Schullerus[8] als Bezugspunkt zitiert -, in den Kanzleiurkunden,
Zunftordnungen und anderen Texten des 16. bis frühen 19. Jahrhunderts - um bei Scheiners Absteckungen zu bleiben -, die ostmitteldeutsches Gepräge tragen, von "Luthers Sprache" im ersten Sinne
die Rede sein kann. Zweifellos nicht; denn schon das "Eygen Landtrecht" (1583) überzeugt uns mit seinem fachsprachlichen Stil, daß
es sich da um omd. Schriftsprache handelt, die allerdings den Schliff
eines halben nachreformatorischen Jahrhunderts an sich trägt.

   Aus dem "Eygen Landtrecht" des Matthias Fronius (1583)

   ... Gehet aber der son/ so des Vatters haus behalten hat/
   ehe seinem vogtbaren alter mit todt ab/ oder ehe er sich inn
   die ehe hat begeben/ im grad der neheste bruder noch jm/ wird
   zu des Haus besitzung gelassen/ der sol seinem Geschwestriget
   vnd der Mutter/ jre teiler mit gelt nach der zeit (wenn sich
   solchs begibt) gelegenheit zalen und abrichten/ vnd hindert
   jn nicht/ ob er schon zuuoren sein gebührendes teil von derselben erbschaft an gelts wegen entfangen hat. Würd es aber gemerckt
   vnd offenbart/ das der erbe/ so das Haus behelt vnd loeset/
   zu verforteilen die andern/ mit heimlicher finantzerey/ einen
   betrug begangen hat/ es sol keinen bestand haben.

---

8 Sprachforschung im Ostland

Es war inzwischen genügend Zeit vergangen, während der der Einfluß der Bibelsprache über Schule und sonstige kirchliche Praxis sich in der Schriftsprache siebenbürgischer Gebildeter hatte ausbreiten können. Bei diesem Text haben wir es aber nicht mit Luthers Individualstil, sondern mit dem des Matthias Fronius zu tun.

Wenn Scheiner den Endpunkt des hier besprochenen Entwicklungsprozesses kurz vor 1850 ansetzt, so handelt es sich offensichtlich um die endgültige Durchsetzung der omd. Schriftsprache in Siebenbürgen - zu deren Vervollkommnung und Verbreitung Luther wesentlich beigetragen hat - also um die Verdrängung der anderen bis dahin hier gültigen Varianten der Schriftsprache, nicht um den "Sieg" des Lutherschen Individualstils. Wir nehmen das Scheinersche Datum 1846/48 hier für wahr, obgleich eine systematische Untersuchung der Sprachdenkmäler zu dieser Frage nicht vorhanden ist. Der empirische Eindruck von den geschriebenen Texten bis 1850 und nachher könnte täuschen. Die Schullerusschen Daten zum "Sieg der Luthersprache" (um 1850) müssen wir jedoch aufgrund der folgenden Ausführungen anfechten.

Zuvor jedoch muß, damit wir auf wissenschaftlicher Grundlage diskutieren können, der Philologe zu Wort kommen und die Frage stellen: Woran ist die Luthersprache zu erkennen, welches sind ihre relevanten Merkmale? Welche Merkmale hat die ostmitteldeutsche Schriftsprache, wodurch unterscheidet sie sich von den anderen Varianten der frühneuhochdeutschen Schriftsprache? Auf beide Fragen kann in diesem Rahmen nur auswahlweise geantwortet werden, die Fachliteratur dazu ist überaus reich.

Trotz der durchaus positiven Einschätzung der Rolle, die Luther für die Herausbildung der nhd. Gemeinsprache gespielt hat, sehen sich die Fachleute in Verlegenheit, wenn sie Luthers Sprache konkret beschreiben sollen: "Als Schöpfer unserer Schriftsprache ... hat Luther in erster Linie wegen seiner stilistischen Behandlung der Sprache zu gelten, nicht dagegen als Gestalter des Lautlich-Formalen."[9]
"Die Sprachform in Luthers Schriften ist nie einheitlich gewesen. Es lassen sich mhd., omd. und obd. Elemente feststellen. Sie treten

---

9 Adolf Bach, Geschichte der deutschen Sprache, Heidelberg 1965, 8. Aufl., S. 257

auf allen Gebieten der Grammatik und des Wortschatzes auf."[10]

Luther schreibt, dem mittelhochdeutschen (künftig mhd.) Lautstand entsprechend: ergetzen, zwelf; gieng, liecht; bapst, banier, zabbeln; aus den omd. Dialekten stammen: Gottis, Freudis, ader (oder), ab (ob), wider (weder), schlecht (schlicht), erbeit (arbeit), gewest (gewesen); son, kommen, könig; Buch, gut, Brüder, rühren; Name, Rede, Speise, Wölfe, Winde ("lutherisches -e"); obd. Sprachelemente sind bei Luther z.B. die drei Diphthonge ei, au, eu (mein, new, Haus), die Dehnung der Kurzvokale in offenen Tonsilben: sieben, Wiese, Friede (mhd. siben, wise, vride). Oberdeutsches stammanlautendes p- in Wörtern wie peychte, gepott, geperen verschwindet nach 1546 wieder. - Luthers Orthographie ist gekennzeichnet durch Großschreibung der Nomen (VNd der HErr erwachet wie ein Schlaffender / Wie ein Starcker jauchzet / der vom Wein kompt, Ps. 78), allerdings nicht konsequent (Dein aber HERR vnser Gott / ist die barmhertzigkeit, Dan. 9), sowie durch Vereinfachung der Konsonantenhäufung im Vergleich zu der damaligen Schreimode. Er behält die Konsonantendoppelung meist nur am Ende des Wortes bei (vernunfft, kornn, auff, leutt), aber auch das ist keine strenge Regel. Den mhd. Diphthong ei schreibt er ei (Stein, Bein), nicht wie in der obd. Schriftsprache ai. - Die auffälligsten Anhaltspunkte im Formenbestand sind die alten (mhd.) Präteritumformen starker Verben (ich bleib, schrei, treib, statt blieb, schrie, trieb), die augmentlosen Partizipien (bracht, funden, kommen, troffen, worden, blieben) und die alten Genitive und Dative der Feminina: unserer lieben Kirchen auf Erden.

Der Umgang mit dem Wortschatz ist Luthers eigentümlichstes Kennzeichen. Man hat allerdings geschätzt, daß acht bis neun Zehntel seines Wortschatzes, besonders in der Bibelübersetzung, gemeindeutsch seien[11]. aber er hat sich in seinem Ringen um den treffenden Ausdruck nicht gescheut, auch aus omd., obd. und niederdeutschen (künftig nd.) Mundarten sowie aus der ältern (mhd.) Sprache Wörter und Wendungen heranzuziehen, wenn sie ihm für seinen Vorsatz geeignet schienen.

nd. Lippe, Motte, spuken; md. beben, Blüte, Heuchler, Hügel, Pflaster Scheune, Töpfer; älteres Deutsch: bruch (Hose), quad (schlimm), oder

---

10 W. Schmidt, Geschichte der deutschen Sprache, Berlin 1969, S.107

11 Vgl. ebd., S. 110

Wörter mit älterer Bedeutung: beraten (ausstatten), schlecht (schlicht), Magd (Jungfrau). Sprichwörter und Redewendungen, von Luther verdeutscht, übernommen oder selbst geschaffen (wes das Herz voll ist, des geht der Mund über; sein Licht unter den Scheffel stellen u.a.m.) sind ebenfalls lexikalisches Material seiner bildhaften, volksnahen Redeweise, die für seinen Stil charakteristisch ist. Interessant ist für unseren Zusammenhang beispielsweise der Vergleich zwischen Luthers Sprache und der Sprache der katholischen Bibel Dr. Ecks (1537), die in "Gemeinem Deutsch", der offiziellen obd. Schriftsprache jener Zeit, verfaßt ist.

Vergleich zwischen Luthers Sprache (omd.) und dem "Gemeinen Deutsch" Dr. Ecks (obd.)

Luther	Dr. Eck
Buch, gut	Buoch, guot
Brüder, rühren	Brüeder, rüeren
bieten, lieb (= langes i)	bieten, lieb (= Diphthong)
Bein, Stein	Bain, Stain
gleuben, teufen, Heupt	glauben, taufen, Haupt
(später: glauben, taufen, Haupt)	
ei, au, eu	ei, au, eu
o, ö (Sohn, König)	u, ü (mhd. sun, künec)
-e (Name, Speise)	kein -e (Nam, Speis)
Gottis, freundis	-es
Bote, gebären	Pot, geperen
k-, -k-	kh-, -kh-
schw-, schl-, schm-, schn-	sw-, sl-, sm-, sn-
(Schwalbe, Schmerz)	(swalb, smertz)
steig, treib, schrei	stig, trib, schrie
war, hatte	was, het
-nis (betrübnis)	-nus (betrübnus)
vor- (vorboten)	ver- (verboten)
(später ver-)	
beben, flehen	bidmen, bitten
Gefäß, Gerücht	Geschirr, Geschrei
harren, höhnen	warten, spotten
Heuchler, Lippe	Gleißner, Lefze
Qual, Splitter	Pein, Spreize
taüschen	betrügen
Ufer, Ziege	Gestad, Geiß

Die "Uneinheitlichkeit" der Sprache Luthers in bezug auf Lautstand, Orthographie und Flexionsformen ist einerseits durch Luthers eigenes Bestreben nach ständiger Vervollkommnung zu erklären ("... daß mich beide Ober- und Niederländer verstehen mögen", Tischreden), aber auch dadurch, daß in den gedruckten Fassungen der Lutherschriften häufig lautliche, orthographische und formelle Abweichungen von seiner Handschrift durch die Korrektoren durchgeführt wurden, der "Schreibmode" der Zeit entsprechend. Luther hat dagegen angekämpft, konnte diese Abänderungen aber nicht ganz verhindern.

Wir kommen damit wieder zur Feststellung des Unterschiedes zwischen der "Luthersprache" und der omd. Schriftsprache, deren eigenständige Entwicklung sich im Sprachbewußtsein der Drucker spiegelt. Wollten wir die omd. Schriftsprache hier kurz und grob charakterisieren, so könnten wir sagen: Von den bei Luther festgestellten Merkmalen fehlen ihr die sehr altertümlichen Elemente, die Mundartelemente außer den omd., es fehlt ihr Luthers populärer, bildhafter Stil – sie ist eben vorwiegend Amtssprache, Kanzleisprache – sowie die relative Einfachheit der Lutherschen Orthographie.

Sehen wir uns daraufhin einige der siebenbürgischen Sprachdenkmäler des 16. Jahrhunderts an, so finden wir ein überraschendes Nebeneinander und Durcheinander zwischen obd. und omd. Schriftstücken. Dies ist folgendermaßen zu erklären: Siebenbürgen gehörte durch seine geographische und politische Lage zum Sprachbereich des Gemeinen Deutsch, der obd. Variante der damaligen Schriftsprache, die von der Kaiserlichen Kanzlei gebraucht und gepflegt wurde. Die wirtschaftlichen und politischen Beziehungen zum ostmitteldeutschen Sprachbereich brachten es mit sich, daß sich ein entsprechender Einfluß schon früh (nachgewiesen im 15. Jh.) in der Schreibweise der Siebenbürger Sachsen bemerkbar machte. Die Reformation verhalf dieser Tendenz zum Durchbruch, ohne daß aber die Wiener Tradition aufgegeben worden wäre. Die Rivalität bestand dann noch jahrhundertelang (nach Scheiner bis 1846/48). Auffällig ist besonders das Gemisch zwischen beiden Sprachvarianten im selben Text, das wir anhand von bestimmten Kennformen wie omd. anlautendes b-, auslautendes -e (das "lutherische -e"), die Schreibung ei, ey für den Diphthong "ei", Konsonantendoppelung am Wortende, dagegen obd. anlautendes p-, Wegfall des auslautenden -e, die Schreibung ai, ay für den Diphthong "ei" und Konsonantenhäufung auch im An- und Inlaut der Wörter verfolgen können.

       Fragmente aus Dokumenten des 16. Jahrhunderts

   1529 – Aus einer Hermannstädter Ratsurkunde (obd.)

... E.M. scholl warlich wissen, das wir schuach an folkh vnnd
ander noturfft syndt, darum so pitten wir E.K.M. diemutykliyh
angesehen gott vnd die Christenhayt, auch vnnser gross mitley-
denn Verderben vnd getreyheyt. geruech vnns in diesen letszhten
Noten Zehilff khumen mit einer Trefflichen stherkh Sonnst sey
wir mit Hermanstadt gar verloren: dardurch E.M. mit sambt der
gantzen Christen hayt unaussprechlichenn vnd vnüberwyndlichen
schaden vnnd Verderben Empffahen wyrdt.

1539 - Aus den "Goldschmidtzunftartikeln" (obd. - doch mit "ader")
Myr purgermaster Richter vnnd Radtgeschworne purger der stadt
Hermanstadt vnd der syben vnd czwayer stüell der Saxenn von Sybenbürgen Cronstadt vnnd Nössennn, thuen zu wissen allenn vnnd ykli-
chen so kegenwertigen prieff lessen ader hören werden, das myr
zu guet vnd Wolfaren gemeynes nucz des ganczen lanndts mit ge-
meynem wyllen vnd reyffem radt aller deutscher angeffangen vnnd
vollendet haben eyn ordnugn ader rechfertigung der statuta ader
gemech aller zechen ...

vor 1542 - Aus dem Kunstbuch des Conrad Haas (omd. + obd.?)
Sie horen viel lieber kandl fallen
Als das pulffer in der schantz knallen,
Sind auch lieber bey schöne Megden am tanntz
Denn bey redlichen kriegs leuten in der schanntz
Aber es gehort einem redlichen Büchsenmeister an
Das er Tag und Nacht in der schantz bei seinem stuck soll stan,
Dar bei wird man erkennen frei
Ob er ein redlicher Büchsenmeister sei.

1552 - Aus dem Protokoll der Sächsischen Nationsuniversität
(omd.? - ohne -e +Konsonantenhäufung)
Mit den herren vom Lanndt, soll vereedet werden, weill die pffarr-
hern gemeiniklich vberall die pfarrhöff nicht bawen, vnd gar wenig lassen zum baw, wo die abscheiden, off das beschlossen sollen
werden, wie die pffarhöff wie sie abscheiden, sollen gelassen
werden.

1560 - Aus einer Bistritzer Instruktion (obd. - mit -e)
Diese czway Dorffer sein nicht die cleinsten vnd haben von alders
heer zur Stad gehört. Derhalben schicken myr einen prieff, den
zw bestetigen, welcher Inhalt, das der kynigk kein macht hott
ein Dorff von der Stadt wegk zw geben oder ymancz zw conferiren,
Allhie soll ein prieff vnss genommen werden, welcher prieff die
Donacion des Bethlehemy Jörgs zwrück schlage.

1561 - Grabschrift für H. Ostermayer (omd.)
Ist gestorben H. Hier. Ostermayer.
Geboren zu Markt Gross Scheyer,
War Organist in Stadt allhier,
Hat nie trunken Wein, und Bier,
War Gelehrt, fromb, und guth,
Nun er im Himmel singen thut.

1570 - Ein Bienensegen (omd.)
Maria stund auf eim sehr hohen berg sie sach einen suarm bienen
kommen phliegen sie hub auf ihre gebenedeyte hand: sie werbot

in da czuhand, wersprach im alle hilen, wnd die beim werschlossen,
sie saczt im dar ein fas das zent Joseph hat gemacht in das solt
ehr phlügen wnd sich seines lebens da genügen.

1572 - Aus den Mühlbacher Schusterzunftartikeln (obd. - mit b-?)
Wir Bürgermaister Richter vnnd Rat der Stadt Hermanstadt, vnnd
der siben vnnd zwayer Stüel, der Saxen von Sibenburgen, Cronstadt
vnnd Nössen, allen vnnd yedlichen so gegenwerdigen Brieff lösen
oder hören werden, das wir zu guet, vnnd wolfarn gemeines Nutz,
des ganntzen Lanndts, mit gemeinem willen, vnnd Rayffen Rat, aller
Teutscher angefangen, vnnd vollendt haben ein ordnungk, oder
Rechtfertigung, der Statuta, oder gemech aller Zech der Hannt-
werckher merer thails ...

1598 - Aus einer Bestimmung über den Ankauf von Tierfellen (omd.
- mit p- ?)
... vnd beschlossen, das die Meister der Kirschner zech mögen
zw ihrem handtwerck einkauffen, die Lammer Jung geiss oder ziegen
felh, welche nemlich von Georgy ann ein gantz Jahr über gefallen
vnd nur einmall geschoren sindt: Die Hendtschemacher aber die
winterfellige oder Schelmische fehl, welche nemlich von den
Schaffen, mitt welcherley namen sie gedeuttet mögen werden, ohne
vnterscheidt der grossheit oder kleinheitt: vnd die anderthalb
Lamb felh, welche ihnen lauth ihres zech prieff Jährlich einzw-
kauffen vergönnet ...

Ohne vorläufig Proportionen aufstellen zu können, dürfen wir behaupten, daß seit der 1. Hälfte des 16. Jahrhunderts unter den siebenbürgischen Sprachdenkmälern immer mehr omd. Texte auftreten, parallel
zu den obd. Schriftstücken, häufig auch nur omd. Sprachelemente in
obd. Texten, daß sie vom Anfang des 17. Jahrhunderts an zu überwiegen
beginnen und die obd. Sprachvariante allmählich bis auf Einstreuungen
in der Grundmasse der omd. Schriftsprache verdrängt wird. Trotz
redlicher Bemühungen durch Schule und Schrifttum im Sinne eines
völligen Anschlusses an das "Hochdeutsche" der modernen Zeit ist
dieser "gemischte" Zustand aber auch heute noch nicht verschwunden.
Er macht (nebst anderen Elementen) die "Besonderheit der rumäniendeutschen Schriftsprache" aus[12], wie wir sie heute kennen.

Uns geht es hier aber um Luthers Sprache. Daher wollen wir im Sinne
der obigen Einschränkung ihres Wirkungsbereiches auf die kirchliche
Schriftsprache unsere Betrachtungen auf die entsprechenden Texte
beziehen und fragen: Hat sich Luthers Sprachgebrauch hier anstandslos

---

12 Vgl. dazu die noch unveröffentlichte Dissertation von H. Kelp
(Bukarest), Lexikalische Besonderheiten der rumäniendeutschen
Schriftsprache (1981 verteidigt), sowie die ab Januar 1982 vom sel-
ben Autor in der Tageszeitung "Neuer Weg" veröffentlichte Reihe
"Die österreichischen Formen"

und sofort durchgesetzt? Schullerus nimmt das an; denn er spricht vom "Einzug der Luthersprache" über die von Honterus verbreiteten Kultusbücher und vom "endgiltigen Sieg" in den Predigten des Damasus Dürr bzw. im "Eygen Landtrecht" des Matthias Fronius. Wie es mit dem letzteren Sprachdenkmal steht, haben wir gesehen. Wie steht es nun mit dem ersteren, den Predigten des Kleinpolder Pfarrers Damasus Dürr? Gebraucht Damasus Dürr etwa 15 Jahre nach dem Besuch der Honterusschule und etwa 10 Jahre nach seinem Wittenberger Studium (1559) das echte Lutherdeutsch? Ich möchte mit der Antwort Scheiners[13] auf diese Frage beginnen:" ... fraglos Luthers Bibeldeutsch; aber nicht mehr unversehrt, wie es ein Menschenalter vordem in Agende und Katechismus auf den Plan trat". Scheiner bezieht sich hier auf die "eindeutige Haltung des Neuordners der sächsischen Kirche, des Kronstädters Johannes Honterus, der Luthers Schriftwort in Agende und Katechismus ohne alle Veränderung übernommen und unversehrt in die siebenbürgisch-sächsischen Kirchen und Schulen hineingestellt hat"[14]. Diesen Vorbildern gegenüber erscheinen dem Sprachforscher die Texte der Dürrschen Predigten "nicht mehr" in reinem Lutherdeutsch verfaßt. Scheiner hat sich bekanntlich mit "Luthers Schriftwort bei Damasus Dürr" eingehend befaßt und dafür eine Liste von beinahe 100 Zitaten aus den Predigten im Vergleich zu den entsprechenden Bibelstellen (Ausg. 1545) veröffentlicht[15], die hochinteressante Abweichungen vom Lutherschen Vorbild aufweisen.

Vergleich zwischen der Dürrschen Fassung und dem
Luthertext der Bibelausgabe von 1545

D. Dürr

M. Luther

So ich zu dem gotlosenn sprechenn wurd: Du gotloser solt des todts sterbenn vnd du zeigs ym meynen willenn nicht an, ob er sich vielleücht mögt bekeren: So soll zwar der sün-	Wenn ich nu zu dem Gottlosen sage / Du gottloser must des todes sterben / Vnd du sagst jm solchs nicht / das sich der gottlose warnen lasse fur seinem wesen / so

---

13 Luthers Schriftwort bei Damasus Dürr, in: Festschrift für Friedrich Teutsch, Hermannstadt 1931, S. 258-273, hier S. 261

14 Ebd., S. 260 - Interessant ist für unseren Kontext, daß jedoch das Honterussche Reformationsbüchlein vom Hermannstädter Ratschreiber Lucas Trapoldianus ins Gemeindeutsche übersetzt wurde.

15 Ebd., Anhang

der ynn seynem gotlosenn wesenn sterbenn, aber sein blut wil ich vonn deinen hendenn fodern. (Hschr. 44)	wird wol der Gottlose vmb seines gottlosen wesens willen sterben / Aber sein blut wil ich von deiner hand foddern.
Was seyd ir hinnaus gangenn ynn die wustenn zu sehenn? Wolt ir eynenn rohr sehenn, das vom wind hinn vnd wider gewehet wirdt? (Hschr. 50)	Was seid jr hinaus gegangen in die wüsten zu sehen woltet jr ein Rohr sehen / das der wind hin vnd her webd?
Ich binn ein kreyschend stim ynn der wusten ... Ich soll eyne ruffende stimmen seynn, Drumb kann ich mir das maul nicht stoppen lassen. (Hschr. 75)	Ich bin eine stimme eines Ruffers in der wüsten /
Da die Judenn auss Asia Paulum ym tempel zu Jerusalem sahenn, erregtenn sie das gantz volk, legtenn die hend ann Paulum vnd sprachenn: Ir mann vonn Israel, helfft, Dieses ist der mensch, der alle menschenn ann allenn örtern lernet, wider diss volk, wider diss gesetz, vnd wider diss stadt. (Hschr. 169)	ALs aber die sieben tage solten volendet werden / sahen jn die Jüden aus Asia im Tempel / vnd erregeten das gantze volk / legeten die hende an jn / and schrien / Ir menner von Israel / helfft / Dis ist der Mensch / der alle menschen an allen enden leret wider dis Volck/ wider das Gesetz / vnd wider diese Stete.
Mann soll beides lassenn wachsenn biss zum erndt, Da werde der hausvater die schniter aussendenn ynn den ehrend, die werdenn das korn vom vnkrautt scheidenn, vnd ein iedes ann sein orth versorgenn. (Hschr. 389)	Lassets beides mit einander wachsen / bis zu der erndte / Vnd vmb der erndt zeit / wil ich zu den schnittern sagen / Samlet zuuor das vnkraut / vnd bindet es in bündlin / das man es verbrenne / Aber den Weitzen samlet mir in meine schewren.

Bei meinen eigenen Untersuchungen des Dürrschen Predigtbandes (ein Handschriftfoliant von 1120 engbeschriebenen Seiten) fand ich diese Unterschiede bestätigt, würde sie aber nicht als "nicht mehr" Lutherdeutsch, sondern als "noch nicht" oder "noch immer nicht" Lutherdeutsch bezeichnen, oder - ernsthafter ausgedrückt - als "absichtlich nicht vollkommenes" Lutherdeutsch. Damasus Dürr war zweifellos ein Geistlicher, der sich seit seinen Wittenberger Studien - wo er zwar, wie Scheiner meint, aus dem Mund seiner Wittenberger Professoren (besonders Melanchthon) "wohl kaum je ein

deutsches Wort vernommen"[16] - redlich bemühte, seinen Kirchenkindern Luthers Lehre in Form des Luthertextes beizubringen. Dabei "schlägt ihm aber der Sachs in den Nacken", wie das bei uns so schön heißt, d.h. er kann seine lateinisch vorbereiteten und sächsisch gesprochenen Predigten nicht in vollendetem Lutherdeutsch niederschreiben, auch wenn er sich in Bild und Gedanken sehr eng an den Luthertext halten will und hält, sondern muß die sprachliche Formulierung, der Gewalt seiner Muttersprache Folge leistend, an das seinerzeit gesprochene "Gemeinsächsisch" - auch damals schon die Hermannstädter Koine, wie Scheiner[17] zeigt - annähern oder auch an seine Burzenländer Heimatmundart - der Text enthält Spuren davon[18]. Vielleicht hat er auch die Wittenberger Lektion, "dem Volk aufs Maul zu schauen", sehr ernst und sehr wörtlich genommen – sie erleichterte ja seine Aufgabe beträchtlich. Für uns ist das Ergebnis dasselbe.
Bewundern die Sprachforscher also in den von Honterus verbreiteten deutschsprachigen Schriften das "reine Lutherdeutsch", wobei diese Schriften aber übernommen oder übersetzt sind, also von einer weniger freien Sprachhandhabung zeugen, so bezaubert der Text der Dürrschen Predigten durch das freie, anscheinend eigenwillige Verfahren mit der Sprache des Vorbildes, aus bewußten oder unbewußten Gründen. Zugleich bezeugt er die Macht der in Siebenbürgen herangereiften sächsischen Verkehrssprache, der es der historischen Umstände wegen nicht beschieden war, zur Schriftsprache emporzusteigen. Das konkrete Ergebnis ist in diesem Einzelfall ein Individualstil von einer Sprachgewalt und einem Reiz, der für siebenbürgische Verhältnisse mit der Eigenart der Luthersprache im binnendeutschen Raum verglichen werden kann.
Es könnte eingewendet werden: Wie ist es möglich, daß eine Sprache, die es noch nicht zu einer schriftlichen Form gebracht hatte - das "Gemeinsächsische" -, sich gegen ein überwältigendes Vorbild wie das Lutherdeutsch so sehr hat behaupten und durchsetzen können, daß wir bei der Lektüre der Dürrschen Predigten sehr oft den Eindruck haben, es handle sich um ins Lutherdeutsche übersetztes Sächsisch? Heutigen sprachpsychologischen Ansichten gemäß ist das Phäno-

---
16 Ebd., S. 262
17 Hermannstädter Mundart
18 Vgl. auch Scheiner, Schriftwort, S. 268

men durchaus begründet und erklärlich. Das Sächsische war eben die gesprochene Sprache, die Muttersprache des Schreibers, die sein Sprachgefühl beherrschte. Auch schon bei Übersetzungen, bei denen kein eigener Gedankeninhalt hinzukommt, macht sich diese Kraft bemerkbar, wie viel mehr dann bei einem Predigttext, der lateinisch vorbereitet, sächsisch gesprochen und dann erst deutsch niedergeschrieben wurde, manchmal nach einer längeren Zeitspanne. Die mündliche sächsische Fassung der Predigt, lautlich und erlebnismäßig in der Erinnerung des Redners verankert, mußte bei der nachträglichen Niederschrift durchschlagen[19], umso mehr als Dürr Luthers Schriftwort gewiß nur in seiner schriftlichen Form vor Augen hatte. Ein Jahr Wittenberg bei lateinischer Unterrichtssprache hat gewiß nicht viele Aussprachegewohnheiten in seinem Gedächtnis ausgebildet.

Worin macht sich nun das Sächsische bei Damasus Dürr bemerkbar? Wir geben auch hier nur einige der wichtigsten Anhaltspunkte:

- in der Lautung: mir (wir), vernufft (Vernunft), stoppen (stopfen), schaden (Schatten) u.a.
- in der Grammatik (Genus, Plural, Verbalflexion) : der rohr, der erndt (Ernte); die herzer, die mann; ich furchtenn, ich preysenn, ich tauffenn, ich hoffenn; fundenn, bliebenn, gebenn, segnet u.a.
- in der Wortfolge: daß sie werdenn gesagt habenn; du hast gnad bey got fundenn u.a.
- in der Wortwahl: so werdenn die steine kreyschenn (rufen, schreien); die werdenn das korn (Weizen) vom vnkrautt scheiden (trennen, auslesen) u.a.

Als sächsische Durchschläge sind auch Dürrs hyperkorrekte Wortformen anzusehen, die seinem Bestreben entsprangen, burzenländische Aussprachebesonderheiten zu vermeiden. Er schreibt z.B. geschwintz für Gespenst, um die charakteristische Gruppe "schp" statt "schw" zu umgehen[20].

---

19 Daß D. Dürr seine Predigten nicht vor deren Vortrag auf der Kanzel niederschrieb, hat sich aus der Untersuchung der Handschrift deutlich ergeben. Es gibt da z.B. mehrere "in einem Zug" niedergeschriebene Predigten und wiederum andere, deren Niederschrift unterbrochen und später erst fortgesetzt wurde.
20 Scheiner, Schriftwort, S. 268

Diese Verschiedenartigkeit der sächsischen Einschläge wie auch ihre
Häufigkeit, ja Regelmäßigkeit, sprechen von der Allgegenwart der
sächsischen Sprachgrundlage bei unserem Schreiber. Es soll noch betont werden, daß es sich keinesfalls um die schriftliche Wiedergabe
der gesprochenen Äußerung handelt, sondern um eine Modellierung des
schriftsprachlichen Vorbildes durch die unwillkürliche oder willkürliche Berücksichtigung bestimmter Strukturen der gesprochenen
Muttersprache. Zu dieser Einsicht gelangte auch B. Capesius[21] in
seinen Untersuchungen zur sprachlichen Schichtung der deutschen Sprache in Siebenbürgen.

III. Schlußfolgerungen

Betrachten wir die Dürrschen Predigten als relevanten Beleg für den
Zustand der kirchlichen Schriftsprache in Siebenbürgen am Ende des
16. Jahrhunderts - das können wir allein schon aufgrund ihres Umfangs, besonders aber ihrer Qualität wegen -, so können wir keinesfalls von einem "endgiltigen Sieg" der Luthersprache sprechen, sondern eher von einer "Niederlage", beziehungsweise - nun ohne Wortspiel - von einer Anpassung dieses vor einigen Jahrzehnten eingeführten Vorbilds an die ortsgebundene sprachliche Grundlage, das
Siebenbürgisch-Sächsische. Es hat da begründeterweise jener Interferenzprozeß stattgefunden, dem jeder Mensch bei der Handhabung zweier
Sprachen oder Sprachvarianten ausgesetzt ist: das unbewußte oder
auch gewollte Durchdringen der muttersprachlichen Strukturen.

Das ist selbstverständlich keine negative Feststellung, sondern bedeutet, daß wir auch in Siebenbürgen, wie überall, den befruchtenden, bereichernden, vervollkommnenden Beitrag des Lutherschen Individualstils zur Entwicklung der deutschen Schriftsprache und dadurch
zur Gemeinsprache verzeichnen können.

---

21 Die deutsche Sprache in Siebenbürgen im Spiegel der Geschichte
und als Spiegel der Geschichte, in: Zeitschrift für Deutschkunde
47/1933, S. 215-222; ders., Mundart, Hochsprache und Fremdsprache
im siebenbürgisch-deutschen Schrifttum, in: Dichtung und Volkstum 35/1934, S. 348-365 u.a.

RÉSUMÉ

La langue de Luther en Transylvanie

Selon d'anciens linguistes saxons de Transylvanie (I), la langue de Luther apparait dans les textes religieux de Transylvanie après 1534 et s'impose, après plusieurs années de rivalité entre les différentes langues, comme la seule langue écrite.

L'auteur de la présente étude décrit la situation actuelle (II) et analyse les critères de la langue luthérienne. Sur la base d'exemples tirés de différents textes des XVe et XVIe siècles, il est possible de noter dans certains écrits profanes transylvains des caractéristiques de la langue écrite du sud et du centre-est de l'Allemagne, quoiqu'à partir de la premiere moitié du XVIe siècle les particularités de la langue du centre-est l'emportent. Mais jusqu'à aujourd'hui on peut constater un mélange des deux influences linguistiques. Ensuite est posée la question de savoir si la langue de Luther s'est imposée dans le domaine religieux. Après avoir comparé des textes de Luther et de Damasus Dürr, l'auteur en arrive à la conclusion que dans le texte écrit des sermons prononcés en saxon par Dürr le saxon domine. Dürr aurait fait exprès d'employer un "allemand luthérien imparfait".

Etant donné que les sermons peuvent être considérés comme représentatifs de la langue religieuse écrite de Transylvanie au XVIe siècle, il faut en conclure que la langue de Luther, dont l'influence enrichissante ne saurait être déniée, a été adaptée à la situation linguistique régionale (III).

SUMMARY

The Language of Luther in Transylvania

In the view of older Transylvanian Saxon linguists (I) German as used by Luther appeared soon after 1534 in Transylvanian records and after several decades of continual language rivalry remained the only form of written language.

The author outlines the present situation (II) and investigates features of the language of Luther. Using different textual examples from the 15th and 16th centuries she first indicates elements of upper German and east middle German written language in secular Transylvanian documents, the latter beginning to predominate from the first half of the 16th century. To this day, however, the mixture of origins can be discerned. Finally, she asks whether Luther's German was usual in church usage. After comparing texts by Luther and Damasus Dürr the author concludes that the Saxon element predominates in Dürr's Saxon sermons, where he was "intentionally not using Luther's German to its fullest extent".

As Dürr's sermons can be seen as representative of 16th century church written language in Transylvania, her conclusion is consistent (III): Luther's German, which indisputably had an enriching influence, was adapted to local language usage.

ZUM ZUSAMMENHANG VON REFORMATION UND RUMÄNISCHER SCHRIFTSPRACHE

Camil Mureşanu

Unter den Verdiensten Martin Luthers um die deutsche Kultur steht die Übersetzung der Bibel an erster Stelle. Sie wird allgemein als die Grundlage der modernen deutschen Schriftsprache angesehen. Nicht nur Luther, sondern bekanntlich alle Strömungen religiöser Reform entfernten sich vom Katholizismus u.a. mit ihrer Forderung nach Ausübung der gottesdienstlichen Riten in der vom Volk verstandenen Sprache. Dies hatte selbstverständlich die Übersetzung der religiösen Schriften zur Voraussetzung. Obwohl diese Forderung zunächst nur der konfessionellen Bekehrung zu größerem Erfolg verhelfen sollte, hatte sie weitergreifende und tiefere Folgen für die Entwicklung der modernen Kultur der europäischen Völker.

Während einer verhältnismäßig kurzen Zeitspanne und offenbar unter verschiedenen sozialen, politischen und kulturellen Umständen setzte sich die jeweilige Volkssprache nahezu auf dem gesamten europäischen Kontinent sowohl im religiösen als auch im profanen Bereich durch: von den iberischen bis zu den ostslawischen Völkern, von den skandinavischen Ländern bis zu jenen auf dem Balkan. Diese Tatsache weist darauf hin, daß es sich bei dem erwähnten Phänomen (Reformation) nicht um eine ausschließlich kirchliche Erneuerung handelte. Die Reformation nahm nur eine allgemeine moderne Tendenz auf, den Zugang des Volkes zu den kulturellen Werten zu erweitern und zugleich die Sprache zu einem praktikableren Instrument der öffentlichen Verwaltung zu machen.

Selbst wenn man in Betracht zieht, daß die Bewegungen religiöser Erneuerung die "kulturelle Revolution" am Ende des Mittelalters, die sich durch den Sieg der Volkssprachen in Kirche, Verwaltung und Literatur bekundete, nicht allein einleitete, so werden ihre Verdienste dadurch nicht geschmälert. Durch die Stärkung der Volkssprachen wurden diese Bewegungen zu Trägern eines modernen Geistes und trugen zum intellektuellen Fortschritt ebenso bei wie durch die indirekte Förderung der Gewissensfreiheit.

Die rumämische Kultur befand sich nicht im unmittelbaren Einzugsbereich der Reformbewegungen. Dennoch kam sie mit ihnen in Berührung und durchschritt ebenfalls - parallel zu deren Entwicklung - eine erneuernde Phase. Auslöser dafür war die Abfassung von Schriften in der Volkssprache, die allmählich den Platz des Kirchenslawischen einnahm.

Außer einem Brief persönlichen Charakters aus dem Jahre 1521 - aus der Walachei an den Bürgermeister von Kronstadt gerichtet - sind die ältesten Handschriften in rumänischer Sprache Übersetzungen religiöser Bücher, besonders des Psalters. Diese wurden Ende des vorigen Jahrhunderts entdeckt und analysiert und tragen den Namen des Fundortes - das Kloster Voroneț - beziehungsweise den des Eigentümers und Schenkers an die Akademie-Bibliothek - D. Sturdza-Scheinau und Eudoxiu Hurmuzaki. Die Entdeckung dieser für die Anfänge der rumänischen Schriftsprache grundlegenden Texte führte zu intensiven historischen und philologischen Forschungen, sowohl um Datum und Ort ihrer Abfassung, als auch die geschichtlichen Umstände ihres Erscheinens zu ermitteln. Das Interesse an der Erforschung dieser Texte und die zahlreichen Auseinandersetzungen darüber müssen dem Umstand zugeschrieben werden, daß es sich bei den aufgefundenen Exemplaren um Abschriften handelt. Über die Originale konnte bisher nichts Genaues festgestellt werden, was den verschiedensten Hypothesen freien Raum ließ.

Lange Zeit waren die rumänischen Forscher der Meinung, daß die rumänischen Übersetzungen dieser religiösen Texte aufgrund äußerer Einflüsse, und zwar religiöser Bewegungen, entstanden seien. Einige der ersten Herausgeber und Kommentatoren behaupteten, ohne ernste Beweise dafür erbringen zu können, diese Übersetzungen seien südlich der Donau im 13. Jahrhundert in Verbindung mit dem Bogomilismus[1] angefertigt worden.

Während die Verfechter dieser Vermutung weder Beweise erbringen noch Anhänger finden konnten, setzte sich die Hypothese Nicolae

---

1 Es handelt sich um J.G. Sbiera und B.P. Hașdeu, vgl. N. Cartojan, Istoria literaturii romåne vechi (Geschichte der alten rumänischen Literatur), Band 1, București 1940, S. 48; Nicolae Drăganu, Histiore de la littérature roumaine de Transylvanie des origines à la fin du XVIII-ème siècle, in:"La Transylvanie", Cluj 1938, S. 628

Iorgas[2] mit fast offizieller Autorität durch. Der große Historiker und - auf seinen Spuren - der Philologe J.A. Candrea[3] vertraten die Meinung, die Übersetzungen seien in der Marmarosch-Maramuresch, also im Norden Siebenbürgens, unter dem Einfluß der Hussitenbewegung entstanden. Zunächst nahmen sie als wahrscheinlichen Entstehungszeitraum 1425-50 an, was sie später auf 1460-80 revidierten[4].

Die Hypothese vom hussitischen Einfluß wurde bereits kurz nach ihrer Formulierung (1904) kritisch angegriffen, doch die Autorität Iorgas in der rumänischen Geschichtsschreibung war so erdrückend, daß seine Behauptung bis nach dem 2. Weltkrieg anerkannt blieb, obwohl inzwischen eine Reihe von Philologen ihre Gegenstandslosigkeit nachgewiesen hatte.

Ovid Densuşianu[5] scheint als erster auf die linguistischen Eigenheiten dieser Texte hingewiesen zu haben; sie ließen nicht auf das 15., sondern auf das 16. Jahrhundert als Entstehungszeit schließen. Im Gegensatz zu Iorga vertrat Densuşianu die Auffassung, der Anstoß zu diesen Übersetzungen sei von der lutherischen Reformation ausgegangen, deren Ideen sich um 1519 in Siebenbürgen zu verbreiten begannen.

Parallel dazu - so Densuşianu - habe im 16. Jahrhundert der Einfluß des Kirchenslawischen auf die Kultur der Moldau und Walachei abgenommen. Die Entwicklung in den beiden rumänischen Fürstentümern sei vom "Erwachen des ethnischen Bewußtseins" geprägt gewesen, das u.a. die Einführung der rumänischen Sprache im öffentlichen Leben gefördert habe[6].

---

2   Istoria literaturii religioase a românilor pînă la 1688 (Geschichte der religiösen Literatur der Rumänen bis 1688), 1904

3   Psaltirea Scheiană comparată cu celelalte psaltiri din secolele XVI şi XVII, traduse din slavoneşte (Der Psalter von der Sammlung D. Sturdza-Scheianu's, im Vergleich zu den anderen im 16. und 17. Jahrhundert aus dem Kirchenslawischen übersetzten Psaltern, Bd.1, Bucureşti 1916

4   Der ungarische Historiker Pál Hunfalvy erwähnte 1878 beiläufig die Existenz hussitischer Elemente in der religiösen rumänischen Sprache.

5   Histoire de la langue roumaine, Bd.2, Paris 1914, S. 7, fotomechanischer Nachdruck 1938

6   Ebd., S. 8f

Weiter ausholend und entschiedener ist die Argumentation des bekannten Philologen A. Rosetti[7] hinsichtlich des lutherischen Einflusses auf die ersten Übersetzungen religiöser Texte ins Rumänische. Die von sächsischen Kaufleuten 1519 in Leipzig erworbenen und nach Siebenbürgen mitgebrachten Schriften Luthers seien auch von Rumänen beachtet worden. Darüber hinaus hätten die politischen Umstände zur Verbreitung der Reformation beigetragen. Gemeint sind die Auseinandersetzungen zwischen dem Haus Habsburg und dem einheimischen Adel unter Führung der Familie Zápolya. Da die Habsburger entschiedene Verfechter des Katholizismus waren, seien ihre Gegner, ähnlich wie in Deutschland, veranlaßt worden, die Reformation zu unterstützen und die Bevölkerung auf die Seite dieser Bewegung zu ziehen[8]. Davon seien auch die Rumänen Siebenbürgens nicht unberührt geblieben.

Ein weiterer Philologe, Nicolae Drăganu, schlug wenig später eine andere Variante der Hypothese vom lutherischen Einfluß vor. Eine philologische Analyse der Texte hatte inzwischen ergeben, daß ihr Ursprungsort nicht unbedingt in der Marmarosch gesucht werden muß. Die in ihnen vorgefundenen linguistischen Merkmale sind in einem größeren Bereich des rumänischen Sprachraums anzutreffen[9]. Aufgrund der Tatsache, daß alle hier in Frage kommenden Texte in der Moldau und Bukovina gefunden worden sind, vermutet Drăganu, sie seien auch hier übersetzt oder abgeschrieben worden und zwar zur Zeit der Jakob Heraklides Despota (1561-1563)[10].

Heraklides, ein gebürtiger Grieche, erwarb seine Bildung in Westeuropa, lernte Melanchthon kennen, wurde ein Anhänger der lutherischen Reformation und hatte Verbindungen mit polnischen und siebenbürgischen Protestanten. 1561 gelangte er auf den Fürstenthron der Moldau und begann dort, die Reformation einzuführen[11]. Die Aus-

---

7 Limba română in secolul al XVI-lea (Die rumänische Sprache im 16. Jahrhundert), București 1932

8 Ebd., S.7f

9 Die jüngste sehr kompetente Demonstration des weiten Raumes, in dem die erwähnten Übersetzungen entstehen konnten, liefert Ion Gheție, Începuturile scrisului în limba română (Die Anfänge der Schrift in rumänischer Sprache), București 1974, S. 39f

10 Drăganu, Histoire, S. 633

11 Ebd., S. 634 - Schon aus dem Jahre 1532 wird von einem Versuch

breitung der Reformationsideen nach Osten sowie die Versuche habsburgischer Politik, die Moldau in ihren Machtbereich einzugliedern[12], begünstigten seine Machtübernahme in der Moldau. Die Verkennung der religiösen Volkshaltung jedoch ließ Heraklides und sein Werk scheitern.

Die Hypothese vom lutherischen Einfluß auf die ersten rumänischen Übersetzungen findet sich auch in einer der jüngsten rumänischen Literaturgeschichten wieder, ergänzt durch das Argument, der niedere Klerus sei für die reformatorischen Ideen besonders empfänglich gewesen. Wie in Deutschland, wo sich vornehmlich der arme Klerus den reformatorischen Strömungen und der Bauernbewegung anschloß, hätten sich auch in Siebenbürgen Angehörige des clerus minor der Reformation zugewandt, und von ihnen seien die ersten Anstöße zur Übersetzung religiöser Schriften ins Rumänische ausgegangen[13].

Wenn wir eine andere Vermutung, die Übersetzungen seien vom Katholizismus beeinflußt worden[14], unberücksichtigt lassen, so ist am Ende dieser kurzen Erörterung eines der wichtigsten Phänomene rumänischer Kultur noch eine letzte Hypothese zu erwähnen. Einige Historiker und Philologen schreiben die Entstehung dieser "urrumänischen" Werke nicht externen, sondern einer Reihe von internen

---

in der Moldau berichtet, wo unter dem Einfluß des Luthertums die wichtigsten Teile des Neuen Testaments gedruckt werden sollten, vgl. Șerban Papacostea, Moldova în epoca Reformei, Contribuții la istoria societății moldovenești in veacul al XVI-lea (Die Moldau zur Zeit der Reformation, Beiträge zur Geschichte der moldauischen Gesellschaft im 16. Jahrhundert), in: Studii, Revista de istorie 11/1958, H.4, S. 62-68 - N. Drăganu zitiert aus Eudoxiu Hurmuzaki (Documente privitoare la istoria Românilor - Dokumente zur Geschichte der Rumänen - Bd.III/1, S. 123) einen Brief der Erzbischofs von Lemberg von 1589, in dem sich dieser über Despota äußert: "anno Salutis 1560 Principatum illum occupaverat,(et) pulsis Catholicis sacerdotibus, Lutheranos ministros introduxerat."

12 Adina Berciu-Drăghicescu, O domnie umanistă în Moldova: Despot Vodă (Eine humanistische Herrschaft in der Moldau: Der Wojwode Despota, (București) 1980, S. 55

13 George Ivașcu, Istoria literaturii române (Geschichte der rumänischen Literatur), Bd. 1, București 1969, S. 95-97

14 Diese Meinung vertritt Gergely Moldován, A románság (Das Rumänentum), Bd. 21, Nagybecskerek 1896; ders., A Magyarországi Románok (Die Rumänen in Ungarn), Budapest 1913; Ioan Bălan,

Faktoren zu. Dazu gehörten am Ende des vorigen Jahrhunderts A.D. Xenopol und Ion Bianu. In neuerer Zeit fand diese These einen entschiedenen Vertreter in dem bekannten Historiker P.P. Panaitescu. In einem Aufsatz aus dem Jahre 1943[15] räumt er ein, das Luthertum habe für das Entstehen der rumänischen Übersetzungen im 16. Jahrhundert eine wesentliche Rolle gespielt. Gleichzeitig vertritt er jedoch die Meinung, jene Schriften könnten nicht als die eigentlichen Anfänge der Literatur in rumänischer Sprache angesehen werden. Ihre Zahl sei zu klein, und sie hätten keine breite Wirkung gezeitigt. Von einer Durchsetzung der rumänischen Sprache in der orthodoxen Kirche und - als Voraussetzung dafür - in den religiösen Schriften könne erst im 17. Jahrhundert gesprochen werden. Entwickelt habe sie sich nicht mit Hilfe des Klerus, sondern durch die Bojaren, zuerst in der Geschichtsschreibung. Die Bojaren hätten in der Volkssprache eine ihren politischen Interessen entsprechende autochthone Ausdrucksform gefunden, um sich damit bewußt von der Sprache des Herrschers und der Geistlichkeit, dem Kirchenslawischen, abzugrenzen. Panaitescu untermauert seine These mit einer Parallele in Westeuropa: Im 12. und 13. Jahrhundert habe der Adel der Provence eine wichtige Rolle bei der Verweltlichung der Literatur und der Förderung der Volkssprache gespielt.

In einem späteren Werk[16] geht Panaitescu noch einmal auf die ersten rumänischen Übersetzungen im 16. Jahrhundert ein und sieht auch für deren Entstehen mehrere interne Gründe. Ein wichtiger Grund sei die Bemühung der rumänischen Geistlichkeit in der Marmarosch gewesen, sich in der Zeit zwischen 1498 und 1520 von der Autorität des ruthenischen Bistums in Munkatsch zu befreien. Ein Ausdruck dieser Absicht sei die Übersetzung ins Rumänische gewe-

---

Limba cărţilor bisericeşti (Die Sprache der kirchlichen Bücher), Blaj 1914; Ilie Bărbulescu, Curentele literare la români în perioada slavonismului cultural (Rumänische literarische Strömungen in der Epoche des kulturellen Slavonismus), Bucureşti 1928

15 Erschienen in: Interpretări româneşti (Rumänische Auffassungen), 1947, und nach dem Tode des Verfassers in: Contribuţii la istoria culturii româneşti (Beiträge zur Geschichte der rumänischen Kultur) 1971

16 P.P. Panaitescu, Începuturile şi biruinţa scrisului în limba română (Die Anfänge und der Sieg der Schrift in der rumänischen Sprache), Bucureşti 1965

sen[17].

Es dürfte deutlich geworden sein, daß das Erscheinen der ersten Schriften in rumänischer Sprache bis heute umstritten ist. Auch die jüngsten Forscher auf diesem Gebiet sind skeptisch hinsichtlich der Möglichkeit einer restlosen Klärung, solange die Originale der Übersetzungen unauffindbar sind. Darüber, daß sie im 16. Jahrhundert entstanden, sind sich alle Forscher einig. Unbestritten ist ferner, abgesehen von den internen Gründen, der unübersehbare Einfluß der reformatorischen Bewegungen, in erster Linie der lutherischen, auf die Herausbildung der rumänisch-sprachigen Literatur. Dies ist ein Beweis für die Universalität des großen Reformators Martin Luther, den heute, ein halbes Jahrtausend nach seiner Geburt, die Mehrheit der Europäer ehrt.

RÉSUMÉ

La Réforme et le roumain écrit

Les traductions de textes religieux, trouvées à la fin du XIXe siècle dans l'abbaye de Voronet, passent pour les plus anciens écrits en langue roumaine. Les opinions des historiens et philologues roumains divergent quant au lieu, la date et les répercussions de ces traductions que nous nous proposons d'étudier. Par contre ils sont d'accord que les traductions remontent au XVIe siecle. Tout aussi incontestée est l'influence exercée par le mouvement de la Réforme. Il resterait à éclaicir si éventuellement d'autres facteurs sont à l'origine de ces traductions et si c'est grâce a elles que le roumain a réussi à s'imposer comme langue nationale.

---

17 Diese Erklärung wird von Gheţie (Începuturile, S. 39f) mit philologischen Argumenten angefochten. Er weist nach, daß die Lokalisierung dieser Übersetzungen in der Marmarosch nicht zwingend sei.

SUMMARY

The Relationship between the Reformation and Written Romanian

The copies of translations of religious writings found at the end of the 19th century in Voronet Monastery are considered the oldest written testimonies to the Romanian language. Discussion among Romanian historians and philologists continues to the present day on the date and location of the translations, and also on the influences leading to their appearance. The discussion is reported on here. Scholars have now agreed on the 16th century as their time of origin. The influence of the Lutheran reformation is an equally indisputable influence. Further clarification is required as to whether other factors were responsible for the translations being made, and if so which. Another question is whether they should be regarded as crucial in the movement towards Romanian as a national language.

FERNWIRKUNGEN AUF SAKRALE KUNST UND BOTANIK

AUSWIRKUNGEN DER REFORMATION
AUF DIE AUSSTATTUNG SIEBENBÜRGISCHER KIRCHEN

Christoph Machat

Nahezu alle evangelisch-lutherischen Kirchengebäude Siebenbürgens bewahren in ihrer Ausstattung Bild- und Kunstwerke unterschiedlicher Entstehungszeit und Qualität, die heute zu einem harmonischen Ganzen verwachsen sind und Geschichte, Größe und (ehemals) Reichtum der Kirchengemeinden widerspiegeln. Ihr Stellenwert innerhalb der Kunstgeschichtsschreibung bedarf wohl keiner besonderen Erläuterung, war doch die Kirche über viele Jahrhunderte hinweg der wichtigste Auftraggeber für die bildende Kunst überhaupt. Zumeist aus gemeinsamen Anstrengungen der Gemeinde, vereinzelt aus Stiftungen reicher Bürger oder Körperschaften hervorgegangen, sind die verschiedenen Teile der Ausstattung im Laufe der Zeit naturgemäß Veränderungen unterworfen gewesen: Bei Abnutzung, Beschädigung und Zerstörung (etwa durch Verwüstungen während der vielen kriegerischen Auseinandersetzungen) mußten sie durch Neuschöpfungen ersetzt werden. Oft sind sie auch einem neuen, "modernen" Zeitgeist und Kunstgeschmack zum Opfer gefallen oder durch veränderte liturgische Vorstellungen entbehrlich geworden. Denn zu allen Zeiten wurde und wird auch heute noch die Anordnung der einzelnen Ausstattungsstücke im Kirchenraum, die Stellung von Altar, Kanzel, Taufe und Orgel oder die Anzahl von Altären, Bildwerken bis hin zur Gestühlsordnung von den Forderungen der Liturgie, der Gottesdienstordnung und dem jeweiligen Verhältnis der Kirche zur bildenden Kunst bestimmt.

Es ist daher naheliegend, daß die Reformation und der bewußt herbeigeführte Bruch mit der kirchlichen, katholischen Tradition nicht ohne Auswirkungen auf Kirchenausstattung und Kunst bleiben konnte. Um diese Auswirkungen, vor allem ihre Art, aufzeigen zu können, müssen wir uns darauf besinnen, was die Reformation bzw. die Reformatoren eigentlich wollten und welches Verhältnis sie zum Kirchengebäude, zum Bilde und zur Kunst hatten.

Am Anfang der Reformation stand überall die Ablehnung des Bildes im Vordergrund, deren radikalste Form zur Zerstörung des Kunstwerkes, zum Bildersturm geführt hat. Kritik am Mißbrauch des Bildes hat es allerdings schon seit dem Hochmittelalter gegeben und nicht erst durch die Reformatoren, und auch der Bildersturm ist ursprünglich nicht eine konfessionelle, sondern eher eine soziale, kulturelle und politische Erscheinung. So hat beispielsweise auch Karlstadt in seiner Schrift "Von Abtuhung der Bylder ..." die Bilderfrage in einen soziologischen Zusammenhang gestellt[1]. Nach reformatorischer Erkenntnis war das christliche Bildwerk in der katholischen Kirche schon lange aus seiner didaktischen Rolle geschlüpft und eher dazu angetan, die Gläubigen von den wahren Glaubensinhalten abzulenken; es war bereits zum Objekt kirchlicher Repräsentation und der Verehrung (Idolatrie) geworden, wodurch es den Menschen zum Aberglauben verführte. Und doch ist die Zerstörung der Bilder, in Wittenberg, Straßburg, Zürich, Ulm, Münster und an wenigen anderen Orten, die Ausnahme geblieben und lediglich von wenigen radikalen Gruppen getragen worden.

Luther selbst hat sich energisch gegen den Bildersturm der Schwärmer gewehrt, und obwohl auch er den Gottesdienst von allem Zierrat befreien wollte, mochte er die äußeren Zeichen der Reformation aus seelsorgerlichen Gründen nur langsam ändern, wobei das Bild zur Unterweisung der Einfältigen durchaus dienen konnte[2]. Und auch die strenge Bilderlosigkeit des Reformiertentums richtet sich gegen die Verwertung des Bildes im gottesdienstlichen Vorgang und nicht gegen die Kunst schlechthin, so daß auch aus

---

1 Andreas Karlstadt, Von Abtuhung der Bylder/ Und das keyn Bedtler unther den Christen seyn sollen, Wittenberg 1522, neu hg. v. Hans Lietzmann, Bonn 1941 (Neue Texte für theologische und philosophische Vorlesungen und Übungen 74); vgl. auch Margarete Stirn, Die Bilderfrage in der Reformation, Gütersloh 1977 (Quellen und Forschungen zur Reformationsgeschichte 45), S.24, 38ff; Reiner Sörries, Die Evangelischen und die Bilder, Erlangen 1983, S. 33, 35; über den Bildersturm ebd., S. 34-39 mit Literaturangaben; siehe dazu auch Martin Warnke (Hg.), Bildersturm, Die Zerstörung des Kunstwerks, München 1973; Ernst Ullmann, Bauernkrieg - Bildersturm - bildende Kunst, in: Kunst und Reformation, Leipzig 1982, S. 76-86

2 Sörries, Die Evangelischen, S. 11f, 38f; vgl. auch Hayo Gerdes, Luthers Streit mit den Schwärmern und das rechte Verständnis des Gesetzes Mose, 1955

den meisten reformierten Gemeinden von einer friedlichen Räumung der Bilder aus den Kirchen berichtet wird[3].

In Siebenbürgen ist es zu einem eigentlichen Bildersturm nicht gekommen. Zwar sind auch hier anfangs die Einflüsse der Schwärmerbewegung zu spüren gewesen, und vielleicht besteht ein Zusammenhang mit dem vom Organisten Ostermeyer geschilderten gewalttätig anmutenden Abbruch des großen Altars und der Bilder in der Kronstädter Schwarzen Kirche im Februar 1544. Doch schreibt noch Weihnachten des gleichen Jahres Stadtpfarrer Mathias Ramser von Hermannstadt an die Wittenberger Reformatoren u.a., die Bilder hätten sie nicht entfernt, weil sie diese Dinge für indifferent und nicht für schädlich hielten und weil sie nicht als Bilderstürmer, wie Karlstadt und gewisse Schwärmer, erscheinen wollten[4]. In Bistritz hingegen waren schon 1542 die Bilder "gründlicher als sonst" entfernt worden[5], und als dem Chronisten Hutter zufolge am 17.5.1545 damit begonnen wurde, "die Altäre und Bilder aus der Mediascher Kirche abzubrechen und wegzuschaffen", hat der berühmte Flügelaltar seine Schreinfiguren und viel Schnitzwerk an Predella und Gesprenge verloren[6].

Honters Reformationsbüchlein für Kronstadt und das Burzenland (1542) enthält als Hinweis auf die Einschränkung der Bildwerke lediglich die Weisung, die Anbetung der Kreatur solle unterbleiben, fordert aber die Konzentration des Gottesdienstes auf einen Hauptaltar[7]. Die daraus entwickelte "Kirchenordnung aller

---

3 Vgl. Jan Weerda, Die Bilderfrage in der Geschichte und Theologie der Reformierten Kirche, in: Evangelische Kirchenbautagung Karlsruhe 1956, S. 289-322

4 Adolf Schullerus, Geschichte des Gottesdienstes in der siebenbürgisch-sächsischen Kirche, in: Archiv des Vereins für siebenbürgische Landeskunde 41/1928, S. 412f, 415; Ludwig Binder, Die Bilder in unseren Kirchen und der Glaube des evangelischen Christen, in: Kirchliche Blätter 1978, Nr.3,4,5, hier Nr.4, S. 3

5 Friedrich Teutsch, Geschichte der evangelischen Kirche in Siebenbürgen Bd.1, Hermannstadt 1921, S. 234f - Der Ratsschreiber Pomarius warnte den Bistritzer Rat im Januar 1543 davor, "jene Götzenbilder" wieder aufstellen zu lassen, Binder, Die Bilder, Nr.4, S. 3; vgl. dazu auch den Beitrag von Konrad G.Gündisch in diesem Band

6 Vgl. Otto Folberth, Gotik in Siebenbürgen, Der Meister des Mediascher Altars und seine Zeit, München/Wien 1973, S. 88f

7 Teutsch, Kirchengeschichte Bd.1, S. 219-288; Binder, Die Bil-

Deutschen in Sybembürgen M.D.XLVII"[8] bestimmt, alle überflüssigen Altäre wie auch "geschnitzte und gemalte Fabeln" in Frieden zu entfernen, was jedoch nicht von allen Kirchengemeinden sofort befolgt worden ist, wie die Synode von 1557 feststellt. In deren Beschluß wird festgehalten, daß jene Darstellungen der biblischen und der Kirchengeschichte beibehalten werden mögen, die belehren und ermahnen. Die Synode von 1565 schließlich fordert die Pfarrer dazu auf, wo die Altäre zerstört seien, ohne Lärm und Aufsehen für ihre Wiedererrichtung zu sorgen[9].

Auf diese Weise konnten wertvolle mittelalterliche Kunstwerke, Flügelaltäre oder Teile derselben, Madonnen- und Heiligenstatuen über die Jahrhunderte hinweg gerettet werden. Wie viele qualitätvolle Bildwerke von den Seiten- und Nebenaltären oder einzelne Andachtsbilder in jenen Jahren aus den Kirchen entfernt, zerstört, in Privatbesitz übergegangen oder durch Veräußerung verloren gegangen sind, läßt sich nur erahnen. Eine Vorstellung von den Verlusten an wertvollen Goldschmiedearbeiten - Kelchen, Monstranzen, Reliquiaren usw. - aus den Kirchenschätzen vermittelt die sorgfältige Aufstellung "alles Sylberen geschmeid", das von den Bilderstürmern im Februar 1544 aus der Schwarzen Kirche entwendet worden war: 26 Kelche und Monstranzen, ein Marienbild, ein Christusbild, "dy 4 Silberen Hend" (wohl Reliquiare?) usw. In der Kirche hatten sie nur 6 Kelche zurückgelassen[10]!

Die Bilderfrage hat gezeigt, daß die siebenbürgisch-sächsische Kirche den Standpunkt Luthers und der Wittenberger Reformatoren eingenommen hat. War nun mit den unmittelbaren Auswirkungen der Reformation, dem Ausräumen der Altäre und Bilder und dem Belassen eines einzigen Altars den neuen Gottesdienstvorstellungen Luthers bzw. den protestantischen Anforderungen an einen Kirchen-

---

der, Nr.4, S. 3

8 Teutsch, Kirchengeschichte Bd.1, S. 247-250; Schullerus, Geschichte des Gottesdienstes, bes. S. 417ff; Binder, Die Bilder, Nr.5, S. 6

9 Binder, Die Bilder, Nr.5, S. 6

10 Quellen zur Geschichte der Stadt Kronstadt in Siebenbürgen Bd. 3, Kronstadt 1896, S. 249f - Diese Aufstellung wurde am Martinstag 1544 in Anwesenheit des Stadtrates und des Stadtpfarrers Johannes Honterus niedergeschrieben; vgl. auch Teutsch,

raum Genüge getan?

Luther selbst hatte die Notwendigkeit eigener Kirchengebäude verneint und gegen die Benutzung der "alten" Kirchen keine Bedenken erhoben[11]. Sein Gottesdienstverständnis hat er mehrfach und äußerst differenziert vorgetragen, z.B. in "Von Ordnung Gottesdiensts in der Gemeinde" 1523 oder in der "Deutschen Messe" 1526[12]. Hier hat er verschiedene Arten des Gottesdienstes unterschieden; denn für das "rohe, unmündige, gaffende" Volk sei der ganze (kultische) Reichtum und Prunk erforderlich, um es zu Glauben und Christentum zu reizen, während die wahren Gläubigen dieser Dinge nicht bedürften, Gottesdienst also auch in einem Saustall gefeiert werden könnte[13]. Ohne eine feste Gottesdienstordnung formulieren zu wollen, hat Luther dennoch Predigt (als "fürnembst" Stück) und Sakrament als die heilsnotwendigen Bestandteile des Gottesdienstes bezeichnet. Alle übrigen liturgischen Formen gehören als nicht heilsnotwendig zu den freien Mitteldingen, den Adiaphora, wie schon 1530 in der "Confessio Augustana" festgestellt worden war[14]. Den Zweck einer besonderen gottesdienstlichen Stätte hat er in seiner berühmten Predigt zur Einweihung der Schloßkirche von Torgau 1544 eindeutig formuliert: Zusammenkunft der Christen, um zu beten, Predigt zu hören und Sakramente zu empfangen; die Taufe solle ebenfalls im Beisein der Gemeinde

---

Kirchengeschichte Bd.1, S. 221; Schullerus, Geschichte des Gottesdienstes, S. 414

11 Über Luthers Verhältnis zum Kirchenraum vgl. Oskar Söhngen, Der kultische Raum nach lutherischem Verständnis, in: Evangelische Kirchenbautagung Berlin 1948, S. 11-29

12 Von Ordnung Gottesdiensts in der Gemeinde, in: D. Martin Luthers Werke, Kritische Gesamtausgabe (künftig WA) Bd.12, S. 35-37; Deutsche Messe und Ordnung Gottesdiensts, in: WA Bd.19, S. 72-78; vgl. auch Martin Luthers ausgewählte Schriften, hg. v. Karin Bornkamm u. Gerhard Ebeling, Frankfurt/M. 1982, Bd.5, S. 27-35, 73-82

13 Vgl. Curt Horn, Die Deutsche Messe und die Forderungen der liturgischen Erneuerungsbewegung an den Kirchenbau, in: Evangelische Kirchenbautagung Berlin 1948, S. 67

14 Der genaue Wortlaut der Confessio Augustana in: Die Bekenntnisschriften der evangelisch-lutherischen Kirche, hg. im Gedenkjahr der Augsburgischen Konfession 1930, Göttingen 1959, 4.Aufl., S. 33-140, mit historischer Einleitung S. XV-XXI;über die Adiaphora XV, S. 69ff; vgl. auch Hartmut Mai, Der evangelische Kanzelaltar, Geschichte und Bedeutung, Halle/S. 1969,

vollzogen werden[15].

Luthers Raumvorstellungen lassen sich also dahingehend zusammenfassen, daß eine Kirche - die erst zum Kultraum wird, wenn in ihr Gottes Wort verkündigt wird - der Gemeinde die Möglichkeit bieten muß, sich einerseits um die Kanzel, andererseits um den Altar zu versammeln. Es erscheint verständlich, daß Luthers Zeitgenossen und Nachfolger solch allgmein formulierte Raumforderungen nicht unmittelbar in die Tat umsetzen konnten. Vor allem aber mußte der Protestantismus ein entsprechendes Verhältnis zur bildenden Kunst entwickeln. Luthers Mitstreitern und Zeitgenossen fehlte es, und Luther selbst hatte auch kein Verhältnis zur Kunst. Zwar hat er die seelsorgerliche und didaktische Rolle der Bilder zu schätzen gewußt, doch hat er sie der Gleichgültigkeit preisgegeben[16]. Er hat immer dem 'rechten Hören' den Vorrang vor dem Sehen eingeräumt, weil für ihn das Gehör sinnbildlich das rein geistige Empfangsorgan darstellte und er daher Christi Reich als ein 'Hörreich' auffaßte[17]. Der Zusammenhang mit der ungeheuren Entwicklung der Kirchenmusik und der Bedeutung der Orgel in Gottesdienst und Kirchenraum ist offenkundig.

So blieb es den protestantischen Landesfürsten überlassen, in der baukünstlerischen Auseinandersetzung die ersten Schritte zu unternehmen: Ihre seit Mitte des 16. Jahrhunderts von damals führenden Renaissancebaumeistern errichteten Schloßkirchen können zwar nicht vom Bautyp her[18], jedoch in ihrer räumlich-ausstat-

---

S. 150

15 Vgl. Ehler W. Grasshoff, Raumprobleme des protestantischen Kirchenbaues im 17. und 18. Jahrhundert, Berlin 1938, S. 9; Paul Dobert, Die Stellung von Altar, Kanzel, Taufe und Orgel im Kirchenraum, in: Evangelische Kirchenbautagung Berlin 1948, S. 91; Söhngen, Der kultische Raum, S. 18f; Mai, Der Kanzelaltar, S. 149

16 Sörries, Die Evangelischen, S. 169: Luther-Zitat: "... wir mögen die Bilder haben oder nicht ..." - Über Luthers Verhältnis zur Kunst vgl. auch Hans Preuß, Luther der Künstler, Gütersloh 1931

17 Binder, Die Bilder, Nr.3, S. 3

18 Die Schloßkapelle als Bautyp gibt es schon seit dem Mittelalter. Er zeigt in der Raumgestaltung erstaunliche Parallelen zum protestantischen Kirchenbau, vgl. Grasshoff, Raumprobleme, S. 14

tungsmäßigen Gestaltung als erste evangelische Kirchenbauten angesehen werden: 1544 Torgau, 1560 Stuttgart, 1586 Schmalkalden (Wilhelmsburg), 1592 Königsberg (ab 1602 zur zweischiffigen Querkirche erweitert) und 1605 Hellenstein bei Heidenheim und Weikersheim[19]. Die Wiederholung des nahezu gleichen Schemas legt die Vermutung nahe, daß die Fürsten die Baugedanken während ihrer häufigen Treffen aufgriffen[20]: alle Schloßkirchen sind relativ schlichte rechteckige Saalkirchen, die an drei Seiten von ein- oder zweigeschossigen Emporen mit verzierten Brüstungen umgeben sind.

In den lutherischen Kirchen bewahren Altar und Kanzel die althergebrachte Ordnung (in Stuttgart und Hellenstein mit Chorapsis) und verweilen auch in der weiteren Entwicklung des 17./18. Jahrhunderts oft in der Tradition. In der reformierten Schmalkaldener Kirche - und danach in Weikersheim - ist erstmals die Kanzel hinter und über dem Altar an der Stirnwand angeordnet und darüber die Orgelempore (Abb. 1), eine Anordnung, wie sie von Joseph Furttenbach dem Jüngeren in seiner 1649 in Augsburg erschienenen Anleitung für verarmte Gemeinden zum zweckmäßigen und kostengünstigen Bau einer Kirche aufgenommen und als den Bedürfnissen des evangelischen Gottesdienstes angemessen bezeichnet wird[21]. Mit dieser Anordnung der "vornemsten Prinzipalstück" (Furttenbach, Abb. 3) wird schon seit Schmalkalden eine Entwicklung eingeleitet, die zur wohl wichtigsten liturgisch-künstlerischen Schöpfung des Protestantismus, dem Kanzelaltar führt, der die

---

19 Über die Schloßkapellen von Stuttgart, Hellenstein, Weikersheim vgl. Klaus Ehrlich, Der evangelische Kirchenbau in Württemberg bis zur Mitte des 19. Jahrhunderts, in: Evangelische Kirchenbautagung Stuttgart 1959, S. 36f, hier auch Hinweise zu Torgau und Schmalkalden; über Königsberg vgl. Grasshoff, Raumprobleme, S. 25, 55 und Tafel I; zu Torgau und Schmalkalden vgl. Mai, Der Kanzelaltar, S.15, 32 bzw.16, 33f, 257 mit Literatur

20 Ehrlich, Der evangelische Kirchenbau, S. 36

21 "Kirchen Gebäw. Der erste Theil ..." durch Joseph Furttenbach den Jüngeren. Gedruckt zu Augspurg/ bey Johann Schultes. Anno M.DC.XLIX. Über Furttenbachs Werk vgl. Ehrlich, Der evangelische Kirchenbau, S. 40-44; Peter Poscharsky, Die Kanzel, Erscheinungsform im Protestantismus bis zum Ende des Barocks, Gütersloh 1963, S. 97-100; Mai, Der Kanzelaltar, S. 72 und Abb. 213-215; S. 257: Die Schmalkaldener Lösung ist der älteste er-

räumlichen Bedürfnisse des doppelpoligen reformatorischen Gottesdienstes auf einfachste Weise komprimiert und dadurch in allen protestantischen Landschaften nicht nur Deutschlands in der zweiten Hälfte des 17. und im 18. Jahrhundert eine große Blüte erleben wird[22].

Furttenbachs Kirchenentwurf kann allerdings nicht als Idealform eines evangelischen Kirchengebäudes angesehen werden, sondern lediglich als Notkirche. Seine genauen Angaben über die Anordnung der Gestühlsblöcke im Erdgeschoß und die Sitzordnung der einzelnen Gemeindeglieder (Abb. 4) erlauben daher die Schlußfolgerung, daß sich um die Mitte des 17. Jahrhunderts bereits eine feste Gestühlsordnung in den Kirchen herausgebildet hatte. Zwar wird die Ausstattung des Kirchenraumes primär von dem sachlichen Gestaltungsprinzip ausgegangen sein, jedem Kirchgänger den nötigen Sitzplatz zur Teilnahme am Predigtgottesdienst zu bieten; da jedoch bei allen Reformatoren jeder Raum erst in Anwesenheit der Gemeinde unter dem Wort zum Gottesdienstraum wird, ist früh schon das Gemeindebewußtsein zum übersachlichen Gestaltungsprinzip geworden[23]: Die Kirche ist nicht mehr Versammlungsraum allein der christlichen, sondern auch der weltlichen Gemeinde, so daß für die ständisch gegliederte Gesellschaft der Kirchenraum jedem Mitglied nach Rang und Stand den gebührenden Platz zur Verfügung stellen muß. Der zugewiesene Platz verdeutlicht nämlich gleichzeitig die Position in der gesellschaftlichen Hierarchie, wobei die Art des Stuhles (Sessel, Stallum, Bank) und seine Situierung im Raum (unter der Kanzel, im Chor, auf der Empore) ebenfalls über den Rang des Besitzers Aufschluß gibt. Während in den Herrschafts- bzw. Patronatskirchen die gottgewollte Standesordnung (mit Herrschaftsemporen usw.) nach wie vor galt, wirkte in den Bürgerkirchen bis zu einem gewissen Grade das Geld als Ordnungs-

---

haltene Kanzelaltar, vorangegangen war jener der Schloßkapelle von Rotenburg/Fulda.

22 Über Entwicklung, Typen und Verbreitung des Kanzelaltars vgl. die ausführlichen Darstellungen bei Mai (Der Kanzelaltar) und Poscharsky (Die Kanzel, S. 214-249).

23 Edgar Schmid-Burgk, Evangelische Gotteshäuser des 17. und 18. Jahrhunderts am Niederrhein, Diss. Aachen, Manuskriptauszug 1933, S. 4

faktor. Doch mußte wegen des ungeregelten, "wilden" Bauens von
Stühlen in Kirchen wiederholt die Obrigkeit eingreifen, und schon
seit Mitte des 16. Jahrhunderts wurden Kirchenstuhlordnungen in
die neuen Kirchenordnungen aufgenommen[24].

Das Erdgeschoß des Kirchenraumes reichte trotz überfüllter Möblierung (wie auch bei Furttenbach) zumeist nicht aus, um jedem Gemeindeglied einen Sitzplatz zur Teilnahme am Predigtgottesdienst zu bieten, so daß der Platz in der Höhe gewonnen werden mußte: In nahezu allen evangelischen Kirchen wurden Kanzel und Altar gegenüber Emporen errichtet, je nach Grundrißform oder Bautyp auf der Westseite, entlang der Breitseite (bei Querkirchen) oder als dreiseitig umlaufende Konstruktionen. Insbesondere die dreiseitig umlaufenden Emporen, die schon in den frühen Schloßkirchen zum charakteristischen gestalterischen Element geworden waren und bereits 1615 auch auf dem Lande, in der Dorfkirche von Untersuhl - als zweigeschossige umlaufende Holzeinbauten (Abb. 2) - Einzug gehalten hatten[25], sollten bald den Bautyp der evangelischen Kirche bestimmen. Neben der Zweckfunktion erfüllen sie hauptsächlich raumkünstlerische Aufgaben, hinter denen die Grundrißform wie auch das Aufgehende als ungegliederte Raumumgrenzung in der raumkünstlerischen Bedeutung zurücktreten[26]. Die meist hölzernen Emporen können ein- und mehrgeschossig auf drei oder auf allen Seiten umlaufen, zwischen die deckentragenden Pfeiler oder Stützen der Architektur eingespannt sein oder auf eigene Stützen wie ein Möbel in den Raum hineingestellt werden (wobei die Umfassungswände als Widerlager mittragen), so daß sie wie "Freiemporen mobilen Charakters"[27] wirken. Die horizontale Schich-

---

24 Reinhold Wex, Ordnung und Unfriede - Raumprobleme des protestantischen Kirchenbaues im 17. und 18. Jahrhundert in Deutschland, Diss. Marburg 1981, Zusammenfassung in: Das Münster 35/1982, S. 249f

25 Zu Untersuhl vgl. Grasshoff, Raumprobleme, S. 55, Nr.6 und Tafel 4 - Es handelt sich gleichzeitig um den ersten protestantischen Zentralbau mit kreisförmigem Grundriß, 1621 folgt mit gleicher Disposition die Schloßkapelle von Langenburg/Württemberg, vgl. Ehrlich, Der evangelische Kirchenbau, S. 36

26 Über die Vielfalt an Grundrißformen vgl. Grasshoff, Raumprobleme, S. 55-67

27 Heinrich Thiel, Studien zur Entwicklungsgeschichte der Markgrafenkirche, Kulmbach 1955, S. 16f

tung der reich verzierten, oft mit biblischen Szenen bemalten Emporenbrüstungen, die in den Brüstungen des Parterregestühls aufgenommen wird, bildet das gestalterische Gegenstück zur Vertikalität des Kanzelaltars - mit oder ohne Orgel - und ist künstlerisch raumbestimmend und raumgestaltend[28].

Als Bautyp ist die evangelische Emporenkirche spätestens seit dem Ende des Dreißigjährigen Krieges voll ausgebildet und gelangt seit 1657 in der Friedenskirche von Schweidnitz oder 1668/1669 in Regnitzlosau (Markgrafschaft Bayreuth, heute Oberfranken), 1681 in Bernsbach (Sachsen) oder 1690 in Elberfeld (Bergisches Land) wie auch in allen anderen Landschaften Deutschlands in der zweiten Hälfte des 17. und im 18. Jahrhundert wiederholt zur Ausführung[29]. Die rege Bautätigkeit ist vielerorts als direkte Folge des Krieges und seiner Verwüstungen anzusehen. Manch eine der 'alten' Kirchen - meist aus dem 15. oder frühen 16. Jahrhundert - hat zudem im späten 17. oder 18. Jahrhundert ihre natürliche Lebensdauer erreicht, wie aus den Kirchenrechnungen hervorgeht[30]. In vielen Orten sind freilich die alten Gebäude erhalten geblieben, und lediglich das Kircheninnere wurde, den neuen Raumvorstellungen entsprechend, zur Emporenkirche umgewandelt.

Letzteres trifft auch für Siebenbürgen zu. Zwar ist das Land von kriegerischen Auseinandersetzungen und Verwüstungen nicht verschont geblieben, mußte es sich doch bereits seit Ende des 14. Jahrhunderts wiederholter Türkeneinfälle erwehren, doch haben die Sachsen früh schon begonnen, ihre Dorfkirchen wehrhaft auszubauen und die Städte zu befestigen. Der in Europa einmalige Abwehrriegel von Wehrkirchen und Kirchenburgen hat gerade im Jahrhundert der Reformation seine heutige Gestalt erhalten, noch im 17.

---

28 Vgl. die Ausführungen bei Christoph Machat, Die Innenausstattung der evangelisch-lutherischen Pfarrkirche zu Pilgramsreuth und ihre Restaurierung, in: Jahrbuch der Bayerischen Denkmalpflege 35/1983, S. 98

29 Über die einzelnen Landschaften vgl. Thiel, Studien; Ehrlich, Der evangelische Kirchenbau; Schmid-Burgk, Evangelische Gotteshäuser; Albert Braselmann, Der Kirchenbau des Protestantismus des 17. und 18. Jahrhunderts im Bergischen, Düsseldorf 1912

30 Thiel, Studien, S. 15; Dobert, Die Stellung, S. 90; Machat, Innenausstattung, S. 96

Jahrhundert vorwiegend als Abschreckung eine lebenswichtige
Schutzfunktion erfüllt, und auch nach dem Übergang Siebenbürgens
an die Habsburger (1691) während der Greuel des Kurutzenkrieges
manch einer Dorfgemeinschaft Zuflucht gewährt[31]. Die Plünderungen
des Kurutzenkrieges haben die letzten Kraftreserven der Sachsen
verbraucht, nachdem Türkenzeit und Wehrbarmachung bereits äußerste Anstrengungen erfordert hatten. Unter solchen Umständen war
an Kirchenbauten im 17. und 18. Jahrhundert wohl kaum zu denken.

Gleichwohl hat auch in Siebenbürgen im späten 17. Jahrhundert bereits die Raumordnung der voll ausgebildeten evangelischen Emporenkirche Eingang gefunden: 1680 wurden in Bodendorf dreiseitig
umlaufende Emporen eingebaut (Abb. 7, 8), im gleichen Jahr auch
in der Schäßburger Klosterkirche, und nach dem Brand von 1689
erhielt die Schwarze Kirche in ihrem Langhaus zwischen die Pfeiler gespannte Emporen mit reicher nachgotischer Dekoration[32].
Und wenn am 13. Oktober 1680 in Kronstadt von der Kanzel verkündet wurde, daß die "Weiber in der Kirche nicht sollen liegen,
sondern sitzen"[33], so können wir davon ausgehen, daß spätestens
zu diesem Zeitpunkt auch in Kronstadt mit der Anfertigung des
"Weibergestühls" im Parterre der Kirche begonnen worden ist und
sich überall in Siebenbürgen jene Gestühlsordnung durchzusetzen
begann, wie sie von Furttenbach oder den Kirchenstuhlordnungen
Deutschlands her bekannt ist. Weitere Beispiele für Emporeneinbauten lassen sich beliebig hinzufügen; denn in nahezu allen
Dorf- und auch Stadtkirchen wurden Ende des 17. und im Laufe des
18. Jahrhunderts Emporen, die sog. "Glater" (von lat. 'laterium')
errichtet, meist zwei- oder dreiseitig umlaufend und je nach
Raumform und Bedarf oft in zwei (Bodendorf, zweites Geschoß 1775;

---

31 Anschluß Siebenbürgens an Österreich vertraglich durch das
   Leopoldinische Diplom vom 4.12.1691 besiegelt. Der Aufstand
   einiger ungarischer Adliger gegen Habsburg unter der Führung
   von Franz II. Rákóczi, 1703-1711, wird Kurutzenkrieg genannt,
   vgl. Friedrich Teutsch, Kleine Geschichte der Siebenbürger
   Sachsen, Darmstadt 1965, S. 121, 130-133

32 Zu Bodendorf vgl. Juliana Fabritius-Dancu, Sächsische Kirchenburgen aus Siebenbürgen, Hermannstadt 1980, Nr.32; zu Schäßburg: Erich Dubowy, Sighişoara, Un oraş medieval, Bucureşti
   1957, S. 77f; zu Kronstadt: Engelbert Kirschbaum, Deutsche
   Nachgotik, Augsburg 1930, S. 113

33 Vgl. Teutsch, Kirchengeschichte Bd.1, S. 557f

Schweischer u.a., Abb. 7, 9) oder sogar drei Reihen übereinander
(Hamruden, Nordwand). In schmalen Saalkirchen sind sie meist auf
Hängeböcken an den Seitenwänden angebracht (Abb. 7, 5), in vielen Räumen gleich jenen Oberfrankens oder des Bergischen Landes
auf eigene Stützen wie "Freiemporen" in den Raum gestellt (Jakobsdorf, Henndorf, Meschen, Stolzenburg u.a.), wobei die oberen
Geschosse meist zurückgesetzt mit ihren Stützen auf der unteren
Empore ruhen (Schäßburger Klosterkirche, Zeiden u.a.).

Die Emporeneinbauten sind freilich auch in Siebenbürgen primär
aus Platzmangel, d.h. aus rein sachlichen Erwägungen erwachsen,
hatten doch viele Dorfkirchen während der Wehrbarmachung ihre
Seitenschiffe und damit einen Großteil ihres Raumes eingebüßt
(z.B. Bodendorf, Draas). Und viele Emporen sind erst in der zweiten Hälfte des 18. Jahrhunderts entstanden, als die politischen
und wirtschaftlichen Verhältnisse stabiler geworden waren und
ein Bevölkerungswachstum zu verzeichnen war. Doch zeigt sich überall auch der übersachliche Gestaltungswille, indem beispielsweise die Seitenemporen auch in den Chorraum hineingezogen werden
(wie etwa in Katzendorf 1718 oder in Stolzenburg), was als bewußt dargestellte Besitzergreifung des gesamten Raumes durch die
Gemeinde angesehen werden kann, wie es ähnliche Beispiele in Oberfranken (Oberröslau, Untersteinach, Pilgramsreuth)[34] bestätigen.
In vielen Kirchen werden gegen Ende des 18. Jahrhunderts die Emporen eingeschossig um den ganzen Raum geführt, so daß auch der
"alte" Chorraum in den Gemeindesaal, den Predigtsaal einbezogen
ist und Altar und Orgel gestalterisch in die Ausstattung integriert werden (Abb. 9, 11).

Die Anordnung von Altar, Kanzel und Orgel entspricht ebenfalls
der Raumordnung der Emporenkirche wie den Gepflogenheiten der
verschiedenen protestantischen Landschaften. Zwar haben bei den
stets konservativ eingestellten Sachsen die Bedenken gegen eine
Verbindung von Altar und Kanzel immer überwogen, so daß die Kanzel zumeist die althergebrachte Anordnung am nördlichen Chorbogenpfeiler bzw. an einem der nördlichen Langhauspfeiler bewahrt[35]

---

34 Vgl. Machat, Innenausstattung, S. 99 und Anm. 61
35 Wie auch in vielen anderen lutherisch geprägten Landschaften,
z.B. Württemberg, vgl. Machat, Innenausstattung, S. 97

und nur selten, im Zeitalter der Aufklärung, Kanzelaltäre entstanden sind wie in Neithausen 1770 (Abb. 10)[36]. Doch ist auch hier wie in ähnlich konservativ eingestellten Landschaften (z.B. in der Kreuzkirche in Posen) die Orgel wiederholt über dem Altar angeordnet worden, womit wiederum an Schmalkalden bzw. die Entwürfe Furttenbachs angeknüpft wird: Die Aufstellung der Orgel über dem Kanzelaltar schon seit dem späten 16. Jahrhundert ist als Ausdruck größter Verherrlichung Gottes durch die Kirchenmusik und als Abbild himmlischer Musik zugleich zu verstehen. Sie dient noch im 18. Jahrhundert, als die Orgel längst zum Beistand des Gemeindegesangs geworden ist, im Angesicht der Gemeinde der Wegweisung zur himmlischen Herrlichkeit[37]. - Einen Eindruck von dem Stellenwert der Orgel im siebenbürgischen Kirchenraum vermittelt die 'Orgelpredigt' Jakob Schnitzlers zur Einweihung der neuen Orgel in der Hermannstädter Stadtpfarrkirche 1673[38].

Die vertikale Achse von Altar, Kanzel und Orgel demonstriert schließlich die unmittelbare Zusammengehörigkeit von Gotteslob und Lehre. Auch entspricht sie barockem Empfinden, das die vertikale Steigerung erst auf diese Weise konsequent verwirklicht sieht und daher in vielen, auch bedeutenden Kirchen übernommen wird. Die angestrebte optisch enge Verbindung zwischen den Prinzipalstücken ist meist auch eine organische und führt zu den sog. "Prinzipalwänden", großzügige Schauwände, die in wenigen Landschaften, im Fürstentum Ansbach und im Herzogtum Berg (Abb. 6), zur Regel geworden sind[39].

In Siebenbürgen sind keine Prinzipalwände erhalten oder überliefert, doch ist in vielen Kirchen in der organischen Verbindung von Altar und Orgel übereinander ein liturgisches wie gestalterisches Zentrum geschaffen worden, das als Gegenstück zu der horizontalen Schichtung der Emporen- und Gestühlsbrüstungen als de-

---

36 Datiert im Bild der Altarbekrönung, rechts unten. Andere Kanzelaltäre z.B. in verschiedenen Kronstädter Kirchen, nach einer Mitteilung von Paul Philippi.

37 Mai, Der Kanzelaltar, S. 139f

38 Teutsch, Kirchengeschichte Bd.1, S. 549, 550f, mit Quellenangaben

39 Mai, Der Kanzelaltar, S. 140; Braselmann, Der Kirchenbau; Christoph Machat, Zur Inneninstandsetzung der evangelischen Kirche von Witzhelden, in: Denkmalpflege in der Praxis (Mit-

ren Mittel- und Höhepunkt in die Ausstattung eingebunden ist: in Wolkendorf bei Schäßburg (Altar 1764), Hamruden (1784), Jakobsdorf (Orgel 1802), Bodendorf (1805), Waldhütten (Orgel 1809/1811), Henndorf (Orgel 1816/1817) oder Schweischer (Altar 1533, Orgel 1825) und viele andere (Abb. 8, 9, 11, 12)[40]. Altar und Orgel, zumeist gleichzeitig oder kurz nacheinander als gestalterische Einheit geschaffen, sind zwar im "alten" Chor aufgebaut, doch sind sie so nahe an den Chorbogen zum Saal hingerückt, daß die Tiefe des ehemaligen Chorraums in dem Kirchensaal nicht mehr zur Geltung kommt.

Eines der oben genannten Beispiele kann, wenn auch nicht als vollständiger Neubau, so doch als evangelische Emporenkirche des 18. Jahrhunderts angesehen werden, nämlich die Erweiterung der mittelalterlichen Saalkirche von Hamruden: Nach Abtrennung der turmbewehrten Chorapsis wurde im Jahre 1784 nach Süden ein annähernd quadratischer Saal mit dreiseitigem Abschluß angebaut, dessen Altar und Orgel, in spätbarocken Formen als breitgelagerte Schauwand gestaltet, in ganzseitig umlaufende Emporen eingebunden sind (Abb. 11)[41]; die Kanzel verharrt an traditioneller Stelle, den Brüstungen der Emporen entsprechen jene des Wandgestühls im Parterre, wo beidseitig des Mittelgangs das Weibergestühl ohne Brüstungen und Lehnen angeordnet ist.

Die Brüstungen von Emporen und Wandgestühl sind in Hamruden wie auch in den meisten anderen Kirchen mittels Leisten reich untergliedert und mit dekorativer Blumenmalerei verziert, die auch an den Emporenuntersichten und auf einigen Holzdecken seit dem späten 17. Jahrhundert wiederkehrt und der sog. "Blumenrenaissance" angehört (qualitätvolle Beispiele: Gestühl in Draas 1638, Kassettendecke in Zeiden 1701). Daneben finden sich figürliche Darstel-

---

teilungen aus dem Rheinischen Amt für Denkmalpflege, H.6), Bonn 1984, S. 66-72

40 Über den Altar von Wolkendorf vgl. Kurt Philippi, Ein siebenbürgischer Tischler im 18. Jahrhundert als Altarbauer in Schäßburg, in: Siebenbürgisch-sächsischer Hauskalender, Jahrbuch 27/1982, S. 77-85, bes. S. 78f; die datierten Orgeln stammen alle von dem Orgelbauer S. J. Maetz, vgl. Hermann Binder, Der Orgelbauer Samuel Josef Maetz (1760-1826), in: Forschungen zur Volks- und Landeskunde 26/1983, H.2, S. 21-39

41 Fabritius-Dancu, Kirchenburgen, Nr.38

lungen von biblischer und Kreuzessymbolik, begleitet von Bibelsprüchen, wie sie z.B. Johann Rößler 1680 (untere Empore) und sein Enkel Georgius Rößler 1775 (obere Empore) auf die Brüstungen von Bodendorf malten oder der Schäßburger Altarbauer Georgius Philippi 1762 auf die Brüstungen der von ihm gefertigten Emporen in Trappold[42]. Mit diesen bemalten Brüstungen stehen die siebenbürgischen Kirchen wiederum in der Tradition der lutherischen Emporenkirchen Deutschlands, wo seit dem späten 16., im 17. und noch im frühen 18. Jahrhundert umfangreiche Bilderzyklen auf Gestühls- und Emporenbrüstungen oder an den Kirchenwänden entstanden sind. Luther hatte es als gutes christliches Werk bezeichnet, die ganze Bibel in Bildern an die Wände zu malen, und geäußert, die Darstellungen des Gekreuzigten als Mittel zu seiner Vergegenwärtigung verdiene Lob. Doch ging es ihm freilich niemals um die Bilder und ihre künstlerische Aussage, sondern allein um die Belehrung durch das Wort. Und aus Angst vor dem Mißverständnis der bildlichen Aussage wurden die einzelnen Szenen der Bilderzyklen in allen lutherischen Kirchen wie auch in Siebenbürgen mit erläuternden Texten versehen[43].

Durch seine theologische Konzentration auf die Verkündigung des Gekreuzigten und die Rechtfertigung des Sünders hat Luther auch die Ikonographie der neuen protestantischen, wohl aber in der Tradition der mittelalterlichen Bilderwelt stehenden Kunst stark beeinflußt. Kreuzigung und Abendmahl als Altarbilder, Passion und Verbildlichung der Rechtfertigungslehre bestimmen die Bilderwelt der evangelischen Kirchen. In Siebenbürgen ist es nicht anders: Die weitaus größte Zahl der neu geschaffenen Altäre des 17. und 18. Jahrhunderts zeigen als Mitteltafel eine Darstellung des Gekreuzigten wie in Agnetheln, Kleinschelken, Meschendorf oder in der Schäßburger Klosterkirche (Altar von Jeremias Stranovius 1681, mit einer Darstellung des Abendmahls in der Predella, Kreuzabnahme und Auferstehung in der Bekrönung) oder sämtliche von Georgius Philippi geschaffenen Altäre des 18. Jahrhunderts (Retersdorf,

---

42 Zu Bodendorf vgl. ebd., Nr.32; zu Trappold vgl. Philippi, Ein siebenbürgischer Tischler, S. 81-84 mit Abbildungen; ähnliche Malereien auch an den Emporenbrüstungen der Schäßburger Klosterkirche

43 Sörries, Die Evangelischen, S. 49-59

Wolkendorf, Arkeden, Hohndorf, Werd u.a.). Lediglich der Altar
von Dobring (1629) zeigt als Mitteltafel eine Abendmahlsdarstellung[44].

Die kirchliche Kunst der Siebenbürger Sachsen steht also im 17.
und 18. Jahrhundert gänzlich im Zeichen der lutherischen Reformation und ist den anderen deutschen protestantischen Landschaften
vergleichbar. Zwei weitere Folgeerscheinungen der Reformation
dürfen in ihren Auswirkungen auf den Kirchenraum zum Abschluß
nicht unerwähnt bleiben.

Zum einen hat der Umgang mit den Bildern und der daraus erwachsene Rückgang der kirchlichen Aufträge zu einem Anstieg privater
Aufträge, vornehmlich aus den Reihen der vermögenden Gemeindeglieder, geführt und schließlich profanen Kunstwerken die Einkehr in
den Kirchenraum ermöglicht: Herrschaftsgrabmäler bzw. Epitaphien
mit reichem, auch figürlichem Schmuck sind schon seit Ende des
16. Jahrhunderts in vielen reformierten wie lutherischen Kirchen
zu finden[45]. In Siebenbürgen sei lediglich an die Vielzahl von
Grabsteinen und Epitaphien des 17./18. Jahrhunderts in der Hermannstädter Stadtpfarrkirche erinnert.

Zum anderen hatte Luther die Bilder der Gleichgültigkeit preisgegeben und damit indirekt die Entwicklung zum bildlosen Predigtraum gegen Ende des 18. Jahrhunderts, im Zeitalter von Rationalismus und Aufklärung, beeinflußt, als in vielen Kirchen die Bilder übermalt bzw. übertüncht wurden. Schon 1724 mußten sich die
Augsburger bei der Wiedereinweihung der Barfüßerkirche gegen die
Bilderfeindlichkeit zur Wehr setzen, und 1778 wurden in Frankfurt
während der Restaurierung der 1681 fertiggestellten Katharinenkirche die Emporen- und Deckengemälde unter gekalkten Rohrmatten
verborgen[46]. In Siebenbürgen ist es nicht anders gewesen: In der
Schäßburger Bergkirche wurden 1777 die Wandmalereien ebenso übertüncht[47] wie in vielen anderen Kirchen, z.B. Mediasch, Birthälm,

---

44 Victor Roth, Siebenbürgische Altäre, Straßburg 1916, S. 184-223, zu Dobring S. 184f, zu Schäßburg S. 194-198; über Georgius Philippi vgl. Philippi, Ein siebenbürgischer Tischler

45 Weerda, Die Bilderfrage, S. 290, 298-300; über Epitaphien in lutherischen Kirchen vgl. auch Sörries, Die Evangelischen, S. 82f

46 Sörries, Die Evangelischen, S. 175-181

Klausenburg, Kronstadt, Trappold, Heltau, Hamruden, Bodendorf, Durles, Tartlau, Petersberg. In deutschen Landen ist nach Aufhebung der konfessionell geschlossenen Territorien der bilderlose Predigtsaal ganz bewußt zum Unterscheidungsmerkmal gegenüber den katholischen Gemeinden geworden[48]. In Siebenbürgen mögen die Gründe ähnlich gelagert gewesen sein, vielleicht hat auch der Druck der Gegenreformation eine Rolle gespielt, wenn auch die Rückforderung und Rückgabe von Kirchengebäuden an die katholische Kirche schon im ersten Drittel des 18. Jahrhunderts stattgefunden hatte. Doch ist auch in Siebenbürgen zu Beginn der 70er Jahre des Jahrhunderts der Geist der Aufklärung allenthalben zu spüren[49].

Im 19. Jahrhundert geht der evangelische Kirchenbau neue Wege, die sich in Siebenbürgen nur geringfügig auswirken werden. Die meisten Gestühlskonstruktionen sind im Laufe dieses Jahrhunderts zwar erneuert worden, doch ist die Raumordnung der barocken Emporenkirche fast überall erhalten geblieben. Bedauerlicherweise fehlt bis heute ein wissenschaftliches Inventar der siebenbürgisch-sächsischen Kunst, um ihren "protestantischen" Zweig in seiner ganzen Vielfalt darstellen und gebührend würdigen zu können.

RÉSUMÉ

Les effets de la Réforme sur le décor des églises en Transylvanie

Cette étude soulève pour la première fois la question de savoir si dans la Transylvanie luthérienne la Réforme s'est manifestée

---

47 Vgl. Christoph Machat, Die Bergkirche zu Schäßburg und die mittelalterliche Baukunst in Siebenbürgen, München 1977, S.21 und Anm. 118: Konsistorialprotokoll vom 17.12.1776: "da die gemahlte Gegenstände selbst beinahe von keiner Erheblichkeit sind ..."

48 Sörries, Die Evangelischen, S. 169

49 Teutsch, Kirchengeschichte Bd.2, S. 202f, 254f; über Rückforderungen von Kirchengebäuden S. 27-32

- dehors des déprédations causées par les iconoclastes et de la destruction de chefs d'oeuvre d'art religieux - de la même façon que dans les régions de l'Allemagne protestante en ce qui concerne l'architecture et le décor des églises.

Si on compare avec le développement en Allemagne, depuis les premières chapelles de château des princes protestants jusqu'aux véritables églises protestantes, dont les principales caractéristiques sont, pour des raisons liturgiques, des galeries, une stricte ordonnance des chaises, une chaire intégrée à l'autel ou un "mur principal", on constate que pratiquement aucune nouvelle église protestante n'a été construite en Transylvanie mais qu'à la fin du XVIIe siècle et au XVIIIe siècle les églises devenues protestantes ont été transformées en salles de prédication, sans tableaux figuratifs ni statues, avec par contre des galeries, une stricte ordonnance des chaises, une chaire intégrée à l'autel (rarement), des orgues placées en haut derrière l'autel, ce qui est un trait caractéristique des églises protestantes transylvaines.

SUMMARY

Effects of the Reformation in Transylvanian Church Furnishings

This is the first time the question is raised as to whether the Reformation in Lutheran Transylvania - aside from iconoclasm and losses of artworks - had similar effects on church buildings and furnishings to those in the Protestant parts of Germany. A comparison with German events - from the early castle chapels of Protestant princes to the full- blown Protestant galleried churches with fixed seating, pulpit-altars and principal walls (and liturgical justifications) - leads to the result that while hardly any new Protestant churches were built in Transylvania from the late 17th and 18th centuries the interiors of churches were rebuilt in Protestant fashion (ultimately without artworks) with inbuilt galleries, fixed seating, pulpit-altars (somewhat rarer) or the regionally typical arrangement of superimposed altars and organs.

DAS KLAUSENBURGER HERBARIUM DES PETER MELIUS

Heinz Heltmann

Vorbemerkungen

Der geistig-kulturelle Aufbruch im 14. und 15. Jahrhundert, der als Renaissance bezeichnet wird, wirkte sich auch auf die Arzneikunde und die Botanik belebend und fördernd aus. Man versuchte, sich der hemmenden Fesseln des Mittelalters zu entledigen und das Geistesleben von überfälligen, falschen Ansichten zu befreien. Vor allem aber begann man, sich der Erforschung der heimischen Pflanzenarten als Heilmittel und ihrer Darstellung in Wort und Bild intensiver zuzuwenden.

Auf medizinisch-botanischem Gebiet bewirkte dieser Neubeginn zunächst in Italien und Frankreich (15. Jahrhundert), danach auch in Deutschland (16. Jahrhundert), wo er mit der Reformation zusammenfiel, das Erscheinen von Kräuterbüchern, die unter dem Namen "Herbarius" oder "Herbarium" erschienen[1].

Die bedeutendsten deutschen Kräuterbücher dieser Zeit sind die von Otto Brunfels (Straßburg 1530), Hieronymus Bock (Tragus, Straßburg (1539) und Leonhart Fuchs (Basel 1542). Das Erscheinen dieser Herbarien verursachte die Herausgabe einer Reihe weiterer Kräuterbücher, denen sie als Vorlage dienten[2]. Von diesen ist für unsere Betrachtungen das Kräuterbuch von Adam Lonitzer (Lonicer, 1528-1586) zu erwähnen, das erstmals 1557 in Frankfurt erschien und Peter Melius weitgehend für die Abfassung seines Herbariums gedient hat.

Obwohl das Herbarium von Melius das einzige in Siebenbürgen erschienene Kräuterbuch und zugleich das erste hier gedruckte botanische Buch ist, wird es in der deutschsprachigen Fachliteratur Siebenbürgens nur gelegentlich erwähnt. Fast drei Seiten widmet

---

1 Heute versteht man unter einem Herbarium eine Sammlung gepreßter Pflanzen, die wissenschaftlichen Zwecken dient.
2 Karl Mägdefrau, Geschichte der Botanik, Stuttgart 1973, S. 20-30

August Kanitz (Klausenburg) in seinem 1865 erschienenen "Versuch einer Geschichte der ungarischen Botanik"[3] der Biographie von Melius und seinem Herbarium. Hingegen fehlen diesbezügliche Angaben in den Arbeiten zur botanischen Erforschung der Karpaten und Siebenbürgens von Ferdinand Pax (Breslau)[4] und Julius Römer (Kronstadt)[5]. Erst 1970 wieder wird dieses Kräuterbuch von mir in einer zusammenfassenden Betrachtung[6] erwähnt, und 1979 findet sich bei Klaus Niedermaier[7] ein Hinweis auf dieses Herbarium und seinen Verfasser. Allerdings geht Niedermaier im Kapitel "Botanik" seiner Arbeit auch nur kurz auf Autor und Werk ein, ohne die neueren Veröffentlichungen darüber von Rezsö Soó, János Halmai und vor allem von Attila Szabó zu erwähnen. In einem Büchlein von Adám Dankanits, "Lesestoffe des 16. Jahrhunderts in Siebenbürgen"[8], wird auf Melius und sein Herbarium auch kurz verwiesen, aber leider mit mehreren Druckfehlern in den angeführten Namen (Máliusz statt Melius, Liniceri statt Lonitzer oder Lonicer usw.), so daß diese Erwähnung für den Leser wenig gewinnbringend ist. Kurze Hinweise zum Herbarium von Melius finden sich auch in den Büchern von Samuel Izsák[9] und Jozsef Spielmann[10]. Bei Dankanits und Spielmann handelt es sich um Übersetzungen ins Deutsche bzw. Rumänische der 1974 und 1976 erschienenen ungarischen Ausgaben dieser beiden Bücher.

Von ungarischer Seite wurde diesem Herbarium als erstem botanischen Werk in ungarischer Sprache verständlicherweise mehr Auf-

---

3 Sonderdruck aus Linnaea 33/1865, S. 20-23

4 Grundzüge der Pflanzenverbreitung in den Karpathen, Bd.1, Leipzig 1898, S. 1-63

5 Versuch einer Geschichte der botanischen Erforschung Siebenbürgens, in: Schule und Leben 3/1921/1922, H.3 und 4, S. 41-47, 49-56

6 Heinz Heltmann, Die Anfänge der naturwissenschaftlichen Forschung in Siebenbürgen, in: Neuer Weg 6.5.1970

7 Geschichte der naturwissenschaftlichen Forschung in Siebenbürgen, in: Naturwissenschaftliche Forschungen über Siebenbürgen I, Köln/Wien 1979 (Siebenbürgisches Archiv Bd.14), S. 18

8 Deutsche Ausgabe Bukarest 1982, S. 111

9 Farmacia de-a lungul secolelor (Die Pharmazie im Lauf der Jahrhunderte), București 1979, S. 136f

10 Restituiri istorico-medicale (Medizingeschichtliche Wiedergaben), București 1980, S. 22, 58, 194f

merksamkeit entgegengebracht. Eine ausführliche botanische Auswertung dieses Kräuterbuches hat Endre Gombocz[11] 1936 veröffentlicht. Ein Nachdruck des Herbariums erschien, zusammen mit mehreren Mitteilungen über dieses Werk, in den "Mitteilungen der medizingeschichtlichen Bibliothek" in Budapest[12].

Zum 400. Todestag von Melius hat Rezsö Soó 1973 eine Würdigung des Verfassers und seines Kräuterbuches veröffentlicht[13]. Die umfassendste Auswertung dieses Werkes mit einer ausführlichen Biographie von Melius und einem Nachdruck des Herbariums hat schließlich 1978 Attila Szabó (Klausenburg)[14] in ungarischer Sprache herausgegeben. Dieser Band, der anläßlich der 400. Wiederkehr der Herausgabe des Herbariums erschien, stellt die Grundlage für unsere hier folgenden Ausführungen dar. In seinem Buch geht Szabó ausführlicher auf die europäischen Kräuterbücher des 16. Jahrhunderts und auf Leben und Werk von P. Melius ein. Weitere Kapitel sind der Entstehungsgeschichte und dem Inhalt des Herbariums gewidmet. Auf den Seiten 91-336 bringt Szabó einen Nachdruck des Herbariums (Titelblatt, Verzeichnisse und Text der 233 Kapitel). Danach folgen das Quellenverzeichnis mit Hinweisen zur neueren diesbezüglichen Literatur (S. 337-364) und Erläuterungen zu den einzelnen Kapiteln (S. 365-443) mit Angabe der heute gültigen wissenschaftlichen Pflanzennamen in ungarischer, rumänischer und deutscher Sprache. Im Anschluß finden sich die Verzeichnisse dieser Namen (S. 445-516) und auf den letzten zwei Seiten des Buches das Inhaltsverzeichnis.

---

11 A magyar botanika története (Geschichte der ungarischen Botanik), Budapest 1936, S. 29-56

12 "Communicationes ex Bibliotheca Historiae Medicae Hungarica" 23/1962, zit. nach Reszö Soó (siehe Anm. 13); Gedeon Borsa, Res litteraturae Hungariae vetus operum impressorum 1473-1600, Budapest 1971, S. 400f

13 Reszö Soó, Péter Melius Juhász (1536 ?-1572), in: Acta Botanicae Academiae Scientiarum Hungaricae 18/1973, H.1-2, S. 1-6 - Der gleiche Text in englischer Sprache erschien in: Acta Agronomicae Academiae Scientiarum Hungaricae 21/1972, H.1-2, S. 3-7 - Für die Xerokopien dieser Arbeiten und der von J. Halmai und C.C. Haberle danke ich Herrn Prof. Dr. András Terpó, Budapest

14 Melius Péter, Herbarium, Bukarest 1978 - Die teilweise Übersetzung dieses Buches (S. 5-56) aus dem Ungarischen besorgte Dr. Adám Szabó, Budapest, wofür ich ihm auch hier Dank sage.

Sonderbar ist, daß die oben erwähnte Arbeit von A. Kanitz über Melius und sein Herbarium in keiner mir bekannten ungarischen Arbeit erwähnt oder als Quelle angeführt wird.

Die nun folgenden Ausführungen sollen den diesbezüglich interessierten Leser mit neueren Ergebnissen der Forschung über Peter Melius und sein Herbarium bekanntmachen.

Zur Lebensgeschichte von Peter Melius

Über die Kindheit und Jugend von Peter Melius ist auch heute nur wenig bekannt. Die Bestrebungen, dieses dunkle Kapitel seiner Biographie etwas aufzuhellen, wurden zusätzlich durch die Verwendung mehrerer Namen seinerseits erschwert. Áron Szilády führt elf verschiedene von ihm verwendete Namensformen auf[15]. Zu diesen gehören außer Melius Péter auch Juhász Péter de Horhi, Ihász Péter de Horhi, Somogyi Melius Peter usw. Es treten also außer Melius noch die Namen Juhász bzw. Ihász und Somogyi als Familiennamen auf. Melius ist die latinisierte Form des griechischen "meleios" und bedeutet - wie auch das ungarische Wort juhász - Schäfer. Melius ist also sein nach humanistischer Gepflogenheit angenommener Name, Juhász seine Übersetzung ins Ungarische. Schließlich konnte István Botta in seinem Buch über die Jugend von P. Melius (Budapest 1978) nachweisen, daß Somogyi Péter sein eigentlicher Name ist[16]. Horhi ist sein Geburtsort, ein Dorf im Komitat Somogy, das in der Zeit der Türkenherrschaft untergegangen ist[17].

Umstritten ist auch das Geburtsjahr von Melius. In älteren Arbeiten wird sein Geburtsjahr mit 1536[18] oder auch mit 1515 angegeben. Das Jahr 1536 wird von Soó als vermutlich angezweifelt. István Botta führt in seiner oben erwähnten Arbeit 1531 als Geburtsjahr an[19].

Von adliger Herkunft und angeblich früh verwaist, kam Melius mit seinen Anverwandten auf den Hof des Landrichters Tamás Nádasdy in

---

15 Szabó, Melius Péter, S. 22, 343
16 Ebd., S. 27, 343
17 Soó, Péter Melius Juhász, S. 2
18 C.C. Haberle, Succinta rei herbariae Hungaricae et Transsilvanicae historia, Budae 1830, S. 12
19 Szabó, Melius Péter, S. 23, 26, 343

Sárvár an der Raab. Er dürfte etwa 14 Jahre alt gewesen sein, als er hier in die Schule aufgenommen wurde. Zum Besitz der Familie Nádasdy gehörte auch ein weithin bekannter Garten, in dem viele Gemüse- und Obstarten mit ungewöhnlichem Erfolg für die damalige Zeit gezogen wurden. Nicht nur die frühe Ernte verschiedener Gemüsesorten, sondern auch die bemerkenswerte Qualität der Ernte erregte landesweit Aufsehen. Hier dürfte sich Melius' Interesse und seine Liebe zur Botanik herausgebildet haben.

Im Herbst des Jahres 1556 begab sich Melius zum Studium an die Universität Wittenberg, wo er sich am 25. Oktober 1556 inskribierte. Von den damaligen Lehrern dieser Universität hatten vor allem Paul Eber und Philipp Melanchthon einen nachhaltigen Einfluß auf ihn. Eber war ein vielseitiger Wissenschaftler und las u.a. auch Botanik. Melanchthon beeindruckte ihn vor allem als Humanist, reformatorischer Theologe und bedeutender Pädagoge seiner Zeit. Laut Szabó gibt es keine Beweise dafür, daß Melius sich in Wittenberg medizinische oder botanische Kenntnisse angeeignet hätte, obwohl hierfür auch der Gegenbeweis fehlt. Soó hingegen nimmt dieses an.

Bereits nach einem Semester verließ Melius Wittenberg und war im März 1557 wieder zu Hause. - Im Jahre 1558 berief man ihn als Prediger nach Debretzin, wählte ihn hier bald darauf zum Stadtpfarrer und später zum Bischof der reformierten Kirche Ungarns. Als solcher hat er wiederholt mit Vertretern anderer Glaubensrichtungen gestritten, so z.B. 1569 in Großwardein mit Franz Davidis (Klausenburg), dem Bischof der Unitarier. Im Zuge dieses jahrelangen Glaubensstreites hat Melius zwischen 1561 und 1571 eine Vielzahl von theologischen Abhandlungen und Streitschriften verfaßt. Etwa 40 davon sind im Druck erschienen. Seine Bibelübersetzung ist leider verlorengegangen.

In seinem letzten Lebensjahr hat sich der bereits kränkelnde Melius verstärkt der Fertigstellung seines Herbariums gewidmet, für das zweifellos schon Vorarbeiten aus früheren Jahren vorlagen. Nachdem aber Melius 1572 starb, blieb sein letztes, für die Nachwelt wohl bedeutendstes Werk unvollendet. Dieses geht nach Soó aus dem Vergleich mit dem Kräuterbuch von Lonitzer hervor, das 419 Kapitel umfaßt, während das von Melius nur 233 Kapitel enthält. Ein weiterer Beweis hierfür ist aber auch das fehlende Vorwort des Verfassers für sein Herbarium.

Frau Melius lebte nach dem Tode ihres Gatten mit ihren beiden Töchtern zunächst weiter in demselben Haus. Als sie infolge eines Erbschaftsstreites im Jahre 1575 gezwungen wurde, dieses Haus der Kirche zu überlassen und in ein anderes Haus in Debretzin umzuziehen, kam im Nachlaß ihres Mannes wohl auch die Handschrift des Herbariums zum Vorschein[20]. In der Annahme, daß sie dafür ein entsprechendes Honorar bekommen würde, schickte sie dieses an die Witwe Kaspar Helths in Klausenburg, die nach dem Tode ihres Mannes (1574 oder 1575) die von diesem errichtete Druckerei leitete. Helth, ab 1545 sächsischer Stadtpfarrer in Klausenburg, war Lutheraner[21]. 1559 ging er mit Franz Davidis in das Lager der Reformierten über und wurde, als er unter dem Einfluß von Davidis schließlich zu den Unitariern wechselte, zwangsläufig zum Gegner von Melius. Aus diesem Grunde wäre es durchaus denkbar, daß Frau Melius das Manuskript des Herbariums erst nach dem Tode K. Helths zum Druck nach Klausenburg schickte.

Das Herbarium von Peter Melius

Dieses siebenbürgische Herbarium oder Kräuterbuch wurde 1578 in ungarischer Sprache in der Officin der Witwe von K. Helth in Klausenburg gedruckt. Der Titel des Buches lautet:

> "Herbarium. Az fáknac, füveknec nevekről, természetekről és hasznairól, Magyar nyelwre és ez rendre hoszta az Doktoroc Könyueiből az Horhi Melius Peter. Nyomtattot Colosvárat Heltai Gáspárné Műhellyébé, 1578. Esztendőben" (Herbarium. Vom Namen, der Natur und dem Nutzen der Bäume und Kräuter. Aus den Büchern der gelehrten Doktoren in ungarischer Sprache verfaßt von Peter Melius aus Horhi. Gedruckt zu Klausenburg in der Officin der Frau von Kaspar Helth im Jahre 1578 - Abb. 1).

Der eigentliche Textteil dieses nicht illustrierten Kräuterbuches umfaßt 188 Blätter bzw. 376 Seiten in Kleinoktav.

Das Vorwort wurde von der Herausgeberin, der Witwe Helths, verfaßt. Aus den Schlußsätzen geht hervor, daß Melius der Verfasser

---

20 Szabó, Melius Péter, S. 32
21 Oskar Wittstock, Kaspar Helth - Reformator, Humanist und Verleger zweier Völker, in: Siebenbürgisch-Sächsischer Hauskalender, Jahrbuch 23/1978, S. 91-97; vgl. hierzu auch Rudolf Schuller, Aus der Vergangenheit Klausenburgs, Klausenburg 1924, S. 73f

ist und Frau Helth für die Unkosten des Druckes aufkam. Hier heißt es in deutscher Übersetzung:

"... Mit solchen Dingen befaßte sich zu unserer Zeit der weise Mann Peter Melius, Hirte der christlichen Kirche zu Döbrötzen. Er beschäftigte sich mit dem Sammeln von Heilmitteln für die gemeinen Krankheiten und mit deren Übersetzung in die ungarische Sprache. Also war die Niederschrift und das Sammeln aus den Büchern vieler weiser Ärzte Mühe des frommen Mannes, die Arbeit und alle Kosten des Druckes die meinigen. Dies möge die Ungarische Nation mir armer Witwe als Verdienst anrechnen."

Auf das Vorwort folgen zunächst die Verzeichnisse der wissenschaftlichen ungarischen und deutschen Pflanzennamen und danach ein Verzeichnis der im Buch aufgeführten Krankheiten. Seitenzahlen hinter diesen verweisen den Leser zu den Arzneipflanzen, die für ihre Heilung damals geeignet erschienen. Im Anschluß an diese Indices beginnt das eigentliche Herbarium. Auf 376 Seiten umfaßt es 233 Kapitel und zerfällt in zwei Teile. Der erste Teil ist den Holzgewächsen gewidmet (Kapitel 1-63), der zweite Teil den Kräutern (Kapitel 64-233).

Am Anfang des ersten Teiles wiederholt Melius den Buchtitel und fügt die Namen jener Gelehrten an, deren Werke ihm als Quelle für die Zusammenstellung seines Herbariums gedient haben: Galenus (130-201), Plinius d. Ä. (23-79) und vor allem Adam Lonitzer (1528-1586). Der Originaltext lautet:

"HERBARIUM, Az fáknac, füveknec nevekről, természetekről éz hasznakról Galenusból, Pliniusból, és Adámus Loniceursból szedetették ki." (Herbarium vom Namen, der Natur und dem Nutzen der Bäume und Kräuter, aus den Werken von Galenus, Plinius und Adam Lonitzer zusammengestellt).

Außerdem bezieht sich Melius in seinen Hinweisen noch häufig auf Dioskorides (1. Jahrhundert n. Chr.) und wiederholt auf Pietro Andrea Mattioli (latinisiert Matthiolus, 1500-1577), dessen Name aber fehlerhaft als Mathiolus oder mehrfach als Matheolus (z. B. Kap. 173) genannt wird. Seltener nimmt Melius Bezug auf die Werke von Tragus (H. Bock, Kap. 159, 230), Ruellius (1474-1537, Kap. 158, 159), L. Fuchs (Kap. 159), Avicenna (Ibn Sina, 980-1037, Kap. 60) u.a. Als wichtigste Quelle diente ihm, wie schon eingangs erwähnt wurde, laut Gombocz (1936) das Kräuterbuch Adam Lonitzers (Frankfurt 1557), dem er den Großteil der Kapitel entnommen hat.

Weiter heißt es dann:

"Kezdetik azért előszer a fákról, nevek kedig déakol, magyarol és németül: némely ..." (Es beginnt daher mit den Bäumen, ihr Name ist lateinisch, ungarisch und deutsch, hier und da auch griechisch mit lateinischen Buchstaben angeführt, Abb. 2)

Danach folgt die Abhandlung der einzelnen Baumarten in Kapiteln. Jedes Kapitel beginnt mit den lateinischen, ungarischen und deutschen Pflanzennamen, z. B. Birnbaum: Pyrus - Körtvélyfa - Byrbaum (Abb. 2). In vielen Kapiteln schließt sich eine kurze oder längere Beschreibung einer oder mehrerer Pflanzenarten an. Werden mehrere Pflanzenarten oder systematische Einheiten in einem Kapitel behandelt, sind für diese Unterscheidungsmerkmale angeführt. Es folgen Angaben zu den Eigenschaften und der Wirkung der gebräuchlichen Pflanzenteile (Természeti = ihre Natur), zur inneren (Belső hasznai) und äußeren Anwendung (Külső hasznai) der betreffenden Pflanzen (Abb. 2, 3). Gelegentlich werden auch Hinweise auf die Zubereitung der Heilmittel erteilt und - bei wildwachsenden Pflanzenarten - auf ihr Vorkommen in der Umgebung von Debretzin, in den Komitaten Bihar und Sathmar, ja sogar in den Südkarpaten Siebenbürgens (Szabó, S. 48).

Die Pflanzennamen im Herbarium von Melius

Wie in anderen Kräuterbüchern des 16. Jahrhunderts erfolgt die wissenschaftliche Benennung der Pflanzen auch hier meistens nur mit einem lateinischen oder griechischen Namen (z.B. Pyrus für Birnbaum, Abb. 2). Dieses sind Namen, die auf die bereits erwähnten Naturphilosophen und Pflanzenkundigen des Altertums Theophrast, Dioskorides und Plinius d. Ä. zurückgehen und auch noch in den mittelalterlichen Glossaren und Kräuterbüchern verwendet werden. Viele dieser Namen wurden von Karl von Linné (1707-1778) und von anderen Botanikern nach ihm für die wissenschaftliche Benennung der Pflanzen mit einem Doppelnamen (binäre Nomenklatur) beibehalten[22]. Wir finden sie heute noch häufig als Gattungsnamen

---

[22] Die heute gültigen wissenschaftlichen Namen, z.B. Gentiana lutea L. für den Gelben Enzian, bestehen aus dem Gattungsnamen Gentiana und dem artspezifischen Beiwort (Epitheton) lutea. Das dahinter stehende L. ist die Abkürzung für Linné, der diese Art erstmals so benannt und genau beschrieben hat. Durch dieses Beiwort kann man diese Pflanzenart von allen anderen Enzianarten leicht unterscheiden, und man weiß genau, um wel-

bei den Pflanzenarten, für deren Benennung sie im Mittelalter dienten. Der Name Valeriana aus den Kräuterbüchern und dem Herbarium von Melius wird auch heute als Gattungsname für alle Baldrianarten verwendet. Das gleiche gilt für Coriandrum = Koriander, Linum = Lein oder Flachs, Salvia = Salbei usw. Jedoch entspricht die damalige Bedeutung der Pflanzennamen nicht ausnahmslos auch der heutigen. Unter dem Pflanzennamen Caltha verstand man im Mittelalter die Ringelblume, heute ist es der Gattungsname der Sumpfdotterblume (Caltha palustris L.) und ihrer Kleinarten. Das Wort Pinus bedeutete zu jener Zeit Fichte (bei Melius Fichtenbaum), heute ist es der Gattungsname der Kiefernarten[23]. Melius verwendete den Namen Primula veris gemeinsam mit Bellis minor für das Gänseblümchen (Bellis perenis L.); heute ist ersterer der wissenschaftliche Name der Frühlingsschlüsselblume. Der Sinn der damaligen und heute gültigen wissenschaftlichen Namen muß demnach jeweils überprüft werden.

Mitunter verwendeten verschiedene Autoren für die gleiche Pflanze unterschiedliche Namen. Melius benennt den Weißen Germer mit den beiden Namen Veratrum album - Weiß Nieswurtz und Elleborus albus - Scampanien wurtz. Leonhart Fuchs[24] nennt diese Pflanze Elleborus albus - Weiß Nießwurtz, und die dazugehörige Abbildung stellt eindeutig den Weißen Germer dar. Der deutsche Pflanzenname Weiß Nießwurtz wird also sowohl für Elleborus albus als auch für Veratrum album verwendet. Nun könnte man annehmen, daß es sich bei Veratrum nigrum um den Schwarzen Germer handelt. Aber schon der deutsche Name Nieswurtz bei Melius und anderen Autoren weist darauf hin, daß hier die Christ- oder Schneerose (Helleborum niger L.) gemeint ist, die bei Fuchs auch Elleborus niger - Christwurz heißt. Demnach finden sich in den verschiedenen Kräuterbüchern für die gleiche Pflanze z.T. unterschiedliche deutsche und wissenschaftliche Bezeichnungen, was die genaue Identifizierung

---

che Art es sich handelt. In den Kräuterbüchern des 16. Jahrhunderts und auch bei Melius wird er nur als Gentiana bezeichnet (Abb. 5), während das Kreuzenzian als nahe verwandte Art von Melius unter dem Namen Cruciata aufgeführt ist.

[23] Heinz Heltmann, Honterus und die Biologie, in: Zeitschrift für Siebenbürgische Landeskunde 2(73)/1979, S. 147

[24] Holzschnitte seines Kräuterbuchs, Basel 1545 (Neudruck)

solcher Arten erheblich erschweren kann. Hierbei können gute, mit dem Pflanzennamen versehene Abbildungen von großem Nutzen sein.

Wie das Beispiel vom Birnbaum bereits zeigte, werden auch viele andere Holzgewächse der Kapitel 1-63 nur mit einem Namen benannt (Salix = Weiden, Alnus = Erlen, Acer = Ahorne usw.). In einigen Kapiteln verwendet Melius mehrere Namen verschiedener Herkunft für die gleiche Art: Z.B. im Kapitel "De Phoenice" (über die Dattelpalme) führt er den lateinischen Namen Palma (Hand) und die beiden griechischen Namen Phoenix und Dactilloc (für daktylos = Finger) für die Dattelpalme an. Die gleichen Namen werden für diese Pflanzen auch im Synonymenschlüssel von Hermann Fischer[25] genannt. Als deutsche Namen nennt Melius Palmbaum und Dactilbaum (Abb. 4).

Unseren heutigen Kenntnissen völlig entsprechend ist in einem anderen Kapitel die gemeinsame Darstellung von Holunder und Attich als nahe verwandte Pflanzen. Hingegen ungewöhnlich für die heutige Einteilung des Pflanzenreiches ist das Einbeziehen der Schwämme und Moose (einschließlich der Flechten) in diesen ersten Teil, in dem alle anderen Vertreter zu den Samenpflanzen gehören. Wenn man sich allerdings vergegenwärtigt, daß Pilze, Flechten und Moose hauptsächlich im Schatten der Waldbäume, teilweise auch an deren Stämmen wachsen, dann kann man auch für diese Zuordnung Verständnis aufbringen.

In dem umfassenderen zweiten Teil des Herbariums (Kap. 64-233) ist "Vom Namen und der Natur der Kräuter" die Rede. Wie im ersten Teil werden auch hier zunächst die Namen angeführt, sodann die Pflanzen beschrieben und schließlich Hinweise für eine innere und äußere Anwendung gegeben. Gelegentlich finden sich am Schluß der Kapitel auch Rezepte für die Zubereitung von Heiltees, für die Herstellung eines Sirups oder praktische Hinweise zur richtigen Weinpflege, zur Bekämpfung von Viehkrankheiten und Ungeziefer und anderes.

Auch in diesem Teil werden in einem Kapitel eine bis mehrere Pflanzenarten behandelt. Um ähnlich aussehende Arten leichter un-

---

25 Mittelalterliche Pflanzenkunde mit einem Synonymenschlüssel zu den mittelalterlichen lateinischen und deutschen Glossaren, München 1929, S. 254-318

Nach Soó[26], der für das Herbarium von Melius irrtümlicherweise nur 232 statt 233 Kapitel anführt, werden in diesem Herbarium etwa 620 Pflanzenarten bzw. systematische Einheiten behandelt und etwa 2000 ungarische Pflanzennamen genannt. Die Zahl der ausführlicher behandelten oder auch nur erwähnten Pflanzen ist deshalb erheblich größer als die der Kapitel, weil in einem Teil der Kapitel Angeben für zwei oder mehr Pflanzenarten enthalten sind. Außerdem werden weitere Pflanzenarten im Text verschiedener Kapitel erwähnt. Nach J. Halmai[27] sind es mehr als 600 Pflanzenarten, nach Soó aber weniger als 600. Auch die Anzahl der davon genau identifizierten Pflanzenarten schwankt von Autor zu Autor. Laut Szabó[28] konnte man schließlich 403 höhere Pflanzenarten, 43 Kulturpflanzen (hauptsächlich Sorten, Varietäten und Formen) und 10 niedere Pflanzen genau bestimmen. Danach weiß man von etwa 450 der von Melius in sein Herbarium einbezogenen Pflanzensippen, um welche Arten oder taxonomischen Einheiten es sich handelt.

Einige dieser Pflanzenarten sind auch heute noch als wertvolle Heilpflanzen anerkannt und werden als solche auch in den Arzneibüchern der verschiedenen Länder Europas (allerdings in unterschiedlicher Anzahl) und im Europäischen Arzneibuch monographisch behandelt. Sicher übertrieben ist die Angabe von Halmai, 72,6% der Pflanzenarten im Herbarium von Melius würden heute in Ungarn als Heilpflanzen verwendet. Nach einer genaueren Überprüfung kommt Szabó zu der Schlußfolgerung, daß heute (1978) etwa 50% davon als Heilpflanzen in Mitteleuropa noch eine Rolle spielen und in Rumänien 59% davon als solche angebaut, gesammelt oder zur Benutzung empfohlen werden. - Eine Überprüfung der ungarischen Pflanzennamen durch Szabó ergab, daß es sich nicht um etwa 2000, sondern um 1236 alte ungarische Namen handelt, die von Melius in seinem Werk genannt werden - immerhin eine stattliche Anzahl, deren Bewahrung für die ungarische Ethnobotanik zweifellos von großem Wert ist.

Soó bemängelt, daß Melius für die Behandlung einer Krankheit oft sehr unterschiedliche Pflanzen empfiehlt. Die Empfehlungen müs-

---

26 Soó, Péter Melius Juhász, S. 3f
27 The Herbal of Péter Melius Juhász and Hungarian medicinal plants, in: Acta Agronomicae Academiae Scientiarum Hungaricae 21/1972, S. 9-13
28 Szabó, Melius Péter, S. 41

sen jedoch nicht in allen Fällen unzutreffend sein, da auch verschiedene Pflanzen eine ähnliche Wirkung besitzen können. Ein deutlicher Beweis dafür, daß Melius auch über Wirkung und Anwendung der Heilkräuter Bescheid wußte, geht aus seiner wiederholt gemachten Bemerkung "erprobtes Ding" oder "erprobtes Mittel" hervor.

Mit den Nutzpflanzen im Herbarium von Melius hat sich Gyula Mándy[29] befaßt. Unter den von Gombocz identifizierten Pflanzen kann er nur 18 Gewürz-, Gemüse-und andere Kulturpflanzen finden, unter denen er auch die Rizinuspflanze aufführt, die von Melius mit dem auch heute verwendeten deutschen Namen Wunderbaum in sein Werk aufgenommen wurde. Szabó ergänzt diese Zahl durch weitere etwa 25 Kulturvarietäten und -formen der Kirsche, des Gartenmohn, Gartensalat, Spinat, der Gartenpflaume, der Bluthasel usw.

Aus medizinischer Sicht enthält das Buch Empfehlungen und Hinweise für die Behandlung zahlreicher Krankheiten, die Melius verschiedenen klinischen Bereichen zuordnet. Bei diesen Bereichen handelt es sich um innere Krankheiten, Hautkrankheiten, Infektionskrankheiten, Hals-Nasen-Ohrenkrankheiten, Nerven- und Geisteskrankheiten, Gynäkologie und Geburtenregelung, Chirurgie, Behandlung von Vergiftungen, Knochen- und Gelenkbeschwerden, Zahnmedizin und Erkrankungen der Mundhöhle, Augenkrankheiten, Geschlechtskrankheiten und sexuelle Aufklärung, Kampf gegen Schmarotzer, Nieren- und Blasenkrankheiten, Schönheitspflege und sonstiges. Die jedem Bereich zugeordneten Krankheiten werden in häufig und seltener auftretende Fälle unterteilt. Bei den inneren Krankheiten beispielsweise zählt er zu den häufig auftretenden Erkrankungen Geschwülste, Verdauungsbeschwerden, Bauchschmerzen, Darmkrankheiten u.a.; selten Geschwüre, Hirninfarkt u.a. Bei den Infektionskrankheiten bezeichnet er als häufig Tollwut, Wechselfieber, Gelbsucht, Diphtherie, Schüttelfrost u.a.; als seltener Pest und Pocken. Nach Szabó sind im Herbarium an die 300 Krankheitsnamen zu finden. Die Pharmazie Ungarns verdankt dem Werk von Melius etwa 1500 Rezepte, Indikationen und Heilverfahren. Auch

---

29 Agricultural plants in Melius' Herbarium, in: Acta Agronomicae Academiae Scientiarum Hungaricae 21/1972, S. 15f

erste kosmetische Rezepte und Ratschläge liegen hier in gedruckter Form vor.

Schließlich sind in dem Herbarium auch eine Reihe von Hinweisen für die Heilung der Krankheiten von Haustieren (Hornvieh, Schweine, Schafe und Pferde) enthalten; weiterhin Mittel zur Vernichtung von landwirtschaftlichen Schädlingen, Hinweise für die Wein- und Milchwirtschaft, für Imkerei und Jagd. Wichtig sind auch die Hinweise zur Bekämpfung von Parasiten.

Die deutschen Pflanzennamen im Herbarium

Wie schon mehrfach erwähnt wurde, nennt Melius fast in allen Kapiteln auch den deutschen Namen der betreffenden Pflanzenart (Abb. 2-5). Ein Teil der hier angeführten deutschen Namen hat sich aus jener Zeit bis heute unverändert erhalten (Rosmarin, Ahorn, Baldrian u.a.). Bei einem Teil kann man noch erkennen, um welche Pflanze es sich handelt (Byrbaum für Birnbaum, Bilsamkraut für Bilsenkraut usw.). Viele der hier vorkommenden Namen aber sind uns heute völlig fremd, und wir müssen in älteren Quellen nachschlagen, wenn wir erfahren wollen, welche Pflanze gemeint ist (z.B. Menschenmörder für Seidelbast, Wolgemut für Dost, Wolfsber für Eisenhut). Ein Teil der deutschen Pflanzennamen läßt sich selbst im Synonymenschlüssel von H. Fischer nicht auffinden. Auch die deutschen Namen im Buch mit den Holzschnitten von L. Fuchs stimmen nur teilweise mit denen aus dem Herbarium von Melius überein.

Wie aus Abbildung 6 ersichtlich ist, sind die im Herbarium vorkommenden deutschen Pflanzennamen in diesem Verzeichnis alphabetisch geordnet. Insgesamt zählt das Verzeichnis 327 Namen. Ein Vergleich mit den Namen, die am Anfang der einzelnen Kapitel stehen, ergibt, daß 21 hier angeführte deutsche Pflanzennamen im Verzeichnis fehlen.Bei Buchstabe B fehlen beispielsweise die Namen Boksbart (Kap. 123), Blutwurtz (Kap. 181) und Beifuß (Kap. 191). Ähnlich verhält es sich bei einem Teil der anderen Buchstaben. Weitere 15 deutsche Pflanzennamen nennt Melius zusätzlich im Text einiger Kapitel und zwar Kornrosen für Klatsch-Mohn (Kap. 101), Pfaffenrörlin für Löwenzahn (Kap. 118) u.a. Von diesen 15 Namen erscheint nur Kloster Isop (Kap. 158) im Verzeichnis. Alle anderen 14 fehlen hier. Zählt man nun alle im Herbarium vorkommenden deutschen Pflanzennamen zusammen, dann sind es insgesamt 362. Szabó führt in seinem aktualisierten Verzeichnis der deutschen Pflanzennamen (S. 501-503) nur 253 an. Die Differenz zwischen beiden Zahlen ergibt sich teilweise durch eine Reihe von Doppelnamen, die Melius aus verschiedenen Quellen für eine größere Zahl von Pflanzen anführt. Bei einigen davon verdeutlicht er dieses durch ein "oder", mit dem er beide Namen verbindet (Lein oder Flachs, Monraut oder Monkraut usw.). Einige Pflanzennamen aus dem Herbarium fehlen aber im Verzeichnis von Szabó. Rizinus z.B. kommt weder unter diesem Namen noch als Wunderbaum hier vor.

Vergleicht man die deutschen Namen im Verzeichnis von Melius und im Herbarium miteinander (beide gehören zum Nachdruck bei Szabó), dann findet man den gleichen Namen in über 40 Fällen an beiden Stellen unterschiedlich geschrieben. Inwieweit es sich hier um Fehler im 1578 gedruckten Text des Herbariums oder um Druckfehler im Nachdruck von Szabó handelt, kann ich nicht sagen, weil mir ein Original des Herbariums von Melius zum Vergleich nicht zugänglich war. In einigen Fällen ist der Unterschied in der Schreibweise so groß, daß man gar nicht mehr erkennt, daß es sich um den gleichen Namen handelt. Zur Verdeutlichung des Gesagten nachfolgend einige Beispiele:

| | Pflanzenname | |
Kap. Nr.	im Verzeichnis	im Herbarium
67	Donderbonen	Döberbone
74	Grindtwurtzel	Grundwurzel
107	Vilsamkraut	Bilsamkraut
122	Hasenpfötlin	Hasenofötim
124	Geiszbart	Gepszbart
166	Orant (so auch bei Fischer)	Drank
225	Wald palmen	Magdpalmen

Die so unterschiedlich geschriebenen Namen erschweren das Auffinden der betreffenden Pflanze sowohl im Verzeichnis als auch im Herbarium erheblich. Kleinere Druckfehler sind darüber hinaus in beiden in größerer Menge vorhanden. Im Kapitel 121 steht Wendel statt Sawdistel, ein Name, der in das Kapitel 118 gehört.

terscheiden zu können, werden diese - wie schon beim Germer und der Nieswurz gezeigt wurde - mit einem Doppelnamen versehen. Im Kapitel 145 "De Marubio" werden die Arten Marubium nigrum (heute Ballota nigra L. = Schwarznessel) und Marubium album (heute Marrubium vulgare L. = Weißer Andorn) behandelt. Die deutschen Bezeichnungen Schwartz Andorn für die erste Art und Gots vergiss für die zweite sind zur Identifizierung der Arten wichtig, auch wenn sie sich von den heute gültigen volkstümlichen Pflanzennamen unterscheiden. Sie sind in den schon erwähnten mittelalterlichen Glossaren zu finden und können für die richtige Identifizierung der Arten dienen. Für die einwandfreie Klärung eines alten Pflanzennamens müssen aber oft verschiedene Quellen herangezogen werden.

Bei den beiden Pflanzen Chelidonium maius (Kap. 219) und Chelidonium minus (Kap. 220) geht es um das Schöllkraut (heute Chelidonium majus L.) dessen Namen Linné unverändert übernommen hat, während es sich bei der zweiten Art um das Scharbockskraut (heute Ranunculus ficaria L.) handelt, das hier als Klein Schelwurtz oder Feigwarzenkraut aufgeführt ist. Beim letzteren haben sich beide Namen geändert. In dem Buch mit den Holzschnitten von L. Fuchs wird es als Malacocissus minor - Feigwarzenkraut geführt, also unter einem völlig anderen wissenschaftlichen Namen als bei Melius, aber unter dem gleichen deutschen Namen.

Bemerkenswert ist die häufig richtige Anordnung von nahe verwandten Pflanzen, die wir heute bestimmten Pflanzenfamilien zuordnen. Dieses ist beispielsweise bei den Lippenblütlern (Taubnessel, Minze-, Thymian-, Lavendelarten, Rosmarin, Basilikum u.a.) der Fall, zwischen die er richtig auch den Diptamdost aus Kreta (Amaracus dictamnus (L.)Benth.) einordnet, eine im Mittelalter wichtige Heilpflanze.

Andererseits behandelt er in einem Kapitel Wasserminze (Lippenblütler) und Brunnenkresse (Kreuzblütler), die systematisch nicht zusammengehören und sich auch in der Anwendung unterscheiden. Desgleichen trennt er die Kapitel mit den beiden Enzianarten, dem Gelben Enzian (Gentiana lutea L., Abb. 5) und dem Kreuzenzian (Gentiana crutiata L.) durch 14 andere Kapitel voneinander.

Zur Bedeutung des Herbariums von Peter Melius

Dieses Herbarium ist das erste botanische Buch, das in Siebenbürgen gedruckt wurde, und zugleich das erste seiner Art in ungarischer Sprache. Melius hat sein nicht illustriertes Kräuterbuch als ärztlichen Ratgeber für den Hausgebrauch seiner Mitmenschen zusammengestellt. In ihm hat er das Wissen seiner Zeit über die Anwendung wichtiger Heilpflanzen zusammengefaßt. Auf der Grundlage der wissenschaftlichen Kräuterbücher des 16. Jahrhunderts entstanden, sind auch in diesem Herbarium die aufgenommenen Pflanzenarten weitgehend nach ihren verwandtschaftlichen Beziehungen geordnet. Somit stellt dieses volkstümliche Kräuterbuch den Anfang der systematischen Botanik in Ungarn und in Siebenbürgen dar. Darin finden sich erstmals auch floristische, pflanzengeographische und ökologische Angaben zu den hier besprochenen Pflanzenarten.

Für die ungarische Ethnobotanik sind die 1236 alten ungarischen Pflanzennamen von großem Wert. Auch unter den 362 deutschen Pflanzennamen findet sich eine Reihe heute nicht mehr gebräuchlicher Namen. Weiterhin sind in diesem Werk etwa 300 mittelalterliche Krankheitsnamen und etwa 1500 Rezepte, Heilanzeigen und Heilverfahren des 16. Jahrhunderts erhalten geblieben. Viele der darin beschriebenen Pflanzenarten sind auch heute für die Volksheilkunde und für die pharmazeutische Industrie von Bedeutung. Demnach kann dieses Herbarium als wegbereitender Vorläufer für die ungarische und siebenbürgische Botanik, Pharmazie und Medizin angesehen werden.

Eine Reihe von praktischen Hinweisen für die Haus- und Landwirtschaft, den Gartenbau und die Tierhaltung erweitern seine Bedeutung für den Leser beträchtlich. Die Tatsache, daß das Herbarium von Melius von András Beythe (1595) und Joannes Kájoni (1656) als Vorlage für die Erstellung ihrer Kräuterbücher gedient hat, ist ein weiterer Beweis für die Bedeutung, die ihm von Zeitgenossen seines Autors sowie von Fachleuten nach ihm beigemessen wurde.

Heute gibt es in Siebenbürgen und Ungarn noch etwa 13, teils unvollständige Exemplare von diesem Herbarium. Eines davon konnte ich im Sommer 1982 in einer Ausstellung alter Pflanzenbücher im

Teleki-Museum in Neumarkt/Mieresch in einer Vitrine bewundern.

Nachdem Peter Melius den Text des Herbariums verfaßte und Frau Helth das Vorwort schrieb und die Druckkosten bestritt, kann dieses Werk als eine gemeinsame ungarisch-siebenbürgisch-sächsische Leistung jener Zeit gewertet werden.

RÉSUMÉ
L'herbier de Peter Melius de Klausenbourg

L'herbier de Peter Melius (1531-1572) paru en 1578 à Klausenbourg est le premier livre de botanique imprimé en Transylvanie et en même temps le premier livre de botanique écrit en hongrois. En Transylvanie la littérature spécialisée, de langue allemande, mentionne rarement cet ouvrage, alorsqu'au cours des vingt dernières années plusieurs auteurs hongrois se sont attachés plus intensément à l'étude de ce livre.

Dans l'herbier de Melius, composé de 233 chapitres, sont décrites ou simplement brièvement mentionnées près de six cents familles de plantes dont l'emploi et les vertus curatives sont précisés pour 450 espèces.

En plus des indications sur les vertus curatives des plantes mentionnées dans l'herbier, Melius donne de nombreux conseils pratiques pour la vie ménagère, les travaux des champs, l'élevage et le jardinage.

Le grand mérite de cet herbier est d'avoir conservé le vieux nom d'environ 1236 plantes en hongrois, ainsi que le nom medieval d'environ 300 maladies et d'avoir aussi conservé près de 1500 recettes et remèdes.

Cette étude est la première à s'intéresser à la nomenclature allemande des plantes figurant dans l'herbier de Melius.

SUMMARY

Peter Melius' Klausenburg Herbarium

The Herbarium produced by Peter Melius (1531-1572) in Klausenburg in 1578 is the first book on botany to be published in Transylvania and also the first botanical work in Hungarian. It is only mentioned occasionally in Transylvania's German scientific literature. Several Hungarian authors have concerned themselves in greater detail with this work in the last twenty years.

In Melius' Herbarium almost 600 types of plants are described or briefly mentioned in 233 chapters, along with directions on their use as herbal remedies. About 450 taxonomic units habe been identified exactly from this number. Besides data on the therapeutic effect of the plants described Melius also gives many practical tips on housekeeping and agricultural economy, gardening and livestock raising. The particular value of the book today is its recording of about 1236 old Hungarian plant names, about 300 names of maladies and about 1500 prescriptions, instructions, and directions for treatment. For the first time attention is here given to the German plant names in Melius' Herbarium.

SYNOPTISCHES ORTSNAMENVERZEICHNIS

Ortsnamen in Rumänien

deutsch	rumänisch	ungarisch
Agnetheln	Agnita	Szentágota
Appesdorf	Cluj-Mănăştur	Kolozsmonostor
Arbegen	Agîrbiciu	Egerbegy
Arkeden	Archita	Erked
Birthälm	Biertan	Berethalom
Bistritz	Bistriţa	Beszterce
Blasendorf	Blaj	Balázsfalva
Bodendorf	Buneşti	Szászbuda
(Böth) s. Budendorf		
(Boncida) s. Bruck		
Bruck	Bonţida	Bonchida, Boncida (lat.)
Budendorf	Vechea	Bodonkut, Böth (lat.)
Bukarest	Bucureşti	Bukarest
Dobring	Dobîrca	Doborka
Draas	Drăuşeni	Daróc
Durles	Dîrlos	Darlac
Eisenmarkt	Hunedoara	Vajdahunyád
Elienmarkt	Ilia	Marosilye
Fenesch	Floreşti	Szászfenes
Fogarasch	Făgăraş	Fogaras
Gelau	Gilău	Gyalu
	Geoagiu	Felsögyógy
(Gernyeszeg) s. Kertzing		
Großwardein	Oradea	Nagyvárad
Hamruden	Homorod	Homoród
Heidendorf	Viişoara	Bessenyö
Heltau	Cisnădie	Nagydisznód
Henndorf	Brădeni	Hégen
Hermannstadt	Sibiu	Nagyszeben
Hohndorf	Viişoara	Hundorf

deutsch	rumänisch	ungarisch
(Ilia) s. Elienmarkt		
Jakobsdorf	Iacobeni	Jakabfalva
(Jegengö) s. Tannendorf		
(Kápolna)	Căpîlna	Kápolna
Karlsburg s. Weißenburg		
Katzendorf	Caţa	Kaca
(Kerelöszentpál)	Sînpaul	Kerelöszentpál
Kertzing	Corneşti	Gernyeszeg
Klausenburg	Cluj-Napoca	Kolozsvár
Kleinpold	Apoldu de Jos	Kisapóld
Kleinschelken	Şeica Mică	Kisselyk
(Kolozsmonostor) s. Appesdorf		
Kreutz	Cristuru Secuiesc	Székelykeresztúr
Kronstadt	Braşov	Brassó
Lechnitz	Lechinţa	Szászlekence
Martinsberg	Şomărtin	Mártonhegy
Mediasch	Mediaş	Medgyes
Meschen	Moşna	Muzsna
Meschendorf	Meşendorf	Mese
Neithausen	Netuş	Néthus
Neumarkt	Tîrgu Mureş	Marosvásárhely
Neuschloß	Gherla	Szamosujvár
Petersberg	Sînpetru	Barca-Szentpéter
	Prislop (Mănăstirea), m. Silvaşului	Monasztire
Retersdorf	Retişu	Réteny
Reußmarkt	Miercurea Sibiului	Szerdahely
Rumänisch St. Georgen	Sîngeorz Bai	Oláhszentgyörgy
Sathmar	Satu Mare	Szatmár
Schaas	Şaeş	Segesd
Schäßburg	Sighişoara	Segesvár
Schweischer	Fişer	Sövényseg
(Silvaş) s. Prislop		
(Sîngeorz) s. Rum.St. Georgen		

Ortsnamenverzeichnis 347

deutsch	rumänisch	ungarisch
Stolzenburg	Slimnic	Szelindek
(Szazfeness) s. Fenesch		
(Székelykeresztur) s. Kreutz		
Tannendorf	Leghia	Jegenye, Jegengö (lat.)
Tartlau	Prejmer	Prázsmár
Thorda, Thorenburg	Turda	Torda
Trappold	Apold	Apold
Urwegen	Gîrbova	Szászorbó
	Vad	Révkolostor, Vád
Waldhütten	Valchid	Válthid
Weißenburg, Karlsburg	Alba Julia	Gyulafehérvár
Weißkirch	Albeşti	Fejéregyháza
Werd	Vărd	Verd
Wermesch	Vermeş	Vermes
Wolkendorf b. Schäßburg	Vulcan	Volkány
Wurmloch	Valea Viilor	Baromlaka
Zeiden	Codlea	Feketehalom

Ortsnamen in anderen Ländern

deutsch	slawische Sprachen	ungarisch
Altsohl	Zvolen (slowak.)	Zólyom
Bartfeld	Bardejov (slowak.)	Bártfa
Belgrad s. Griech. Weißenburg		
Breslau	Wrocław (poln.)	
Brieg	Brzeg Glogowski (poln.)	
Brünn	Brno (tschech.)	
Budapest		Budapest
Debrezin		Debrecen
Deutsch-Brod	Havlíčkuv Brod (tschech.)	
Freystadt	Kożuchów (poln.)	
Fünfkirchen		Pécs

deutsch	slawische Sprachen	ungarisch
Gnesen	Gniezno (poln.)	
Gottschee	Kočevje (sloven.)	
Gran		Esztergom
Griechisch Weißen-burg, Belgrad	Beograd (serb.)	Nándorfehérvár
Güns		Köszeg
Jungbunzlau	Mladá Boleslav (tschech.)	
Kaschau	Košice (slowak.)	Kassa
Krakau	Kraków (poln.)	
Königsberg	Kaliningrad (russ.)	
Kremnitz	Kremnica (slowak.)	Körmöczbánya
Kuttenberg	Kutná Hora (tschech.)	
Laibach	Ljubljana (sloven.)	
Lemberg	L'vov (russ.)	
Leutschau	Levoča (slowak.)	Löcse
Loslau	Wodzisław Śląski (poln.)	
Mohatsch		Mohács
Munkatsch	Mukačovo (russ.)	Munkács
Neusohl	Banská Bystrica (slowak.)	Besztercebánya
Ödenburg		Sopron
Ofen		Buda
Olmütz	Olomouc (tschech.)	
Patschkau	Paczków (poln.)	
Posen	Poznań (poln.)	
Prag	Praha (tschech.)	
Preschau	Prešov (slowak.)	Eperies
Preßburg	Bratislava (slowak.)	Pozsony
Raab		Györ
Schemnitz	Banská Štiavnica (slowak.)	Selmec
Schweidnitz	Świdnica (poln.)	
Tornai		Torony
Tschanad		Csanád
Tyrnau	Trnava (slowak.)	Nagyszombát
Zeben	Sabinov (slowak.)	Kisszeben

DIE AUTOREN

BARTA, Gábor, Dr.phil., wiss. Mitarbeiter am Institut für Geschichtsforschung der Ungarischen Akademie der Wissenschaften in Budapest, Lehrbeauftragter an der Universität Fünfkirchen
geb. 1943 in Budapest; Studium der Geschichte in Debrezin 1963-66
Hauptarbeits- und -publikationsgebiete: politische und Sozialgeschichte Ungarns im 16. Jh.
Anschrift: Ungarische Akademie der Wissenschaften, Postafiók 9, H-1250 Budapest

BARTON, Peter F., Dr.theol., ao.Prof. an der Universität Wien, Leiter des Instituts f. prot. Kirchengeschichte
geb. 1925 in Wien; Studium der Theologie; Promotion 1957; Habilitation 1965/66; ao.Prof. 1972ff
Hauptarbeits- und -publikationsgebiete: Kirchengeschichte Südosteuropas, Reformationsgeschichte
Anschrift: Institut f. prot. Kirchengeschichte, Severin-Schreiber-Gasse 3, A-1180 Wien

BINDER, Ludwig, D.theol., Prof. f. Kirchengeschichte im Ruhestand
geb. 1914 in Mediasch; Studium der Theologie u. Philosophie in Klausenburg, Tübingen, Berlin u. Bonn 1931-36; Promotion 1944; Pfarrer in Durles und Arbegen 1938-57; Prof. f. Kirchengeschichte am deutschsprachigen Zweig des Prot. Theol. Instituts mit Universitätsgrad Klausenburg-Hermannstadt 1960-79
Hauptarbeits- und -publikationsgebiet: Reformationsgeschichte Siebenbürgens
Anschrift: Taxisstr. 5, 8900 Augsburg

BORSA, Gedeon, Dr.phil., Abteilungsleiter der Ungarischen Nationalbibliothek in Budapest im Ruhestand
geb. 1923 in Budapest; Studium der Geschichte und Biblio-

thekswissenschaften; Promotion
Hauptarbeits- und -publikationsgebiet: Alte Druckwerke aus dem 15. und 16. Jh. (international), aus dem 17. und 18. Jh. (mit Bezug auf Ungarn)
Anschrift: Nyul-utca 5, H-1024 Budapest

CONZE, Werner, Dr.phil., em. o.Prof. f. Neuere Geschichte an der Universität Heidelberg
geb. 1910 in Neuhaus/Elbe; Promotion 1934; o.Prof. 1956 in Münster, 1957ff in Heidelberg; Mitglied der Heidelberger Akademie der Wissenschaften 1962ff
Hauptarbeits- und -publikationsgebiete: Neuere Geschichte, insbes. Sozialgeschichte
Anschrift: Institut für Sozial- und Wirtschaftsgeschichte an der Universität Heidelberg, Grabengasse 14, D-6900 Heidelberg

DAUGSCH, Walter, M.A., wiss. Mitarbeiter an der Universität Düsseldorf
geb. 1950 in Wetter/Ruhr; Studium der Ost- u. Südosteuropäischen Geschichte, Slavistik u. Politologie
Hauptarbeits- und -publikationsgebiete: Sozial- und Verfassungsgeschichte Siebenbürgens
Anschrift: Benrather Rathausstr. 5, D-4000 Düsseldorf 13

GÜNDISCH, Gustav, Dr.phil., Privatgelehrter im Ruhestand
geb. 1907 in Heltau; Studium der Geschichte, Geographie u. Theologie in Bukarest, Berlin und Wien; Promotion 1932; Direktor des Sächsischen Nationalarchivs in Hermannstadt 1937-44; Kulturreferent beim Landeskonsistorium der ev. Landeskirche A.B. in Rumänien ebd. 1944-77
Hauptarbeits- und -publikationsgebiete: Urkundenedition (Hrsg. des Urkundenbuchs zur Geschichte der Deutschen in Siebenbürgen Bd. 4-7), siebenbürgisch-sächsische Geschichte
Anschrift: Schloß Horneck, D-6953 Gundelsheim/N.

GÜNDISCH, Konrad G., Historiker beim Arbeitskreis für Siebenbürgische Landeskunde in Gundelsheim

geb. 1948 in Hermannstadt; Studium der Geschichte in Klausenburg; wiss. Assistent am Institut f. Geschichte und Archäologie an der Universität Klausenburg 1971-84
Hauptarbeits- und -publikationsgebiete: Urkundenedition, mittelalterliche Stadtgeschichte Siebenbürgens
Anschrift: Sachsenacker 19, D-7100 Heilbronn

HELTMANN, Heinz, Dr.rer.nat., wiss. Mitarbeiter am Institut f. Pharmazeutische Biologie der Universität Bonn
geb. 1932 in Schaas, Studium der Naturwissenschaften in Klausenburg 1951-55; Promotion 1971; Lehrer am Honterusgymnasium Kronstadt 1958-63; wiss. Mitarbeiter am Forstinstitut in Kronstadt (1955-58) u. an der Versuchsanstalt f. Arzneipflanzenforschung ebd. (1963-73)
Hauptarbeits- und -publikationsgebiete: Botanik, Arzneipflanzenforschung, Geschichte der Naturwissenschaften Siebenbürgens
Anschrift: Großenbuschstr. 125, D-5205 St. Augustin

KLASTER-UNGUREANU, Grete, Dr.phil., Herausgeberin der "Rumänischen Rundschau" in Bukarest
geb. 1927 in Urwegen; Studium der Germanistik u. Anglistik in Bukarest 1946-51; Promotion; Assistentin (1951-68), dann Oberassistentin(1969-82) am Lehrstuhl für Deutsche Sprache und Literatur der Universität Bukarest u. am Pädagogischen Institut ebd.
Hauptarbeits- und -publikationsgebiete: Geschichte, Lexikologie u. Grammatik der deutschen Sprache, Deutsch als Fremdsprache
Anschrift: Str. Paul Greceanu 26, R-72119 Bukarest 22, sect. 2

MACHAT, Christoph, Dr.phil., Referatsleiter beim Rheinischen Amt f. Denkmalpflege, Lehrbeauftragter f. Baugeschichte am Kunsthistorischen Institut der Universität Köln
geb. 1946 in Schäßburg; Studium der Kunstgeschichte, Museologie u.a. in Bukarest u. Köln; Promotion 1976; Konservator 1976-80, Gebietsreferent beim Rhein. Amt f.Denk-

malpflege 1980-84
Hauptarbeits- und -publikationsgebiete: Kunstgeschichte
u. Denkmalpflege
Anschrift: Ehrenfriedstr. 5, D-5024 Pullheim

MUREŞANU, Camil, Dr.phil., Prof. f. Geschichte der Neuzeit an der
Universität Klausenburg
geb. 1927 in Thorenburg; Studium der Geschichte in Klausenburg 1946-50; Promotion; Dozent; Prof. f. Geschichte
der Neuzeit in Klausenburg 1975ff
Hauptarbeits- und -publikationsgebiete: Geschichte Siebenbürgens im 15. u. 16. Jh., englische u. amerikanische Geschichte
Anschrift: Institutul de istorie şi arheologie, Str. Napoca 11, R-3400 Cluj-Napoca

PHILIPPI, Paul, Dr.theol., Dr.theol. h.c., o.Prof. f. Praktische
Theologie, Direktor des Diakoniewissenschaftlichen Instituts an der Universität Heidelberg
geb. 1923 in Kronstadt; Studium der Theologie und Geschichte in Erlangen u. Zürich; Promotion 1956; Habilitation
1963; o.Prof. in Heidelberg 1971ff; Gastprofessor am Theologischen Institut mit Universitätsgrad in Hermannstadt
Hauptarbeits- und -publikationsgebiete: Diakoniewissenschaft, Geschichte u. Landeskunde Siebenbürgens
Anschrift: Diakoniewissenschaftliches Institut an der
Universität Heidelberg, Karlstr. 16, D-6900 Heidelberg

SCHEIBLE, Heinz, Dr.theol., Leiter der Melanchthon-Forschungsstelle Heidelberg
geb. 1931 in Pforzheim; Studium der Theologie u. klass.
Philologie in Heidelberg; Promotion 1960; Angestellter
der Akademie der Wissenschaften 1965ff
Hauptarbeits- und -publikationsgebiet: Reformationsgeschichte
Anschrift: Heidelberger Akademie der Wissenschaften - Melanchthon-Forschungsstelle, Heiliggeiststr. 15, D-6900
Heidelberg

Die Autoren 353

TEODOR, Pompiliu, Dr.phil., Prof. f. mittelalterliche Geschichte
Rumäniens an der Universität Klausenburg
geb. 1930 in Ilia, Krs. Hunedoara; Studium der Geschichte
in Klausenburg 1950-55; Promotion; wiss. Assistent, Dozent, Prof. f. Geschichte Rumäniens im Mittelalter an der
Universität Klausenburg 1973ff
Hauptarbeits- und -publikationsgebiete: rumänische Historiographie, siebenbürgische Geistesgeschichte
Anschrift: Institutul de istorie si arheologie, Str. Napocă 11, R-3400 Cluj-Napoca

ZACH, Krista, Dr.phil., Geschäftsführerin des Südostdeutschen
Kulturwerks in München
geb. 1939 in Hermannstadt; Studium der Anglistik u. Romanistik in Klausenburg, München u. Bristol, Zweitstudium
der Geschichte u.a. in München; Promotion 1976; wiss. Mitarbeiterin an der Universität München 1973-84
Hauptarbeits- und -publikationsgebiete: Geschichte und
Kunstgeschichte Südosteuropas
Anschrift: Südostdeutsches Kulturwerk e.V., Güllstr. 7,
D-8000 München 2

Abb. 1: Schmalkalden, Schloßkapelle, 1586

Abb. 2: Untersuhl, Dorfkirche, 1615

Abb. 3: J. Furttenbachs Kirchenentwurf 1649, die „vornemsten Prinzipalstück"

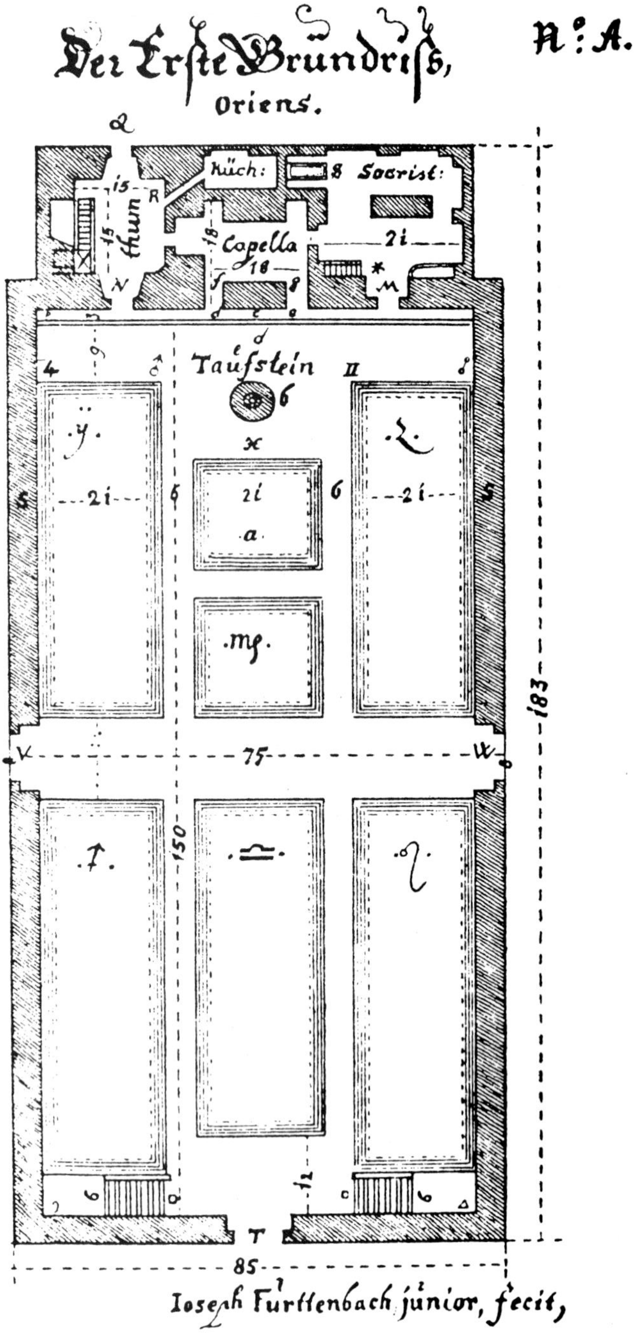

Abb. 4: J. Furttenbachs Kirchenentwurf 1649, Grundriß

Abb. 5: Plauen, Lutherkirche, Ende 17. Jahrhundert

Abb. 6: Radevormwald, evangelisch-lutherische Kirche, 1804

Abb. 7: Bodendorf, Langhaus nach Westen

Abb. 8: Bodendorf, Blick nach Osten

Abb. 9: Schweischer, Kirchensaal nach Osten

Abb. 10: Neithausen, Kanzelaltar, 1770

Abb. 11: Hamruden, Kirchenerweiterung nach Süden, 1784

Abb. 12: Waldhütten, Blick nach Osten

HERBARIVM.
AZ FAKNAC FVVEKNEC NEVEKRŐL. TERMÉSETEK-
ről, és haßnairol, Magyar nyelwre, és ez
rendre hofta az Doctoroc Könyueiből
az Horhi Melius Peter.

Nyomtattot Colofuárat Heltai Gafpárne
Mühellyébé, 1 5 73. Eftendőben.

Abb. 1: Titelblatt des Herbariums von Peter Melius

HERBARIVM[1.]

AZ FAKNAC FVV-
EKNEC NEVEKRŐL, TERMÉS)ETEK-
ről, és haßnakról, Galenusból, Pliniusból, és Adámus Lonicerusból
ßedetettéc ki.

Kezdetic azért előßer à Fákról, neuec kedig
Deakól, Magyaról, és Németűl: Némely
hellyeken kedig Görögűl is meg
vadnac à neuec Deác
bötückel.

Pyrus.   **Körtuélyfa.**   **Byrbaum.**

Görögűl Apion, Az Körtuélynec ter-
méßeti ez, hogy igen hidegitő, de fel
rebent ßorito, A mely kedig igen meg ért és
édes, Nedues és melegitő valami keueßé.
HAS)NAI BELŐL EZEK,
Az ért édes Körtuély iò haßa faiónac, de az
fauanyu, Vad Körtuély, ßorito, árt, és Coli-
kát huz, à maguai az Körtuélynec haßnálnac
A   à Tü

Abb. 2: Erste Seite des I. Teils über die Holzgewächse

HASZNAI. Folio 5.

heuſége ellen, à gyomornac igen iò.

A Pomagranát maguát aſzald meg, törd meg, ętekben ed meg, vérhas ellen iò.

Ha eſö vizben fözöd à maguát, az vér pökéſt meg állattya.

KVLSÖ HASZNAI.

A Pomagranát ſuccuſſat mézesd meg, à ſzáynac és à fogac inénec rothadaſſát meg gyogyittya, à külſö kelléſſeket embernec orreban, ſzayában valo fakadékokat meg gyogyit.

Ezen mézes ſuccuſſa à Pomagranátnac az hámlo ſzárat meg gyogyittya.

DE MALO CYDO‑ NIA.

Malus Cydonia. Biſalma. Quittenbaum.

TERMÉSZETI.

Hidegitö, ſzorito, és ſzaraſzto, fél réſzént.

BELSÖ HASZNAI.

Az Biſalma ętel elöt ſzorit haſat, ętel vtán
B ſdlue

Abb. 3: Text zu Granatapfel (Schluß) und Quitte

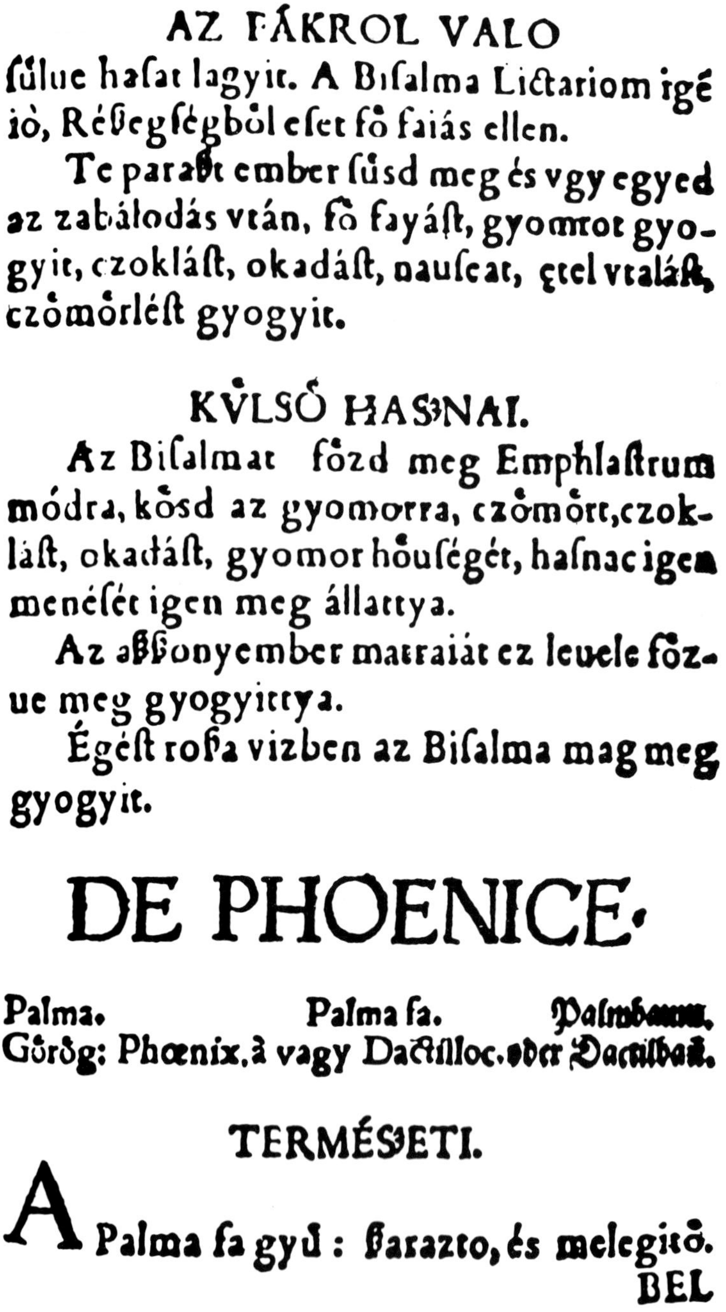

AZ FÁKROL VALO

fülue hafat lagyit. A Bifalma Lictariom igé iò, Réfegfégbol efet fó faiás ellen.

Te paraßt ember fúsd meg és vgy egyed az zabálodás vtán, fó fayáft, gyomrot gyogyit, czokláft, okadáft, naufeat, etel vtaláft, czómórléft gyogyit.

KVLSÓ HASNAI.

Az Bifalmat fózd meg Emphlaftrum módra, kösd az gyomorra, czómórt, czokláft, okadáft, gyomor hóúfégét, hafnac igen menéfét igen meg állattya.

Az aßßonyember matraiát ez leuele fózue meg gyogyittya.

Égéft rofa vizben az Bifalma mag meg gyogyit.

DE PHOENICE.

Palma.   Palma fa.   Palmbaum.
Görög: Phœnix, à vagy Dactilloc. oder Dactilbaum.

TERMÉSETI.

A Palma fa gyü: farazto, és melegitö.
BEL

Abb. 4: Wissenschaftliche und volkstümliche Namen der Dattelpalme

HASZNAI. Folio 142.
Ha borban főzed à leuelét, Farſabaſoknac innya ió, és farczikot véle kötni.

DE GENTIANA.

Gentiana.   Keſerű gyökér.   Encian.

GEntiana Görögűl és Deakúl neue, az az, Gentius Király füue, mert Gentius Király lelte leg elöſzer haſznát, Ördög méze, Haſonlo à leuele à hegyes leuelű Vtifűhöz à Szereczen dio leueléhez, üres à ſzára, vékony mint à Kapornac, vagy à Köménnec: A virága ſárga vgyan tokos és ſoc magua vagyon, ez az hegyen terem, terem árnyékos hellyen is, terem vizes, és rétes hellyen is. A gyökere hoſzſzu mint à Farkas almánac Igen eſmeric à Barbéllyoc à Gentianát: Magyarúl is Gentiana neue.

TERMÉSZETI.

Az Gentiana melegitő terméſzetű, de ezac à gyökere.

Vij BEL

Abb. 5: Aus dem II. Teil über die Kräuter: Kapitel über den Gelben Enzian

R		Tengeri retek	35	Anemone röszlin	173	Cederbaum	62
Rókamony		Tyikszem	66	Apostemenkraut	181	Cytrinatöpffel	154
Raponc		Törökfű	82	Attich	184	Coriander	24
Rontófű				Augentrost		Cornelbaum	91
Római spica	127	**V**				Creützwurtz	157
Réti aranyvirág	70	Veres mák	60	**B**		Creützbaum	82
Rosmarin	124	Vadkék	75	Bachmüntz	107		
Ruta	132	Vérfű	136	Baldgreiz	82	**D**	
		Vizi útifű	137	Baldrian	129	Dactilbaum	5
S		Útifű	149	Balsamöpffel	53	Diptam	108
Sulyom	41	Varfű	154	Bappeln	166	Donderbar	32
Sóska	69	Vadkender	162	Basilien	109	Donderbonen	35
Sárfű	82	Vadlen	164	Baurensenff	173	Dosten	115
Sárkánygyökér	89	Vadcypros	171	Beinhöltzlin	25	Dreydistel	44
Sárkerep	95	Vadmustár	173	Bellen	11		
Spicanard	128	Vadszekfű	186	Benedicten wurtz	131	**E**	
Sülfű	179	Varadics	161	Bergmüntz	103	Eberwurtz	43
Sállya	38, 123			Bern klawe	46	Eichbaum	15
Saffrán	42, 44	**SZ**		Bern tap	ibidem	Eisenhart	144
Sás	55	Szappanozófű	54	Binetsch	90	Eisenkraut	ibidem
Saláta	73	Szekfű	72	Binszauge	100	Encian	142
Sárga festőfű	98	Szöszösfű	82	Bintzen	55	Erdgal	66
Spargafű	148	Szemvigasztaló	91	Bircken	17	Erenpreis	38
		Szent Simon füve	169	Byrbaum	1	Erlen	11
T		Szent Barbara füve	178	Biutwurtz	145	Erdrauch	180
Tyikhúr	33	Szarvasmák	62	Bockshorn	96		
Tengeri köles	56	Szép szőlő	85	Bornwurtz	45	**F**	
Tisztesfű	63	Szilvalevelű fű	88	Borrich	151	Feigenbaum	2
Terjékfű	129	Szekfüszagú fű	131	Braunellen	88	Feldcypressen	171
Tetüfű	156	Szaporafű	144	Brunkresz	107	Feldmagsamen	60
Torma	172	Szarnot	97	Brustbeerlin	28	Ferbblumen	98
		Zab tövisses kapu	47	Bubenleusz	41	Feigwartzenkraut	179
				Bubenstrell	42	Fieberkraut	67
Register mancherley Teutscher namen in disem Un-				Buchbaum	16	Fingerhut	51
gerischen Kreüterbuch nach dem Alphabet zu finden				Burgel	33	Flachs	163
				Buchsbaum	8	Floramor	92
A		Agley	65			Flökraut	133
Abbis	155	Ahorn	19	**C**		Foenugrec	96
Ackeley	65	Alantkraut	141	Capres od' Cappern	22	Frantzosenholtz	31
Ackerletten	41	Aloë	57	Cardobendict	45	Fraw Venus bad	42
Ackernept	103	Alraun	51	Chamillen blumen	72		

Abb. 6: Erster Teil des Verzeichnisses der deutschen Pflanzennamen